Gerhard Fink
Who's who in der antiken Mythologie

Gesetzt den Fall, jemand wird befördert, doch er weiß noch nicht so recht, ob er sich freuen soll: Vielleicht hat sein Vorgänger schlecht gearbeitet, und nun ist ein Augiasstall auszumisten; vielleicht wird es nur eine Herkules- und keine Sisyphusarbeit, sonst wäre der neue Posten wahrlich ein Danaergeschenk – Laokoon läßt grüßen!
Wer kennt sich heute noch aus mit den antiken Gestalten und Mythen, die wir oft ganz beiläufig im Munde führen? Gestalten wie Odysseus oder Ödipus sind so überragend, daß sie bis in unsere Tage im Gedächtnis weiterleben und Maler, Musiker, Dichter, Bildhauer und auch Wissenschaftler über Jahrhunderte inspiriert haben. Doch die vielen anderen, wie zum Beispiel Hekabe, Medusa, Perseus Hydra oder Kassandra, den Gebildeten früherer Zeiten noch geläufig, sind uns kaum mehr dem Namen nach bekannt. Und wie so oft, wenn wir in einem Kunstwerk der Bearbeitung antiker Stoffe begegnen, können wir uns – wenn überhaupt – nur vage an die Geschichte erinnern, auf der sie beruhen. Diesem Mangel hilft Gerhard Fink ab, indem er an die 800 Figuren aus der griechischen und römischen Antike vorstellt und ihre Geschichten erzählt. Durch zahlreiche Hinweise auf bedeutende Werke der bildenden Kunst und der Literatur, denen diese mythologischen Stoffe zugrundeliegen, verdeutlicht er eindrucksvoll, wie viel unsere Kultur diesen Stoffen verdankt.

Gerhard Fink, 1934 in Fürth geboren, studierte Alte Sprachen, Germanistik, Philosophie und Geschichte. Nach der Promotion Lehrtätigkeit an einem Nürnberger Gymnasium. Zahlreiche wissenschaftliche und populärwissenschaftliche Veröffentlichungen, darunter ›Die griechische Sprache‹ (1986), ›Die schönsten Sagen der Antike‹ (1999) sowie bedeutende Horaz-, Ovid-, Seneca- und Vergil- Übersetzungen. Gerhard Fink ist 2013 verstorben.

Gerhard Fink

Who's who in der antiken Mythologie

dtv

MIX
Papier aus verantwortungsvollen Quellen
FSC® C019821

Originalausgabe 1993
25. Auflage 2024

Umschlagkonzept: Balk & Brumshagen
Umschlagbild: ›Bellerophons Auszug zum Kampf gegen die Chimära‹ (1829) von Alexander Andrejewitsch Iwanow (akg-images)
Gesamtherstellung: Druckerei C.H.Beck, Nördlingen
Printed in Germany · ISBN 978-3-423-32534-9

Inhalt

Für
Claus-Ulrich Bielefeld

Einführung

Gestalten und Geschichten aus der antiken Götter- und Heldensage sind auch im 21. Jahrhundert noch vielfach gegenwärtig. Wir begegnen ihnen in Gemäldegalerien und auf der Opernbühne, im Film, im Buch, im Drama, in der Zeitung – kurz, allenthalben, ohne sie freilich immer zu erkennen. Wer denkt schon, wenn er von den Wirkungen des Atropins liest, an die finstere Parze, die diesem Gift den Namen gab? Wem fällt bei Loriots Filmerstling Ödipussi auf Anhieb mehr ein als Psychoanalyse und übersteigerte Mutterbindung? Wer könnte überhaupt, von wenigen Fachleuten abgesehen, versichern, er kenne sich einigermaßen in den vielfach ineinander verschlungenen, oft und oft erzählten antiken Mythen aus? An diesem bunten Gewebe haben die Griechen über tausend Jahre lang gewirkt, und die Römer legten es, neidvoll zugleich und staunend, über die Blößen ihrer nüchternen Bauernreligion.

Als dann das Christentum die alten Götter entthronte, schien es auch um das alte Sagengut geschehen zu sein. Doch mit den Werken der Alten lebten die Götter und Helden weiter, irritierten fromme Mönche, die mit roten Ohren frivole Szenen aus Ovids Metamorphosen lasen, und drängten in der Renaissance und im Barock die Heiligen der Kirche in die Defensive – vor allem in der Malerei. Genau betrachtet, haben die antiken Mythen in der Kultur des Abendlands so tiefe Spuren hinterlassen, daß wir es uns gar nicht leisten können, sie zu vergessen: Zu vieles würden wir auf einmal nicht mehr verstehen.

Beispiele für die immense Nachwirkung bestimmter Stoffe trägt dieses Buch aus vielen verschiedenen Bereichen zusammen, ohne freilich auf Vollständigkeit aus zu sein. Was wäre dem Leser auch geholfen, wenn wir ihm alle mittlerweile vergessenen Opern aufzählten, in denen Aeneas der armen Dido den Kopf verdreht, alle Deckengemälde in Schlössern, die seine Abfahrt aus Karthago schildern? Wir führen an, was unsere Leser mit einer gewissen Wahrscheinlichkeit in Kunstgeschichten, in den großen Museen oder auf der Bühne zu Gesicht bekommen werden, und lassen uns von der Auswahl leiten, die andere schon für uns getroffen haben: Was Kindlers

Literatur-Lexikon nicht mehr für erwähnenswert hält, lassen auch wir beiseite, was Heinz Wagner nicht in seinen Opernführer aufgenommen hat, graben wir nicht aus. Es bleibt genug an Bedeutendem und Dauerhaftem, zum Beispiel Glucks Orpheus mit der unvergeßlichen Klage »Ach, ich habe sie verloren!« oder Sandro Botticellis ›Geburt der Venus‹ in den Uffizien zu Florenz oder, um einen Großen dieses Jahrhunderts zu nennen, Max Beckmanns ›Odysseus und Kalypso‹ in der Hamburger Kunsthalle.

Dergleichen ist häufige Dreingabe; den Kern jedes Artikels in diesem Buch bilden die Geschichten, die uns von den Mythengestalten überliefert sind. Wir haben diese, wo immer es möglich war, zunächst nach einer – möglichst alten – antiken Quelle erzählt. Prometheus beispielsweise begegnet uns erstmals im Werk des Hesiod, das um 700 v. Chr. entstand. Also stellen wir den Halbgott so vor, wie ihn Hesiod sah: trickreich, verschlagen und doch seinem Widerpart, dem Göttervater Zeus, am Ende nicht gewachsen. Spätere Veränderungen und Zutaten sind deutlich abgesetzt; wir wollen ja kein Mythenragout anrichten, sondern dem Leser den raschen Zugriff zu einer guten Übersetzung oder gar zum Originaltext ermöglichen.

Wo wichtige Entwicklungen erkennbar sind, gehen wir darauf ein, zum Beispiel auf die Metamorphose der alles schenkenden Muttergottheit Pandora zum ersten Weib, bis hin zur Wurzel allen Übels. Allerdings bleibt dies die Ausnahme, denn wir wollen Gestalten des Mythos vorstellen, nicht in Konkurrenz zu mythologischen Standardwerken treten. Aus diesem Grunde teilen wir auch nicht alle Brechungen und Spiegelungen eines Mythos mit, die der ungemein schöpferischen Phantasie der Griechen im Laufe der Jahrhunderte gelangen. So wie später die Opernlibrettisten, haben schon die attischen Tragiker mit den überkommenen Stoffen bisweilen recht frei hantiert – doch wenn die Spuren ihrer Kreativität nur noch in wenigen Fragmenten sonst verlorener Stücke faßbar sind, dann verzichten wir auf sie um der klaren Konturen willen, die durch zu viele Varianten verwischt werden könnten.

Wir sind nicht wie Historiker auf der Suche nach Wahrheit – jeder Mythos ist in gleicher Weise »wahr« und »unwahr«; es kommt nur auf den Standpunkt des Betrachters an. Hesiod hat wohl noch an die Götter geglaubt, von denen er schrieb; gut zweihundert Jahre später drischt der Philosoph Xenophanes erbittert auf ihn ein:

> »Alles haben Homer und Hesiod den Göttern angehängt,
> was bei den Menschen Schimpf und Schande ist:
> Stehlen, ehebrechen und sich gegenseitig betrügen!«

Aber weder diese Kritik noch die des düsteren Heraklit, der Homer am liebsten mit Ruten gezüchtigt hätte, noch Platons entschiedene Ablehnung des Mythos ließen die Mythenerzähler verstummen. Nur die Einstellung der Hörer mag sich geändert haben: Ursprünglich bedeutete *mythos* »Rede« oder »Kunde«; später dominierte der Aspekt des Erdichteten, mit dem sich auch spielen ließ. Dementsprechend geben wir dem Älteren den Vorzug vor dem Späteren und, wenn wir diese Wahlmöglichkeit nicht haben, wählen wir die Fassung, deren Nachwirkung am stärksten war.
Diese Nachwirkung wurde von der Qualität der Dichter und Dramatiker ganz wesentlich beeinflußt, die sich einen bestimmten Stoff vornahmen. Alexander der Große hat mit Recht Achilleus darum beneidet, daß er einen Homer als Herold seiner Taten fand. Literarische Werke von Rang sind es demnach vor allem, aus denen wir referieren: Aus der Ilias und der Odyssee, den beiden Homer zugeschriebenen ältesten epischen Dichtungen des Abendlands, aus Hesiods etwas jüngerer ›Theogonie‹ und seinen ›Werken und Tagen‹, aus den Tragödien des Aischylos, Sophokles und Euripides, dem hellenistischen Argonautenepos des Apollonios von Rhodos und dem spätantiken Riesenwerk des Nonnos, den ›Dionysiaka‹. Neben diese Schöpfungen von Griechen treten die ›Aeneis‹ des Vergil als römische Nationaldichtung und, in vielem noch wirkungsmächtiger, das mythologische Welttheater des Römers Ovid, der in seinen ›Verwandlungen‹ und den ›Kalendergeschichten‹ fast dreihundert einzelne Sagen kunstvoll miteinander verknüpft hat. Für die römische Frühgeschichte, soweit sie sich im mythischen Dunkel verliert, ist das Geschichtswerk des Livius eine wichtige Quelle; manches mußte, da ein großer Teil der antiken Literatur im Lauf der Zeit verlorengegangen ist, aus Sammelwerken herausgelöst werden. Hier steht an erster Stelle die ›Bibliothek‹, ein wohl im 1. Jahrhundert n. Chr. verfaßtes

Handbuch der Mythologie, das uns unter dem Namen des alexandrinischen Gelehrten Apollodoros verstümmelt überliefert ist. Sein Materialreichtum ist enorm, verglichen vor allem mit den etwas jüngeren ›Fabulae‹ des Römers Hyginus.
Offensichtlich war es bereits den antiken Menschen unmöglich, den Überblick über die Gestaltenfülle des Mythos zu bewahren. So begannen im 5. Jahrhundert v. Chr. »Mythographen« die verstreuten Sagen zu sammeln, zu sichten und zu verdichten. Die ›Bibliothek‹ ist ein streckenweise trockener, oft aber auch recht flott geschriebener Durchzieher von der Entstehung der Götter durch die »vorhomerische« Welt, wozu die düsteren und grausigen Sagen von Oidipus und vom Fluch der Atriden gehören, bis zum Kampf um Troja und den Irrfahrten des Odysseus.
Wenn wir annähernd dasselbe Material alphabetisch aufgeführten Personen zuordnen, gilt es die Gefahr von Doppelungen zu vermeiden: Iason und Medeia gehören zusammen; trennt man sie, so müßte man sowohl unter dem Stichwort »Iason« wie unter »Medeia« etwa dieselbe Geschichte erzählen. Deshalb soll ein System von Verweisen dafür sorgen, daß die beiden Lemmata, aufeinander bezogen, sich auch gegenseitig ergänzen.
Unter »Iason« haben wir den Teil der Argonautengeschichte zusammengefaßt, die Iason handelnd bestimmt. Medeias Rache an dem Treulosen ist dort nur kurz angedeutet. Ausführlich bringt sie das Stichwort »Medeia«. Damit der Leser unterscheiden kann, wo Weiterlesen möglich und wo es nötig ist, haben wir zwei Verweiszeichen eingeführt:
* (z. B. Zeus*, Achilleus*) bedeutet, daß eventuell benötigte Information über den genannten Gott oder Helden unter seinem Namen zu finden ist.
** (z. B. Medeia**) drückt aus, daß das so hervorgehobene Stichwort wichtige, ergänzende Informationen zum vorliegenden Lemma bringt.
Medeia mag etwas ungewöhnlich klingen, genau wie Aineias oder Kyklops, doch ist es wohl sinnvoll, griechische Namen in ihrer griechischen (also z. B. Kassiopeia oder Kerberos), genuin lateinische in ihrer lateinischen Form (also z. B. Iulius oder Iuppiter) zu bringen. Wo die Gefahr besteht, daß der Leser auf der Suche nach einem vertrauten Namen, etwa Aeneas, nicht fündig wird, gibt es Verweise.

Im übrigen gebrauchen wir da, wo wir römischen Quellen folgen, die dort verwendeten Namen, so daß sich etwa an die Taten, die Aineias bei Homer verrichtet haben soll, die des vergilischen Aeneas anschließen.

A

Abas
König von Argos auf der Peloponnes, Vater des Akrisios*, Urgroßvater des Perseus*.

Acca Larentia
Larentia nennt Ovid (Fasti III 55f.) die Frau des Hirten Faustulus*, die sich des kleinen Romulus* angenommen haben soll. Dasselbe teilt Livius (Ab urbe condita I 4, 7) mit, der außerdem schreibt, Acca Larentia sei eine Dirne *(lupa)* gewesen und auch so genannt worden. Wenn Romulus angeblich von einer Wölfin gesäugt wurde, erkläre sich das daraus, daß *lupa* eigentlich »Wölfin« bedeute. Bei Gellius (Noctes Atticae VII 7, 5) ist Acca entweder eine erfolgreiche Prostituierte, die ihren immensen Reichtum dem Romulus beziehungsweise dem römischen Volk vermachte und dafür durch ein jährliches Opferfest geehrt wurde, oder die Amme des Romulus, den sie nach dem Tod eines ihrer zwölf Söhne zu sich nahm. Macrobius, ein fleißiger Sammler des 5. Jahrhunderts n. Chr., steuert noch einige skurrile Details bei: Als sich einmal der Tempelhüter des Hercules* langweilte, forderte er seinen Gott zum Würfelspiel um eine Mahlzeit und ein Mädchen auf, warf für sich und auch für ihn und verlor. Darauf richtete er ein Essen und schloß die Edelprostituierte Acca im Tempel ein. Der Gott aber ließ sich beides behagen, die Mahlzeit und die Dirne, und revanchierte sich bei dieser, indem er sie einen reichen Mann finden, heiraten und beerben ließ. (Macrobius, Saturnalia I 10, 12–14) In Wirklichkeit dürfte es sich bei Acca Larentia um eine alte Göttin handeln, deren ursprüngliches Erscheinungsbild durch rationalistische Umdeutung und sekundäre Beigaben bis zur Unkenntlichkeit entstellt wurde.

Acheloos
Gott des gleichnamigen Stroms in Mittelgriechenland, Sohn des Okeanos* und der Tethys*, Liebhaber der Perimele*, Vater der Sirenen*. Als Acheloos um die schöne Deianeira* freite, unterlag er seinem Mitbewerber Herakles* im Ringkampf, wiewohl er sich dabei in eine Schlange und einen wilden Stier

verwandelte. Dessen Kopf drückte Herakles so kräftig in den Sand, daß dabei ein Horn abbrach. »Nymphen füllten es mit Früchten und duftenden Blumen und weihten es den Göttern. Reich durch das Horn ist nun die Gute Göttin der Fülle.« (Ovid, Metamorphosen IX 1–88; zum »Füllhorn«/Amaltheia) Das bärtige, gehörnte Haupt des Acheloos war ein beliebtes Motiv in der griechischen und auch in der etruskischen Kunst; den Zweikampf mit Herakles malte u. a. Guido Reni (um 1630, Paris, Louvre), das Gelage für Theseus* und seine Begleiter, in dessen Verlauf Ovid den Gott selbst von seiner Niederlage berichten läßt, Peter Paul Rubens (um 1625, New York, Metropolitan Museum of Art)

Achaemenides

Gefährte des Odysseus*, der bei dessen Flucht vor Polyphem* auf Sizilien zurückblieb und später von Aeneas* gerettet wurde (Vergil, Aeneis III 588–668; Ovid, Metamorphosen XIV 160–222). Da in der Odyssee nie von einem Achaimenides die Rede ist, darf man annehmen, daß erst Vergil diese Figur erfunden hat.

Acheron

Einer der vier Ströme der Unterwelt (neben dem Acheron nennt die Odyssee X 513 f. Kokytos, Pyriphlegethon und Styx*). Über den Acheron setzt Charon* die Seelen der Verstorbenen über, sofern diese nach Brauch bestattet wurden. Andernfalls irren sie wehklagend am Ufer umher, und ihre Klage scheint im Namen des Flusses widerzuhallen, den nur Herakles* und Orpheus* lebend überquerten. Den Gott des Flusses bezeichnet Ovid als Vater des Askalaphos*.

Achilleus

Sohn des Peleus* und der Meergöttin Thetis*, der größte Held der Griechen im Kampf um Troja.

Achills Jugend: Thetis wollte, was väterlicherseits an ihrem Sohn sterblich war, beseitigen, indem sie ihn nachts ins Feuer legte und am Tage mit der Götternahrung Ambrosia salbte. Als Peleus ihr nachspionierte und den Kleinen in den Flammen zappeln sah, schrie er laut und vereitelte so den Plan der Mutter, die enttäuscht ins Meer zurückkehrte. Peleus übergab das Kind dem Kentauren* Chiron*, der es mit Löwenlebern und Bärenmark nährte und Achilleus nannte. Ursprünglich hieß der Junge Ligyron. Als er neun Jahre alt war, verkündete der Seher Kalchas*, ohne seine Mithilfe könne Troja nicht erobert werden. Thetis aber, die wußte, daß Achilleus diesen Krieg nicht überleben werde, brachte ihn in Mädchenkleidern auf die Insel Skyros und versteckte ihn unter den Töchtern des Königs Lykomedes*. In eine von ihnen, Deidameia*, verliebte er sich, und sie gebar ihm Pyrrhos, der später Neoptolemos* genannt wurde. Odysseus*, dem das Versteck des jungen Helden verraten worden war, entdeckte ihn dadurch, daß er den Mädchen seine Gastgeschenke – schöne Kleider und Schmuck, aber auch Rüstung und Waffen – zeigte und plötzlich die Kriegstrompete blasen ließ, worauf Achill sofort nach den Waffen griff. (Apollodor, Bibliothek III 171–174, nach älteren, uns verlorenen Quellen). Daß Thetis ihren Sohn an der Ferse in die Styx* gehalten habe, um ihn gegen Hieb und Stich zu feien, und daß dabei ebendiese Ferse verwundbar geblieben war, lesen wir erst in der ›Achilleis‹ des Papinius Statius (I 269). Von einem Feldzug gegen die Stadt des Königs Telephos*, Theuthrania, die die Griechen irrtümlich für Troja hielten, und gegen Skyros, dazu von einer Werbung des Achilleus um die schöne Helena* wurde in heute verlorenen älteren Epen berichtet. Die Ilias weiß aber weder davon noch von der Mädchenverkleidung; nach ihrem Bericht holen Odysseus* und Nestor* den Helden bei seinem Vater ab, der ihm rät, »immer der Beste zu sein und hervorzuragen vor allen« (Ilias XI 784). Später erfährt Achilleus von seiner Mutter, daß er sich durch seine Teilnahme am Krieg für hohen Ruhm und gegen ein langes Leben entscheide (Ilias IX 410–416).

Vierzig Tage vor Troja: Im ersten Vers der Ilias wird als ihr Thema der Zorn des Achilleus genannt. Dieser entzündet sich am Fehlverhalten des Oberbefehlshabers Agamemnon*, der sich zunächst sträubt, eine schöne Gefangene, Chryseis*, ihrem Vater zurückzugeben. Darauf wendet sich dieser, ein Priester Apollons*, an seinen Gott um Hilfe, und dieser straft die Griechen durch eine Pest. Nun muß Agamemnon nachgeben, doch sucht er sich schadlos zu halten, indem er Achilleus dessen Mädchen Briseis* entführt. Der Held fügt sich widerwillig und verweigert weitere Teilnahme am Kampf. Seine Mutter Thetis aber bittet Zeus*, die Trojaner solange siegen zu lassen, bis das ihrem Sohn widerfahrene Unrecht gesühnt

sei. Tatsächlich geraten die Griechen nun in große Bedrängnis und wenden sich hilfesuchend an Achilleus, der jedoch erst einlenkt, als Hektor* Feuer in die griechischen Schiffe wirft. Achill gibt seinem Freund Patroklos* die eigene Rüstung und läßt ihn am Kampf teilnehmen. Zunächst fliehen die Trojaner vor ihm in Panik, dann aber stellt sich ihm Hektor entgegen, erschlägt ihn und raubt ihm die Rüstung. Achilleus söhnt sich daraufhin mit Agamemnon aus, der ihm Briseis zurückgibt, und stürzt sich, kaum daß ihm seine göttliche Mutter von Hephaistos* neue Waffen hat schmieden lassen, voll maßloser Wut ins Gefecht. Er metzelt so viele Trojaner nieder, daß ihre Leichen den Fluß Skamandros* stauen. Dessen Gott sucht in gerechter Empörung den Rasenden zu ertränken, wird aber von Hephaistos* daran gehindert. Nicht einmal Hektor vermag dem Achilleus standzuhalten: Dreimal läßt er sich von ihm um Trojas Mauerring jagen, bis ihm Athene* in der Gestalt seines Bruders Deiphobos* Mut macht – zu seinem Verderben! Achill tötet Hektor, der ihm sterbend sein eigenes Ende prophezeit, und schleift die Leiche an einem Wagen fort, um sie den Hunden zum Fraß vorzuwerfen. Doch als Priamos*, Hektors Vater, mit göttlicher Hilfe zu ihm ins Lager kommt, läßt er sich umstimmen und gibt den Toten heraus. Damit endet die ›Ilias‹, deren Handlung sich auf vierzig Tage des zehnten Kriegsjahrs beschränkt (Ilias I–XXIV).
Achills Tod: Mit Hektors Fall ist Trojas Untergang noch nicht besiegelt: Noch findet die Stadt Verbündete – aber sowohl die Amazonenkönigin Penthesileia* wie der Äthiopier Memnon* erliegen dem Achilleus, ehe diesen der von Apollon* gelenkte Pfeil des Paris* trifft (Apollodor, Bibliothek VIII 1–2). In der Unterwelt darf der große Held wie ein König über die Toten herrschen, doch wäre er lieber der Ackerknecht eines Hungerleiders und dafür lebendig (Odyssee XI 489–491). Nach der Eroberung Trojas zeigt sich sein Schatten am Grabhügel und fordert die Opferung der Polyxena*, der jüngsten Tochter des Priamos (Euripides, Hekabe; Ovid, Metamorphosen XIII 441–532). Während Ovid die unversöhnliche Rachsucht des Toten betont, wird er von anderen auf die Inseln der Seligen versetzt und dort mit Polyxena, Helena oder gar mit Medeia* vereint.
Nachleben: In Konkurrenz mit der unvergleichlichen ›Ilias‹ Achills Taten zu schildern, wagten nur wenige große Dichter.

Bemerkenswerterweise blieb sowohl die ›Achilleis‹ des Römers Statius (um 95 n. Chr.) unvollendet wie Goethes gleichnamiges Epos (1799), das den Helden im Bann seines unmittelbar bevorstehenden Endes zeigt. Die Liebe zu Polyxena läßt ihn das Verhängnis vergessen, das ihn bei der Hochzeit(!) ereilt. Kleists Versdrama ›Penthesilea‹ (1808) mit seinen krassen Gegensätzen zwischen Zärtlichkeit und wilden Ausbrüchen, in dem die Haßliebe der Amazone Achill und ihr den Tod bringt, wurde von Goethe heftig abgelehnt und kommt nur selten auf die Bühne. Kleinere Geister scheiterten vollends an dem übermächtigen Helden, z. B. Thomas Corneille, der Bruder des berühmten Pierre, mit seinem Drama ›Achille‹ (1673). Oper und Operette nahmen sich besonders der Ereignisse auf Skyros an, z. B. Georg Friedrich Händels ›Deidamia‹ (1739). Auch in der Malerei erfreuten sich Szenen aus Achills Kindheit und Jugend besonderer Beliebtheit, vor allem die Erziehung durch Chiron (bereits als Wandgemälde aus Pompeji bekannt) und der Aufenthalt unter den Töchtern des Lykomedes (z. B. von Peter Paul Rubens, um 1620, Prado, Madrid). Berühmt sind ein Vasenbild des Exekias ›Achill beim Brettspiel mit Aias‹ (um 530 v. Chr., Rom, Vatikanische Sammlungen) und eine Metope aus Selinunt ›Achill tötet Penthesileia‹ (5. Jahrhundert v. Chr., Palermo, Museo Nazionale). Die gleiche Szene findet sich auf einer attischen Schale aus Vulci (um 460 v. Chr., München, Antikensammlungen): Die Amazonenkönigin ist vor Achilleus niedergesunken und blickt voll Vertrauen und Liebe zu ihm auf; er aber stößt ihr das Schwert in die Brust.

Acis
→ Akis

Admetos
König von Pherai in Thessalien, dem auf Befehl des Zeus* Apollon* ein Jahr als Hirte dienen mußte, weil er im Zorn über den Verlust seines Sohnes Asklepios** die Kyklopen* getötet hatte (Vergil, Georgica III 2). Mit Hilfe Apollons gewann Admetos die schöne Alkestis**: Es gelang ihm, wie ihr Vater Pelias* es verlangt hatte, einen Löwen und einen Eber vor einen Wagen zu spannen (Pausanias, Periegesis III 18, 16). Admet soll auch an der Kalydonischen* Eberjagd und an der Fahrt der Argonauten* teilgenommen haben.

Adonis
Sohn des Königs von Zypern, Kinyras, und seiner Tochter Myrrha*, der es mit Hilfe ihrer Amme gelang, mehrere Nächte unerkannt das Lager des Vaters zu teilen. Als dieser endlich den Frevel entdeckte, verfolgte er seine Tochter mit gezücktem Schwert, doch sie entkam ihm nach Arabien, wo die Götter sie auf ihr Flehen in einen Myrrhenbaum verwandelten. Schon ein Baum, gebar sie den Adonis**, und Nymphen* pflegten das wunderschöne Kind (Ovid, Metamorphosen X 298–518). Apollodor, der die Mutter des Adonis Smyrna* nennt, berichtet weiter, Aphrodite* selbst sei von der Schönheit des Kleinen so angetan gewesen, daß sie ihn in einer Kiste verbarg und der Persephone* anvertraute. Als die ihn nicht mehr hergeben wollte, wandte sich Aphrodite an Zeus* um Hilfe; der entschied, Adonis solle ein Drittel des Jahrs bei Persephone verbringen, ein weiteres Drittel bei Aphrodite, ein letztes nach eigenem Gutdünken. Aber auch diese Zeit widmete der junge Mann der Liebesgöttin, bis ihn auf der Jagd ein wilder Eber tötete (Apollodor, Bibliothek III 183–185). Aus dem Blut des Geliebten ließ Aphrodite eine Blume wachsen, an der man sich nur kurz erfreuen kann: das Windröschen, die Anemone (Ovid, Metamorphosen X 739). Ursprünglich war Adonis ein semitischer Vegetationsgott (*adon:* Herr), wie Attis* ein Geliebter der Großen Muttergöttin. Sein Tod und seine Rückkehr aus der Unterwelt symbolisieren Werden und Vergehen in der Natur, genau wie die Adonisgärtchen, Schalen mit rasch wachsenden und welkenden Blumen, die noch in hellenistischer Zeit von den Frauen zum Adonisfest bepflanzt wurden. Die Klage um den jungen Gott – *o ton Adonin* – schwingt nach im Adonisvers, dem vierten Vers der sapphischen Strophe. Besucherinnen eines Adonisfests hat Theokrit um 275 v. Chr. in dem Mimos ›Adoniazusai‹ realistisch und humorvoll geschildert. Im Stil des Tasso und Ariost dehnte Gianbattista Marino in seiner Dichtung ›L'Adone‹ (1623) die Adonissage durch heitere, ironische und gelehrte Einlagen auf 20 Gesänge. Auch William Shakespeare suchte in dem Kleinepos ›Venus and Adonis‹ (1593) durch rhetorischen Prunk, detaillierte Naturschilderungen und zahlreiche Dialoge Ovid noch zu übertreffen. Venus und Adonis als Liebespaar waren ein geschätztes Thema der Renaissance- und Barockmalerei, besonders der niederrheinische Maler Hend-

rick Goltzius hat es ganz reizvoll behandelt (Venus und Adonis, 1614, München, Alte Pinakothek); auch sein ›Tod des Adonis‹ (1603, Amsterdam, Rijksmuseum) verdient Erwähnung. Einen marmornen ›Sterbenden Adonis‹ samt einem lächerlich kleinen Eber findet man im Bargello zu Florenz. Die Plastik wurde früher Michelangelo zugeschrieben, in Wirklichkeit stammt sie von Vincenzo de' Rossi. Von Auguste Rodin gibt es ebenfalls einen ›Sterbenden Adonis‹ (1893, Paris, Musée Rodin).

Adrastos
Sohn des Talaos, König von Argos, bei dem der aus Theben vertriebene Sohn des Oidipus*, Polyneikes*, ebenso Zuflucht fand wie Tydeus*. Die zwei waren zur Nachtzeit vor seinem Palast aneinandergeraten, und als Adrastos den Streit schlichtete, sah er auf dem Schild des einen Flüchtlings das Bild eines Ebers, auf dem des anderen einen Löwen. Da fiel ihm der Spruch eines Wahrsagers ein, er werde seine Töchter mit einem Eber und einem Löwen vereinen, und er nahm die beiden als Schwiegersöhne bei sich auf. Dem Polyneikes gab er seine Tochter Argeia zur Frau und versprach, ihm bei der Eroberung seiner Vaterstadt zu helfen. Vergeblich riet der Seher Amphiaraos** davon ab, vergeblich deutete er auf dem Zug nach Theben den Tod des kleinen Opheltes** durch eine Schlange als warnendes Zeichen. Tatsächlich fanden sechs von den Sieben*, die gegen Theben marschiert waren, den Tod. Adrastos allein konnte sich auf seinem schnellen Pferd Areion* nach Athen retten und Hilfe erbitten. Da der neue König von Theben, Kreon (1)*, die Leichen der Angreifer unbestattet hatte liegen lassen, nahm sich Theseus* des Adrastos an, erstürmte Theben und sorgte für die Beerdigung der Gefallenen (Apollodor, Bibliothek III 58–80).

Aedon
→ Pandareos

Aello
Eine der Harpyien*, die in Vergils ›Aeneis‹ die Trojaner durch die Prophezeiung schreckt, sie würden erst dann Ruhe finden, wenn sie aus Not ihre Tische verzehrt hätten. Als jene in Italien Speisen auf Brotfladen legen und diese mitessen,

erkennt Askanios*-Iulus, daß sich die Weissagung erfüllt hat (Vergil, Aeneis VII 107–129).

Aerope

Tochter des Kreterkönigs Katreus. Als diesem geweissagt wurde, eines seiner Kinder werde ihn töten, gab er Aerope und ihre Schwester dem Nauplios* mit, der sie in der Fremde als Sklavinnen verkaufen sollte. Der mitleidige Mann brachte die Mädchen nach Argos, wo Aerope sich verheiratete. Ihre Söhne waren Agamemnon* und Menelaos* (Apollodor, Bibliothek III 15). Dadurch, daß Aerope Atreus**, ihren Mann, hinterging und mit seinem Bruder Thyestes* die Ehe brach, löste sie eine Kette grausiger Taten aus, die sogenannten Atridengreuel. Sie selbst wurde von Atreus ins Meer gestürzt (Euripides, Elektra 699–746; Orestes 995–1018; Apollodor, Bibliothek V 10–11).

Agamemnon

Sohn des Atreus* und der Aerope*, Bruder des Menelaos*, Ehemann der Klytaimestra*, Vater des Orestes*, der Elektra*, der Iphigenie* und der Chrysothemis*. Als Atreus durch Aigisthos* ermordet und Thyestes** Herr von Mykene geworden war, rettete den kleinen Agamemnon und seinen Bruder die Amme. Später half Tyndareos* den beiden beim Sturz des Thyestes und gab dem Agamemnon seine Tochter Klytaimestra zur Frau. Ihren ersten Mann, den Sohn des Thyestes, und ihr Neugeborenes hatte Agamemnon getötet. Menelaos heiratete die andere Tochter des Tyndareos, Helena*, und folgte seinem Schwiegervater auf den Thron von Sparta (Apollodor, Bibliothek V 15–16). Als der trojanische Prinz Paris* Helena* entführt hatte, bat Menelaos seinen Bruder um Hilfe, und der versammelte eine Streitmacht aus fast ganz Griechenland. Mit dieser wollte er von Aulis nach Kleinasien übersetzen, wurde aber durch völlige Windstille daran gehindert. Der Seher Kalchas* verkündete, die Göttin Artemis* müsse durch ein Opfer besänftigt werden, und forderte dafür Agamemnons Tochter Iphigenie. Mit einer List wurde die Ahnungslose samt ihrer Mutter ins Heerlager gelockt: Angeblich sollte das Mädchen mit Achilleus* verlobt werden. Bald aber verriet ein alter Diener der Königin, was Agamemnon wirklich plante. Achill wollte Iphigenie retten, doch diese war nach schwerem inneren Kampf bereit, für die Griechen zu sterben. Artemis aber entrückte sie während der Opferhandlung und legte statt ihrer eine Hirschkuh auf den Altar (Euripides, Iphigenie in Aulis). Nun segelte die griechische Flotte mit günstigem Wind nach Troja, das erbitterten Widerstand leistete. Im zehnten Kriegsjahr brachte Agamemnon Achilleus** gegen sich auf, erkannte, als er sein Heer auf die Probe stellte, wie kriegsmüde alle waren, und mußte in den folgenden Kämpfen schwere Rückschläge hinnehmen, bis er sich mit Achilleus wieder versöhnte (Ilias I–XXIV). Nach der Eroberung Trojas kehrte Agamemnon mit seiner Beute, der Seherin Kassandra*, nach Mykene zurück und wurde dort von Aigisthos* im Bunde mit Klytaimestra bzw. von dieser allein im Bad erschlagen (Odyssee III 234–275; Aischylos, Agamemnon; Seneca, Agamemnon). Elektra* rettete den kleinen Orestes, der später den Vater rächte.

Die Geschichten um Agamemnon haben Generationen von Dichtern immer neu erzählt und dabei im einzelnen erheblich verändert. Während der Herrscher von Mykene in der Ilias ungeachtet der Fehler, die er aus Stolz und Starrsinn macht, doch im ganzen positiv charakterisiert wird als »Hirte der Völker«, als »göttlich« und »von Zeus geliebt«, steht er bei Aischylos unter dem Fluch, der auf dem Haus des Atreus liegt; Euripides dagegen machte aus ihm einen schwächlichen Zauderer. Der bühnenwirksame Stoff reizte bis in die neueste Zeit zahlreiche Dramatiker, darunter auch Gerhart Hauptmann, dessen Atriden-Tetralogie den Vergleich mit ihren antiken Vorbildern nicht zu scheuen braucht. Sie besteht aus den Stükken Iphigenie in Aulis (1943), Agamemnons Tod (1947), Elektra (1947) und Iphigenie in Delphi (1941), von denen sich die ersten drei an Euripides, Aischylos und Sophokles (Elektra) anlehnen. Die Betonung starker Emotionen und des Grausigen schafft auch eine gewisse Nähe zu Seneca. Als Trilogie konzipiert ist ›Mourning becomes Electra‹ (1931; dt.: Trauer muß Elektra tragen) von Eugene O'Neill, der das tragische Geschehen ins 19. Jahrhundert und nach Amerika verlegt und aus der Psyche der handelnden Personen begründet. Agamemnon verwandelt sich in Ezra Mannon, einen erfolgreichen General, aus Klytaimestra wird dessen Frau Christine, die ihren Mann mit dem Kapitän Brant betrügt und schließlich vergiftet. Auf der Opernbühne behauptet sich noch Christoph

Willibald Glucks ›Iphigenie in Aulis‹ (1774), deren französischer Librettist sich mehr an Euripides als an Jean Racines durch Einführung einer Ersatz-Iphigenie kränkelnde Tragödie ›Iphigénie‹ (1674) gehalten hat.

Agaue
Tochter des Kadmos*, Mutter und Mörderin des Pentheus**.

Agenor
König von Tyros, Vater der Europa*, die Zeus* entführte. Um sie zu suchen, sandte Agenor seine drei Söhne, Kadmos*, Kilix und Phoinix aus und verbot ihnen, ohne die Schwester zurückzukehren. Da diese unauffindbar blieb, ließen sich Kilix in Kilikien und Phoinix in Phönizien nieder, Kadmos aber gründete Theben (Apollodor, Bibliothek III 1–4).

Aglauros, Agraulos
Tochter des Kekrops*, Schwester der Herse* und der Pandrosos*, mit denen zusammen sie ein von Athene* übergebenes Körbchen hüten soll. Gegen das ausdrückliche Verbot der Göttin schaut Aglauros hinein und erblickt den kleinen Erichthonios** (Ovid, Metamorphosen II 553–561). Für ihre Neugier und die gegenüber dem in Herse verliebten Merkur* bewiesene Habsucht wird Aglauros durch Athene schwer bestraft: Die scheußliche Göttin des Neides haucht ihr das Gift der Eifersucht ein, das sie zerfrißt, bis Merkur sie in einen Stein mit häßlichen Flecken verwandelt (Ovid, Metamorphosen II 708–832). In der durch eindrucksvolle Schilderungen lesenswerten Verwandlungsgeschichte Ovids gewinnt eine in der älteren Überlieferung marginale und daher wohl widersprüchlich charakterisierte Sagengestalt klare Konturen. Bei Herodot (VIII 53) ist von einem Heiligtum der Kekropstochter Aglauros am Abhang der Akropolis die Rede; Demosthenes (XIX 303) meint, sie habe sich für ihre Heimat geopfert; im ›Ion‹ des Euripides (21ff., 270ff.) heißt es dagegen, sie sei von Athene mit Wahnsinn geschlagen worden und habe sich zusammen mit ihren Schwestern von der Akropolis gestürzt.

Aiakos
Sohn des Zeus* und der Aigina*, Vater des Peleus*, des Telamon* sowie – von der Meergöttin Psamathe* – des Phokos*.

Aiakos war der frömmste Mann seiner Zeit; so konnte er Griechenland nach einem Orakelspruch von Unfruchtbarkeit erlösen, die ein Frevel des Pelops* verschuldet hatte; nach seinem Tod wurde er einer der drei Richter in der Unterwelt (Apollodor, Bibliothek III 155–160). Daß dem Aiakos Untertanen aus Ameisen erschaffen wurden, erwähnt Apollodor; Ovid bringt das Ereignis mit einer breit geschilderten Pestepidemie auf Aigina in Zusammenhang (Metamorphosen VII 517–657). Nach dem Tod fast aller Einwohner habe Aiakos Jupiter* angefleht, ihm so viele Bürger zurückzugeben, wie Ameisen an seiner heiligen Eiche herumkletterten. Die Bitte wurde erfüllt, und weil die neuen Aigineten früher Ameisen, *myrmekes,* gewesen waren, nannte man sie nun Myrmidonen.

Aias

Lat.: Aiax; **1.** Sohn des Telamon*, Bruder des Teukros*, der Telamonier oder der »große« Aias genannt; nach Achilleus* der tapferste Grieche vor Troja, der sich im Zweikampf mit Hektor* maß und ihn verwundete, der den Ansturm der Trojaner auf das Schiffslager abwehrte und die Leiche des Patroklos* bergen half (Ilias, v.a. II, VII, XVII). Nach dem Tod des Achilleus verlangt Aias dessen Waffen, doch ein Schiedsgericht spricht sie Odysseus* zu. In seiner Wut will der Unterlegene die Führer der Griechen umbringen, Athene* aber verblendet ihn, so daß er eine Schafherde niedermetzelt. Als er wieder zur Besinnung kommt und sieht, was er angerichtet hat, stürzt er sich voll Scham in sein Schwert (Sophokles, Aias). Diese Szene hat der große attische Vasenmaler Exekias auf einer schwarzfigurigen Amphore dargestellt (um 540 v. Chr., Musée des Beaux Arts et d'Archéologie, Boulogne-sur-Mer). In den ›Metamorphosen‹ des Ovid ist der Streit um die Waffen des Achilleus breit behandelt (XII 620–XIII 398); damit er sich in den Rahmen der Verwandlungsgeschichten fügt, wird erklärt, aus dem Blut des toten Aias sei eine purpurrote Blume entsprossen, auf deren Blütenblättern deutlich AI AI zu lesen sei.
2. Sohn des Königs von Lokris, Oileus*, der »kleine« Aias, Führer der Lokrer vor Troja, ein guter Speerkämpfer und Läufer (Ilias, v.a. II, XIII, XXIII). Bei der Eroberung Trojas erregte Aias den Zorn der Athene* dadurch, daß er der Seherin Kassandra* Gewalt antat, während sie das Bild der Göttin

umklammerte (Apollodor, Bibliothek VIII 22). Auf der Heimfahrt will ihn Athene deswegen vernichten, doch Poseidon* steht ihm bei. Da schreit Aias in Stolz und Verblendung, nun sei er dem Schlund des Meeres selbst gegen den Willen der Götter entkommen. Sofort zerschmettert Poseidon den Felsen, auf den sich der Frevler gerettet hat; Aias muß ertrinken (Odyssee IV 499–511).

Aidoneus
Der Herr der Unterwelt, Hades*.

Aietes
König von Kolchis an der Ostküste des Schwarzen Meers, ein Sohn des Sonnengotts Helios* und der Perseis, Bruder der Kirke* und der Pasiphae*, Vater der Medeia**, nimmt den Phrixos** gastfreundlich auf, läßt das Goldene Vlies des von diesem geopferten Widders durch einen Drachen bewachen und stellt dem Iason**, der es gewinnen will, schwierige Aufgaben (Apollodor, Bibliothek I 83; 127–129).

Aigeus
Sohn des Pandion*, König von Athen, erhielt nach zwei kinderlos gebliebenen Ehen ein rätselhaftes Orakel, dessen Sinn erst Pittheus*, der König von Troizen in Argos, erfaßte. Er machte Aigeus betrunken und brachte ihn mit seiner Tochter Aithra* zusammen, die von ihm – oder von Poseidon*, der in derselben Nacht zu ihr kam – Theseus** empfing. Als Aigeus von Aithra Abschied nahm, bat er sie für den Fall, daß sie einen Sohn bekäme, diesen aufzuziehen, ihm aber den Namen seines Vaters zu verschweigen. Zugleich ließ er unter einem Felsen seine Schuhe und sein Schwert zurück und gebot, seinen Sohn zu ihm zu senden, wenn er den Stein heben und die Erkennungszeichen an sich nehmen könne. Darauf kehrte Aigeus nach Athen zurück und feierte das Panathenäenfest, bei dem Androgeos*, der Sohn des Minos*, glänzende Siege errang, im Anschluß an die Feierlichkeiten aber ein trauriges Ende fand. Minos bekriegte Athen, die Götter sandten Pest und Hungersnot, und Aigeus mußte sich den Bedingungen des Kreterkönigs unterwerfen, der sieben junge Männer und sieben Mädchen als Fraß für den Minotauros* forderte (Apollodor, Bibliothek III 206–213). Ehe Theseus** den Athenern

aus dieser Not half, kam Medeia* zu Aigeus und wurde seine vierte Frau. Da sie Theseus nach dem Leben trachtete, jagte Aigeus sie jedoch fort. Später fand er den Tod aufgrund eines Mißverständnisses, als Theseus aus Kreta heimkehrte (Apollodor a.O. I 147; IV 12).

Aigina
Tochter des Flußgottes Asopos, von Zeus* in Gestalt eines Adlers oder eines Feuerbrands überwältigt und auf die Insel Oinone entführt, die später den Namen der Aigina erhielt und von ihrem Sohn Aiakos* beherrscht wurde (Ovid, Metamorphosen VI 113; VII 472–473).

Aigisthos
Sohn des Thyestes**, Liebhaber der Klytaimestra* und Mörder Agamemnons*; nach siebenjähriger Herrschaft über Mykene von Orestes* getötet (Odyssee IV 518–538; III 193–199, 303–309). In der Tragödie ›Agamemnon‹ des Aischylos erschlägt Klytaimestra selbst ihren Mann; Aigisthos rechtfertigt die Tat als Rache für die Frevel des Atreus* (Agamemnon 1577–1611).

Aineias
Sohn des Anchises* und der Aphrodite*, der tapferste Verteidiger Trojas nach Hektor*, im Zweikampf von Diomedes* durch einen Steinwurf verwundet, aber von seiner göttlichen Mutter und Apollon* gerettet, von Artemis* und Leto* gepflegt (Ilias V 217–448). Als er sich dem Achilleus* entgegenstellt, entrückt ihn Poseidon*, da ihm nur von dessen Hand der Tod drohe (Ilias XX 79–340). Nach dem Willen des Schicksals soll »Aineias kraftvoll die Trojaner beherrschen, Kind und Kindeskinder und spätere Generationen« (Ilias XX 307f.). Daß das Geschlecht des Aineias immerdar blühen werde, verspricht auch Aphrodite im Homerischen Hymnos V 196f., in dem ihre Begegnung mit Anchises ausführlich geschildert wird; daß Aineias aber für den Rest seines Volks eine neue Heimat suchen müsse, ist weder dort noch in der Ilias gesagt. Allerdings scheint ihm bereits gegen Ende des 6. Jahrhunderts v. Chr. die Gründung von Städten im westlichen Mittelmeerraum zugeschrieben worden zu sein. Warum die Römer ihn zum Ahnherrn nahmen, ist umstritten. Vielleicht

spielte die schon in der Ilias betonte Frömmigkeit des Helden eine Rolle, dessen Irrfahrten zuerst Naevius in seinem ›Bellum Poenicum‹ (um 210 v. Chr.) behandelte. Ennius begann eine Generation später seine ›Annales‹ mit dem Fall Trojas, und Vergil schuf aus dem mittlerweile reich entfalteten Stoff die ›Aeneis‹. In ihr wird die Flotte des Aeneas bei der Abfahrt von Sizilien durch einen von Juno* veranlaßten Sturm an die Küste Afrikas verschlagen, wo die Königin von Karthago, Dido*, die Trojaner freundlich aufnimmt. Aeneas erzählt von der Eroberung seiner Heimatstadt mit Hilfe des Trojanischen* Pferds, von seiner Flucht mit dem alten Vater auf den Schultern und dem Knaben Askanios* an der Hand sowie von den bisherigen Irrfahrten. Dido verliebt sich in den Helden, der ihre Liebe erwidert, aber auf Befehl Jupiters* seinen Weg nach Italien fortsetzen muß. Die Verlassene verflucht den Treulosen und tötet sich – die Feindschaft Karthagos und Roms hat damit ihre mythologische Begründung. Bei einem zweiten Aufenthalt auf Sizilien ehrt Aeneas seinen Vater, den er vor dem verhängnisvollen Sturm dort begraben mußte, durch Leichenspiele. In deren Verlauf stecken die Frauen der Trojaner, der langen Irrfahrt müde, die Schiffe in Brand; Jupiter aber löscht das Feuer durch einen Wolkenbruch. Als Aeneas Italien erreicht hat, will er sich von der Sibylle* von Cumae weissagen lassen. Diese gebietet ihm, einen der Proserpina* heiligen goldenen Zweig zu brechen, und führt ihn, als er die Aufgabe gelöst hat, durch die Unterwelt ins Elysium. Dort zeigt ihm sein Vater die Seelen der Männer, die dereinst Roms Führer sein werden, darunter auch Caesar und Augustus, und verheißt den Römern die Weltherrschaft. Die Unterwerfung Griechenlands erscheint in diesem Zusammenhang als späte, aber gerechte Rache für den Fall Trojas. Zu den Lebenden zurückgekehrt, gewinnt Aeneas die Freundschaft des Königs von Latium, Latinus*, der den Trojanern Land zuweist und aufgrund eines Orakels dem Führer der Fremden seine Tochter Lavinia* zur Frau gibt, obwohl sie bereits mit dem Rutulerfürsten Turnus* verlobt ist. In diesem findet Aeneas einen unversöhnlichen Gegner, den er erst nach vielen verlustreichen Schlachten im Zweikampf bezwingen kann. Schwer verwundet, fleht Turnus um Gnade, Aeneas aber stößt ihm das Schwert in die Brust (Aeneis I–XII).

Die Metamorphose des Trojaners Aineias zum Stammvater

der Römer, Aeneas, ist ein Musterbeispiel für bewußte Ausgestaltung eines Sagenkerns mit im Lauf der Zeit immer klarer hervortretender politischer Absicht. Anfangs dürfte es den Römern genügt haben, sich durch einen trojanischen Ahnen mit den Griechen, für die sie Barbaren waren, auf eine Stufe zu stellen und in Aeneas die Eigenschaften, die sie über alles schätzten, Frömmigkeit und Pflichtgefühl, besonders ausgeprägt zu sehen. Später fand Roms Imperialismus seine Rechtfertigung im geschickt manipulierten Mythos, und die Familie der Julier legte großen Wert darauf, ihren Namen auf den Sohn des Aeneas, Ascanius, zurückzuführen, der, solange Troja-Ilion stand, auch Ilus, später jedoch Iulus genannt wurde (Vergil, Aeneis I 267–268). Auf diese Weise gewann das Geschlecht in Venus-Aphrodite zugleich eine göttliche Ahnfrau, worauf Gaius Julius Caesar nicht wenig stolz war.
Die Annahme, daß der Kern der Aeneassage den Römern durch die Etrusker vermittelt wurde, stützen zwei Tonfiguren aus Veji, die einen Krieger mit einem alten Mann auf den Schultern zeigen (um 450 v. Chr.; Rom, Museo Nazionale di Villa Giulia). Die bedeutsame Szene wurde bis in die Neuzeit von Bildhauern und Malern immer wieder dargestellt, z. B. von Lorenzo Bernini (1613, Rom, Galleria Borghese), desgleichen die verschiedenen Akte der Dido-Tragödie, z. B. von Peter Paul Rubens (Dido und Aeneas, um 1630; Städelsches Kunstinstitut Frankfurt/M). Der Freskenzyklus zur Aeneis in Schloß Schleißheim bei München ist insoweit bemerkenswert, als er die Schicksale des Helden mit denen des Bauherrn, des Kurfürsten Max Emanuel, in Beziehung setzt. Dichter wetteiferten nur selten mit der als unerreichbar empfundenen Aeneis; der anonym überlieferte altfranzösische ›Roman d'Énéas‹ (um 1160) und die darauf fußende ›Eneide‹ des Heinrich von Veldeke (um 1180) übertrugen die Handlung in die ritterliche Welt des hohen Mittelalters und übten starken Einfluß auf die späteren höfischen Romane aus. Andere setzten sich mit Vergil auseinander, indem sie ihn travestierten, z. B. Giambattista Lalli (L'Eneide travestita, 1634), Paul Scarron (Le Virgile travesti, um 1650) oder Aloys Blumauer (Abentheuer des frommen Helden Aeneas, um 1785), der Aeneas nicht nur Rom, sondern auch gleich den Vatikan gründen läßt und seine Verse mit bissigen Attacken gegen die katholische Kirche spickt. Auf der Opernbühne begegnet man

Dido und Aeneas in Henry Purcells gleichnamiger Oper (1689) und in den ›Trojanern‹ von Louis Hector Berlioz (1890), deren erster Teil die Eroberung Trojas schildert.

Aiolos

1. Sohn des Hellen*, Enkel des Deukalion*, Bruder des Doros und Xuthos, Stammvater der Äolier, König in Thessalien; unter seinen zahlreichen Söhnen und Töchtern ragen Athamas*, Sisyphos* und Salmoneus* hervor (Apollodor, Bibliothek I 49–50).

2. Sohn des Hippotes, Beherrscher der Winde und König der Insel Aiolia, auf der er mit seiner Frau sowie je sechs miteinander verheirateten Söhnen und Töchtern ein glückliches Leben führt. Als Odysseus* zu ihm gelangt, nimmt er ihn für einen Monat auf und gibt ihm beim Abschied einen Ledersack mit, in dem er die widrigen Winde eingeschlossen hat. Unmittelbar vor der Ankunft in Ithaka öffnen die Gefährten des Odysseus, während dieser schläft, den Sack, in dem sie Gold vermuten; die Winde stürmen heraus und treiben sie weit über das Meer, zurück nach Aiolia. Odysseus will erneut um Hilfe bitten, aber Aiolos weist ihn fort, als einen den Göttern Verhaßten (Odyssee X 1–76). An Aiolos erinnern noch heute die Äolischen Inseln nordöstlich von Sizilien, die durch den Wind zum Klingen gebrachte Äolsharfe und der geologische Fachbegriff ›äolisch‹ für Landschaften, die der Wind geformt hat. Die äolische Kirchentonart dagegen hat ihren Namen vom griechischen Stammesverband der Äolier und damit von Aiolos (1).

Aisakos

Sohn des Priamos* und der Tochter des Flußgotts Granikos, Alexirhoe, verliebt in die Nymphe Hesperia, die auf der Flucht vor ihm von einer Schlange gebissen wird und stirbt. Aus Kummer darüber stürzt sich Aisakos ins Meer und wird in einen Tauchervogel verwandelt (Ovid, Metamorphosen XI 751–XII 4).

Aison

Sohn des Gründers von Iolkos in Thessalien, Kretheus, des väterlichen Throns durch seinen Stiefbruder Pelias* beraubt, der auch Aisons Sohn Iason** vernichten will und darum ausschickt, das Goldene Vlies zu holen. Der Plan mißlingt, und Iason läßt den Vater durch Medeia* verjüngen (Apollodor, Bibliothek I 106; Ovid, Metamorphosen VIII 162–293).

Aithra
Tochter des Königs Pittheus* von Troizen, von Aigeus** Mutter des Theseus**. In der Ilias (III 144) steht Aithra im Dienst der Helena*, mit der sie, von den Dioskuren* aus Athen entführt, erst nach Sparta, dann nach Troja kam (Apollodor, Bibliothek IV 23).

Aius Locutius
Der »redende Sprecher«, eine göttliche Stimme, die die Römer vor den heranrückenden Galliern vergeblich warnte (Cicero, De divinatione I 101; II 69).

Akarnan
Sohn des Alkmaion* und der Kallirrhoe**, Stammvater der Akarnanier in Mittelgriechenland.

Akastos
Sohn des Pelias*, König von Iolkos, verbannt nach dem Tod seines Vaters dessen Mörderin Medeia* und Iason*, entsühnt den Peleus*, der einen der Teilnehmer an der Kalydonischen* Eberjagd unabsichtlich getötet hat, und trachtet ihm bald selbst nach dem Leben, als seine Frau Astydameia den jungen Helden, der auf ihre heimlichen Liebeserklärungen nicht eingeht, bei ihm verleumdet. Peleus wird gerettet, erstürmt später Iolkos und rächt sich an Akastos und Astydameia (Apollodor, Bibliothek III 163–173).

Akis
Sohn des Faunus* und einer Nymphe*, Geliebter der Meergöttin Galateia*, um die der Riese Polyphem* wirbt. Als dieser die Schöne in den Armen des Akis überrascht, gerät er vor Wut außer sich und zerschmettert den Rivalen mit einem Felsblock. Galateia aber verwandelt das unter dem Stein hervorrinnende Blut in einen Fluß und Akis in dessen Gottheit (Ovid, Metamorphosen XIII 740–897). Die von Ovid nach hellenistischen Quellen (u.a. nach Theokrits ›Kyklops‹) erzählte Dreiecksgeschichte inspirierte vom 15. bis ins 19. Jahr-

hundert zahlreiche Maler. Berühmt ist Raffaels Fresko ›Triumph der Galatea‹ in der Villa Farnesina zu Rom (um 1510), reizvoll komponiert Claude Lorrains ›Acis und Galatea‹ (1657, Dresden, Galerie alter Meister). Die von dem spanischen Lyriker Luis de Góngora y Argote 1612 nach Ovid geschaffene ›Fabula de Polifemo y Galatea‹ wirkte durch ihre Sprachgewalt stark auf die Barockdichtung; Lully (1686), Händel (1720) und Haydn (1763) brachten – neben vielen anderen – den Stoff auf die Opernbühne.

Akontios

Ein junger Mann von der Insel Keos, der sich bei einem Fest zu Ehren der Artemis* auf Delos in die schöne Kydippe aus Athen verliebt und, um sie zu gewinnen, eine List anwendet: Im Tempel der Göttin wirft er dem Mädchen einen Apfel zu, in dessen Schale er die Worte geritzt hat: »Bei Artemis, ich werde den Akontios zum Mann nehmen.« Dadurch, daß die Überraschte den Satz laut liest, wird er zum Schwur, der sie bindet. Vergeblich versucht ihr Vater, sie mit anderen Männern zu verheiraten: Immer läßt die Göttin sie schwer erkranken. Schließlich befiehlt das Orakel von Delphi dem Vater, sie Akontios zu geben (Kallimachos, Aitia III 1, 26ff.; Ovid, Heroides 20 und 21).

Akrisios

Sohn des Abas* und der Aglaia, Zwillingsbruder des Proitos*, mit dem er schon im Mutterleib raufte. Herangewachsen, kämpften die beiden um den Thron von Argos und erfanden dabei die runden Schilde. Akrisios gelang es schließlich, den Proitos zu vertreiben; später aber eroberte dieser die Burg Tiryns, die ihm Kyklopen* mit einer uneinnehmbaren Mauer umgaben. Daraufhin teilten sich die Brüder in die Herrschaft über Argos. Die Töchter des Proitos wurden wahnsinnig, weil sie den Kult des Dionysos* ablehnten, irrten im Land umher und steckten mit ihrer Raserei auch andere Frauen an, bis der Seher Melampus* sie einfing, entsühnte und heilte. Er und sein Bruder verlangten und erhielten dafür je ein Drittel des Königreichs (Apollodor, Bibliothek II 24–29). Als Akrisios, der keine männlichen Erben hatte, deswegen ein Orakel befragte, wurde ihm verkündet, der Sohn seiner Tochter Danae* werde ihn töten. Darum schloß er das Mädchen in ein ehernes

Gemach unter der Erde ein und ließ es bewachen. Zeus* aber kam als goldener Regen durchs Dach, und Danae gebar den Perseus**. Da Akrisios die Geschichte mit Zeus und dem Goldregen nicht glauben wollte, ließ er Mutter und Kind in eine Kiste stecken und diese ins Meer werfen. Sie trieb zur Insel Seriphos, wo Diktys* sich der Danae und ihres Sohns annahm (Apollodor a. O. II 33f.).
Als Präludium zur Perseussage und als eines der merkwürdigsten Liebesabenteuer des Zeus wurde die Geschichte von Danae oft erzählt und auch auf die Bühne gebracht, z. B. von Aischylos in dem weitgehend verlorenen Satyrspiel ›Die Netzschlepper‹ (Diktyulkoi) und von Euripides in einer gleichfalls nur in Fragmenten erhaltenen Tragödie ›Danae‹. Für die Richard-Strauß-Oper ›Die Liebe der Danae‹ (1952) schuf Josef Gregor nach Hugo von Hofmannsthal ein geistreich-verspieltes Libretto, das Danae zur Tochter eines rettungslos verschuldeten Königs namens Pollux macht. Nur die Wunderkraft des Midas* kann seine Probleme lösen. Midas erscheint als Bote verkleidet, während Jupiter in Midas' Gestalt seinerseits um Danae wirbt. Der echte Midas will sie ihm nicht lassen und wird verwünscht: Alles, was er berührt, soll zu Gold werden! Er umarmt Danae, und sie erstarrt, wird aber von Jupiter wieder ins Leben gerufen und darf wählen, wem sie gehören will. Sie entscheidet sich für den vermeintlichen Boten des Midas. Bald ist Jupiter in Bedrängnis, da ihn die Gläubiger des Königs für Midas halten und sich von ihm auszahlen lassen wollen. Er rettet sich, indem er Gold regnen läßt. Auch die Maler der Renaissance und des Barock reizte der goldene Regen, der bei Jan Gossaert, genannt Mabuse, von der Decke eines säulenumstandenen Rundbaus in den Schoß der etwas dünnbeinigen Danae rinnt (1517, München, Alte Pinakothek). Auf Tizians ›Danae‹ fallen Münzen, von denen eine alte Frau, vielleicht eine Amme, einige in ihrer Schürze auffangen möchte (Paris, Louvre, um 1550). Rembrandt dagegen malte den Augenblick vor dem Wunder, eine Danae in gespannter Erwartung – wie wird er kommen (St. Petersburg, Staatliche Eremitage, um 1636)?

Aktaion
Sohn der Autonoe* und des Aristaios, Enkel des Kadmos*, ein großer Liebhaber der Jagd, den »seine gierigen Hunde, die

er selbst erzog, im Wald zerfleischten, weil er sich gerühmt, ein besserer Jäger zu sein als Artemis*«. Diese Worte legt Euripides in seinen ›Bakchen‹ (338–340) dem alten Kadmos in den Mund, als dieser den Pentheus* zur Gottesfurcht ermahnt. In Ovids ›Metamorphosen‹ (III 138–252) wird Aktaion von Artemis-Diana in einen Hirsch verwandelt, weil er sie unabsichtlich im Bad überrascht hat. Den Flüchtenden zerreißt seine eigene Meute.
Die Szene ist auf einer Metope des Tempels E von Selinunt (um 460 v. Chr.; Palermo, Museo Nazionale) sehr bewegt dargestellt: Die von Artemis aufgehetzten Hunde springen an Aktaion hoch und schlagen ihre Zähne in sein Fleisch. Daß sie einen Hirsch zu attackieren glauben, ist nur angedeutet: Der junge Mann trägt ein Hirschfell über der Schulter. Seit der Renaissance erfreute sich bei den Künstlern die im Bad von Aktaion überraschte Artemis besonderer Beliebtheit, wie sie zum Beispiel Tizian (Madrid, Prado, um 1540) und Rembrandt malten (Bad der Diana, dazu die Geschichte von Aktäon und Kallisto; um 1634; Schloß Anholt, Sammlung der Fürsten zu Salm-Salm). Um einen wiedergeborenen Aktaion kreist der phantastisch-versponnene Roman ›Maskenspiel der Genien‹ des Österreichers Fritz von Herzmanovsky-Orlando, der in einer durch Friedrich Torberg gestrafften und überarbeiteten Fassung 1958 erschien. Der Grundgedanke des verwirrenden Werks, daß die Begegnung mit dem Göttlichen in den Tod führt, ist der Aktaion-Sage gewiß immanent.

Alekto
Eine Erinye*.

Alexandra
→ Kassandra

Alexandros
Beiname des Paris*.

Alkaios
Sohn des Perseus* und der Andromeda*, verheiratet mit einer Tochter des Pelops*, Vater des Amphitryon* und somit Großvater des Herakles*, der deswegen bisweilen ›Alkide‹ heißt.

Alkestis

Tochter des Pelias*, Frau des Admetos**, die sich, im Gegensatz zu dessen alten Eltern, bereit fand, anstelle ihres Mannes zu sterben. Schon hat sie von Admetos und ihrem Söhnchen Abschied genommen, schon hat man um die Tote geklagt und ist dabei, sie in ihr Grab zu legen, da erscheint Herakles* in dem Trauerhaus und wird freundlich aufgenommen. Admetos verschweigt ihm rücksichtsvoll den Tod seiner Frau; erst von einem Diener, den der bezechte Gast zum Mittrinken auffordert, erfährt er die Wahrheit und entschließt sich, dem Todesgott seine Beute abzuringen. Tatsächlich bringt er Alkestis zurück, verschleiert, als eine angeblich Fremde, die er Admets Obhut anvertraut. Der sträubt sich heftig und windet sich, bis Herakles die Frau entschleiert und die Eheleute wieder vereint (Euripides, Alkestis.).

Das Drama des Euripides ist keine Tragödie, aber auch kein Satyrspiel, wiewohl es, hinter drei Tragödien, dessen Platz in der Spielfolge einnahm. Die kunstvolle Mischung tragischer und burlesker Elemente hat immer wieder zur Nachgestaltung herausgefordert, zum Beispiel Pier Iacopo Martello (1720), Christoph Martin Wieland (1773), Hugo von Hoffmannsthal (1893–1923) und Thornton Wilder, der in seiner ›Alkestiade‹ (1955) den bereits im 1. Buch der ›Iden des März‹ (1948) kurz aufgegriffenen Stoff (XXI) sehr frei behandelt. Jean Baptiste Lullys Oper ›Alceste‹ (1674) ist eine barocke Haupt- und Staatsaktion, die mit wenig Euripideischem ein buntes Mythenragout würzt, und auch Georg Friedrich Händel führt in seinem ›Admet, König von Thessalien‹ (1727) neue Personen und Handlungselemente ein, während Glucks ›Alceste‹ (1767) sich eng an das antike Vorbild hält, ebenso wie die ›Alkestis‹ von Egon Wellesz (1925).

Alkinoos

Sohn des Nausithoos, Enkel des Poseidon*, König der Phaiaken*, an dessen Hof Odysseus* seine Abenteuer erzählt. Danach läßt ihn Alkinoos in seine Heimat bringen (Odyssee VI–XIII).

Alkithoe

Eine der Töchter des Königs Minyas* von Orchomenos, die mit ihren Schwestern am Webstuhl arbeitete, während die

Frauen der Stadt das Dionysosfest feierten. Der Gott verwandelte die drei Mädchen darum in Fledermäuse (Ovid, Metamorphosen IV 1–415). Ovid benützte die Sage von den Minyastöchtern als Rahmen für einige berühmte Erzählungen, die er den Weberinnen in den Mund legte, darunter die Geschichte von Pyramus* und Thisbe, vom Netz des Hephaistos* und von Hermaphroditos*.

Alkmaion

Sohn des Amphiaraos** und der Eriphyle*, Führer des Zugs der Epigonen* gegen Theben, wozu er sich von seiner Mutter überreden ließ, wiewohl er seinem Vater als Kind geschworen hatte, sie für dessen Ende büßen zu lassen. Als er nach dem Sieg über Theben erfuhr, daß Eriphyle vom Sohn des Polyneikes*, Thersandros, bestochen worden war, diesmal mit dem wunderbaren Schleier der Harmonia*, tötete er sie und wurde von einer Erinye* verfolgt und mit Wahnsinn geschlagen, bis ihn der arkadische König Phegeus* entsühnte und mit seiner Tochter Arsinoe vermählte. Ihr schenkte Alkmaion das Halsband und den Schleier der Harmonia. Als die Götter Arkadien wegen des Muttermörders durch Unfruchtbarkeit heimsuchten, verließ dieser das Land und bat aufgrund eines Orakelspruchs den Flußgott Acheloos* um Hilfe. Dieser reinigte ihn vom Fluch und gab ihm seine Tochter Kallirrhoe** zur Frau. Bald gelüstete es diese nach dem Schmuck der Harmonia, und Alkmaion listete ihn dem Phegeus ab, indem er vorgab, er werde erst dann vom Wahnsinn befreit werden, wenn er die verhängnisvollen Kostbarkeiten dem Gott zu Delphi weihe. Auf dem Weg zu Kallirrhoe wurde er von den Söhnen des Phegeus erschlagen und ausgeraubt, weil einer seiner Diener die List verraten hatte.

Alkmene

Tochter des Königs von Mykene, Elektryon, Gattin des Amphitryon**, von Zeus*, der in Gestalt ihres Mannes zu ihr kam, Mutter des Herakles*, den sie überlebte. Vom neuen Herrscher Mykenes, Eurystheus*, bedroht, begab sie sich mit ihren Enkeln unter den Schutz der Athener, die Mykene bekriegten. Eurystheus fiel, und Alkmene stach dem Toten mit einem Holzpflock die Augen aus (Apollodor, Bibliothek II 52; 167 f.).

Alkyone

Tochter des Aiolos (2)*, Gattin des Königs Keyx* von Trachin, mit dem sie glücklich verheiratet ist – so glücklich, daß die beiden sich mit Zeus* und Hera* vergleichen. Zur Strafe dafür werden sie in einen Eisvogel und eine Möwe verwandelt (Apollodor, Bibliothek I 52). Ovid erzählt in seinen ›Metamorphosen‹ (XI 410–748) die Geschichte anders und zweifellos reizvoller: Keyx beabsichtigt, ein Orakel in Kleinasien aufzusuchen, Alkyone aber warnt ihn vor der Seereise. Trotzdem unternimmt der König die Fahrt, gerät in einen Sturm und ertrinkt. Währenddessen bittet Alkyone täglich Juno-Hera*, die Beschützerin der Ehe, ihren Mann doch sicher heimzugeleiten. Juno ist es schließlich leid, um Unerfüllbares gebeten zu werden, und schickt ihre Botin Iris* zum Gott des Schlafs, damit dieser Alkyone einen seiner Träume sende, der ihr vom Schicksal des Keyx künde. Morpheus*, der Meister in der Kunst, fremde Gestalten anzunehmen, erscheint der jungen Witwe als ihr ertrunkener Mann. Diese ist verzweifelt. Als sie im Morgengrauen an den Strand geht, wo sie von Keyx Abschied nahm, wird eine Leiche angetrieben. Es ist Keyx! Alkyone eilt, nein, fliegt ihm entgegen – sie ist in einen Eisvogel verwandelt, und auch den Toten lassen mitleidige Götter als Vogel wieder lebendig werden. Auch als Vögel lieben sich Keyx und Alkyone innig, und wenn sie zur Winterszeit brüten, dann hält Vater Aiolos die Winde im Kerker und schenkt seinen Enkeln »halkyonische Tage«.

Aloaden

Otos und Ephialtes, die riesenhaften Söhne der Frau des Aloeus, Iphimedeia. Diese verliebte sich in Poseidon*, hielt sich ständig am Meer auf und schöpfte Wasser in ihren Schoß, bis sie vom Meergott schwanger wurde. Schon mit neun Jahren waren ihre Zwillinge neun Ellen breit und neun Klafter hoch und wurden spielend mit dem Gott Ares* fertig; sie sperrten ihn in ein ehernes Gefäß, aus dem ihn erst nach dreizehn Monaten Hermes* befreite. Nun wollten die beiden den Olymp stürmen und türmten den Berg Ossa auf den Pelion. Als Beute erhoffte sich Otos die Göttin Artemis*, Ephialtes die Hera*. Artemis aber verwandelte sich in eine Hirschkuh und sprang zwischen den Brüdern hindurch, während beide auf sie zielten – und sich gegenseitig mit ihren Speeren durchbohrten (Apollodor, Bibliothek I 52–55). Die Gefangenschaft des Ares wird bereits in der Ilias (V 385–391) erwähnt; in der Odyssee (XI 305–320) tötet Apollon die beiden Riesen.

Alpheios
Gott des gleichnamigen Flusses auf der Peloponnes, bedrängt die Nymphe Arethusa** mit seiner Liebe und zwingt sie zur Flucht nach Sizilien.

Althaia
Gattin des Königs von Kalydon, Oineus*, Mutter der Deianeira* und des Meleagros**, bei dessen Geburt ihr die Schicksalsgöttinnen erscheinen und verkünden, das Kind werde nur so lange leben, als ein Scheit, das gerade auf dem Herd liege, noch brenne. Althaia löschte es geistesgegenwärtig und verwahrte es gut. Als aber nach der Jagd auf den Kalydonischen* Eber Meleagros im Streit seine Onkel, Althaias Brüder, erschlug, verbrannte diese das verhängnisvolle Scheit und tötete damit ihren Sohn. Sie selbst erhängte sich (Apollodor, Bibliothek I 64–71; Ovid, Metamorphosen VIII 451–525).

Amaltheia
Eine Nymphe*, die den neugeborenen Zeus* in einer Höhle auf Kreta versorgte, wo ihn seine Mutter vor dem fürchterlichen Kronos** versteckt hatte. Bei Apollodor ist Amaltheia der Name einer Ziege, mit deren Milch Nymphen den Kleinen tränkten (Apollodor, Bibliothek I 5). Als Nymphe oder Ziege besitzt Amaltheia ein wundertätiges Horn, das alle möglichen guten Gaben spendet, ein »Füllhorn« gleich dem des Acheloos*. Es wird Attribut verschiedener »schenkender« Götter, zum Beispiel der Ceres* oder der Fortuna*. An den Himmel versetzt, ist Amaltheia Capella, die Ziege, im Sternbild des Fuhrmanns. Auch in der bildenden Kunst hat die Ziege der Nymphe den Rang abgelaufen; als Beispiel diene die Gruppe ›Jupiterknabe, Faun und Ziege‹ von Lorenzo Bernini (um 1620, Rom, Galleria Borghese).

Amazonen
Eine Gemeinschaft kriegerischer Frauen, von den Skythen »männermordend« genannt, die den Bogen spannen, den Speer werfen, auf die Jagd gehen und von Frauenarbeit

nichts halten. Von den Griechen in Kleinasien, am Fluß Thermodon, besiegt, ziehen sie sich ins Skythenland zurück und verbinden sich mit jungen Einheimischen, die ihr Vertrauen gewinnen und sich ihnen anschließen, zum Volk der Sauromaten (Herodot, Historien IV 110–117). In der Ilias erwähnt der alte Priamos* einen Amazonenkampf (III 189); Achilleus** besiegt die Amazonenkönigin Penthesileia*, Herakles* muß Hippolytes* Gürtel rauben, und Theseus* entführt Antiope*, was einen erfolglosen Amazonenzug gegen Athen auslöst. Offensichtlich bewahren die verbreiteten Amazonengeschichten Erinnerungen an mutterrechtliche Gesellschaftsformen. Zugleich sind sie ein Spiegel der Ängste der Männerwelt vor Frauen, die eine Waffe zu gebrauchen wissen. Daß Amazonen sich die eine Brust abschneiden oder ausbrennen lassen, um den Bogen ungehindert spannen zu können, geht wohl auf eine Volksetymologie zurück, aufgrund der man *A-mazones* als »Brustlose« verstand.

Amazonenkämpfe waren ein beliebtes Thema der Vasenmalerei; auch die berühmte »Bunte Halle« in Athen, die Geburtsstätte der stoischen Philosophie, wies entsprechenden Bildschmuck auf. Skulpturenfriese gleichen Inhalts aus dem Tempel von Bassai und vom Grabmal des Maussolos in Halikarnaß wurden nach London ins Britische Museum entführt. Von der berühmten ›Verwundeten Amazone‹ des Polyklet (um 430 v. Chr.) ist eine Marmorkopie erhalten (Musei Capitolini, Rom). An Gemälden aus neuerer Zeit verdienen die Amazonenschlachten von Peter Paul Rubens (um 1620, München, Alte Pinakothek) und von Anselm Feuerbach (1873, Städtische Kunstsammlungen Nürnberg; z. Zt. im Opernhaus) Erwähnung, letztere vor allem wegen ihrer Größe.

Ammon

Der ägyptische Sonnengott Amun-Ra wurde von den Griechen mit Zeus* gleichgesetzt; seit die Priester des Ammon-Orakels in der Oase Siwa Alexander 331 v. Chr. als Sohn ihres Gottes gegrüßt hatten, rühmte sich dieser seiner göttlichen Abkunft.

Amor
Römischer Liebesgott, dem griechischen Eros* entsprechend und wie dieser in der bildenden Kunst gern vervielfacht in Gestalt der Amoretten.

Amphiaraos
Sohn des Oikles, ein Seher aus Argos, der seinen Schwager Adrastos** vor dem Zug der Sieben* gegen Theben warnte und die Teilnahme daran verweigerte, jedoch von seiner Frau Eriphyle* dazu gezwungen wurde. Er hatte nämlich nach Streit und Versöhnung mit Adrastos* geschworen, bei künftigen Meinungsverschiedenheiten mit ihm auf Eriphyles Rat zu hören. Diese aber hatte – gegen sein ausdrückliches Verbot – von Polyneikes* das herrliche Halsband der Harmonia** angenommen und trieb ihren Mann zum Kampf. Vor dem Auszug gebot Amphiaraos seinen Söhnen, wenn sie erwachsen seien, die Mutter zu töten und dann den Krieg zu führen, aus dem er nicht zurückkehren werde. Tatsächlich wurde er auf der Flucht mit seinem Wagen von der Erde verschlungen, die Zeus* mit seinem Blitz gespalten hatte. Der Seher fand aber dabei nicht den Tod, sondern wurde unsterblich (Apollodor, Bibliothek III 60–77).

Amphion
Sohn der Antiope** und des Zeus*, Zwillingsbruder des Zethos*, mit dem zusammen er die Mauern von Theben errichtete (Odyssee XI, 260–265). Daß Amphion die Steine durch sein Leierspiel bewegt habe, steht bereits in einem Fragment des Hesiod (60 Rz.). Amphion wurde ein Opfer des Hochmuts seiner Frau, der Niobe**.

Amphitrite
Tochter des Nereus* und der Doris*, will zunächst von der Werbung Poseidons* nichts wissen und verbirgt sich. Ein Delphin, den Poseidon später aus Dankbarkeit unter die Sterne versetzt, spürt sie auf, sie erhört den Herrn der Meere und wird von ihm Mutter des Triton*. Amphitrite, umgeben von Göttern und Meerwesen, war ein beliebtes Motiv der Maler und Mosaizisten, das bezeugen mehrere Mosaiken in Pompeji und Ostia.

Amphitryon

Sohn des Alkaios*; von seinem Schwager Elektryon, dem König von Tiryns, der fast alle seine Söhne bei einem Überfall der Taphier verloren hatte, als Nachfolger ausersehen und mit seiner Tochter Alkmene* verlobt. Als Amphitryon dem König geraubte Rinder zurückbringt, will eine Kuh ausbrechen, er wirft mit einem Knüppel nach ihr, der springt von ihrer Stirn zurück und trifft Elektryon so unglücklich, daß er stirbt. Daraufhin verbannt der Bruder des Toten Amphitryon, und Alkmene folgt ihm nach Theben, wo ihn Kreon (1)* entsühnt. Alkmene will ihren Verlobten jedoch erst heiraten, wenn ihre toten Brüder gerächt sind. Er bittet darum Kreon um Hilfe und erhält eine Zusage für den Fall, daß er das Land von der Plage des Teumessischen* Fuchses befreie, dem monatlich ein Kind geopfert werden muß. Amphitryon löst die gestellte Aufgabe und zieht dann in den Krieg. Seine Abwesenheit nützt Zeus*, nimmt die Gestalt Amphitryons an, erscheint als angeblicher Sieger bei Alkmene und feiert eine lange Hochzeitsnacht. Als der echte Amphitryon kommt, verwundert ihn der kühle Empfang. Er erfährt, daß er schon seit einem Tag im Lande sein soll, und Teiresias* klärt ihn über den Seitensprung des Zeus auf. Nach neun Monaten bringt Alkmene Zwillinge zur Welt, von Zeus den Herakles** und von Amphitryon den Iphikles*. Als Herakles herangewachsen ist und seinen ersten Kampf besteht, hilft ihm Amphitryon und fällt (Apollodor, Bibliothek II 54–61; 69).

Ein echter und ein falscher Amphitryon bei Alkmene – das scheint bereits die Komödiendichter des 5. Jahrhunderts v. Chr. gereizt zu haben. Erhalten ist uns erst die römische Fassung des Stoffs durch Titus Maccius Plautus (um 250–184 v. Chr.), der ›Amphitruo‹. Plautus treibt das Verwechslungsspiel auf die Spitze, indem er Merkurius-Hermes* die Gestalt von Amphitruos Diener Sosia annehmen läßt, was zu kuriosen Begegnungen des echten Herrn mit dem falschen Diener und der beiden Sosias miteinander führt. An der auch heute noch erheiternden Komödie des Plautus orientierten sich beispielsweise Molière (Amphitryon, 1668), John Dryden (Amphitryon, or the Two Sosias, 1690), Heinrich von Kleist (Amphitryon, 1807) und Jean Giraudoux (1929), der seine Fassung des Stoffs ›Amphitryon 38‹ nannte, da er von 37 Vorgängern wußte. Unter den Amphitryon-Opern zeichnet sich Ermanno

Wolf-Ferraris ›Kuckuck von Theben‹ (1943) durch ein besonders geistreiches Textbuch aus. Die 1961 uraufgeführte ›Alkmene‹ Giselher Klebes folgt dem Stück Heinrich von Kleists.

Amulius
Sohn des Königs Proca von Alba Longa, der seinen älteren Bruder Numitor* vertrieb, dessen Sohn tötete und Rea* Silvia, Numitors Tochter, zur Priesterin der Vesta* machte, damit sie kinderlos bleibe. Als diese dem Mars* die Zwillinge Romulus* und Remus* gebar, ließ Amulius sie in den Tiber stürzen und die Kinder aussetzen. Später erschlug Romulus seinen bösen Onkel (Livius, Ab urbe condita I 3–6; Ovid, Fasti II 381–422).

Amykos
Sohn des Poseidon* und einer Nymphe*, König der Bebryker im Nordwesten Kleinasiens. Amykos zwang alle Fremden, die in sein Land kamen, sich mit ihm im Faustkampf zu messen, und erschlug sie – bis die Argonauten* landeten und er in Polydeukes* seinen Meister fand (Apollonios Rhodios, Argonautika II 1–97 – ein wirklich dramatisch geschilderter Boxkampf).

Amymone
Tochter des Danaos*, auf der Suche nach einer Quelle von einem Satyr* belästigt. Als plötzlich Poseidon* erschien und seinen Dreizack nach ihm schleuderte, floh der Satyr; Amymone aber mußte sich ihrem »Retter« hingeben und empfing den Nauplios*. Poseidon revanchierte sich für das Schäferstündchen, indem er Amymone die gesuchte Quelle zeigte (Apollodor, Bibliothek II 14–16).

Anchises
Trojaner aus königlichem Geschlecht, Enkel des Assarakos*, von Aphrodite* Vater des Aineias**, der vor seinem Zweikampf mit Achilleus* den ganzen Stammbaum nennt (Ilias XX 208–241). Wie die Liebesgöttin zu Anchises kam, schildert der Homerische Hymnos an Aphrodite (V 45–291).

Androgeos
Ein Sohn des Kreterkönigs Minos*, der bei den Panathenäischen Spielen alle Konkurrenten besiegte. Er wurde daraufhin von Aigeus* gegen den Marathonischen* Stier ausgesandt, der ihn tötete. Nach anderer Überlieferung lauerten ihm die unterlegenen Sportler auf und brachten ihn um. Minos rächte den Tod seines Sohnes im Krieg mit Athen und zwang die Athener, sieben junge Männer und sieben Mädchen nach Kreta zu senden, als Fraß für den Minotauros* (Apollodor, Bibliothek III 209–213).

Andromache
Tochter des Eetion, Frau des Hektor*, Mutter des Astyanax*, nach dem Fall Trojas Sklavin des Neoptolemos*, von dem sie einen Sohn, Molossos, bekommt, den Stammvater des Königshauses der Molosser in Epirus. Als Neoptolemos Hermione*, die Tochter der schönen Helena*, zur Frau nimmt, gibt er Andromache dem ebenfalls von ihm gefangengehaltenen Priamossohn Helenos*, »die Sklavin dem Sklaven«. Der Tod des Neoptolemos bringt beiden die Freiheit und ermöglicht Helenos, ein »kleines Troja« in Epirus zu gründen (Ilias VI 394–439; Vergil, Aeneis III 293–355). Andromache ist eine der großen, tragischen Frauengestalten der Ilias: Ihren Vater und sieben Brüder hat Achilleus* erschlagen, sie fürchtet Hektors Tod und ahnt ihr künftiges Schicksal. All das kommt in der großen Begegnungsszene zur Sprache, die fast den ganzen 6. Gesang der Ilias ausfüllt und nachklingt in Friedrich von Schillers dialogisch angelegtem Gedicht ›Hektors Abschied‹:

(Andromache:) . . . du wirst hingehn, wo kein Tag mehr scheinet,
der Cocytus durch die Wüsten weinet,
deine Liebe in dem Lethe stirbt.
(Hektor:) All mein Sehnen will ich, all mein Denken
in des Lethe stillen Strom versenken,
aber meine Liebe nicht.
Horch, der Wilde tobt schon an den Mauern,
gürte mir das Schwert um, laß das Trauern!
Hektors Liebe stirbt im Lethe nicht.

Die erste Fassung dieses Gedichts findet sich in der 2. Szene des 2. Akts der ›Räuber‹. Euripides beschreibt in seiner um 425 v. Chr. vermutlich am molossischen Königshof aufgeführten Tragödie ›Andromache‹ die Leiden der Heldin in der Knechtschaft und ihre Bedrohung durch Hermione. Auch Jean Racines Tragödie ›Andromaque‹ (1667), zu der Camille Saint-Saëns 1909 eine Bühnenmusik schrieb, spielt in Epirus, verteilt aber die Rollen neu: Neoptolemos umwirbt die widerstrebende Andromache, die allein ihren toten Hektor liebt; in Hermione, die vor Eifersucht rast, ist Orestes* verliebt, Andromache will Neoptolemos töten, Orestes tut es, weil ihn Hermione dazu angestiftet hat – kurz, Racines Drama ist ein Chaos von Liebe und Leidenschaft. Den gleichen Stoff hat auch ein gutes Dutzend Opernkomponisten behandelt, doch war keinem davon bleibender Erfolg beschieden.

Andromeda
Tochter des Königs der Aithiopen, Kepheus*, und der schönen Kassiopeia*. Weil diese ihre eigene Schönheit über die der Meergöttinnen stellte, suchte Poseidon* Aithiopien durch Überschwemmung und ein Seeungeheuer heim, dem nach einem Orakelspruch die unschuldige Tochter Kassiopeias, Andromeda, geopfert werden sollte. Perseus** rettete die an einen Felsen gefesselte Prinzessin und heiratete sie – doch bei der Hochzeit erschien Andromedas Onkel und früherer Verlobter Phineus (2)* mit seinem Anhang und machte mit Waffengewalt seine älteren Rechte geltend. Das Fest geriet zum Massaker (Apollodor, Bibliothek II 43–44; Ovid, Metamorphosen IV 669–V 235). Zusammen mit Kepheus, Kassiopeia, Perseus, dem Haupt der Medusa* und dem Seeungeheuer (gr. Ketos) versetzten vermutlich hellenistische Dichter Andromeda unter die Sterne. Das dankbare, märchenhafte Szenario – ein Mädchen, unbekleidet, an den Felsen geschmiedet, ein schreckliches Untier, ein Retter aus den Lüften – hat zahlreiche Maler gereizt, darunter Peter Paul Rubens (Perseus und Andromeda, um 1620, St. Petersburg, Staatliche Eremitage) und Rembrandt, der sich auf das arme Opfer beschränkt (Andromeda, um 1634, Den Haag, Mauritshuis). Originell an Lovis Corinths Gemälde ›Perseus und Andromeda‹ (1900, Buenos Aires, Privatbesitz) ist die stahlblaue Ritterrüstung des Helden, der Andromeda galant einen Mantel umhängt. Auch Erzähler, Dramati-

ker und Komponisten haben den Stoff, meist in Anlehnung an Ovid, aufgegriffen. In Pierre Corneilles 1650 vor dem damals achtjährigen Ludwig XIV. uraufgeführter, durch Gesangseinlagen streckenweise opernhafter »Tragödie« Andromède werden die Akteure von den ständig in die Handlung eingreifenden Göttern schließlich an den Sternenhimmel versetzt, weil sie zu gut sind für diese schnöde Welt. Carl Brülow wollte mit dem lateinischen Schuldrama ›Andromeda‹ (1611) zugleich die Sprechfertigkeit und die Moral seiner Schüler heben. Das effektvolle Stück wurde bereits ein Jahr später ins Deutsche übersetzt, als »eine schöne und lehrhaffte Tragoedia fürnemlich aus dem Poeten Ovidio genommen, darinn vorgebildet, wie aller Frevel, Gottlosigkeit und Hoffart gestraffet wird«.

Anna Perenna
»An den Iden (des März) ist das heitere Fest der Anna Perenna, nicht fern von deinen Ufern, hinströmender Tiber. Da kommt das Volk und lagert sich allenthalben im Grünen ...« Bei dem Fest, das Ovid in seinen Kalendergeschichten beschreibt, muß es hoch hergegangen sein: Man tanzte und trank dazu nicht wenig, denn angeblich sollte man noch so viele Jahre zu leben haben, wie man an diesem 15. März Becher leerte. Kein Wunder, daß die Verschwörer um Brutus den Diktator Caesar gerade an diesem Feiertag ermordeten: Da waren die kleinen Leute, bei denen jener besonders beliebt war, außer Gefecht gesetzt! Ovid nennt Anna Perenna die Schwester der Königin Dido*. Nach deren Selbstmord sei sie aus Karthago vertrieben worden und nach langer Irrfahrt zu Aeneas* gekommen, der sie zum Verdruß seiner eifersüchtigen Gattin Lavinia* bei sich aufgenommen habe. Im Traum sei ihr die tote Dido erschienen und habe sie vor einem Mordanschlag gewarnt; darauf sei Anna angstvoll in die finstere Nacht hinausgerannt und zur Nymphe* des Flusses Numicus geworden. Andere, so Ovid, setzten sie aber mit der Mondgöttin, wieder andere mit Themis* oder Io* gleich; sie gelte auch als Tochter des Atlas* oder als die Nährmutter des kleinen Zeus*. Schließlich könne es sich auch um eine arme alte Frau aus der Stadt Bovillae gehandelt haben, die zur Zeit der Ständekämpfe zwischen Patriziern und Plebejern für das aus Rom ausgezogene Volk Brot backte und so die ärgste Not linderte. Dafür sei sie später durch eine Statue geehrt und

unter die Götter aufgenommen worden. Als Göttin sollte sie dem Mars* Kupplerdienste leisten, um Minerva* zu gewinnen, doch kam sie selbst im Brautschleier zu ihm, und als der verliebte Kriegsgott seine Minerva küssen wollte, grinste ihn die Alte höhnisch an (Ovid, Fasti III 523–696). Was Anna Perenna ursprünglich war, wußte offensichtlich schon Ovid nicht mehr. Wie bei Acca* Larentia haben spätere Zutaten und Umdeutungen das Bild einer vermutlich alten Göttin bis zur Unkenntlichkeit entstellt.

Antaios

Ein riesenhafter Sohn des Poseidon* und der Erdgöttin Gaia*, der jeden, dem er begegnete (gr. *antao:* ich begegne), zum Ringkampf zwang und dabei umbrachte. Da ihn seine Mutter, solange er ihren Boden berührte, mit immer neuer Kraft versorgte, schien er unbesiegbar – Herakles* aber hob ihn hoch und drückte ihm den Brustkorb ein (Apollodor, Bibliothek II 115). Den ungewöhnlichen Kampf der beiden Supermänner erwähnte Pindar in einem Isthmischen Siegeslied (IV 52–54), in dem er noch das makabre Detail beisteuerte, Antaios habe aus den Schädeln seiner Opfer einen Tempel für Poseidon errichten wollen. Vasenmaler stellten am liebsten den Augenblick dar, in dem Herakles seinen Gegner in die Höhe hebt. An derselben Szene hat sich der Florentiner Antonio Pollaiuolo (1432–1498) sowohl als Maler wie als Bildhauer versucht. Das Gemälde findet sich in den Uffizien, die imposante Ringergruppe im Bargello. Einen schönen Bronzeguß von Peter Vischer dem Älteren (um 1460–1529) besitzt das Bayerische Nationalmuseum in München, ein Bild Hans Baldung Griens von 1531 die Gemäldegalerie in Kassel.

Anteia

Gattin des Proitos*, die den Bellerophontes** verleumdete.

Antenor

Vornehmer Trojaner, der vor Ausbruch der Kämpfe mit den Griechen Odysseus* und Menelaos* in seinem Haus beherbergte, als beide die Rückgabe der schönen Helena* verlangten, wozu Antenor auch später riet, ohne freilich gehört zu werden (Ilias III 203–224; VII 347–353). Nach späterer Überlieferung wurde er deshalb bei der Eroberung der Stadt geschont oder konnte entkommen und gründete in Oberitalien die Stadt Patavium, das heutige Padua (Vergil, Aeneis I 242–249). Das um 150 v.Chr. entstandene, prophetisch-dunkle Gedicht ›Alexandra‹ des Lykophron macht Antenor zum Verräter an Troja; deshalb nennt Dante in der ›Comedia‹ den zweiten Bereich des neunten Höllenkreises nach ihm ›Antenora‹. Dort büßen, eingefroren in das Eis des Höllenstroms Kokytos, diejenigen, die ihre Heimat den Feinden preisgaben.

Antigone

Tochter des Oidipus** und der Iokaste**, Schwester der Ismene, des Eteokles* und Polyneikes*. Antigone begleitet mit Ismene ihren blinden Vater in die Verbannung, findet Zuflucht in Kolonos bei Athen und wird von Theseus* befreit, als ihr Onkel Kreon (1)* sie entführen will. Nach dem Tod des Oidipus kehrt sie nach Theben zurück, um den von diesem prophezeiten Zweikampf der Brüder zu verhindern (Sophokles, Oidipus auf Kolonos). Das Verhängnis ist jedoch nicht aufzuhalten: Eteokles und Polyneikes töten sich gegenseitig, und Kreon, der neue Herrscher Thebens, gebietet, die Leichen des Polyneikes und seiner Anhänger unbestattet zu lassen. Antigone aber glaubt, den Göttern mehr gehorchen zu müssen als den Menschen, und will ihren Bruder wenigstens symbolisch bestatten, indem sie etwas Erde auf seinen Leichnam streut. Dabei wird sie beobachtet, verhaftet und von Kreon zum Tod verurteilt: Er läßt sie lebend in ein Felsengrab einschließen. Als Kreons Sohn Haimon, ihr Verlobter, sie befreien will, findet er sie erhängt und nimmt sich das Leben. Aus Gram darüber tötet sich auch seine Mutter. Kreon erkennt zu spät, was er durch Starrsinn verschuldet hat (Sophokles, Antigone).
In seinen Tragödien hat Sophokles Stoffe zum Teil neu gestaltet, die er älteren, heute verlorenen Epen entnahm. Während der ›Oidipus auf Kolonos‹, ein Alterswerk, Athen als Asyl der Verfolgten preist, steht die um 442 v. Chr. uraufgeführte Antigone ganz im Zeichen des Gegensatzes zwischen göttlichem und menschlichem Recht. Spätere Autoren setzten andere Schwerpunkte. So sah Hölderlin in seiner eigenwilligen, wegen zahlreicher Mißverständnisse von den Zeitgenossen herb kritisierten Nachgestaltung der Antigone (Antigonä, 1804) den tragischen Helden mit Gott gerade deshalb im Streit lie-

gen, weil jener Gottes Nähe sucht. Die 1917 erschienene ›Antigone‹ Walter Hasenclevers versteht sich als flammender Protest gegen den Krieg. Jean Anouilhs gleichnamiges, 1944 in Paris uraufgeführtes Drama überträgt die Handlung ins 20. Jahrhundert, in eine gottlose Welt, in der zwei Menschen mit unterschiedlichen Einstellungen dem Leben gegenüber aneinander scheitern. Antigone sucht den Tod als Ausweg aus einem ihr verhaßt gewordenen Dasein. Bert Brecht in seinem ›Antigone-Modell‹ (1948) gibt sich antifaschistisch. Unter zahlreichen Antigone-Opern ragen das 1927 uraufgeführte Werk Arthur Honeggers mit dem Libretto von Jean Cocteau (nach Sophokles) und Carl Orffs ›Antigonae‹ (1949) hervor, der, wie der Titel verrät, Hölderlins Übertragung zugrunde liegt.

Antikleia
Tochter des Autolykos*, Gattin des Laertes*, Mutter des »Laertiaden« Odysseus*, als dessen Vater allerdings schon Sophokles den verschlagenen Sisyphos* nennt (Philoktetes 417; 1311).

Antilochos
Sohn des Nestor*, Freund des Achilleus*, dem er den Tod des Patroklos* meldet (Ilias XVII 653–700). Antilochos fällt vor Troja durch Memnon* (Odyssee III 111f., IV 186–188).

Antinoos
Verwegenster der Freier um Penelope*, von Odysseus* als erster mit dem Pfeil erschossen (Odyssee XXIII 8–20).

Antiope
1. Tochter des Königs von Theben, Nykteus; als sie, von Zeus* in Gestalt eines Satyrs* vergewaltigt, schwanger wurde, floh sie aus Angst vor ihrem Vater nach Sikyon und heiratete dort den Epopeus. Darüber ärgerte sich Nykteus dermaßen, daß er Hand an sich legte. Sterbend bat er seinen Bruder Lykos, ihn an Epopeus und Antiope zu rächen. Lykos erstürmte Sikyon, erschlug Epopeus und nahm Antiope gefangen. Als sie Zwillinge gebar, mußte sie diese im Gebirge aussetzen lassen. Ein Hirte fand die Kleinen, gab ihnen die Namen Amphion* und Zethos* und zog sie auf. Zethos verlegte

sich auf die Rinderzucht, Amphion aber brachte es auf einer ihm von Hermes* geschenkten Lyra zu großer Meisterschaft. Währenddessen machten Lykos und seine Frau Dirke der armen Antiope das Leben zur Hölle. Endlich konnte sie fliehen und fand ihre mittlerweile erwachsenen Söhne, die ohne Zögern Lykos umbrachten und sich auch an Dirke grausam rächten: Von einem Stier ließen sie sie zu Tode schleifen und warfen dann die Leiche in eine Quelle, die seitdem »Dirke« heißt (Apollodor, Bibliothek III 42f.). Bei dem römischen Dichter Properz wird die Wut der Dirke auf Antiope damit begründet, daß Lykos mit ihr, der Sklavin, ein Verhältnis hatte. Als sie endlich fliehen konnte, jagte Zethos sie von seinem Hof, während der sanfte Amphion sie aufnehmen wollte. Erst der Hirte, der die beiden Findelkinder aufgezogen hatte, öffnete diesen die Augen für ihr Unrecht (Properz III 15, 11–42). Properz bewahrt in seiner Fassung des Sagenstoffs wohl Elemente einer weitgehend verlorenen Tragödie des Euripides. In dieser will erst Dirke die entflohene Antiope von den eigenen Söhnen an den Stier binden lassen und erleidet, als die beiden ihre Mutter erkennen, gerechterweise die jener zugedachte Strafe.
Zwei Bildhauer des 1. Jahrhunderts v. Chr., Apollonios und Tauriskos aus Tralleis, schufen eine bewegte Figurengruppe, die Amphion und Zethos zeigt, wie sie eben Dirke bestrafen. Von dieser Gruppe ist eine römische Kopie erhalten. Sie steht im Nationalmuseum von Neapel und wird gewöhnlich als der ›Farnesische Stier‹ bezeichnet. Dasselbe Museum besitzt ein Fresko aus Pompeji zum gleichen Thema. Zahlreiche Maler der frühen Neuzeit reizte mehr der Göttervater in der Rolle des lüsternen Satyrs, den beispielsweise Tizian die schlummernde Antiope belauern läßt (um 1560, Paris, Louvre). Der schwedische Naturforscher Carl Linné dachte wohl vor allem an die Leiden der Gefangenen, als er einen unserer großen Tagfalter, den Trauermantel, *Vanessa Antiopa* nannte.
2. Königin der Amazonen*, Tochter des Ares*, Schwester der Hippolyte*, von Theseus** entführt (Plutarch, Theseus 26).

Aphareus
Vater des Idas* und Lynkeus*, der »Apharetiden«.

Aphrodite

Göttin der Liebe; bei Homer die Tochter des Zeus* und der Dione (Ilias III 374, V 370f.), nach Hesiod aber die »Schaumgeborene«, weil sie aus dem Schaum hervorkam, der sich rings um die von Kronos* mit einer Sichel abgeschnittenen und ins Meer geworfenen Genitalien seines Vaters Uranos* bildete (Theogonie 188–200). Die urtümlich-grausig wirkende Erzählung Hesiods verdankt ihre Entstehung dem Versuch, einen ungriechischen Namen zu deuten: Man vermutete gr. *aphros,* Schaum, als seinen ersten Bestandteil. Solche »volksetymologischen« Ausdeutungen sind häufig; als Beispiel sei Prometheus* genannt. Daß es sich bei Aphrodite um eine der großen Mutter- und Fruchtbarkeitsgöttinnen des vorderasiatischen Raums, eine »Herrin der Tiere« handelt, beweist recht deutlich der 5. Homerische Hymnos, in dem ihre Verbindung mit Anchises* breit geschildert ist. Dort »weckt sie in den Tieren Verlangen, daß sie sogleich zu Paaren sich finden im schattigen Hofraum« (Homerischer Hymnos V 73f.). Auch die Verbindung mit Adonis** gehört hierher. Von den Römern wurden die Mythen um Aphrodite auf Venus* übertragen. Daß Aphrodite ihren ungeliebten Mann, den hinkenden Schmiedegott Hephaistos*, mit Ares* hinterging und mit diesem zusammen von dem Betrogenen in einem goldenen Netz gefangen wurde, davon berichtet der Sänger am Hof des Phäakenkönigs in der ›Odyssee‹ (VIII 267–366). Angesichts der beiden in flagranti Ertappten stimmen die von Hephaistos herbeigerufenen Götter ein »homerisches« Gelächter an, und mancher von ihnen läge gern so eng neben der schönen Göttin, die auch beim Urteil des Paris* ihre Reize wirksam einzusetzen wußte.

Die Zahl der gemeißelten und gemalten Aphroditen aus gut 2500 Jahren ist unübersehbar; besonders berühmt sind die ›Geburt der Aphrodite‹ vom Mittelteil des ›Ludovisischen Throns‹ (um 460 v. Chr., Rom, Museo Nazionale Romano/ Thermenmuseum), die knidische Aphrodite des Praxiteles (um 450 v. Chr., Kopie in den Vatikanischen Museen, Rom), die ›Venus von Milo‹ (der Insel Melos, 2. Jahrhundert v. Chr., Paris, Louvre) und die etwas spätere ›Venus Landolina‹ im Museum von Syrakus, die zum Typ der »Kallipygos« gehört, der Aphrodite mit einem besonders wohlgeformten Hinterteil. Ein Bild von unbeschreiblichem Zauber ist Sandro Botticellis

›Geburt der Venus‹ (um 1480, Florenz, Uffizien): Windgötter geleiten die auf einer großen Muschelschale treibende, nackte Göttin dem Land zu, wo ihr ein prächtiges Kleid angelegt werden wird. In preziösen Gewändern sehen wir die Göttin auf zwei anderen Bildern Botticellis, der Allegorie ›Frühling‹ (um 1478, Florenz, Uffizien) und auf der Tafel ›Venus und Mars‹ (um 1483, London, National Gallery), während das von Lukas Cranach d. Ä. 1530 gemalte ›Urteil des Paris‹ (Staatliche Kunsthalle, Karlsruhe) sie wieder nackt zeigt und den Betrachter schmunzeln läßt: Gar zu komisch kokettieren die drei Göttinnen vor dem schwer gerüsteten Prinzen, eine steht sogar auf einem Bein! An Auguste Renoirs gleichnamigem Alterswerk (um 1914, Philadelphia, Privatbesitz) bezaubern leuchtende Farben und üppige Rundungen. Verstreut über die großen Museen Europas sind Darstellungen der Venus mit ihrem Sohn Amor aus der Werkstatt Lukas Cranachs d. J. (1515–1586); bisweilen hält der Kleine eine Honigwabe, und Bienen fallen über den Räuber her. »So ist die Liebe«, verkündet (z. B. im Germanischen Nationalmuseum Nürnberg) eine lateinische Beischrift: »Süß und bitter zugleich«. Manche »Ruhende Venus« mag eine hochgestellte Dame darstellen wie etwa die berühmte Venus von Urbino (Tizian, um 1540, Florenz, Uffizien), manche wurde für Auftraggeber gemalt, die sich etwas Erotisches in ihr Privatgemach hängen wollten, zum Beispiel Tizians ›Venus mit dem Orgelspieler‹ (um 1550, Gemäldegalerie Berlin-Dahlem). In diesem Fall trägt der Organist vermutlich die Züge König Philipps II. von Spanien. Pauline Borghese ließ sich 1807 von Antonio Canova als Venus in Marmor meißeln (Galleria Borghese, Rom). Der Affäre mit dem Kriegsgott hat Jacopo Robusti, genannt Tintoretto (1518–1594), eine originelle Variante abgewonnen: Da ist kein goldenes Netz, und so konnte Ares/Mars sich beim unerwarteten Erscheinen des gehörnten Ehemanns noch unter einem Tisch verstecken. Das wird ihm aber nichts nützen, denn ein Hündchen ist da und kläfft ihn an: ›Vulkan überrascht Venus und Mars‹ (Alte Pinakothek, München).
Der Kuriosität halber sei vermerkt, daß der Nürnberger Schusterpoet Hans Sachs 1568 die ›Gefengnus der Goettin Veneris mit dem Gott Marte‹ als Fastnachtsschwank in Verse und auf die Bühne brachte.

Apis
Im alten Ägypten ein nach besonderen Merkmalen ausgesuchter, als Bote des Gottes Ptah verehrter Stier, nach seinem Tod als Sarapis (Osiris-Apis) vergöttlicht, von den Griechen mit Epaphos*, dem Sohn der zeitweilig in eine Kuh verwandelten Io*, gleichgesetzt.

Apollon
Sohn des Zeus* und der Leto*, Bruder der Artemis*, Vater des Asklepios* und des Orpheus*, ein rechtes Allround-Talent unter den griechischen Göttern, das sich der erfolglos umworbenen Nymphe Daphne* so vorstellt: »Durch mich wird Zukünftiges, Vergangenes und Gegenwärtiges offenbar, durch mich tönt harmonisch das Lied zu den Klängen der Saiten. Sicher trifft mein Pfeil ... Meine Erfindung ist die Heilkunst, überall auf der Welt heiße ich Helfer, und auch die Kraft der Kräuter ist mir untertan.« (Ovid, Metamorphosen I 517–522.) Apollon ist also der Gott der Weissagung; in Delphi war sein berühmtestes Orakel. Er ist aber auch der Gott mit dem Bogen, der den Drachen Python* erlegt, der seine Pfeile gegen die Giganten*, die Kyklopen*, die Söhne der Niobe*, die Griechen vor Troja entsendet und selbst den gewaltigen Achilleus* nicht verschont. Doch er, der Tod und Verderben bringt, kann zugleich heilen und wird im Paian, einem Lied, das Übel abwenden soll, zu Hilfe gerufen. Die Musik ist seine vierte Domäne: Er singt zur Leier, die er von seinem Bruder Hermes* bekommen hat, ist als Musagetes Führer der neun Musen* und siegt mit seinem Spiel und Gesang über Pan* und Marsyas*. Außerdem versteht er sich auf den Mauerbau – er befestigt für König Laomedon* Troja –, dient Admetos* als Hirt, hat als Apollon Lykeios bzw. Smintheus Macht über Wölfe und Mäuse und wird als Phoibos, der Strahlende, mit dem Sonnengott gleichgesetzt. Wunderschön ist er außerdem – man möchte ihn für den griechischsten der Götter halten; in Wirklichkeit aber ist er ein Zuwanderer, der ursprünglich wohl in Kleinasien daheim war. Seine Geburt, seine Macht und seine Taten preist der lange ›Homerische Hymnos‹ an Apollon (7. Jahrhundert v. Chr.), der eingangs betont, daß vor ihm »alle Götter zittern«. Das Befremdliche an dieser vielschichtigen Gottheit findet bisweilen auch Ausdruck in der Kunst. So wirkt der ›Apoll von Veji‹,

eine lebensgroße Terrakottafigur aus Veji (um 525 v.Chr., Rom, Museo Nazionale di Villa Giulia), tückisch und bedrohlich. Diese Figur gehörte zu einer nun wieder teilweise rekonstruierten Gruppe: Herakles* und Apollon streiten um eine Hirschkuh. Auch der ›Eidechsentöter‹ (Apollon Sauroktonos) des Praxiteles (um 350 v.Chr., Rom, Vatikanische Sammlungen) berührt uns heute merkwürdig: Da kriecht eine harmlose Eidechse einen Baumstamm empor und scheint nicht zu ahnen, daß der lächelnde Gott nur deshalb mit der Hand ausholt, weil er sie gleich mit einem spitzen Gegenstand an den Stamm spießen und sich an ihrem Todeskampf freuen will. Machtvoll greift Apoll auf dem Westgiebel des Zeustempels von Olympia in den Kampf der Lapithen* und Kentauren* ein (5. Jahrhundert v.Chr., Museum von Olympia), und »apollinisch schön« präsentiert sich der Apoll von Belvedere (um 350 v.Chr.; Rom, Vatikanische Sammlungen). Als jugendlichen Schützen hat Peter Flötner 1532 Apollon auf einen Brunnensockel gestellt. Die schöne Renaissance-Bronze steht im Nürnberger Pellerhaus.

Wie Aphrodite/Venus wurde Apoll seit der Mitte des 15. Jahrhunderts immer wieder auf Gemälden dargestellt, die ihn meist im Kreis der Musen, auf dem Sonnenwagen oder in dem Augenblick zeigen, als er die schon halb in einen Baum verwandelte Daphne umwirbt. Beliebt blieb auch die Marter des Marsyas, die Apollons unerbittliche Rachsucht betont. Die Geburt des Gottes und sein Wirken unter den Musen suchte Igor Strawinsky in Prolog und Szenen des Balletts ›Apollon musagète‹ (1927/28; überarbeitet 1947) zu schildern.

Apsyrtos

Bruder der Medeia*, von dieser bei ihrer Flucht mit Iason* getötet, zerstückelt und ins Meer geworfen, um ihren Vater Aietes*, der sie verfolgte, aufzuhalten. Aietes sammelte die Leichenteile und begrub sie an einem Ort, den man (nach dem griechischen Wort für ›zerschneiden‹) Tomoi nannte. Dem Iason und seinen Gefährten zürnte Zeus* wegen der Untat, bis sie von Kirke* entsühnt wurden (Apollodor, Bibliothek 132–134). In die Stadt Tomoi am Schwarzen Meer wurde 8 n.Chr. der Dichter Ovid verbannt.

Arachne
Eine Weberin aus Kolophon in Lydien, die voll Stolz auf ihre allgemein bewunderten Fähigkeiten die Göttin Athene* zum Wettkampf am Webstuhl herausforderte. Diese erschien als alte Frau und warnte Arachne vor den Folgen ihres Hochmuts. Die aber ließ sich nicht einschüchtern, sondern fragte nur, warum die Göttin nicht selbst komme. »Da ist sie!« sprach Athene und zeigte sich in ihrer wahren Gestalt. Nun gingen die beiden Frauen ans Werk: Athene schilderte auf einem Teppich ihren Kampf mit Poseidon* um Attika, Arachne aber stellte mit liebevoller Gründlichkeit sämtliche Seitensprünge der Götter dar. Eine Künstlerin war sie, das mußte ihr der Neid lassen, und Athene fand, von dem peinlichen Thema abgesehen, an der Webarbeit nichts auszusetzen. Das erboste sie so, daß sie Arachne mit dem Weberschiffchen schlug und den Teppich zerfetzte. Die Gedemütigte wollte sich erhängen, da wurde sie von der rachsüchtigen Göttin in eine häßliche Spinne (gr.: *arachne,* lat. *aranea*) verwandelt; als solche webt sie noch immer (Ovid, Metamorphosen VI 5–145). Den Wettstreit der Weberinnen haben u. a. Peter Paul Rubens (›Pallas und Arachne‹, um 1638, Brüssel, Privatbesitz) und Diego Velasquez (›Die Teppichwirkerinnen‹, um 1657, Madrid, Prado) gemalt.

Archemoros
→ Opheltes

Areion
Ein sprachbegabtes, unglaublich schnelles Roß, von Poseidon* in Gestalt eines Hengstes mit Demeter* gezeugt, die sich als Stute vor dem Gott versteckt hatte (Pausanias, Periegesis VIII 25, 4–10). Areion gehörte unter anderem Herakles* und Adrastos*.

Ares
Sohn des Zeus* und der Hera*, der unersättliche, brüllende, blutdürstige, männermordende Gott des wilden, regellosen Kampfes, den sogar sein Vater verabscheut. Am liebsten hält sich Ares bei den barbarischen Thrakern oder unter den Amazonen* auf. Als er vor Troja zugunsten der Trojaner in den Kampf eingreift, wird er von dem Griechen Diomedes* ver-

wundet und schreit auf wie zehntausend Männer (Ilias V 845–909). Er ist ein Beispiel dafür, daß rohe Kraft allein nichts nützt: Die Aloaden** sperren ihn ein, beim Schäferstündchen mit Aphrodite** wird er im goldenen Netz gefangen, Athene* ist ihm haushoch überlegen. Dementsprechend genoß Ares bei den Griechen kaum kultische Verehrung – anders als der später mit ihm gleichgesetzte Mars* bei den Römern. In der bildenden Kunst erwies sich die Affäre mit Aphrodite als »Dauerbrenner«, schon wegen des Kontrasts zwischen dem rohen Krieger und der zarten Liebesgöttin, aus deren Verbindung bereits die Antike als Tochter Harmonia* hervorgehen ließ.

Arethusa
Nymphe*, die auf der Flucht vor dem zudringlichen Flußgott Alpheios* durch Artemis* in einen Quellbach verwandelt wurde, unter dem Mittelmeer hindurch einen Weg von der Peloponnes nach Sizilien fand und nun bei Syrakus entspringt (Ovid, Metamorphosen V 572–642). Das schöne Haupt der Quellgöttin schmückt antike Münzen von Syrakus.

Argeia
Tochter des Adrastos*.

Argonauten
Griechische Helden, die unter der Führung des Iason** mit dem Schiff Argo von Iolkos in Thessalien zu König Aietes* ins Kolcherland fuhren, um das Goldene Vlies jenes Widders zu holen, der einst Phrixos* und Helle* getragen hatte. Ein ›Argonauten-Triptychon‹ vollendete Max Beckmann einen Tag vor seinem Tod (1950, New York, Sammlung M. Beckmann); in ihm verbindet er Elemente des Mythos mit persönlichen Erinnerungen und Assoziationen.

Argos
1. Baumeister der Argo, einer der Argonauten*.
2. Der hundertäugige Wächter, der im Auftrag Heras* die in eine Kuh verwandelte Io** mit »Argusaugen« bewachte, bis Hermes* ihn einschläferte und tötete. Mit den Augen des Toten schmückte Hera den Schweif ihres heiligen Vogels, des Pfaus (Ovid, Metamorphosen I 624–723). Zwei Deckenge-

mälde im Stadtmuseum Nürnberg, dem Fembohaus, schildern in enger Anlehnung an Ovid die Schicksale des Argos (um 1674 von einem Unbekannten nach holländischen Kupferstichen gemalt).
3. Der Hund des Odysseus, der seinen Herrn trotz zwanzigjähriger Abwesenheit gleich wiedererkennt und dann vor Entkräftung stirbt (Odyssee XVII 291–327).

Ariadne
Tochter des Königs Minos* von Kreta und der Pasiphae*, Schwester der Phaidra*. Ariadne gab Theseus** vor seinem Gang ins Labyrinth den »Faden der Ariadne«, ein Garnknäuel, das er vom Eingang her abwickeln sollte, um später den Rückweg zu finden. Als ihm das gelungen war, wollte er aus Dankbarkeit die Königstochter nach Athen mitnehmen und heiraten, doch schon auf der Insel Dia, wohl dem späteren Naxos, »tötete Artemis sie, weil Dionysos* gegen sie zeugte« (Odyssee XI 324f.). Diese Stelle läßt vermuten, daß Ariadne sterben mußte, weil sie dem Gott die Treue gebrochen hatte, mit dem sie, wohl selbst ursprünglich eine Göttin, im Kult verbunden war. Nach späterer Überlieferung wurde sie von Dionysos dem Theseus geraubt, und erst seit dem Hellenismus stellten Dichter und Künstler die Sache so dar, als habe Theseus das arme Mädchen treulos verlassen. Solchen Vorbildern folgte der römische Dichter Catull, als er in seine ›Hochzeit des Peleus und der Thetis‹ die kunstvolle Beschreibung einer Bettdecke einfügte, worauf Ariadnes ganzer Jammer geschildert ist, aber auch das Erscheinen des Bacchus/Dionysos, der sich ihrer annimmt. Der lange Monolog der Enttäuschten wird bei Ovid (Heroides 10) zum Brief an den treulosen Theseus, der zur Rückkehr aufgefordert wird. »Hab ich mich vorher getötet, so sammle Du meine Gebeine.« Im letzten Großepos der Antike, den Dionysiaka des Nonnos (5. Jahrhundert n. Chr.), füllt die Geschichte von Ariadne ein halbes Buch (47, 245–475); wiederum wird ihr Leiden lustvoll ausgekostet und betont, das Weinen habe sie nur noch reizender erscheinen lassen.
Eine schöne junge Frau, die sich in hemmungslosen Klagen ergeht, bis Bacchus mit seinem trunkenen Gefolge auftaucht und sie im Triumph heimführt, eine solche Mischung aus Sentiment und Wunder verlangte nach theatralischer Gestaltung.

Im Bild gelang sie beispielsweise Tizian (Bacchus und Ariadne; um 1520, London, National Gallery): Ariadne will vor dem lärmenden Zug des Gottes fliehen, doch schon springt ein ungemein dynamischer Bacchus vom Wagen, um sie einzuholen. Für die Opernbühne komponierte schon Claudio Monteverdi eine ›Arianna‹ (1608); Georg Friedrich Händel (Ariadne auf Kreta, 1734), Josef Haydn (Ariadne auf Naxos, 1791) und viele andere folgten – so viele, daß Hugo von Hofmannsthal 1910 im Libretto für ›Ariadne auf Naxos‹ von Richard Strauß den im Grunde handlungsarmen, aber effektvollen Stoff als typisch für die Opera seria aufgriff und geistreich mit Elementen der Commedia del arte vermischte. Ein so vieltraktierter Gegenstand forderte auch dazu heraus, ihn literarisch zu verulken, und tatsächlich hatten Ariadne-Travestien zeitweilig ihr Publikum, zum Beispiel die des einstigen »Erfolgsschriftstellers« August von Kotzebue (1803).

Arimaspen
Einäugige Menschen im hohen Norden Europas, die dort von Greifen bewachte Goldschätze rauben (Herodot, Historien III 116).

Arion
Griechischer Sänger und Dichter des 7. Jahrhunderts v. Chr., von dessen legendärer Rettung durch einen Delphin schon Herodot berichtet (I 23). Arion hatte auf einer Sizilien-Tournee so viel verdient, daß sein Reichtum den Neid der Seeleute weckte, die ihn wieder nach Griechenland bringen sollten: Sie wollten ihn ins Meer werfen, erfüllten ihm aber seine letzte Bitte, noch einmal singen zu dürfen. Auf die rauhen Burschen machte der wunderschöne Gesang freilich keinen Eindruck, wohl aber auf einen Delphin, der den Künstler auf seinen Rücken nahm und nach Korinth brachte. Dafür wurde der Delphin von Zeus* unter die Sternbilder versetzt, die Seeleute aber traf gerechte Strafe (Ovid, Fasti II 83–118).

Aristaios
Sohn des Apollon* von der Nymphe* Kyrene, bei Chiron* aufgewachsen, von den Musen* reich begabt; wie sein Vater kündete er die Zukunft, heilte und schützte. Ihm zuliebe sendet Zeus* die im Mittelmeerraum regelmäßig im Hochsommer

wehenden Winde, die Etesien, um übergroße Hitze abzuwehren (Apollonios Rhodios, Argonautika II 500–527; Nonnos, Dionysiaka V 214–279). Im Thebanischen Sagenkreis ist Aristaios Mann der Autonoe* und Vater des Aktaion*, in Vergils Gedicht über den Landbau ein leidenschaftlicher Bienenzüchter. Als diesem all seine Völker sterben, wendet er sich auf Rat seiner Mutter an Proteus* und erfährt von ihm, er trage Schuld am Tod der Eurydike*, die auf der Flucht vor seinem Liebeswerben auf eine Schlange getreten und gebissen worden sei. Der Tod seiner Bienen sei die Rache des Orpheus*. Aristaios schlachtet nun nach Weisung seiner Mutter zum Sühneopfer vier Stiere, vier Kühe und ein Kalb, aus deren verwesenden Leibern nach neun Tagen Schwärme von Bienen aufsteigen (Vergil, Georgica IV 281–620). Vergils Aristaios-Geschichte ist eine kunstvolle – und künstliche – Mischung verschiedener Mythen, den Märchen des Musäus vergleichbar. Sie steht in der Tradition hellenistischer Aitia (Begründungs-Sagen) und gibt der in der Antike verbreiteten Ansicht von der Entstehung neuer Wesen aus Kadavern eine höhere Weihe.

Arkas
Sohn des Zeus* von Kallisto**, Stammvater der Arkader (Apollodor, Bibliothek III 101).

Artemis
Tochter des Zeus* und der Leto*, Zwillingsschwester des Apollon*. Artemis war eine alte und bedeutende Muttergottheit des östlichen Mittelmeerraums, gütig und grausam zugleich, Herrin über die Tierwelt, Geburtshelferin, Mond- und Todesgöttin, also keineswegs nur die scheue, jungfräuliche Jägerin, als die sie in der bildenden Kunst häufig dargestellt wird, sondern auch die barbarisch-fremdartige Große Göttin von Ephesus mit ihrem merkwürdigen Brustschmuck, der wohl aus Stierhoden besteht. Ihre Unerbittlichkeit und Rachsucht betonen die Geschichten von Aktaion* und Niobe*. Es genügt, Artemis beim Opfer zu vergessen – schon hat man ein Untier am Hals wie Oileus* den Kalydonischen* Eber. Agamemnon* schießt auf eine ihr heilige Hirschkuh – dafür soll er seine Tochter Iphigenie* opfern. Sie wird zwar durch eine Hirschkuh ersetzt, aber dafür muß die Gerettete im fernen

Taurierland der grimmigen Artemis gar Menschenopfer schlachten! Daß im Tempel der Artemis Orthia in Sparta Knaben bis aufs Blut gepeitscht wurden – die Spartaner verstanden das als Mutprobe –, mag Relikt eines Fruchtbarkeits- oder Initiationsritus sein. Die zugehörigen Feiern waren, wie sich aus den Resten der dafür bestimmten Chorlieder des Dichters Alkman erschließen läßt, derb und heiter. Die römische Jagd- und Waldgöttin Diana* scheint von vornherein viel mit Artemis gemeinsam gehabt zu haben, so daß die Gleichsetzung leichtfiel.

Von Bildhauern und Malern wurde Artemis/Diana in der Regel leichtbekleidet und mit kurzem Röckchen dargestellt: Als Jägerin hätte sie ein langes Gewand nur behindert! Unter den zahlreichen antiken Statuen ragt die des Praxiteles hervor (um 340 v. Chr., Kopie in Paris, Louvre); vielfach erscheint die Göttin zusammen mit einem Jagdhund und/oder einem Hirsch. Daß im Frankreich des 16. Jahrhunderts Diana besonders häufig gemalt und gemeißelt wurde, erklärt sich daraus, daß zwei Könige, Franz I. und sein Sohn Heinrich II., in eine Schöne namens Diane de Poitiers vernarrt waren. Darum blickt Diane vom Tor ihres Schlosses Anet, einen Hirsch hinter sich; als Brunnenfigur – mit Bogen – umarmt sie einen Hirsch (Jean Goujon (?), Diana von Anet, um 1550, jetzt im Louvre, Paris), ein Unbekannter malte sie als fast nackte Jägerin, die dem Betrachter ein spöttisches Lächeln schenkt (um 1550, Louvre, Paris; bisweilen Luca Penni zugeschrieben). Außerdem wurde Diana in Bronze gegossen, im Relief abgebildet und in Gobelins gestickt – bis die Königinwitwe Katharina de' Medici die Karriere der gealterten Mätresse beendete.

Askalaphos

Sohn des Acheron*. Er verriet, daß Proserpina* nach ihrer Entführung von Hades* einige Granatapfelkerne genascht habe, und verhinderte dadurch, daß sie für immer auf die Oberwelt zurückkehren durfte. Zur Strafe wurde er unter einem gewaltigen Felsen begraben, den Herakles* später fortwälzte; Proserpina aber zürnte dem Verräter noch immer und verwandelte ihn in eine Eule (Apollodor, Bibliothek I 33, II 124–126; Ovid, Metamorphosen V 533–550).

Askanios

Sohn des Aineias*, auch Ilos bzw. Iulus genannt, Gründer von Alba Longa, der Mutterstadt Roms, vom Geschlecht der Julier als Ahnherr in Anspruch genommen. In Mozarts früher Oper ›Ascanio in Alba‹ (1771) wird Askanios zu einem Sohn der Venus*, den diese inmitten von Hirten, Nymphen* und guten Geistern mit Silvia, einer Enkelin des Herkules*, vermählt. Das kuriose Mixtum compositum ist ein hübsches Beispiel dafür, wie unbekümmert Opern-Librettisten bisweilen mit den antiken Stoffen umgingen.

Asklepios

Sohn von Apollon* und Koronis**, die der Gott ermordete, weil sie einen anderen ihm vorzog. Während man die Tote verbrannte, entriß er das ungeborene Kind den Flammen und brachte es zu dem Kentauren* Chiron*, der es aufzog und die Heilkunst lehrte. Darin brachte es Asklepios zu solcher Meisterschaft, daß er, mit Hilfe des ihm von Athene* beschafften Blutes der Gorgo*, sogar Verstorbene wieder erweckte, darunter den Hippolytos*. Zeus* befürchtete, daß bald kein Mensch mehr sterben würde, wenn diese Kunst erst unter die Leute käme, und erschlug Asklepios mit seinem Donnerkeil. Dafür tötete Apollon die Kyklopen*, die Waffenschmiede des Zeus, und wäre wegen dieser Tat in die unterste Unterwelt verbannt worden, hätte nicht seine Mutter Leto* für ihn um Verzeihung gebeten und durchgesetzt, daß er zu einem Jahr Strafarbeit begnadigt wurde: Er mußte die Rinder des Admetos* hüten (Apollodor, Bibliothek III 118–122).
Asklepios, den die Ilias nur als »unvergleichlichen Arzt« kennt und dessen Söhne die Kunst des Vaters vor den Mauern Trojas ausübten (Ilias IV 193f.), stieg im Lauf der Zeit zum Gott der Heilkunst auf und verdrängte Apollon aus dieser Domäne. Sein bedeutendster Kultort war Epidauros auf der Peloponnes, wohin Kranke in Scharen kamen. Von wunderbaren Heilungen berichten zahlreiche Votivtafeln, und wir lesen erstaunt, daß Asklepios sogar einem Glatzkopf die Haare zurückgab. In Epidauros holte, gemäß einem Spruch des Orakels von Delphi, eine römische Delegation 293 v. Chr. den Gott ab, damit er eine schwere Seuche in Rom beende. Asklepios ging in Gestalt einer Schlange an Bord des Schiffs und verließ es wieder, als die Tiberinsel in Sicht kam (Ovid, Meta-

morphosen XV 622–744). Hier, wo das erste römische Heiligtum für den Retter errichtet wurde, steht noch heute ein Krankenhaus.

Auf der Insel Kos sah sich die Ärzteschule des Hippokrates in der Nachfolge des Asklepios, und in gewissem Sinne fühlen sich sogar heutige Ärzte noch als seine »Jünger«, wenn sie als Standeszeichen den »Aesculapstab« benützen, um den sich die heilige Schlange des Gottes windet. In der bildenden Kunst wurde Asklepios als älterer, bärtiger Mann mit dem bereits beschriebenen Stab dargestellt.

Asopos

Gott des gleichnamigen Flusses in Boiotien, Vater der Aigina*.

Assarakos

Sohn des Tros* von der Nymphe Kallirrhoe*, einer Tochter des Flußgotts Skamandros*, Enkel des Erichthonios*, Bruder des Ilos und Ganymedes*, König in Dardanos bei Troja, Vater des Kapys, Großvater des Anchises* und Urgroßvater des Aineias*, der vor seinem durch göttliches Eingreifen verhinderten Zweikampf mit Achilleus* sich dieser Vorfahren rühmt (Ilias XX 230–240). In der berühmten Rede Jupiters* am Anfang von Vergils Aeneis (I 255–296) wird dem »Haus des Assaracus«, d.h. den Römern als seinen Nachfahren, die Herrschaft in Griechenland prophezeit.

Asteria

Titanin*, Tochter des Koios*, Gattin des Perses* und Mutter der Hekate*. Wie ihre Schwester Leto* wurde auch Asteria von Zeus* umworben. Auf der Flucht vor ihm verwandelte sie sich in eine Wachtel und stürzte sich ins Meer (Hesiod, Theogonie 409–411; Apollodor, Bibliothek I 9; 21).

Astraia

Jungfräuliche Göttin der Gerechtigkeit, die mit Beginn des Eisernen Zeitalters »die vom Mord bluttriefende Erde« verläßt (Ovid, Metamorphosen I 149f.); auch: das Sternbild der Jungfrau (Aratos, Phainomena 96ff.).

Astraios

Sohn des Titanen* Krios; Eos* gebar ihm die Windgötter Zephyros*, Boreas* und Euros* sowie die Sterne. (Hesiod, Theogonie 378–382)

Astyanax

»Beschützer der Stadt«, Beiname des Skamandrios, des Söhnchens von Hektor* und Andromache*, das nach der Eroberung Trojas von jenem Turm hinabgestürzt wurde, von dem aus ihm oft seine Mutter den Vater gezeigt hatte, wie er Trojas Mauern schützte (Ovid, Metamorphosen XIII 415–417).

Atalante

1. Tochter des Schoineus aus Arkadien, eine große Jägerin; Teilnehmerin an der Jagd auf den Kalydonischen* Eber und an der Fahrt der Argonauten*. Da sie bei jener Jagd das Untier als erste traf, schenkte ihr dessen Bezwinger Meleagros** das Fell – sehr zum Unwillen der anderen Jäger und zu seinem eigenen Verderben (Apollodor, Bibliothek I 64–70; 112; Ovid, Metamorphosen VIII 298–436).

2. Tochter des Iasos, von diesem, da er sich einen Sohn gewünscht hatte, ausgesetzt, von einer Bärin gesäugt, von Jägern gefunden und aufgezogen. Atalante verteidigte ihre Jungfräulichkeit gegen zwei zudringliche Kentauren*, nahm an der Jagd auf den Kalydonischen* Eber teil (!) und an den Spielen zu Ehren des Pelias*, bei denen sie Peleus* im Ringkampf besiegte. Als sie ihre Eltern wiedergefunden hatte, wollte Iasos sie verheiraten; sie aber erklärte, sie werde nur den zum Mann nehmen, der sie im Wettlauf besiegte. Die Aufgabe schien nicht schwer, denn sie gab ihren Freiern ein halbes Stadion Vorsprung und folgte ihnen in schwerer Rüstung. Trotzdem holte sie alle ein und ließ sie töten, bis Melanion* sie mit Hilfe der Aphrodite* besiegte: Immer, wenn Atalante zum Überholen ansetzte, warf er einen der goldenen Äpfel, die er von der Göttin erhalten hatte, weit weg und gewann, weil die Läuferin der kostbaren Frucht nachlief, wieder einen Vorsprung. Mit Melanion verheiratet, fand Atalante auf einmal Spaß am Sex und gab sogar in einem heiligen Hain des Zeus* ihrem Verlangen nach. Darum wurden sie und Melanion in Löwen verwandelt (Apollodor, Bibliothek III 105–108). Ovid schildert in den ›Metamorphosen‹ (X 560–704)

den Wettlauf ausführlich, nennt aber den jungen Mann mit den Äpfeln Hippomenes und verlegt das fatale Schäferstündchen in einen Tempel der Kybele*, die für das Löwenpärchen gleich Verwendung hat: Es muß ihren Wagen ziehen. Apollodor beschließt seine Geschichte mit dem Hinweis, daß Atalante bei Hesiod eine Tochter des Schoineus sei und ihr Bezwinger bei Euripides Hippomenes heiße. Das legt, ebenso wie die Eberjagd-Doublette, die Vermutung nahe, daß man ursprünglich nur von einer Atalante erzählte, die, was ja gut zusammenpaßt, sowohl Jägerin wie Läuferin war.
Als Carl von Linné einem flugtüchtigen Wanderfalter, dem Admiral, den Artnamen *Atalanta* gab, schwebte ihm aber gewiß die schnelle Atalante und nicht die Schützin vor. Spannungsreich komponiert ist Guido Renis um 1625 gemaltes Bild ›Atalanta und Hippomenes‹ (Neapel, Pinacoteca Nazionale di Capodimonte): Während der schlanke junge Mann mit fliegendem roten Umhang nach rechts enteilt, bückt sich eine eher gedrungen wirkende Atalante nach links, um einen zweiten Apfel aufzuheben. Einen hat sie bereits in der Hand. In ein Landschaftsbild hat Peter Paul Rubens ›Die Jagd der Atalante‹ eingefügt (Madrid, Prado, um 1630). Auch Dramatiker und Opernkomponisten, darunter Georg Friedrich Händel (1736), nahmen sich der beiden Atalanten an, doch sind die meisten dieser Werke längst vergessen.

Atargatis
Muttergottheit aus Syrien, deren Verehrung sich durch orientalische Sklaven und Legionäre seit dem 2. Jahrhundert v. Chr. über das römische Reich verbreitete. Fische und Tauben als Symbole der Fruchtbarkeit, orgiastische Tänze und Selbstentmannung gehörten zum fremdartigen Kult der *Dea Syria.* Als ›Astarte Syriaca‹ mit einem betont sinnlichen Mund malte sie der Mitbegründer der »Pre-Raffaelite Brotherhood«, Dante Gabriel Rossetti, 1877 (Manchester, City Art Gallery).

Ate
Personifikation der Verblendung und schuldhaften Verfehlung; vor ihr wird Achilleus* in der Ilias (IX 504–512) gewarnt.

Athamas

König von Boiotien, Sohn des Aiolos (1)*, von Nephele* Vater des Phrixos* und der Helle*, von Ino** des Learchos* und Melikertes*. Als Hera* ihn mit Wahnsinn schlug, tötete Athamas den kleinen Learchos; Ino stürzte sich auf der Flucht vor ihrem rasenden Mann mit Melikertes ins Meer. Wegen seiner Untaten verließ Athamas Boiotien und befragte ein Orakel, wo er sich niederlassen solle. »Dort, wo du bei wilden Tieren Gastfreundschaft findest!« war die Antwort. Nach langer Wanderschaft traf Athamas auf ein Rudel Wölfe, die eben Schafe gerissen hatten. Als sie den Menschen kommen sahen, flohen sie vor ihm und ließen ihm ihre Beute. Athamas aber wurde wieder seßhaft und heiratete Themisto*, die Tochter des Hypseus (Apollodor, Bibliothek I 84). In der weitgehend verlorenen Tragödie ›Athamas‹ machte Sophokles den Helden zum Opfer der Ränke, die Nephele und Ino gegeneinander spannen: Beinahe wäre er wie ein Stier am Altar geschlachtet worden, hätte ihn Herakles* nicht gerettet. Diese Sagenfassung bewahrt offensichtlich die Erinnerung an ein mit dem Geschlecht des Athamas verbundenes Menschenopfer, das auch Herodot (Historien VII 197) erwähnt. Ovid begründete die Rache der Hera/Juno an Athamas damit, daß Ino und er den kleinen Bacchus* bei sich aufgenommen hätten. Junos Gang in die Unterwelt, wo sie die Furie Tisiphone* gegen Athamas loshetzt, und deren Erscheinen in Theben zeigen Ovids Meisterschaft in der Schilderung grauenvoller Orte und Ereignisse (Metamorphosen IV 416–514).

Athene

Tochter des Zeus*, die dieser »aus seinem heiligen Haupt hervorgebracht hat, mit kriegerischer Rüstung angetan« (Homerischer Hymnos 28, 4–6). Nach Hesiod ist Athene die Tochter der allwissenden Metis*, die Zeus »in seinen Leib versenkte, als sie die eulenäugige Göttin Athene gebären wollte.« Das hatten ihm Gaia* und Uranos* geraten, damit nicht ein anderer statt Zeus über die Himmlischen herrsche. Es war nämlich vom Schicksal bestimmt, daß Metis überkluge Kinder gebären sollte, als erstes die Jungfrau, die eulenäugige Tritogeneia, mit »gleicher Kraft und Weisheit begabt wie der Vater« (Hesiod, Theogonie 886–896). Der Mythos von der verschlungenen Göttin, die nun im Leib des Göttervaters steckt und ihm das Gute und Böse verkündet, wirkt, genau wie die Geschichte von Kronos* und seinen Kindern, sehr urtümlich, dürfte aber erst von Hesiod mit Athene in Zusammenhang gebracht worden sein, da sich diese mächtige vorgriechische Kriegs-, Stadt- und Hausgöttin nicht ohne weiteres in einen patriarchalischen Götterhimmel einpassen ließ. Bedeutung und Alter der Athene belegen ihre vielen, zum Teil noch nicht zuverlässig gedeuteten Beinamen und ihre zahlreichen Funktionen: Als Pallas (Heldenjungfrau) stürzt sie sich in den Kampf und verbreitet panischen Schrecken, wenn sie ihre Ägis, den Schild mit dem Haupt der Medusa*, schüttelt. Sie hilft Helden, die ihr durch ihre Klugheit sympathisch sind, zum Beispiel dem Odysseus*, und beschirmt die Burgen. Troja kann erst erobert werden, als ihr Bild, das Palladion, von Diomedes* und Odysseus* geraubt ist. Bis dahin steht die Stadt unter dem Schutz der gleichen Göttin, die den Trojanern böse ist, weil Paris* bei jener berühmten Schönheitskonkurrenz gegen sie entschied. Athene ist aber nicht nur schön und ein wenig eitel, sondern auch klug. Sie hat das Leben der Menschen durch Erfindungen bereichert, hat die Zimmerleute den Schiffsbau gelehrt (Ilias XV 412) und die Frauen das Weben und Spinnen. Daß Arachne* sie in dieser Kunst übertrifft, erbittert sie sehr. Auch die Doppelflöte hat Athene erfunden, aber weggeworfen, als sie feststellen mußte, daß ihr die beim Blasen geblähten Backen gar nicht standen. Der Satyr* Marsyas* nahm sich, zu seinem Schaden, das verschmähte Instrument.

Athenes heiliger Vogel ist die Eule, die als besonders klug gilt und damit zur Göttin der Weisheit gut paßt. Die Stadt Athen hat ihren Namen von Athene, die sich das attische Land im Wettstreit mit Poseidon* sicherte. Während dieser auf der Akropolis eine Quelle entspringen ließ, stieß sie ihre Lanze in den Boden – da wuchs ein Ölbaum empor, und die zwölf Götter, die den Streit entscheiden sollten, erkannten Athene den Sieg zu (Ovid, Metamorphosen VI 70–82). Der Jungfrau (gr. *parthenos)* Athene war der bedeutendste Tempel auf der Akropolis »ihrer« Stadt geweiht, der Parthenon. In ihm stand das von Pheidias geschaffene, zwölf Meter hohe, goldelfenbeinerne Kultbild, im Ostgiebel war der Wettkampf mit Poseidon geschildert. Vor dem Tempel erhob sich eine von Pheidias in Bronze gegossene Kolossalstatue der »Vorkämpferin«, deren funkelnde Speerspitze die Seefahrer schon von weitem sahen, wenn sie Kurs auf Attika hielten.

Diese in der Antike hochgerühmten Kunstwerke sind verschwunden; Beschreibungen und Kopien vermitteln nur einen ungefähren Eindruck davon, z.B. die um 438 v.Chr. geschaffene, gut einen Meter hohe Marmornachbildung der Parthenos im Nationalmuseum von Athen. Erhalten ist ein reizvolles Marmorrelief, das die Göttin in Gedanken versunken vor einem Grenzstein oder Ähnlichem zeigt (um 460 v.Chr., Athen, Akropolis-Museum). Etwa zur gleichen Zeit entstanden die Metopen des Zeustempels von Olympia, die Athene als Helferin des Herakles* verherrlichen. Sie hilft ihm den Himmel zu tragen und ist sogar bei der Reinigung des Augiasstalls dabei (Olympia, Museum). Die Szene mit dem Satyr Marsyas wurde um 450 v.Chr. von Myron spannungsreich gestaltet: Athene hat eben die Flöte fortgeworfen und will sich entfernen; Marsyas schleicht heran – da hebt die Göttin, abwehrend und warnend, die Hand (Marmorkopie der Gruppe in Rom, Vatikanische Sammlungen: Musei Ex-Lateranensi; Kopie der Athene im Liebighaus, Frankfurt a.M.). Auf Vasenbildern ist mehrfach die Geburt der Athene aus dem Haupt des Zeus dargestellt, wobei Hephaistos* mit einer soliden Axt Hebammendienste leistet (z.B. auf einer schwarzfigurigen attischen Amphore aus dem 6. Jahrhundert v. Chr.; Boston, Museum of Fine Arts). Daß Zeus solche Hilfe nötig gehabt habe, berichten auch Pindar (Olympien VII 35–38) und Euripides (Ion 454–460). Im Kampf mit dem Giganten* Enkelados, auf den sie der Sage nach die Insel Sizilien schleuderte, finden wir Athene im Archäologischen Museum von Paestum (Elfenbein, um 350 v.Chr.).

Wenn Sandro Botticelli um 1485 Athene malte, wie sie eben einen gewaltigen Kentauren* bändigt (Florenz, Uffizien), dann wollte er damit die Überlegenheit des Intellekts über rohe Kraft symbolisieren. Spätere Maler brachten nach dem Vorbild Ovids (Metamorphosen V 250ff.) Athene/Minerva* gern mit den Musen* in Verbindung. Ernst Kreneks Oper ›Pallas Athene weint‹ (1955 in Hamburg uraufgeführt) beginnt und endet mit der Klage der Göttin um ihre Stadt, die von den Spartanern erobert wurde. Im übrigen jongliert das Libretto mit Personen und Ereignissen des Peloponnesischen Kriegs und schiebt ganz unbekümmert die Hinrichtung des Sokrates den Spartanern in die Schuhe.

Atlantis

Sagenhafter Kontinent westlich von Europa, größer als Asien und Afrika zusammen, von reichen und mächtigen Königen beherrscht, die die ganze Welt unterwerfen wollten und nur Athen nicht bezwingen konnten. Platon, der in seinen Dialogen Kritias und Timaios von diesem angeblich 9000 Jahre vor seiner eigenen Zeit im Atlantik versunkenen Riesenreich ausführlich berichtet, nennt als seinen Gewährsmann den weisen Solon, der seinerseits die Geschichte von ägyptischen Priestern erfahren haben soll. Es spricht jedoch einiges dafür, daß der Atlantismythos eine Erfindung Platons ist, sozusagen ein Kunstmärchen im Dienste der Philosophie (Platon, Timaios 21b–25d; Kritias 108e–121c).

Atlas

Sohn des Iapetos*, Bruder des Menoitios*, Prometheus* und Epimetheus*, Vater der Nymphe Kalypso*, der Hesperiden*, Pleiaden* und Hyaden*, ein Riese, der am Westrand des Erdkreises mit Haupt und Händen das Himmelsgewölbe tragen muß, weil ihn Zeus* dazu zwang (Hesiod, Theogonie 507–520). Als Herakles* die goldenen Äpfel der Hesperiden* holen sollte, die außer von den drei Mädchen noch von einem unsterblichen, hundertköpfigen Drachen bewacht wurden, bat er auf Rat des von ihm befreiten Prometheus* hin Atlas darum, ihm drei davon zu pflücken, und erbot sich, währenddessen den Himmel zu tragen. Atlas brachte die Äpfel, aber die schwere Last wollte er nicht mehr auf sich nehmen. Da tat Herakles, als füge er sich in sein Schicksal; nur ein paar Stricke wollte er sich noch um den Kopf winden, damit der ihm nicht zerspringe. Atlas legte daraufhin die Äpfel beiseite und stützte das Himmelsgewölbe in der Gewißheit, daß er es die längste Zeit getragen habe. Herakles aber nahm die Äpfel und ließ den Überlisteten stehen (Apollodor, Bibliothek II 113–121). Als Perseus* nach seinem Abenteuer mit der Medusa* bei Atlas vorbeikam und um ein Obdach bat, wies ihn dieser grob ab – und wurde beim Anblick des Gorgonenhaupts zum Bergmassiv, das bis heute seinen Namen trägt. Vorher war er ein mächtiger und reicher König (Ovid, Metamorphosen IV 631–

662). Wie Herakles mit Athenes* Hilfe den Himmel hält und Atlas mit den Äpfeln vor ihm steht, das zeigt eine Metope vom Zeustempel in Olympia (um 460 v. Chr., Museum Olympia); auf einer lakonischen Schale ist Atlas zusammen mit dem an eine Säule gefesselten, von einem Adler gepeinigten Prometheus* abgebildet.
»Atlanten« hießen schon in der Antike die riesenhaften Männergestalten, die an dorischen Tempeln (ähnlich wie Karyatiden in ionischen) an Stelle von Säulen Gebälk und Gesimse trugen. Wenn wir eine Landkartensammlung als »Atlas« bezeichnen, folgen wir dem Vorbild des Mathematikers und Geographen Gerhard Kremer, genannt Mercator, der seinem Hauptwerk, einer 1594 in Duisburg erschienenen Weltbeschreibung, den Titel ›Atlas sive cosmographicae meditationes de fabrica mundi et fabricati figura‹ gegeben hat. Die sagenhafte Insel Atlantis* und der Atlantische Ozean, in dem sie versunken sein soll, sind deshalb nach Atlas benannt, weil die Griechen mit seinem Namen die Vorstellung »weit im Westen« verbanden.

Atreus
Sohn des Pelops* und der Hippodameia*, Enkel des Tantalos*, Bruder des Thyestes* und Chrysippos*, den er im Bund mit Thyestes tötete; Vater des Agamemnon* und Menelaos*. Von Pelops wegen des Brudermords verbannt, gehen Atreus und Thyestes nach Argos. Dort entzweien sie sich aus folgendem Grund: Als Atreus der Göttin Artemis* das schönste Lamm aus seiner Herde zu opfern gelobt, wird ein goldenes Lämmchen geboren. Da reut Atreus sein Gelübde; er tötet das Lamm und versteckt es in einer Truhe. Diese kommt durch Atreus' Frau Aerope* in die Hände ihres Liebhabers Thyestes. Als nun ein Orakel den Bürgern von Mykene gebietet, einen Pelopssohn zum König zu nehmen, schlägt Thyestes vor, denjenigen von den beiden Brüdern zu wählen, der ein goldenes Lamm vorweisen könne. Atreus billigt den Vorschlag. Da öffnet Thyestes seine Truhe, zeigt das Lamm und wird König. Zeus* aber schickt voll Zorn über den Betrug seinen Sohn Hermes* zu Atreus und rät ihm, er solle doch Thyestes dazu bringen, ihm die Herrschaft abzutreten, wenn die Sonne im Westen aufgehe. Thyestes ist das recht – und der Sonnengott tut das Unerwartete! Nun besteigt Atreus den

Thron und verbannt seinen Bruder. Erst danach erfährt er vom Ehebruch seiner Frau und beschließt, Thyestes grausam zu strafen. Er lädt ihn auf seine Burg, angeblich, um sich mit ihm auszusöhnen, und schlachtet die drei Söhne des Thyestes, obwohl es Kinder einer Nymphe* sind und sie am Altar des Zeus Zuflucht suchen. Ihr Fleisch setzt er dem Bruder als Mahlzeit vor, und erst, als der sich daran gesättigt hat, zeigt er ihm Häupter und Hände der Ermordeten und vertreibt ihn dann aufs neue (Apollodor, Bibliothek V 9–15). Die blutrünstige Geschichte ist in zahlreichen Varianten überliefert; nach Hyginus (Fabulae 86) hat Thyestes einen Sohn des Atreus, Pleisthenes*, aufgezogen und als Mörder gegen den eigenen Vater ausgesandt; dieser kann jedoch den Anschlag abwehren und erschlägt seinen Sohn. Als er später Pelopeia*, die Tochter des Thyestes, zur Frau nimmt, erwartet diese bereits ein Kind von ihrem Vater: Aigisthos*, den Atreus später losschickt, um den verhaßten Thyestes zu töten. Der aber erkennt seinen Sohn, und Aigisthos rächt ihn an Atreus (Hyginus, Fabulae 87–88). Das größte Kuppelgrab in Mykene galt schon in der Antike als »Schatzhaus des Atreus«.

Atriden
Die Nachkommen des Atreus*, ein wegen der Taten des Tantalos*, des Pelops* und des Atreus verfluchtes Geschlecht.

Atropos
»Die Unabwendbare«, eine der drei Moiren*, die die Römer Parzen nannten; sie schneidet den Lebensfaden der Menschen ab – wie es in Wilhelm Buschs Bildergeschichte ›Tobias Knopp‹ drastisch geschildert ist. Ihr Name lebt weiter in Atropa belladonna L., der Tollkirsche, und ihrem Gift, dem Atropin, in Acherontia atropos L., dem Totenkopfschwärmer, und als Bezeichnung einer Bücherlaus, deren Weibchen klopfende Geräusche hervorbringen können. Der Volksmund nennt sie darum »Totenuhr«.

Attis
Ein schöner Knabe aus Phrygien, für den die Göttin Kybele* in platonischer Liebe schwärmte. Er schwor, für immer Knabe bleiben zu wollen, und sagte: »Wenn ich meinen Schwur breche, soll diese Liebschaft meine letzte sein.« Tatsächlich ver-

gaß er sein Versprechen in den Armen einer Nymphe*, die von der erzürnten Kybele getötet wurde. Den Treulosen schlug sie mit Wahnsinn, so daß er sich selbst »die Teile abschnitt, die Leid über ihn gebracht hatten«. Nach seinem Vorbild entmannten sich die Priester der Kybele, deren Kult 204 v. Chr., gegen Ende des Kriegs mit Hannibal, in Rom eingeführt wurde (Ovid, Fasti IV 223–372). Wie ein junger Römer seine Heimat verläßt, um im phrygischen Heiligtum der Göttin sich ihrem Dienst zu weihen, hat Catull in einem Kleinepos (63) beschrieben. Der erregte Rhythmus, sogenannte Galliamben (die Kybelepriester hießen Galli), malt die Ekstase, in die sich der Unglückliche versetzt und aus der er erst erwacht, als er kein Mann mehr ist. Als Geliebter der Großen Mutter, der leiden und sterben muß, ist Attis dem Adonis* vergleichbar. Auch in seinem Mythos und Kult spielten Bäume und Blumen eine wichtige Rolle.

Auge

Königstochter aus Tegea, Priesterin der Athene*, von Herakles* verführt. Da sie ihr Kind im Heiligtum versteckte, schlug die erzürnte Göttin das Land durch Pest und Unfruchtbarkeit. Man wandte sich an die Orakel um Rat, und diese verkündeten, es sei etwas Ungeweihtes im Tempel der Athene. Auges Vater sah daraufhin nach dem Rechten, entdeckte den Säugling und ließ ihn im Gebirge aussetzen, wo er durch ein Wunder am Leben blieb: Eine Hirschkuh ernährte ihn, bis ihn Hirten fanden und Telephos** nannten. Auge wurde auf Befehl ihres Vaters ins Ausland verkauft, hatte jedoch ebenfalls Glück: Ein König in Kleinasien, Teuthras, nahm sie zur Frau und adoptierte auch Telephos, als dieser mit Hilfe des Orakels von Delphi seine Mutter wiederfand (Apollodor, Bibliothek II 146f.; III 103f.). Eine ›Auffindung des Telephos‹ ließ König Eumenes II. von Pergamon um 190 v. Chr. malen. Das berühmte Bild, dessen kunstvolle Komposition schon Goethe bewunderte, ist in einer Kopie aus Herculaneum erhalten (jetzt in Neapel, Museo Nazionale).

Augeias

König in Elis, dessen riesige Rinderställe Herakles* im Auftrag des Eurystheus* ausmisten sollte. Er löste die wenig heldenhafte Aufgabe, indem er zwei Flüsse umleitete und den

Dreck fortspülte. Den mit Augeias vereinbarten Lohn für seine Mühe, ein Zehntel der Rinderherden, verweigerte der geizige König, Eurystheus aber wollte die Arbeit nicht gelten lassen, weil sie für Lohn verrichtet worden sei. So hatte Herakles mit dem vielen Mist nur Ärger gehabt, und man kann es ihm nicht verdenken, daß er Augeias später erschlug (Apollodor, Bibliothek II 88–90, 113, 139–141). Der ›Augiasstall‹ ist heute noch sprichwörtlich.

Aurora
Römische Göttin der Morgenröte, der Eos** gleichgesetzt.

Autolykos
Sohn des Hermes* und der Chione*, Vater der Antikleia* und damit Großvater des Odysseus*, dem er den Namen gab (Odyssee XIX 395–412), ein Meister in jeder Betrügerei, »gewohnt, Weiß in Schwarz und Schwarz in Weiß zu verwandeln« (Ovid, Metamorphosen XI 313).

Autonoe
Tochter des Kadmos*, Mutter Aktaions*, tötet mit Ino* den Pentheus**.

Automedon
Wagenlenker des Achilleus*.

B

Bacchus
Römischer Gott des Weins, benannt nach einem Beinamen des griechischen Dionysos**, Bakchos.

Bakchen, Bakchantinnen
Männliche und weibliche Verehrer des Dionysos*, die in Rausch und Ekstase Wald und Feld durchstreiften, wilde Tiere fingen und deren rohes Fleisch verschlangen, ja sogar Menschen zerrissen, zum Beispiel Orpheus* oder Pentheus*, dessen Schicksal Euripides in seiner Tragödie ›Die Bakchen‹ auf dic Bühne brachte. Abzeichen und Waffe der Bakchen war der mit Efeu und Weinlaub umwundene, an seiner Spitze oft mit einem Pinienzapfen geschmückte Thyrsosstab, bekleidet waren sie mit den Fellen erlegter Rehe und Hirsche.

Battos
Ein Hirt aus Messenien, der Hermes* beim Rinderstehlen beobachtete, aber zu schweigen versprach, wenn er eine Kuh bekäme: »Der Stein da«, schwor er, »wird deinen Diebstahl eher verraten als ich.« Doch als Hermes in anderer Gestalt zurückkehrte und zwei Rinder bot, falls Battos ihm den Weg zu der geraubten Herde zeige, brach dieser seinen Eid und wurde in einen harten Stein verwandelt, den man »Zeiger« nennt (Ovid, Metamorphosen II 676–707).

Baubo
Ein häßliches altes Weib, das die um ihre Tochter trauernde Demeter* zu erheitern suchte, indem es sich unzüchtig entblößte. Ursprünglich vielleicht eine dämonische Sexualgottheit, wurde Baubo später bisweilen mit Hekate* gleichgesetzt. Dementsprechend läßt sie Goethe in der Walpurgisnacht (Faust I), auf einem Mutterschwein reitend, den Hexenhaufen anführen.

Baukis
Die fromme, gütige Frau des Philemon*.

Bellerophon(tes)

Sohn des Königs von Korinth, Glaukos, Enkel des Sisyphos*. Weil ihm die Götter besondere Schönheit und Männlichkeit geschenkt hatten, entbrannte Anteia*, die Frau des Königs Proitos* von Argos, in rasender Liebe zu ihm, doch der besonnene Jüngling ließ sich nicht verführen. Darauf drängte Anteia ihren Mann, Bellerophontes umzubringen, weil er versucht habe, ihr Gewalt anzutun. Proitos geriet in Wut, schreckte aber vor einem Mord zurück und schickte den angeblichen Verbrecher mit einer Botschaft zu seinem Schwager, dem König von Lykien. Als dieser die »verderblichen Zeichen« entziffert hatte, stellte er Bellerophontes drei schwierige Aufgaben: Er mußte die Chimaira* töten, gegen das berühmte Volk der Solymer kämpfen und die Amazonen* bezwingen. Wider Erwarten fand der Held dabei nicht den Tod. Darum ließ ihm der König, als er wieder nach Argos zurückkehren wollte, einen Hinterhalt legen. Doch Bellerophontes erschlug die tapfersten Krieger, und der Lykier sah nun ein, daß der junge Mann unter dem besonderen Schutz der Götter stand. Darum gab er ihm seine Tochter zur Frau und als Mitgift die Hälfte seines Reichs. Von den beiden Söhnen des Bellerophontes erschlug den ältesten der grimmige Ares*, der zweite folgte dem Vater auf den Thron von Lykien; Laodameia, die einzige Tochter, gebar Zeus* den Sarpedon* und wurde später von der erzürnten Artemis* dahingerafft. Bellerophontes selbst endete schließlich, allen Göttern verhaßt, in Trübsinn (Ilias VI 154–211). Mit dieser Geschichte stellt sich in der Ilias Glaukos, ein Enkel des Bellerophontes, dem griechischen Helden Diomedes* vor, und noch der heutige Leser erkennt, daß er die Kurzfassung einer vielschichtigen Heldensage vor sich hat, deren Kenntnis »Homer« bei seinen Hörern voraussetzen konnte. Manches, was Spätere berichten, überging er darum, zum Beispiel, weswegen Bellerophontes aus seiner Heimat Korinth überhaupt nach Argos kam: Ein Totschlag soll die Ursache gewesen sein, meint Apollodor (Bibliothek II 30). Aus Hesiods ›Theogonie‹ (325) erfahren wir, daß »Pegasos* und der tapfere Bellerophontes« die Chimaira erledigt hätten, aus einem Lied des Pindar (Isthmien VII 44–47), warum er bei den Göttern in Ungnade fiel: Er wollte mit seinem Flügelpferd Pegasos bis auf den Götterberg Olymp vordringen. All das sind Spuren einer alten Dichtung, vielleicht eines korinthischen »Nationalepos«, in dem sich weitverbreitete Motive verbanden. Wir denken an Joseph und die Frau des Potiphar, an den Uriasbrief, den König David schrieb, aber auch an all jene Märchenhelden, die drei schwere Aufgaben lösen müssen, um eine schöne Prinzessin zu gewinnen. Verloren wie jene Dichtung, auf die unseres Erachtens »Homer« Bezug nahm, sind auch zwei Tragödien des Euripides, in denen es einmal um Verleumdung und Rache des Bellerophontes ging – er lädt die Frau des Proitos zu einem Flug auf dem Pegasos ein und stürzt sie ins Meer –, zum andern um sein Scheitern als Himmelsstürmer.

Bellona
Römische Göttin des grausamen, blutigen Kampfes (lat. *bellum:* Krieg), gelegentlich als Gattin dem Mars* zur Seite gestellt, im 1. Jahrhundert v. Chr. mit der kleinasiatischen Stadt- und Muttergottheit Ma gleichgesetzt.

Belos
Sohn des Poseidon* und der Nymphe* Libye, Zwillingsbruder des Agenor*, Vater des Aigyptos und des Danaos* (Apollodor, Bibliothek II 10–11).

Berenike
1. Die zweite Frau des Ptolemaios I. von Ägypten, zusammen mit diesem nach ihrem Tod als Gottheit verehrt.
2. Frau von Ptolemaios III., die für die glückliche Rückkehr des Königs von einem Feldzug ihre Lockenpracht den Göttern zu weihen versprach. Als diese Opfergabe aus dem Tempel verschwand, versicherte der Hofastronom Konon, sie sei als neues Sternbild, als »Locke der Berenike«, an den Himmel versetzt worden. Ein teilweise erhaltenes Gedicht des Kallimachos und Catulls ›carmen 66‹ behandeln diese »Verstirnung«.

Bias
Bruder des Sehers Melampus**, der ihm bei seiner Werbung um die Tochter des Neleus* half.

Biton
Bruder des Kleobis*.

Bona Dea
»Gute Göttin« war der Beiname einer in Rom ausschließlich von Frauen in nächtlichen, geheimen Feiern verehrten, Fruchtbarkeit und Segen spendenden Gottheit, die man als Gattin oder Schwester mit Faunus* zusammenbrachte. Als der berüchtigte spätere Volkstribun Publius Clodius Pulcher sich in der Nacht des 4. Dezember 62 v. Chr. verkleidet unter die Frauen mischte, die im Haus Caesars zusammenkamen, wurde er entdeckt und wegen Religionsfrevels angeklagt. Bestochene Richter sprachen ihn jedoch frei, und Caesar trug ihm die Affäre, die dessen Frau ins Gerede gebracht und zur Scheidung geführt hatte, auch nicht weiter nach.

Bonus Eventus
»Guter Ausgang«, römische Gottheit des glücklichen Gelingens, oft wie Copia* mit dem Füllhorn dargestellt.

Bootes
»Ochsentreiber«, ein Sternbild nahe dem Großen Wagen, auch Arktophylax oder Arkturos – Bärenhüter – genannt, sofern man den Wagen als die in eine Bärin verwandelte Kallisto** ansah. In diesem Fall war der Bootes ihr Sohn Arkas*, im anderen der Weinbauer Ikarios**.

Boreas
Der stürmische, Schnee und Kälte bringende Nordostwind, der als König der Winde in vielen Städten Griechenlands kultische Verehrung genoß und in Thurioi (Unteritalien) gar Ehrenbürger war, weil er eine feindliche Flotte zersprengt hatte (Claudius Aelianus, Varia Historia XI 61). In »Gestalt eines dunkelmähnigen Hengstes« besprang er nach »Homer« zwölf Stuten des trojanischen Königs Erichthonios*. Deren Fohlen konnten auf den Spitzen der Halme über Wiesen, ja sogar auf Wellenkämmen über das Meer laufen (Ilias XX 223–229). Ihretwegen stritt später Herakles* mit Laomedon*. Boreas verliebte sich übrigens nicht nur in Stuten. Oreithyia, die Tochter des Königs von Athen, Erechtheus*, entführte er in seine Heimat Thrakien und bekam von ihr zwei Söhne, Kalais* und Zetes* (Ovid, Metamorphosen VI 673–721). So wurde er zum »Schwiegersohn« der Athener, die ihn aufgrund solcher Verwandtschaft gemäß einem Orakelspruch gegen die Flotte

des Perserkönigs Xerxes zu Hilfe riefen und auch Hilfe bekamen (Herodot VII 189). In der rechten Hälfte seines großen Gemäldes ›Der Frühling‹ hat Sandro Botticelli den Raub der Oreithyia dargestellt (um 1478, Florenz, Uffizien).

Briareos
Sohn der Gaia* und des Uranos*, einer der drei Hekatoncheiren*, der schrecklichen Riesen mit fünfzig Köpfen und hundert Armen, die ihr eigener Vater wegen ihres bedrohlichen Aussehens tief in der Erde gefangenhielt. Von Zeus* befreit halfen sie ihm entscheidend beim Kampf mit den Titanen* und sind nun deren Wächter in den Tiefen des Tartaros* (Hesiod, Theogonie 147–159; 617– 735). Briareos stand Zeus auch bei, als unter Führung Heras* mehrere Götter gegen ihn revoltierten und schon dabei waren, ihn zu fesseln (Ilias I 396–406). Bei »Homer« hat der Hundertarmige noch einen zweiten Namen: Aigaion. So nennt Ovid (Metamorphosen II 10) einen riesigen Meeresgott.

Briseis
Eine schöne Kriegsgefangene, die dem Achilleus* als Beute zugefallen war und ihm später von Agamemnon* weggenommen wurde. Der Held weigerte sich daraufhin, weiter am Kampf teilzunehmen (Ilias I 130–430).

Briseus
Vater der Briseis*.

Britomartis
Kretische Göttin, von den Griechen mit Artemis* gleichgesetzt; ihren Beinamen Diktynna (wohl nach dem Berg Dikte) erklärte man damit, daß Britomartis, von Minos* verfolgt, ins Meer gesprungen und von Fischern mit einem Netz (gr. *diktys)* aufgefangen worden sei (Kallimachos, Hymnoi III 189 ff.).

Brontes
Einer der Kyklopen*, die für Zeus Donnerkeile schmiedeten.

Broteas
Ein Jäger, der Artemis* keine Ehren erwies, weil er sich für unüberwindlich hielt. Nicht einmal Feuer, so sagte er, könne

ihm schaden. Da wurde sein Sinn verwirrt, er stürzte sich ins Feuer und verbrannte (Apollodor, Bibliothek V 2).

Busiris

König von Ägypten, dem ein Wahrsager aus Zypern verkündet hatte, eine Hungersnot, unter der das Land seit neun Jahren litt, werde enden, wenn er künftig alljährlich dem Zeus einen fremden Mann opfere. Busiris bedachte sich nicht lange und ließ als ersten den unvorsichtigen Seher selber schlachten. Als er dasselbe mit Herakles* vorhatte, wurde er überwältigt und seinerseits erschlagen (Apollodor, Bibliothek II 116f.). Herodot (II 45) erwähnt diese Sage als Beispiel dafür, wie unüberlegt und töricht die Griechen über die Ägypter daherredeten. Auf einer Pelike, einem Henkelgefäß (um 470, Athen, Nationalmuseum), kann man Herakles am Altar sehen, wie er einen der Männer des Busiris oder diesen selbst an den Beinen packt, um ihn gegen zwei andere kahlköpfige Widerlinge zu schleudern, von denen einer eben zum Schlag gegen ihn ausholt.

Butes

Sohn des Pandion*, Bruder des Erechtheus*.

Byblis

Tochter des Miletos*, in ihren eigenen Bruder Kaunos* verliebt, der sie abweist und, um vor ihrer Zudringlichkeit sicher zu sein, außer Landes geht. Auf der Suche nach ihm wird Byblis in eine Quelle verwandelt (Ovid, Metamorphosen IX 453–665).

C

Cacus

Ein riesenhafter, mörderischer Unhold, der sich als Sohn des Vulcanus* auf das Feuerspeien verstand und das Tor seiner Höhlenwohnung am Abhang des Aventins mit den Schädeln seiner Opfer dekorierte. Als Herakles* mit den Rindern des Geryoneus* in die Gegend des späteren Rom kam, witterte Cacus leichte Beute und zog acht Rinder an den Schwänzen in seine Höhle, so daß die Spuren von ihr wegzuführen schienen. Das Brüllen einer Kuh verriet trotzdem den Räuber, der sich vor dem wütenden Herakles in seiner Behausung verschanzte. Ihr Tor war fest, doch das Höhlendach ließ sich abreißen, und Herakles erwürgte den Cacus. Zur Erinnerung an diese Befreiungstat soll die *Ara maxima,* der Riesenaltar, auf dem Rindermarkt in Rom errichtet worden sein (Vergil, Aeneis VIII 171–281). Cacus war ursprünglich vielleicht ein Gott des Feuers wie sein »Vater« Vulkan. Als man seinen Namen mit dem griechischen Wort *kakos,* böse, in Verbindung brachte, wurde er zum Monster und Widerpart des »guten Menschen« Euandros*.
Die riesenhafte Gruppe ›Hercules und Cacus‹, die noch heute vor dem Palazzo Vecchio von Florenz steht, schuf 1534 Michelangelos erbitterter Rivale Baccio Bandinelli. Er wollte damit dessen ›David‹ übertrumpfen, erreichte aber nur, daß er wegen des ›kolossalen Kolosses‹ arg verspottet wurde.

Caesar

Gaius Iulius Caesar (100–44 v. Chr.) wurde von seinem Adoptivsohn und Nachfolger Octavianus Augustus unter die Götter erhoben. Als Beweis für seine Aufnahme in den Himmel galt das Erscheinen eines Kometen kurz nach seiner Ermordung an den Iden des März. Ovid hat die Verwandlung von Caesars Seele in ein Gestirn an den Schluß seiner Metamorphosen gestellt (XV 744–851).

Caieta

Bei Vergil die Amme des Aeneas*, auf dem nach ihr benannten Vorgebirge Italiens (jetzt Gaeta) begraben (Aeneis VII 1–7).

Camenen
Römische Quellgöttinnen, von Roms erstem Dichter, Livius Andronicus, vielleicht wegen der Nähe ihres Namens zu lat. *carmen,* Lied, mit den Musen* gleichgesetzt und im ersten Vers seiner Odyssee-Übersetzung entsprechend angerufen: *Virum mihi, Camena, insece versutum* – Den Mann nenne mir, Muse, den verschlagenen ...

Camilla
1. Tochter des Volskerkönigs Metabus, der wegen seines hochfahrenden Wesens vertrieben worden war. Auf der Flucht vor seinen Feinden kam er an einen Fluß, der Hochwasser führte, und wußte nicht, wie er mit seinem Töchterchen, das er bei sich hatte, hinüberkommen sollte. In seiner Not band er das Wickelkind mit Bast an seinen Speer, gelobte der Diana*, falls sie es rette, es ihrem Dienst zu weihen, und schleuderte die Waffe mit starker Hand. Er selbst schwamm durch die reißenden Fluten, fand Camilla wohlbehalten am anderen Ufer und erzog sie zur wehrhaften Jägerin. Als Aeneas* in Italien kämpfte, trat Camilla auf die Seite seiner Gegner und fiel in der Schlacht. Ihren Mörder traf die Rache der Diana (Vergil, Aeneis XI 532–867).
2. Schwester der Horatier*.

Camillus
Marcus Furius Camillus war eine bedeutende Persönlichkeit im Rom des 4. Jahrhunderts v. Chr., um die sich ein ganzer Kranz von Sagen gelegt hat, der die Tugenden des Helden ins hellste Licht rücken soll. Als beispielsweise bei der Belagerung der Stadt Falerii ein treuloser Lehrer die Kinder der führenden Männer dem Camillus ausliefert, schickt dieser sie samt dem Verräter zu ihren Eltern zurück – und erreicht dadurch einen raschen, ehrenhaften Frieden (Livius, Ab urbe condita V 26).

Caprotina
Beiname der Juno*; beim Fest der Caprotina am 7. Juli genossen die Sklavinnen besondere Freiheiten, die sie angeblich einer tapferen Tat zu Anfang des 4. Jahrhunderts v. Chr. verdankten: Nachbarvölker wollten nach der Plünderung Roms durch die Gallier die Schwäche der Römer ausnützen und

forderten Mädchen und Frauen von ihnen. An deren Statt gingen Sklavinnen in der Tracht von Freien zu den Feinden, brachten es dahin, daß diese sich betranken, und holten dann das Römerheer, das nun leicht mit ihnen fertig wurde. Die cleveren Sklavinnen wurden danach beschenkt und freigelassen (Macrobius, Saturnalia I 11, 36ff.).

Carmentis

Oder Carmenta; römische Göttin, die besonders von Gebärenden angerufen wurde. Eine Beziehung zur Dichtung und Weissagung wurde wohl erst sekundär aus dem Namen hergeleitet, ähnlich wie bei den Camenen*.

Carna

Römische Göttin; nach Ovid ursprünglich eine spröde Nymphe. Junge Männer, die um sie warben, bat sie, mit ihr eine Höhle aufzusuchen, wo sie sich versteckte und sich über die genarrten Freier lustig machte. Bei Ianus* hatte sie mit diesem Trick keinen Erfolg: Dieser Gott sieht ja auch, was hinter seinem Rücken geschieht. Zum Dank für das widerstrebend gewährte Schäferstündchen gab er Carna Macht über die Türangeln und über die Vampire, die nachts das Blut kleiner Kinder saugen. Daß Carna eine alte Gottheit ist, beweist nach Ovid die an ihrem Festtag übliche Speise: Bohnen- und Gersteneintopf mit Speck. Man glaubte, wenn man das äße, würde man keine Verdauungsprobleme haben (Ovid, Fasti VI 101–182). Die Verbindung der Türgöttin mit Ianus über eine Liebesgeschichte mag Ovids Erfindung sein, doch bewahrt die referierte Passage ohne Zweifel viel Altertümliches.

Ceres

Römische Göttin der Erde und ihrer Früchte, früh mit der griechischen Demeter* gleichgesetzt.

Chaos

»Fürwahr, zuerst entstand das Chaos, aber danach die Erde ...« So leitet Hesiod (Theogonie 116) seine Weltentstehungslehre ein, eine Kette von Zeugungen und Geburten, an deren Anfang eben das spontan entstandene Chaos steht, woraus die Nacht und das finstere Totenreich, der Erebos, hervorgehen. Nach Sinn und Wortbedeutung ist Chaos für Hesiod der leere Raum, in dem das später Gewordene sich ausbreiten kann, jedoch, da aus ihm weiteres wird, keineswegs etwas Nichtiges und Unpersönliches. Ovid, der seine Metamorphosen ebenfalls mit einer Weltentstehung beginnt, wobei er einen Schöpfergott nicht so klar ausschließt wie Hesiod, versteht unter dem Chaos »eine riesige Masse, formlos und wüst, nichts als lastende Schwere, einen Haufen noch unverträglicher Keime« (Metamorphosen I 7–9). Hinter dieser Ansicht steckt naturwissenschaftliche Spekulation, die sich bis zu den vorsokratischen Philosophen zurückverfolgen läßt. Eros* als schöpferische Kraft, die aus Dunkel und Leere alles, was ist, hervorbringt, scheint in den Weltentstehungslehren der Orphiker (Orpheus*), die Aristophanes in seiner Komödie ›Die Vögel‹ (693 ff.) parodiert, eine wichtige Rolle gespielt zu haben.

Chariklo
Eine Nymphe, Mutter des Teiresias*.

Charites
Drei Töchter des Zeus* von Eurynome*, bei Hesiod (Theogonie 907) Aglaia, Euphrosyne und Thalia genannt, gütige Göttinnen, die als Personifikationen des Charmes (gr. *charis,* lat. *gratia*) den Menschen Schönheit und Frohsinn bringen. Die drei »Charitinnen« oder Grazien werden von Bildhauern und Malern in der Regel bei der Aufstellung zum Reigen abgebildet, so zum Beispiel von Sandro Botticelli in der linken Bildhälfte des ›Frühlings‹ (um 1478, Florenz, Uffizien).

Charon
Fährmann, der die Seelen der Verstorbenen in einem halbverfaulten Binsenboot über den Acheron* und den Kokytos ins Totenreich bringt, sofern jene nach Brauch bestattet wurden und unter der Zunge einen Obolos als Fährgeld bei sich haben. Andernfalls verweigert Charon die Beförderung, und die Abgewiesenen müssen ewig an den Ufern des Unterweltstroms klagen. Lebende Fahrgäste nimmt Charon nur auf, wenn sie so stark sind wie Herakles*, so herrlich singen wie Orpheus* oder einen goldenen Zweig vorweisen können wie Aineias*. Dessen Begegnung mit Charon schildert Vergil in der Aeneis VI 298–416.

Auf etruskischen Grabmalereien erscheint Charon als scheußlicher Todesdämon, der mit einem Hammer Sterbenden den Rest gibt. In dieser Maske betrat nach römischen Gladiatorenkämpfen ein Sklave die Arena, um mit dem Tod Ringende zu erschlagen. Erheitert zeigt den ewig mürrischen Fährmann der Spötter Lukian in seinem Dialog ›Charon‹ (um 160 n. Chr.): Nachdem Hermes* den Widerstrebenden überredet hat, nach endloser Plage ein bißchen Urlaub zu machen, und ihm von einem hohen Berg aus die Welt zeigt, da kann dieser angesichts der hektischen Geschäftigkeit der Menschen nur schallend lachen, weiß er doch, wo all diese Wichtigtuer bald enden werden. Als grauenhaft und grausam schildert Dante den Fährmann der Verdammten im 6. Gesang des ›Inferno‹: »Mit Augen, die wie Flammenräder brannten, schart Charon alle Seelen hier zusammen, schlägt mit dem Ruder jeden, der da zaudert ...« Dementsprechend hebt Charon auch auf Michelangelos ›Jüngstem Gericht‹ (um 1540; Rom, Vatikan, Capella Sistina) das Ruder zum Schlag gegen seine erschreckt zurückweichenden Fahrgäste. Zweifellos hat die Gestalt des Teufels Züge des Charon/Charun angenommen, der im neugriechischen Volksglauben als Totengeleiter fortlebt.

Charybdis

Ein schreckliches Meerwesen, das täglich dreimal die Fluten einschlürft und wieder ausspeit, wobei es ganze Schiffe verschlingen kann. Odysseus entkommt ihm, verliert aber sechs Männer durch die Skylla* (Odyssee XII 208–260). Daß jemand, der ein doppeltes Risiko eingeht, zwischen Skylla und Charybdis agiert, war schon in der Antike sprichwörtlich. Ebenfalls antik ist die Lokalisierung der beiden Monster in der Meerenge von Messina. Dort entkamen ihnen die Argonauten durch göttliche Hilfe (Apollonios Rhodios, Argonautika IV 921–963); Aeneas* mied die Gefahr und umsegelte Sizilien (Vergil, Aeneis III 420–432). In Schillers Ballade ›Der Taucher‹ (1797/98) wirft der König einen goldenen Becher »in der Charybde Geheul«, die nach einiger Zeit »die Wasser, die sie hinabschlang ..., brüllend wiedergab.«

Cheiron

→ Chiron

Chimaira

Ein Ungeheuer, das der Verbindung der Echidna* mit dem Monster Typhaon* entstammte, »feuerspeiend, groß, schnell und gewaltig, mit den Köpfen eines Löwen, einer Ziege und einer Schlange, vorn war sie Löwe, in der Mitte Ziege, hinten ein Drache . . . Pegasos* hat sie erlegt und der tapfere Bellerophontes*« (Hesiod, Theogonie 319–325). Wie sich ein etruskischer Künstler das Mischwesen vorstellte, zeigt die berühmte Chimaira von Arezzo (um 420 v. Chr., Bronze, Florenz, Museo Nazionale). Wahrscheinlich war das zum Angriff geduckte Tier Teil einer Gruppe mit Pegasos und Bellerophontes. Dessen Kampf mit der Chimaira wurde häufig auf Vasen gemalt; besonders schön ist die Szene auf einem Krater aus Vulci dargestellt (5. Jahrhundert v. Chr., Rom, Museo di Villa Giulia). Wer heute von einer Chimäre (Schimäre) spricht, meint damit ein reines Phantasiegebilde.

Chione

1. Tochter des Boreas* und der Oreithyia*, von Poseidon* verführt. Um ihre Schande zu verbergen, warf sie ihr Neugeborenes ins Meer; Poseidon aber rettete den kleinen Eumolpos* und brachte ihn zu den Aithiopen, wo er aufwuchs (Apollodor, Bibliothek III 201).

2. Tochter des Daidalion*, der in einer einzigen Nacht Hermes* und nach ihm Apollon* Gewalt antaten. Dem Hermes gebar sie den Autolykos*, dem Apoll den Sänger Philammon. Weil sie sich für schöner hielt als die Göttin Artemis*, wurde sie von dieser mit einem Pfeil getötet (Ovid, Metamorphosen XI 301–327).

Chiron

Ein weiser, menschenfreundlicher Kentaur*, Sohn des Kronos*, der ihn in Pferdegestalt mit einer Tochter des Okeanos*, Philyra, zeugte, von Artemis* in der Jagd, von Apollon* in der Heilkunst und Weissagung unterwiesen, Erzieher großer Helden, zum Beispiel des Achilleus*, Theseus*, Aktaion* und Iason*. Auch Asklepios* wurde bei ihm zum Arzt. Als Herakles* bei ihm zu Gast war, verletzte er Chiron unabsichtlich mit einem seiner vergifteten Pfeile. Die unerträglichen Qualen der Wunde veranlaßten den Unsterblichen, sich den Tod zu wünschen; sein Sterben beendete die Qualen des Prometheus*: Zeus hatte nämlich geschworen, diesem seine Strafe erst zu erlassen, wenn ein Unsterblicher für ihn sterbe. Chiron wurde als Sternbild des Schützen an den Himmel versetzt (Ovid, Fasti V 379–414). Als Lehrer des Achilleus zeigt ihn ein römisches Wandgemälde aus Herculaneum (Neapel, Museo Nazionale).

Chrysaor
Sohn der Medusa* von Poseidon*, Bruder des Pegasos*, Vater des Geryoneus* (Hesiod, Theogonie 287f.; Apollodor, Bibliothek II 41).

Chryseis
Tochter des Apollonpriesters Chryses, als Kriegsbeute dem Agamemnon* zugefallen. Als Apollon* auf Bitten ihres Vaters das Griechenheer durch eine Pest heimsucht, gibt Agamemnon das Mädchen widerwillig zurück und nimmt sich dafür die Lieblingssklavin des Achilleus* (Ilias I 8–325).

Chrysippos
Sohn des Pelops* von einer Nymphe*, wegen seiner Schönheit von Laios* nach Theben entführt (weswegen die Thebaner durch die Sphinx* heimgesucht wurden), nach der Rückkehr zu seinem Vater auf Anstiften seiner Stiefmutter durch Atreus* und Thyestes* ermordet (Hyginus, Fabulae 85). Hyginus hat zwei ursprünglich divergierende Erzählungen zusammengefaßt und geglättet: In der verlorenen Tragödie ›Chrysippos‹ des Euripides verübt der von Laios entehrte junge Mann Selbstmord; sein Vater verflucht daraufhin den Schuldigen, er solle durch seinen eigenen Sohn den Tod finden. Daß Atreus den Chrysippos getötet habe, bringt Thukydides (I 9) als historisches Faktum.

Chrysothemis
Tochter des Agamemnon* und der Klytaimestra*.

Cincinnatus
L. Quinctius Cincinnatus, römischer Diktator 458 v. Chr., der Sage nach vom Pflug weg in sein Amt berufen, das er nach einem strahlenden Sieg schon sechzehn Tage später wieder niederlegte (Livius, Ab urbe condita III 26, 8). Cincinnatus

ist, ähnlich wie Camillus*, ein schönes Beispiel für die geradezu mythische Verklärung historischer Persönlichkeiten bei den römischen Jahrbuchschreibern.

Cipus
Römischer Feldherr, der aus freien Stücken die Verbannung wählte, als ihm auf der Stirn Hörner wuchsen und die Seher dies als Zeichen künftiger Königsherrschaft deuteten (Ovid, Metamorphosen XV 565–621).

Clitumnus
Gott eines Flusses in Umbrien, der aus mehreren Quellen entspringt. Bei diesen befanden sich in römischer Zeit verschiedene Heiligtümer und eine Orakelstätte. Den Clitumnustempel und die ungewöhnliche Schönheit des Platzes beschreibt ausführlich Plinius (Epistulae VIII 8). Auch heute noch sind die Fonti di Clitunno (bei Spoleto) ein beliebtes Ausflugsziel.

Cocles
→ Horatius Cocles

Concordia
Personifikation der Eintracht, der in Rom – gewiß nicht ohne politische Gründe – seit dem 4. Jahrhundert v. Chr. verschiedene Tempel geweiht wurden.

Consus
»Berger« (zu lat. *condere,* bergen): römischer Gott der eingebrachten Ernte und der ausgebrachten Saat. Entsprechend dieser Doppelfunktion wurden zu seinen Ehren zwei Feste gefeiert, eines im August, ein anderes im Dezember. Der Altar des Gottes befand sich unter der Erde, wohl weil man in alter Zeit das Getreide unterirdisch verwahrte.

Copia
»Fülle«, römische Göttin des Überflusses; ihr Attribut ist das Füllhorn (Ovid, Metamorphosen IX 88).

Cornix
Die ehedem weiße Krähe (lat. *cornix*), die dem Apollon von der Untreue der Koronis* berichtete und dafür in einen schwarzen Vogel verwandelt wurde.

Cressida
Entstellte Form des Namens Chryseis*, bei Geoffrey Chaucer Criseyde genannt (Versroman ›Troilus and Criseyde‹, um 1385), eine Figur der mittelalterlichen Troja-Dichtungen, die ihr den Seher Kalchas* zum Vater geben, angeblich einen Trojaner, der sich zu den Griechen abgesetzt hat, da er den Untergang Trojas voraussieht. Die Liebesgeschichte Cressidas und des trojanischen Prinzen Troilus* ist Gegenstand von William Shakespeares Tragikomödie ›Die Geschichte von Troilus und Cressida‹ (um 1602), die auf weite Strecken parodistisch mit der Überlieferung umspringt.

Cupido
→ Eros

Curiatier
Drillinge aus Alba Longa, Gegner der Horatier*.

Curtius
Römischer Nationalheld, der sein Leben für den Staat opferte, als sich – angeblich 362 v. Chr. – plötzlich auf dem Forum ein gewaltiger Erdspalt auftat. Die Orakel, die man befragte, erklärten, der Abgrund lasse sich nur mit dem ausfüllen, worauf Roms ganze Macht beruhe. Damit, so glaubte Marcus Curtius, könnten nur die tapferen Krieger der Stadt gemeint sein – Männer wie er. Also rüstete er sich prächtig, bestieg sein Roß und stürzte sich mit ihm in die Tiefe. Daraufhin schloß der Spalt sich wieder, und nur ein kleiner Tümpel, der *lacus Curtius,* blieb zurück (Valerius Maximus, Facta et dicta memorabilia V 6, 2). Die von Valerius als klassisches Beispiel für *pietas,* das heißt für selbstloses Verhalten zum Wohl der Mitmenschen, angeführte Geschichte wurde wohl erfunden, um den Namen *lacus Curtius* zu erklären. Ein Relief, das den Sprung des Curtius zeigt, befindet sich in Rom in den Capitolinischen Museen.

D

Daidalion

Bruder des Keyx*, Vater der Chione*, nach deren Tod in einen Habicht verwandelt (Ovid, Metamorphosen XI 290–345).

Daidalos

Baumeister, Künstler und Erfinder aus Athen, der die Stadt verlassen mußte, weil er seinen Neffen und Schüler Perdix* aus Neid von der Akropolis gestürzt hatte. Von Kretas König Minos* aufgenommen, machte sich Daidalos auf verschiedene Weise nützlich. So soll er für Ariadne* einen Tanzplatz angelegt (Ilias XVIII 590–593) und für die in einen wunderschönen Stier verliebte Pasiphae* eine hohle, verblüffend lebensechte Kuh konstruiert haben, in die sie hineinschlüpfen konnte. Für den scheußlichen Minotaurus*, den Pasiphae darin von ihrem Stier empfing, baute er das Labyrinth, in dem Minos diesen Schandfleck seiner Familie vor der Welt versteckte, und Ariadne verriet er den Trick mit dem Garnknäuel (Apollodor, Bibliothek IV 12). Das nahm Minos übel und hielt Daidalos gefangen; der aber fertigte für sich und seinen Sohn Ikaros* Flügel. Damit flogen die beiden fort, und alles wäre gut gegangen, hätte Ikaros auf seinen Vater gehört. Er aber stieg höher und höher, kam der Sonne zu nahe und stürzte ab, weil deren kräftige Strahlen den Leim erweichten, der seine Schwingen zusammenhielt. Nachdem Daidalos seinen Sohn bestattet hatte, flüchtete er zu König Kokalos nach Sizilien, denn Minos war voll Rachsucht hinter ihm her. Um den Künstler aufzuspüren, versprach er demjenigen hohen Lohn, der einen Faden durch die Windungen eines Schneckenhauses ziehen könne – auch dem Kokalos. In dessen Auftrag löste Daidalos das Problem auf folgende Weise: Er bohrte eine kleine Öffnung an der Spitze des Schneckenhauses, band dann eine Ameise an einen Faden und ließ sie durchkrabbeln. Natürlich wußte Minos gleich, wer das Kunststück fertiggebracht hatte, und verlangte die Auslieferung des Daidalos. Kokalos war dazu scheinbar bereit, schlug aber dem Fremdling vor, erst einmal ins Bad zu gehen. Dort wurde Minos von den

Töchtern des Kokalos ermordet (Apollodor, Bibliothek IV 9–15; Ovid, Metamorphosen VIII 155–263).
Daidalos trägt einen redenden Namen, er ist der Künstler schlechthin, der nach verbreiteter Meinung die ersten „lebensechten“ Statuen schuf. Beim Anlegen der Flügel zeigt ihn ein Wandgemälde aus Pompeji. Von den vielen Bildern, die den berühmten Flug behandeln, verdient Pieter Breughels ›Sturz des Ikarus‹ (um 1560, Brüssel, Musées Royaux des Beaux-Arts) insofern Beachtung, als hier das tragische Ende mit betonter Beiläufigkeit geschildert ist: Ungerührt führt der Bauer seinen Pflug weiter, während der kühne Flieger im Meer versinkt.

Daktylen
»Däumlinge« (von gr. *daktylos,* Finger); kunstfertige Zwerge, die im kretischen oder kleinasiatischen Idagebirge als erste Eisen gewannen und schmiedeten.

Danae
Tochter des Akrisios**; von Zeus*, der als goldener Regen zu ihr kam, Mutter des Perseus**.

Danaer
Im Epos häufige Bezeichnung der Griechen. Laokoon* warnt die Trojaner vor dem hölzernen Pferd als einem »Geschenk der Danaer« (Vergil, Aeneis II 43–49). Deshalb nennt man noch heute eine mit Nachteilen verbundene Vergünstigung ein Danaergeschenk.

Danaiden
Die fünfzig Töchter des Danaos*, die dieser wider seinen Willen mit den fünfzig Söhnen seines Zwillingsbruders Aigyptos vermählen mußte. Daher gab er ihnen heimlich Dolche, womit sie in der Hochzeitsnacht ihre Männer töten sollten. Alle gehorchten, bis auf eine (Apollodor, Bibliothek II 12–24). Nun büßen die Danaiden in der Unterwelt: Sie müssen Wasser in ein löchriges Faß schöpfen (Ovid, Metamorphosen IV 462f., X 43f.). Aischylos hat ihre Geschichte in einer Folge von drei Tragödien behandelt; erhalten ist nur die erste, ›Die Hiketiden‹. In diesem Stück bitten die mit ihrem Vater aus Ägypten geflohenen Mädchen als Schutzflehende (gr. *hiketi-*

des) in Argos um Asyl. Auf die Opernbühne brachten u.a. Antonio Salieri (Les Danaides, 1784) und Simon Mayr (I Danaidi, 1818) den Stoff. ›Das Faß der Danaiden‹ malte 1785 Martin Johann Schmidt, der »Kremserschmidt« (Ljubljana, Narodna Galerija).

Danaos

Sohn des Belos*, Zwillingsbruder des Ägypterkönigs Aigyptos, später Herrscher in Argos; Ururgroßvater der Danae*.

Daphne

Tochter des Flußgottes Peneios, von Apollon* geliebt und verfolgt, von ihrem zu Hilfe gerufenen Vater in einen Lorbeer (gr. *daphne*) verwandelt, den Apoll zu seinem heiligen Baum macht (Ovid, Metamorphosen I 452–567). Die reizvolle Verwandlungsgeschichte des Ovid hat zahllose Künstler inspiriert, zum Beispiel Lorenzo Bernini. Seine Marmorgruppe ›Apoll und Daphne‹ (um 1625) steht in der römischen Villa Borghese. Die verlorene Oper ›Daphne‹ von Heinrich Schütz (1637, Libretto von Martin Opitz) verdient als erstes deutsches Musikdrama Erwähnung. Richard Strauß nennt seine 1938 uraufgeführte ›Daphne‹ eine bukolische Tragödie und verlegt demgemäß die Handlung in ländliche Umgebung. Peneios ist ein Fischer, die spröde Daphne wird von ihrem Jugendfreund Leukippos und dem als Hirt verkleideten Apollon umworben und erkennt erst, als der Gott den Sterblichen tötet, daß sie Leukippos geliebt hat. Da Apoll sie nicht erringen kann, verlangt er von Zeus, sie ihm wenigstens als Baum zu schenken.

Daphnis

Ein Hirt, den eine eifersüchtige Nymphe* in Stein verwandelte (Ovid, Metamorphosen IV 276–278). Seine Geschichte nennt Ovid »abgedroschen« und streift sie darum nur. Der Name Daphnis grassierte tatsächlich in der Hirtendichtung; Daphnis heißt ein Hirt bei Theokrit (Idyllen I 64–128), der sich in unglücklicher Liebe verzehrt; Longos nennt Daphnis den Helden seines Romans ›Daphnis und Chloe‹, Daphnis galt vielen als Erfinder des Schäferspiels, und noch im 17. und 18. Jahrhundert kam kaum ein Beispiel dieser literarischen Gattung ohne seinen Daphnis aus.

Dardanos
Sohn des Zeus* von einer Sterblichen, König der Dardaner am Idagebirge, Vorfahr sowohl des Priamos* wie des Aineias*, dessen Stammbaum in der Ilias (XX 215–241) auf ihn zurückgeführt wird.

Dares
Trojanischer Priester des Hephaistos*, eine Randfigur der Ilias, jedoch insofern bemerkenswert, als ihr – Jahrhunderte nach »Homer« – eine »phrygische Ilias« untergeschoben wurde. Auf eine lateinische Fassung dieses Konstrukts, die im 5. Jahrhundert n. Chr. entstand, gehen die im Mittelalter vielgelesenen Troja-Romane zurück.

Dea Syria
→ Atargatis

Deianeira
Tochter des Königs Oineus*, von Acheloos* und Herakles* umworben und, nach einem Zweikampf der beiden, von letzterem errungen. Als Herakles freiwillig in die Verbannung zu den Trachiniern ging, weil er einen Verwandten des Oineus im Zorn erschlagen hatte, nahm er Deianeira mit. Die beiden kamen an einen reißenden Strom, über den ein Kentaur* namens Nessos die Reisenden überzusetzen pflegte. Herakles vertraute ihm seine junge Frau an; er selber schwamm voraus. Da wollte Nessos Deianeira vergewaltigen; Herakles hörte sie schreien und schoß einen seiner vergifteten Pfeile auf den Pferdemenschen ab. Im Sterben flüsterte dieser, das Blut aus seiner Wunde sei ein Mittel, mit dem sich Deianeira die Liebe ihres Mannes sichern könne. Die Leichtgläubige fing es auf und tränkte damit später ein Gewand für Herakles, als sie hörte, er habe sich in eine andere verliebt. Kaum hatte aber dieser das Kleid angelegt, da begann das Gift seinen Leib zu zersetzen. Als Deianeira sah, was sie getan hatte, tötete sie sich selbst (Apollodor, Bibliothek II 148–159; Ovid, Metamorphosen IX 8–272). Das tragische Schicksal des Herakles und der Deianeira behandelte Sophokles um 435 v. Chr. in seinen ›Trachinierinnen‹; Antonio del Pollaiuolo malte um 1480 einen dramatisch bewegten ›Raub der Deianeira‹ (New Haven, Yale University Art Gallery).

Deidameia
Tochter des Königs Lykomedes von Skyros, Geliebte des dort als Mädchen versteckten Achilleus**, Mutter des Neoptolemos*. In Georg Friedrich Händels Oper ›Deidamia‹ (1741) wird der antike Stoff insoweit burlesk verändert, als der listige Odysseus* ebenso die Heldin wie den verkleideten Achill umwirbt.

Deimos
»Schrecken«, ein Sohn des Ares* von Aphrodite*, mit seinem Bruder Phobos (»Furcht«) ein Begleiter des Kriegsgotts.

Deiphobos
Hektors* Lieblingsbruder, dessen Gestalt Athene* annimmt, um den Helden zum Zweikampf mit Achilleus* zu bewegen (Ilias XXII 226–248). Nach dem Tod des Paris* heiratet Deiphobos die schöne Helena* und wird bei der Eroberung Trojas durch Menelaos* getötet.

Demeter
»Erdmutter«, die gütige Göttin der Fruchtbarkeit, der römischen Ceres* entsprechend; Tochter des Kronos* und der Rheia*, von ihrem Bruder Zeus* Mutter der Persephone**, mit der zusammen sie besonders in Eleusis bei Athen verehrt wurde. Wer sich dort in den Geheimkult einweihen ließ, hoffte auf ein seliges Weiterleben nach dem Tod. Durch Triptolemos* lehrte Demeter die Menschen den Ackerbau; dem Kreter Iasion gebar sie Plutos, den Gott des Reichtums. Ihr segensreiches Wirken preist der zweite homerische Hymnos; Aristophanes dagegen treibt in der Komödie ›Thesmophoriazusai‹ (Die Frauen am Thesmophorienfest, 411 v. Chr.) seinen Spott mit einem zehntägigen Fest zu Ehren der Göttin, an dem nur Frauen teilnehmen durften. Daß sich in dem Stück Euripides und dessen Schwager verkleidet unter die Festgesellschaft mischen, gibt Anlaß zu zahllosen derben Scherzen. Wenige Jahre vorher hatte der politische Abenteurer und Playboy Alkibiades sich nicht gescheut, die heiligen Mysterien von Eleusis zu verulken.
Als die Mutter aller Kultur und Gesittung erscheint Demeter in Friedrich von Schillers Gedicht ›Das Eleusische Fest‹ (1798/99); Künstler stellen sie als reife Frau mit einem Ährenkranz

im Haar und einer Garbe im Arm dar, oft zusammen mit Bacchus*. Dichtern dienten die Namen der beiden Götter als Umschreibung ihrer Gaben: Brot und Wein, und neuerdings firmieren Öko-Produkte unter »Demeter«.

Delios
»Der Delier«, Beiname des Apollon*, nach seinem Geburtsort Delos.

Demodokos
Blinder Sänger, der die Gäste des Phaiakenkönigs Alkinoos*, darunter Odysseus*, mit seinen Liedern vom Streit des Aias* und Odysseus, vom Trojanischen* Pferd und von der Liebschaft der Aphrodite* und des Ares* unterhält (Odyssee VIII 62–542).

Demophon
1. Sohn des Königs Keleos von Eleusis, den Demeter* unsterblich machen wollte, genau wie Thetis* ihren Achilleus*. Sie wurde aber, ähnlich wie diese, bei ihrem Vorhaben gestört (Homerischer Hymnos 2, 231–291).
2. Sohn des Theseus*, nimmt mit seinem Bruder Akamas am trojanischen Krieg teil, befreit Aithra* und erringt die Liebe der thrakischen Königstochter Phyllis*.

Deukalion
Sohn des Prometheus*, der sich und seine Frau Pyrrha in einem Kahn rettet, während Zeus* in einer Sintflut die ganze übrige Menschheit wegen ihrer Sünden vernichtet. Als die beiden Überlebenden das Orakel der Themis* befragen, wie sie die Erde neu bevölkern könnten, erwidert die Göttin: »Werft die Gebeine der großen Mutter hinter euch.« Deukalion erkennt, daß damit die Steine als »Gebeine der Mutter Erde« gemeint sind, und schafft mit Pyrrha die neue Menschheit, »ein hartes Geschlecht, in Drangsal erfahren« (Ovid, Metamorphosen I 260–415). Der Gedanke, Menschen könnten aus Steinen entstehen, lag den Griechen nahe, denn *laas* bedeutet »Stein«, *laos* »Volk«.

Diana
Italische Mond- und Fruchtbarkeitsgöttin; als Herrin des Waldes und seiner Tiere der griechischen Artemis* gleichgesetzt. Der Priester ihres Heiligtums in Aricia (Latium), der »Waldkönig«, konnte nur ein entflohener Sklave sein, der seinen Vorgänger im Zweikampf mit einem Ast erschlagen hatte (Sueton, Caligula 35).

Dido
Königstochter aus Tyros, auch Elissa genannt, die vor ihrem Bruder nach Afrika floh, als dieser aus Habgier ihren Mann ermordete. Der Numiderkönig Iarbas versprach ihr auf ihre Bitten hin so viel Land, wie sie mit einer Rinderhaut umspannen könne. Dido zerschnitt das Leder in dünne Streifen und gewann genug Boden, um darauf die Burg des späteren Karthago gründen zu können. Da sie Iarbas zur Ehe zwingen wollte, verbrannte sie sich selbst (Iustinus, Epitome 18, 4–6, nach dem hellenistischen Historiker Timaios von Tauromenion). Die von Vergil (Aeneis I–VI) mit vielen Details ausgeschmückte Liebesgeschichte der Dido und des Aineias** ist römische Erfindung.

Diespiter
»Himmelsvater«, bei Dichtern ein anderer Name für Jupiter*.

Dike
Eine der drei Horen*, Tochter der Themis* von Zeus*, die aufschreit, wo Recht gebeugt wird, und für Vergeltung sorgt (Hesiod, Theogonie 900–902; Werke und Tage 213–285).

Diktynna
Beiname der kretischen Göttin Britomartis*.

Diktys
1. »Netz«, ein Fischer auf der Insel Seriphos, der Danae* und den kleinen Perseus* rettete und nach Kräften vor König Polydektes* beschützte.
2. Angeblicher Teilnehmer am Trojanischen Krieg, dessen Kriegstagebuch bei einem Erdbeben auf Kreta im 1. Jahrhundert n. Chr. zum Vorschein gekommen sein soll. Gleich dem

Bericht des Dares* ein Konstrukt, wirkte es stark auf die mittelalterlichen Trojaromane.

Diomedes

1. Sohn des Ares*, König in Thrakien, dessen Rosse Menschen verschlangen, bis Herakles* sie bändigte (Euripides, Alkestis 481–506; Apollodor, Bibliothek II 96f.). Wie Diomedes von den eigenen Pferden zerrissen wird, hat Gustave Moreau gemalt, der eine Schwäche für grausige Szenen aus dem Mythos hatte (1865, Paris, Louvre).

2. Sohn des Tydeus*, Teilnehmer am Zug der Epigonen* und am Trojanischen Krieg, in dem er sich mehrfach hervortat: Er kämpfte sogar gegen Ares*, verwundete Aphrodite*, unternahm mit Odysseus* kühne Streifzüge (Ilias V und X) und kehrte nach dem Krieg in seine Heimat zurück; die wurde ihm jedoch bald verleidet, denn Aphrodite nahm späte Rache und veranlaßte seine Frau zum Ehebruch. Diomedes kam schließlich nach Unteritalien, half dem König Daunus und heiratete dessen Tochter (Vergil, Aeneis XI 243–295; Ovid, Metamorphosen XIV 457–511).

Dione

Mutter der Aphrodite* von Zeus*; sie tröstet die von Diomedes* Verwundete und prophezeit diesem Kinderlosigkeit und anderes Unheil (Ilias V 370–415).

Dionysos

Auch Bakchos (lat. Bacchus) genannt, der Gott des Weins und der Fruchtbarkeit, Sohn von Zeus* und Semele**, Pflegling der Ino* und später des Silen*, von Pentheus* und Lykurgos* bekämpft, die für ihre Zweifel an seiner Göttlichkeit ebenso büßen müssen wie die Töchter des Minyas*. Etruskische Seeräuber, die den jungen, trunkenen Gott gefangennehmen, um ihn als Sklaven zu verkaufen, werden in Delphine verwandelt (Ovid, Metamorphosen III 660–686). Siegreich verbreitet Dionysos seinen Kult bis nach Indien (Nonnos, Dionysiaka). Wenn die Mythen von zahllosen Widerständen berichten, mit denen der Gott fertig werden mußte, weist das darauf hin, daß er als Eindringling in den Kreis der olympischen Götter empfunden wurde. Aus Kleinasien oder Thrakien soll sein orgiastischer Kult nach Griechenland gelangt sein und die Frauen geradezu verrückt gemacht haben. Als Bakchen*, Bacchantinnen, Mänaden (»Rasende«) feierten sie ihren Gott, den »Brauser und Löser, ... Nachtschwärmer, den Vater des Jubels, den Jauchzer und Johler« (Ovid, Metamorphosen IV 11–15). Aus heiteren Umzügen und Wechselgesängen bei den großen Festen des Gottes haben sich in Athen sowohl die Komödie wie die Tragödie entwickelt. Die Verkleidung und ebenso das Laute, Schrille, Wahnsinnige, Ekstatische sind typisch für die Verehrung eines Gottes, der auch in Gestalt eines Bocks, eines Stiers oder eines brüllenden Löwen erscheint, dem genauso Schreckliches widerfährt wie denen, die er haßt; der als Dionysos-Zagreus* zerstückelt und nach seinem Tod vielfach wiedergeboren wird (Nonnos, Dionysiaka VI 162–210). Als leidender Gott spielte Dionysos in der Mysterienreligion der Orphiker eine zentrale Rolle. Nächtliche Bacchusfeste, bei denen es angeblich zu sexuellen Ausschweifungen und Ritualmorden kam, veranlaßten 186 v. Chr. den römischen Senat zu rigorosen Maßnahmen. Rund 7000 Menschen sollen aufgrund eines Ermächtigungsgesetzes, des *senatus consultum de bacchanalibus,* bestraft worden sein, die meisten mit dem Tod. Welcher Beliebtheit sich Dionysos im griechischen Kulturkreis erfreute, läßt sich an der Häufigkeit des Namens Dionysios, der in England und Frankreich als Denis fortlebt, ebenso ablesen wie an der Dominanz dionysischer Themen in der Kunst.

Das ausgelassene Gefolge des Gottes, die tanzenden Mänaden, die tierhaft-lüsternen Satyrn* und den alten Silen*, findet man auf zahllosen antiken Vasen, zum Beispiel auf einer Bauchamphore des Amasis (um 520 v. Chr., Würzburg, Martin-von-Wagner-Museum). Unweit vom Kölner Dom wurde das berühmte Dionysos-Mosaik entdeckt, das nun zu den Prunkstücken des römisch-germanischen Museums gehört. Einen Dionysosknaben hält der schöne Hermes des Praxiteles auf dem Arm (um 325 v. Chr., Olympia, Museum), den bärtigen Gott im weinlaubgeschmückten, von Delphinen umspielten Schiff zeigt eine Schale des Exekias (um 535 v. Chr., München, Antikensammlungen). Auf die Mysterien des Dionysos beziehen sich die Fresken in der Villa dei Misteri von Pompeji; auf die heilige Hochzeit, die der Gott am Anthesterienfest in Athen mit der Basilinna, der Gattin des Archon Basileus, feierte, weist das Szenarium eines um Christi Geburt entstandenen römischen Wandgemäldes, der ›Aldobrandinischen Hochzeit‹ (Rom, Musei Vaticani). Eindrucksvolle Studien des Rauschs schufen Michelangelo Buonarroti (überlebensgroße Marmorstatue des trunkenen Gottes, 1497, Florenz, Bargello) und der Maler Caravaggio (Bacchus, um 1598, Florenz, Uffizien), während andere Künstler bacchantische Massenszenen* vorzogen, wie Tizian (Bacchanal, um 1518, Madrid, Prado), Peter Paul Rubens (Bacchanal, um 1611, Wien, Akademie) oder Nicolas Poussin (Bacchanal vor einer Pansbüste, um 1635, London, National Gallery). Solche Szenen erlaubten Ausflüge ins Lasziv-Erotische, dazu noch in freier Natur! Ganz anders Diego Velasquez: Er versetzte auf seinem Bild ›Bacchus und die Zecher‹ (um 1629, Madrid, Prado) den Gott unter eine Gruppe spanischer Vagabunden. Als ebenso bild- wie bühnenwirksam erwies sich die Geschichte von Ariadne*. Euripides behandelte in seiner Tragödie ›Die Bakchen‹ (um 405 v. Chr.) das Schicksal des Pentheus*; an dem eindrucksvollen Stück haben sich mehrere Nachdichter versucht. Vielfach nachgeahmt wurde auch die Verserzählung ›Bacco in Toscana‹ des Florentiner Arztes Francesco Redi (1685), in der sich der Gott und sein Gefolge mit Weinen der Toscana kräftig betrinken. Der Held in Jean Cocteaus Tragikomödie ›Bacchus‹ (1951) ist ein Schweizer Bauernsohn, der zur Zeit der Reformation nach altem Brauch in seinem Dorf beim Winzerfest zum Weingott gewählt wird, als Prophet der Freiheit und Liebe gegen Mauern von Haß anrennt und tragisch scheitert.

Dioskuren

Die Zwillinge Kastor und Polydeukes, Söhne der Leda* und des Tyndareos* oder des Zeus* (Dioskuren = Zeussöhne). In der Ilias (III 236–244) hält ihre Schwester, die schöne Helena*, vergeblich von den Mauern Trojas aus nach ihnen Ausschau, »nach dem Rossebändiger Kastor und dem tüchtigen Boxer Polydeukes«: beide deckt bereits die Erde. Dazu ergänzt der Dichter der Odyssee (XI 299–304), daß sie auch im Tod von den Göttern geehrt sind: Im Wechsel leben beide jeweils einen Tag, am andern liegen sie wieder im Grab. Ihr kurzes Erdendasein war ausgefüllt mit Kämpfen: Sie mußten ihre von Theseus* entführte Schwester befreien, begleiteten Iason* nach Kolchis, Herakles* zu den Amazonen* und nahmen an der Jagd auf den Kalydonischen* Eber teil. Zur Hoch-

zeit ihrer Vettern Idas* und Lynkeus* geladen, wollten sie deren Bräute, die Töchter des Leukippos, entführen. Im Kampf tötete Idas den Kastor, Polydeukes den Lynkeus; Zeus schleuderte seinen Blitz gegen Idas, erhob Polydeukes unter die Götter und gewährte ihm die Bitte, sein Los mit dem Bruder abwechselnd teilen zu dürfen. Als Sternbild der Zwillinge erscheinen sie am Himmel, und Menschen in Seenot stehen sie bei (Ovid, Fasti V 693–720). Offensichtlich handelt es sich bei den Dioskuren ursprünglich um göttliche Helfer, die auf ihren beiden Schimmeln auch in Schlachten eingriffen. 499 v. Chr. standen sie nach der Sage einem römischen Heer am See Regillus bei und meldeten persönlich den Sieg in Rom. Dann tränkten sie ihre Pferde an einer Quelle auf dem Forum. Die Standbilder, die ihnen dort geweiht wurden, hat Michelangelo restauriert und rechts und links der großen Freitreppe auf dem Kapitol von Rom aufgestellt. Auch die ›Rossebändiger‹ auf dem Quirinal gehen auf eine antike Gruppe aus dem 5. Jahrhundert v. Chr. zurück. Ein ungefähr zur gleichen Zeit geschaffenes Kalksteinrelief aus Trysa (Kleinasien) mit dem folgenschweren Brautraub befindet sich im Kunsthistorischen Museum in Wien.
Wer die alte Pinakothek in München besucht, wird den ›Raub der Töchter des Leukippos‹ von Peter Paul Rubens (um 1620) kaum übersehen: Gar zu üppig sind die beiden jungen Damen, die eben auf zwei anscheinend widerstrebende Rosse gewuchtet werden sollen. Mit Liebe und Eifersucht kräftig durchmischt hat Jean Philippe Rameau seine Oper ›Castor und Pollux‹ (1737), die mit der Verstirnung der beiden Helden endet.

Dirke
→ Antiope (1)

Dis Pater
»Der reiche Vater«, römischer Gott der Unterwelt. Der Name ist vermutlich eine Übersetzung des griechischen Plutos*.

Dolichenus
Ursprünglich ein orientalischer Himmelsgott, der mit Doppelaxt und Blitzbündel auf einem Stier stehend abgebildet wurde. Im 2. und 3. Jahrhundert n. Chr. verbreiteten Solda-

ten aus Syrien den Kult des »Jupiter aus Doliche« (im südöstlichen Kleinasien) über das römische Reich.

Dolon
Wenig heldischer Trojaner, der bei einem Spähtruppunternehmen dem Odysseus* und Diomedes* in die Hände fiel, von diesen ausgehorcht und dann umgebracht wurde. Seine Redseligkeit brachte dem Thraker Rhesos* den Tod. Der 10. Gesang der Ilias, in dem diese Episode geschildert wird, heißt darum auch ›Dolonie‹.

Doris
Tochter des Okeanos* und der Tethys, von Nereus* Mutter der fünfzig Nereiden, darunter der Thetis*. Hesiod nennt in der Theogonie (240–264) alle – meist redenden – Namen der Nereustöchter.

Doros
Sohn des Hellen*, Stammvater der Dorer.

Dryaden
Nymphen* der Bäume, die mit diesen lebten und starben, besonders der Eichen (gr. *drys:* Eiche).

Dryope
Tochter des Eurytos*, von Apollon* Mutter des Amphissos; als sie für ihr Söhnchen von einem Lotoskirschenbaum einen blühenden Zweig abbrach, begann der Baum zu bluten: In ihn hatte sich nämlich eine Nymphe* namens Lotis* verwandelt, als der lüsterne Priapos* sie verfolgte. Dryopes ängstliches Gebet nützte ihr nichts: Die Nymphe verwandelte auch sie in einen Baum (Ovid, Metamorphosen IX 324–393).

E

Echidna
»Ein unsagbares Scheusal, halb schönäugiges Mädchen, halb grausige Schlange, riesig, buntgefleckt und gefräßig« (Hesiod, Theogonie 295–332), Tochter des Phorkys* und der Keto*, Mutter zahlreicher Monster, des Hundes Orthos*, des Kerberos*, der Hydra*, der Chimaira*, der Sphinx* und des Nemeischen* Löwen.

Echion
Einer der Erdgeborenen, die aus den von Kadmos* ausgesäten Drachenzähnen entstanden, später mit Agaue* verheiratet; Vater des Pentheus*.

Echo
Eine Nymphe*, die durch ihr Geplauder Juno/Hera* daran hinderte, ihren Göttergatten bei seinen zahlreichen Liebschaften zu überraschen. Zur Strafe für diese Beihilfe zum Seitensprung verwünschte Juno die Schwätzerin: Nur noch die letzten Worte von dem, was ein anderer sagte, sollte sie wiederholen können. Für die in den schönen Narkissos* verliebte Nymphe war das ein arges Handicap – und doch hätte sie ihn erobert, wäre er nicht so spröde gewesen. Von ihm zurückgewiesen grämte sie sich, bis sie nur noch Gebein und Stimme war (Ovid, Metamorphosen III 356–401).

Egeria
Eine Nymphe*, Gattin und kluge Beraterin des römischen Königs Numa* Pompilius, die seinen Tod hemmungslos beklagte, bis Diana* sie in eine Quelle verwandelte (Ovid, Metamorphosen XV 482–551).

Eileithyia
Göttin der Geburten, die Lucina der Römer; Tochter des Zeus* und der Hera*, die bisweilen ihre Rivalinnen dadurch strafte, daß sie Eileithyia nicht zu ihnen kommen ließ. So mußte sich Leto* neun Tage und Nächte in Wehen quälen (3. Homerischer Hymnos auf Apollon, 97–119), so kam He-

rakles* später zur Welt als Eurystheus* und wäre am Ende gar nicht geboren worden, hätte nicht die Magd Galanthis den Bann der ungnädigen Göttin gebrochen – die sie dann zur Strafe in ein Wiesel verwandelte (Ovid, Metamorphosen IX 306–323).

Eirene
»Frieden«, eine der Horen*. In der gleichnamigen Komödie des Aristophanes (421 v. Chr.) wird die Friedensgöttin von dem Bauern Trygaios aus einem Brunnenschacht befreit, in den sie der Kriegsgott Polemos gestoßen hat: Die Menschen können wieder hoffen.

Elektra
Tochter des Agamemnon** und der Klytaimestra*, rettet ihren Bruder Orestes** und hilft ihm später, den ermordeten Vater zu rächen.

Empusa
Schreckgespenst im Gefolge der Hekate*, bald berückend schön, bald abstoßend häßlich, bald Mädchen, bald Hund oder Maulesel: »... in vieles könnt' ich mich verwandeln, doch Euch zu Ehren hab' ich jetzt das Eselsköpfchen aufgesetzt« (Empusa zu Mephistopheles in Goethes Faust II, Klassische Walpurgisnacht).

Endymion
Ein wunderschöner junger Mann, in den sich die Göttin Selene* verliebte; Zeus* versenkte ihn in ewigen Schlaf und ließ ihn nicht altern. Nun steigt jede Nacht die Göttin zu ihm herab, um ihn zu küssen (Apollodor, Bibliothek I 56f.; Apollonios Rhodios, Argonautika IV 54–60).
Die zarte Liebesgeschichte ist oft gemalt worden, zum Beispiel von Anthonis van Dyck (Diana und Endymion, um 1625, Madrid, Prado) oder von Peter Paul Rubens (Diana und Endymion, um 1635, London, National Gallery). Jacques Nicolas Paillots ›Endymion und Diana‹ (um 1820, Museum von Troyes) verdient insofern Beachtung, als der Maler sich einer in der griechischen Tafelmalerei beliebten, später fast in Vergessenheit geratenen Technik bediente, der Enkaustik, bei der Wachsfarben mit erhitzten Spateln vermalt werden. In John

Lylys allegorischem Drama ›Endimion, the Man in the Moon‹ (1591) verläßt der Held voll Liebe zur Mondgöttin die Erde, deren Göttin ihn aus Eifersucht einschläfert. Man nimmt an, daß mit den göttlichen Rivalinnen Königin Elisabeth I. und Maria Stuart gemeint sind; hinter Endymion verbirgt sich wohl der Favorit der Königin, Graf Leicester.

Enyo

Personifikation des wilden Kampfgetümmels, Gefährtin des Ares*.

Eos

Göttin der Morgenröte, die Aurora der Römer, nach Hesiod (Theogonie 371–382) Tochter des Titanen* Hyperion*, Schwester des Helios* und der Selene*, von Astraios* Mutter der Winde und Sterne. Als sie sich den Jäger Orion* zum Geliebten nahm, löste das unter den Göttern Erstaunen und Mißbilligung aus – und Artemis* erschoß den jungen Mann (Odyssee V 120–124). Danach entführte Eos den Kephalos*; der aber mochte sie nicht und wollte unbedingt zu seiner Prokris* zurück (Ovid, Metamorphosen VII 700–723). Mit dem trojanischen Prinzen Tithonos* war Eos auch kein langes Glück beschieden: Zwar erbat sie sich von Zeus* für ihn die Unsterblichkeit, vergaß aber, auch um ewige Jugend zu bitten. So wurde er denn bald alt und grau und grämlich. Zuerst pflegte ihn die Göttin wie ein Kind, aber als er kein Glied mehr rühren konnte, sperrte sie ihn kurzerhand ins Schlafzimmer. Aus dem erklingt nun endlos sein Quengeln (Homerischer Hymnos V an Aphrodite, 218–238). Kein Wunder, daß die »rosenfingrige Eos« so früh ihr Heim verläßt!

Als Botin des Tages und Siegerin über die Nacht erscheint Eos/Aurora häufig auf barocken Deckenfresken, zum Beispiel – mit einem Zweigespann – in dem von Guercino 1621–23 ausgemalten Casino d'Aurora der Villa Ludovisi in Rom. Dem Tithonos-Motiv hat der Däne Frederik Paludan-Müller in seinem dramatischen Gedicht ›Tithon‹ (1844) insoweit tragische Seiten abgewonnen, als er den von Aurora Entführten nach Jahren scheinbarer Seligkeit auf die Erde ins längst zerstörte Troja zurückkommen und dort seine Frau, die immer noch auf ihn wartet, als Greisin finden läßt. Er stirbt in der Erkenntnis, seine Lebenszeit vergeudet zu haben.

Epaphos
Sohn der Io* von Zeus*, König von Ägypten, Urgroßvater des Aigyptos und Danaos*.

Ephialtes
Einer der riesenhaften Aloaden*, Bruder des Otos.

Epigonen
»Nachkommen«, die Söhne der Sieben*, die mit Polyneikes* erfolglos gegen Theben gezogen waren. Den Epigonen gelang, was den Vätern versagt blieb: sie eroberten und zerstörten die Stadt; ob man das als ›epigonal‹, als nachahmerisch und einfallslos bezeichnen will, bleibe dahingestellt.

Epimetheus
Bruder des Prometheus*, der Pandora** in sein Haus aufnahm und »das Unheil erst erkannte, als er es hatte« (Hesiod, Werke und Tage 85–89). Epi-metheus, »Nach-bedacht«, konnte dem vorausschauenden Prometheus erst an die Seite gestellt werden, als dessen vorgriechischer Name eine volksetymologische Deutung erfahren hatte. Während Epimetheus bei Hesiod nur eine, freilich verhängnisvolle, Nebenrolle spielt, machten ihn spätere Genealogen zum Vater der Pyrrha* und damit, zusammen mit Prometheus, zum Ahnherrn der neuen Menschheit nach der Großen Flut. Platon läßt in seinem Dialog ›Protagoras‹ (320d–322a) den berühmten Sophisten einen »Mythos« erzählen, in dem Epimetheus mit Erlaubnis seines Bruders an die von den Göttern geschaffenen Lebewesen verschiedene Eigenschaften verteilt. Er geht dabei überlegt vor, indem er z.B. die einen Tiere durch ihre Größe und Kraft, andere durch Kleinheit, unterirdische Wohnung oder die Fähigkeit zu fliegen schützt, doch sieht er nicht auf das Ende, und so sind die Gaben verbraucht, als er zum Menschen kommt. Um dem nackten, hilflosen Wesen zu helfen, stiehlt Prometheus im Himmel die technische Intelligenz und das Feuer. Das Überleben der Art ist aber erst gesichert, als Zeus ihr aus Mitleid auch noch Rechtsempfinden und Scham schenkt. »Alt« an dieser Geschichte ist im Grunde nur der Feuerdiebstahl; im übrigen stellt sie, im Gewand des Mythos, eine philosophische Reflexion über das Mängelwesen Mensch dar, das die ihm eigenen Fähigkeiten einem Raub und einem Gnadenakt verdankt.

Er

In Platons ›Politeia‹ (X 614b–621a) ein Pamphylier, der im Kampf fiel, aber nach zwölf Tagen wieder ins Leben zurückkehrte. In der Zwischenzeit erlebte er in der Unterwelt das Totengericht, erfuhr von der Bestrafung der Sünder und sah, wie Lachesis* den Seelen durch das Los ein neues Leben zuwies. Die Geschichte von Er ist einer der kunstvollen ›Mythen‹, die Platon aus tradierten Elementen schuf und in sein Werk einfügte.

Erato

Muse* der Liebeslyrik.

Erebos

Personifikation der Finsternis, aus dem Chaos* hervorgegangen; Erebos zeugt mit Nyx*, der Nacht, den Tag und den Äther (Hesiod, Theogonie 123–125). Später wurde Erebos oft mit der Unterwelt gleichgesetzt.

Erechtheus

König von Athen, Sohn des Pandion*, Enkel des Erichthonios*, Bruder des Butes* sowie der Prokne* und der Philomela*, Vater der Prokris*, der Oreithyia*, der Kreusa und der Chthonia, die er opferte, als ihm ein Orakel verkündete, wenn er das tue, werde Athen über die Nachbarstadt Eleusis siegen. Da die Schwestern sich geschworen hatten, sie wollten gemeinsam sterben, töteten sich auch die anderen. Erechtheus aber fand sein Ende durch Poseidon*, dessen Sohn Eumolpos er in der Schlacht erschlagen hatte (Apollodor, Bibliothek III 193–204). Ursprünglich war Erechtheus wohl identisch mit Erichthonios*; so erklärt es sich, daß das Erechtheion auf der Akropolis, eine besonders heilige Kultstätte, nach ihm benannt ist.

Erginos

König von Orchomenos in Boiotien, der Theben tributpflichtig machte, weil sein Vater durch Thebens König Mekisteus ums Leben gekommen war. Von diesem Tribut befreite Herakles* die Thebaner (Apollodor, Bibliothek II 66–69).

Erichthonios

1. Sohn des Hephaistos* und der Erde, auf die der Samen des Gottes floß, als dessen Versuch, Athene* zu vergewaltigen, mißlang. Des neugeborenen Kindes nahm Athene sich an und ließ es in einem Kästchen durch die Töchter des Kekrops* bewachen. Zugleich warnte sie die Mädchen davor, nach dem Inhalt dieses Kästchens zu forschen. Aglauros* konnte ihre Neugier nicht bezähmen und mußte dafür büßen (Ovid, Metamorphosen II 752–832). Erichthonios wurde Priester und König in Athen, begründete das Panathenäenfest und auch die Mysterien von Eleusis.

2. Sohn des Dardanos*, Vater des Tros*.

Erigone

Tochter des Ikarios*

Erinyen

Rachegöttinnen, die Furien der Römer, nach Hesiod (Theogonie 183–185) von der Erdgöttin aus dem Blut erschaffen, das bei der Entmannung des Uranos* durch Kronos** floß. Die Erinyen hefteten sich an die Fersen von Mördern und Meineidigen und trieben sie durch ihren fürchterlichen Anblick in den Wahnsinn: »Ein schwarzer Mantel schlägt die Lenden; sie schwingen in entfleischten Händen der Fackel düsterrote Glut. In ihren Wangen fließt kein Blut. Und wo sonst Haare lieblich flattern, um Menschenstirnen lieblich wehn, da sieht man Schlangen hier und Nattern die giftgeschwollenen Bäuche blähn ...« (Friedrich von Schiller, Die Kraniche des Ibykus, 1797). Schillers bekannte Verse beziehen sich auf eine Tragödienaufführung; man könnte dabei an die Eumeniden, das dritte Stück der Oresteia des Aischylos (458 v. Chr.), denken, in dem die Erinyen den Muttermörder Orestes* verfolgen, bis Athene* sie durch das Versprechen beschwichtigt, sie würden als »Eumeniden«, als Gnädige Göttinnen, künftig dieselbe Verehrung genießen wie sie selbst.

Eriphyle

Frau des Amphiaraos**, Schwester des Adrastos*.

Eris

Göttin der Zwietracht, allgemein verhaßt und daher nicht zur Hochzeit von Peleus* und Thetis* geladen. Eris kam trotzdem und warf einen goldenen Apfel unter die Gesellschaft, auf dem die Worte eingeritzt waren: »Der Schönsten.« Sofort begannen Hera*, Athene* und Aphrodite* sich um diesen »Zankapfel« zu streiten, bis Hermes* sie im Auftrag des Zeus* zu Paris* führte, der zugunsten Aphrodites entschied (Hyginus, Fabulae 92). Hesiod unterscheidet in seinen ›Werken und Tagen‹ (11–26) von der bösen, Feindschaft stiftenden Eris eine gute, die die Menschen zur Arbeit anspornt – sozusagen die Göttin des Konkurrenzkampfs.

Eros

Gott der Liebe, bei den Römern Amor, nach Hesiod zugleich mit Erde und Tartaros* aus dem Chaos* hervorgegangen, eine schöne und gewaltige Gottheit, die Götter und Menschen bezwingt und ihnen den Verstand raubt (Theogonie 120–122). Für die frühen griechischen Denker und Mystiker war Eros eine kosmische Potenz, spätere Dichtung machte ihn zum ungebärdigen und unbändigen Sohn der Aphrodite* und des Ares*, zum geflügelten Lausbuben, der sich schließlich in den pausbäckigen kleinen Liebesgöttern vervielfältigte, die als Vorläufer der barocken Putten zum Beispiel auf griechischen Vasen, pompejanischen Wandbildern (unter anderem im Haus der Vettier) oder den Mosaikfußböden der Kaiservilla von Casale (bei Piazza Armerina auf Sizilien, 4. Jahrhundert n. Chr.) ihr Wesen treiben. In der Komödie ›Die Vögel‹ (414 v. Chr.) parodiert Aristophanes eine Weltentstehungslehre: Die Nacht legt ein Ur-Ei, aus dem der geflügelte Gott Eros schlüpft; so können ihn die Vögel als ihren Ahnherrn beanspruchen (Die Vögel 626–800). Ein junger Mann, der seinen eigenen Kopf hat und ihn gegen seine zänkische und mißgünstige Mutter Venus/Aphrodite durchsetzt, ist Amor in dem berühmten Kunstmärchen ›Amor und Psyche‹, das Apuleius im 2. Jahrhundert n. Chr. in seinen Eselsroman (Metamorphosen IV 28 – VI 24) einfügte: Im Schutz der Dunkelheit kommt der junge Gott zu der in ein Zauberschloß entführten, von Geisterhänden bedienten Königstochter Psyche*; sie darf ihn umarmen, aber nicht sehen. Als sie in ihrer Neugier Licht macht, entflieht der Geliebte, und erst nach einer langen Irr-

fahrt, auf der sie sogar in die Unterwelt gelangt, bekommt sie ihn für immer.
Mit Schmetterlingsflügeln und einer Ziege sieht man Eros auf einer Lekythos des Pan-Malers (um 470 v. Chr., Boston, Museum of Fine Arts); bogenspannend stellte ihn Lysippos dar (4. Jahrhundert v. Chr.; Marmorkopie in Rom, Musei Capitolini); ein nacktes Baby neben seiner gertenschlanken Mutter ist er auf Lucas Cranachs d. J. Bild ›Venus und Cupido‹ (um 1540, München, Alte Pinakothek); einen geflügelten, frech grinsenden Tunichtgut malte Caravaggio (Der siegreiche Cupido, um 1598, Staatliche Museen Berlin-Dahlem), während sich Francois Gérard bei ›Amor und Psyche‹ (1798, Paris, Louvre) von Apuleius inspiriert glaubte. Doch über den langbeinigen Burschen, der da einer eher verdutzt dreinschauenden Psyche einen kühlen Kuß auf die Stirn haucht, lästerten Gérards Kritiker derart, daß er die Mythenmalerei aufgab. 1817 schlug Jacques Louis David bei demselben Thema (Amor und Psyche, Paris, Slg. Murat) eine der erotischen Seiten des Märchens auf, das auch den Stoff für mehrere heute vergessene Opern lieferte und in der gefühlvollen Arie ›Psyche wandelt durch Säulenhallen‹ aus Eugen d'Alberts ›Die toten Augen‹ (1916) nachklingt sowie – als literarische Reminiszenz – in Theodor Storms Novelle ›Psyche‹ (1875).

Erymanthischer Eber
Ein kapitales Exemplar seiner Art, das im Erymanthos-Gebirge auf der Peloponnes hauste und ringsum schreckliche Verwüstungen anrichtete. Herakles* mußte es für Eurystheus* lebend fangen. Er zog im Winter los, jagte den Eber in tiefverschneites Gelände, griff sich das erschöpfte Tier und trug es huckepack nach Tiryns, wo sein Auftraggeber sich derart davor entsetzte, daß er sich in einem großen Vorratsgefäß versteckte (Apollodor, Bibliothek II 83–87). Diese Szene war bei Vasenmalern und Bildhauern sehr beliebt; man findet sie beispielsweise auf einer schwarzfigurigen Amphore aus dem 6. Jahrhundert (Rom, Musei Vaticani) oder auf einer Metope von Olympia (5. Jahrhundert v. Chr., Olympia, Museum).

Erysichthon
Ein thrakischer König, der sich an einer heiligen Eiche der Demeter* vergreift. Ungerührt durch das Flehen der Drya-

de*, die mit dem Baum sterben muß, läßt er ihn fällen. Die Strafe für seine Tat ist fürchterlich: Demeter veranlaßt die Hungergöttin, dem schlafenden Erysichthon mit ihrem stinkenden Atem unstillbare Freßgier einzuhauchen. Als der König seinen ganzen Besitz verzehrt hat, beginnt er sich selbst aufzufressen (Ovid, Metamorphosen VIII 738–878). Ovid hat diese Geschichte von der Bestrafung eines Baumfrevlers, die der hellenistische Dichter Kallimachos in seinen Demeterhymnos (VI 24–117) eingefügt hatte, mit regelrechten Horrorelementen ausgestattet. Ein Höhepunkt ist die Beschreibung der Hungergöttin.

Eryx
Ein Sohn des Poseidon*, der auf dem Berg Eryx im Westen Siziliens das heutige Erice samt einem einst berühmten Tempel gegründet haben soll. Als er dem Herakles* die Rinder des Geryoneus* streitig machte, wurde er getötet (Apollodor, Bibliothek II 110–111).

Eteokles
Sohn des Oidipus*, bei der Verteidigung Thebens gegen die Sieben* im Zweikampf mit seinem Bruder Polyneikes* gefallen. In der Tragödie ›Sieben gegen Theben‹ des Aischylos (467 v. Chr.) erscheint Eteokles als tapferer, pflichtbewußter Beschützer seiner Heimat, Euripides zeichnet ihn in seinen Phönikerinnen (410 v. Chr.) als machtgierigen Egoisten.

Euadne
Frau des Kapaneus*, die nach dessen Tod beim Angriff auf Theben sich in den brennenden Scheiterhaufen stürzte (Euripides, Hiketiden 980ff.; Apollodor, Bibliothek III 79).

Euandros
Arkadischer Auswanderer, der sich im Gebiet des späteren Rom niederließ, Herakles* und Aineias* gastlich aufnahm und den Herakleskult in Italien begründete (Vergil, Aeneis VIII 119–369). Die von Vergil durch zahlreiche Details ausgeschmückte Geschichte des Euandros dürfte auf einen der zahlreichen Versuche zurückzuführen sein, die in den Augen der Griechen »barbarischen« Italiker durch alte Beziehungen zu griechischen Helden aufzuwerten.

Eumaios
Der treue Schweinehirt des Odysseus*, bei dem dieser nach seiner Heimkehr erste Aufnahme fand.

Eumeniden
→ Erinyen

Eunomia
»Gutes Gesetz«, eine der Horen*.

Euphemos
Ein Sohn des Poseidon*, der an der Fahrt der Argonauten* teilnahm und als schneller Läufer sogar über die Wogen der See dahineilen konnte. Der Triton* schenkte ihm eine Erdscholle; als er sie später unter dem Eindruck eines Traums ins Meer warf, erhob sich aus diesem die Insel Thera (Apollonios Rhodios, Argonautika I 179–184; IV 1464–1764).

Euphorbos
Ein Trojaner, der Patroklos* verwundete und später dem Menelaos* unterlag. Dieser hängte den Schild des Euphorbos im Heratempel zu Argos als Weihgeschenk auf. Dort will ihn der Philosoph Pythagoras erkannt und sich an eine seiner früheren Existenzen erinnert haben (Ovid, Metamorphosen XV 160–164).

Euphorion
Angeblicher Sohn des Achilleus* und der Helena*, geflügelt wie Eros*, von Zeus*, dessen Liebesverlangen er nicht erwidert, mit dem Blitz erschlagen. Euphorion ist vermutlich eine Figur aus dem im 1. Jahrhundert n. Chr. entstandenen Epos ›Anti-Homer‹ des Ptolemaios Chennos; Goethe macht ihn im 3. Akt von Faust II zum Sohn des Faust und der Helena.

Euphrosyne
»Frohsinn«, eine der drei Chariten*.

Europa
Tochter des phönizischen Königs Agenor, von Zeus* in Stiergestalt über das Meer nach Kreta entführt, Mutter des Minos*, Rhadamanthys* und Sarpedon*. Die ältesten Belege für

den von Moschos aus Syrakus in seinem Kleinepos ›Europe‹ (2. Jahrhundert v. Chr.) und von Ovid in den Metamorphosen (II 836–875) farbig geschilderten ›Raub der Europa‹ sind eine Metope des ältesten Tempels in Selinunt (Tempel S, um 560 v. Chr., Palermo, Museo Archeologico Nazionale), eine schwarzfigurige attische Amphore (um 550 v. Chr.; Rom, Musei Vaticani) und eine etwa zur gleichen Zeit entstandene Vase aus Caere (Rom, Museo Nazionale di Villa Giulia). Häufig abgebildet wird auch ein pompejanisches Wandgemälde zum gleichen Thema (Neapel, Museo Nazionale).
Das Mädchen auf dem Stier, das »ängstlich nach dem verlassenen Gestade zurückblickt« (Ovid), war vom 16. bis ins 20. Jahrhundert ein beliebtes Thema der Maler; man findet es beispielsweise im Konservatorenpalast von Rom und im Dogenpalast von Venedig, beide von Paolo Veronese (1528–1588), im Buckingham-Palast zu London (von Claude Lorrain, 1667) und in zahllosen weiteren Schlössern und Galerien. Europa hält sich mit der einen Hand an einem Horn des Stiers fest, die Linke stützt sich auf dessen Rücken, der Mantel bauscht sich im Wind – genau, wie Ovid es beschrieben hat. Auch für die Karikaturisten ist das Mädchen auf dem Stier eine bequeme Chiffre, die sie im Zeichen der europäischen Einigung häufig benützen. Geistreiche Variationen des Mythos bringt Georg Kaiser in seinem Tanzspiel ›Europa‹, das unter der Regie von Max Reinhardt 1920 in Berlin uraufgeführt wurde. Auch die Oper Darius Milhauds ›Die Entführung der Europa‹ (1927) geht frei mit dem Mythos um, macht Agenor kurzerhand zum König von Theben und führt einen Freier um Europa ein, der ihr ihre Neigung zu Kühen und Stieren verübelt.

Euros
Der regenbringende Südostwind.

Eurydike
Gattin des Orpheus**.

Eurykleia
Alte Amme des Odysseus*, die den Heimgekehrten an einer Narbe erkennt (Odyssee XIX 380–507).

Eurystheus
König von Tiryns und Mykene, Enkel des Perseus* und damit Urenkel des Zeus*. Als dieser im Olymp verlauten ließ, daß die Geburt eines großen Helden – er meinte, des Herakles*, – unmittelbar bevorstehe, ließ die tückische Hera* ihn schwören, daß der Abkömmling des Zeus weithin herrschen solle, der noch am gleichen Tag zur Welt komme. Zeus schwor, und Hera* verzögerte die Geburt des Herakles, während sie Eurystheus als Siebenmonatskind ans Licht zog. Nun bereute Zeus seinen Schwur, durch den er sich und seinen Sohn Herakles gebunden hatte. Denn dieser mußte später im Dienst des Schwächlings Eurystheus seine zwölf »Arbeiten« verrichten (Ilias XIX 95–133). Nach dem Tod des Herakles reagierte Eurystheus die in langen Jahren angesammelten Komplexe an den Kindern des Herakles, den Herakliden*, ab und verfolgte sie grimmig.

Eurytos
König von Oichalia auf Euboia, Vater der Dryope* und der Iole*, die er mit demjenigen vermählen wollte, der ihn und seine Söhne im Bogenschießen besiegte. Herakles* gewann den Wettstreit, doch das Mädchen wurde ihm verweigert, angeblich, weil zu befürchten sei, daß er auch die Kinder von ihr, genau wie die der Megara*, in einem Anfall von Raserei umbringe. Außerdem suchte Eurytos dem Herakles noch einen Rinderdiebstahl anzuhängen. Sein ältester Sohn Iphitos, der an die Unschuld des Helden glaubte, begab sich zu diesem, um mit ihm die Rinder zu suchen. Herakles nahm den jungen Mann freundlich auf, doch plötzlich kam wieder der Wahnsinn über ihn, und er stürzte Iphitos von einer Mauer. Zur Sühne für diesen Mord mußte er sich nach einem Orakelspruch in die Sklaverei verkaufen lassen; den Kaufpreis sollte Eurytos erhalten, doch nahm er ihn nicht. Jahre später stürmte Herakles Oichalia, erschlug Eurytos samt seinen Söhnen und entführte Iole als Beute (Apollodor, Bibliothek II 127–131; 156).

Euterpe
Die Muse* der lyrischen Dichtung.

F

Fama
Personifikation des Gerüchts, das sich mit rasender Geschwindigkeit ausbreitet; anfangs klein und schüchtern, wächst Fama bald zu Riesengröße. Unter ihrem Gefieder spähen zahllose Augen hervor, und in zahllosen Mündern regen sich zischelnde Zungen (Vergil, Aeneis IV 173–197). Seltsam blaß bleibt Fama bei dem sonst so phantasievollen Ovid, der nur ihr von Getuschel erfülltes Haus mit seinen unzähligen Türen und Gucklöchern beschreibt (Metamorphosen XII 39–63).
Die Lithographie ›Das Gerücht‹ von A. Paul Weber (1953), die ein an hohen Hauswänden entlangfliegendes Monster zeigt, mag von Vergil angeregt sein, erweist sich jedoch bei näherer Betrachtung als durchaus eigenständige Leistung.

Fames
Personifikation des Hungers, der Erysichthon* heimsucht.

Faunus
Römischer Naturgott, dem zu Ehren am 15. Februar das Lupercalienfest gefeiert wurde; dessen Name ist wohl von lat. *lupus,* Wolf, abgeleitet, doch bleiben die Zusammenhänge im dunkeln. Von Schlägen, die die Priester des Gottes an diesem Tag mit Lederriemen austeilten, erhofften sich die Frauen Kindersegen (Ovid, Fasti II 423–446). Faunus wurde mit dem griechischen Pan* zusammengebracht und, gleich diesem, vervielfacht. Das Tierhaft-Dämonische derartiger Wesen hat Franz von Stuck in dem Bild ›Kämpfende Faune‹ (1889, München, Neue Pinakothek) schön dargestellt. »Fauna«, das weibliche Gegenstück zu Faunus, lebt als wissenschaftliche Bezeichnung der Tierwelt weiter.

Faustulus
Hirt des Amulius*, Mann der Acca* Larentia, Ziehvater von Romulus** und Remus* (Plutarch, Romulus 3–4).

Febris
Göttin des Wechselfiebers, also der Malaria, die seit alter Zeit in Rom einen oder mehrere Tempel besaß.

Fides
»Treue«, eine der ältesten Personifikationen, die in Rom kultisch verehrt wurden. Auf ihre Vertragstreue hielten sich die Römer besonders viel zugute; deswegen hinterlegten sie politisch bedeutsame Dokumente im Tempel der Fides auf dem Kapitol.

Flora
Römische Frühlingsgöttin, die »Mutter der Blüten, die man ausgelassen feiern muß« (Ovid, Fasti V 183); bei ihrem Fest Ende April fand eine Art Striptease der Prostituierten statt, worüber sich der christliche Autor Lactantius verständlicherweise erregt (Institutiones divinae I 20, 10), dazu Hetzjagden auf Ziegen und Hasen (Ovid, Fasti V 371). Wenn wir heute mit »Flora« die Pflanzenwelt bezeichnen, liegen uns laszive Assoziationen ebenso fern wie zum Beispiel Nicolas Poussin, der ›Das Reich der Flora‹ malte – mit Aias (1)*, aus dessen Blut bekanntlich eine Blume wuchs (1631, Dresden, Galerie alter Meister), oder Aristide Maillol, der die Göttin in Bronze goß (1911, München, Neue Pinakothek).

Fortuna
Italische Schicksals- und Orakelgottheit, die in Praeneste, dem heutigen Palestrina, ein bedeutendes Heiligtum besaß und in Rom, je nach ihrem Wirkungsbereich, unter verschiedenen Beinamen verehrt wurde: als Fortuna des römischen Volkes, Fortuna der Frauen, Fortuna der Männer, als Heimführende Fortuna – das heißt als Göttin der glücklichen Rückkehr aus dem Krieg und von Reisen – und als Jungfrau Fortuna. Die Attribute, mit denen sie abgebildet wurde, sind im wesentlichen die des griechischen Kairos* und der Tyche*. Mit einer Binde vor den Augen und auf einer Kugel daherrollend malte Tadeusz Kuntze 1754 seine ›Fortuna‹ (Warschau, Muzeum Narodowe). Carl Orff läßt seine ›Carmina Burana‹ (1937) mit einem Chor auf Fortuna als Beherrscherin der Welt beginnen und enden: *O Fortuna, velut luna semper variabilis* (O Fortuna, stets wandelbar wie der Mond ...). Der Text stammt aus dem 13. Jahrhundert.

Furiae
»Die Rasenden« (von lat. *furere:* rasen, wüten); dämonische Wesen des italischen Volksglaubens, früh den Erinyen* gleichgesetzt.

G

Gaia

Auch Ge; die mütterliche Göttin der Erde, nach Hesiod später als das Chaos* entstanden. Sie brachte den Himmel, die Gebirge und das Meer hervor, sodann, vom Himmelsgott Uranos* befruchtet, den Okeanos*, das Geschlecht der Titanen* samt dem verschlagenen Kronos*, die Kyklopen* und die hundertarmigen Riesen. Da Uranos diese wegen ihrer Kraft und ihres entsetzlichen Aussehens gleich tief in der Erde verbarg, sann Gaia auf Rache und stiftete Kronos an, mit einem sichelförmigen Gerät den eigenen Vater zu entmannen, wenn er sich voll Liebesverlangen ihr nahe. Kronos tat, wie ihm geheißen, und aus dem Blut des verstümmelten Uranos erschuf Gaia die Giganten*, die Erinyen* und die Nymphen* der Bäume (Hesiod, Theogonie 116–187). Von Pontos, dem Meer, bekam Gaia weitere Kinder: Nereus*, Phorkys*, Keto* und »Eurybie mit dem eisernen Herz in der Brust« (Theogonie 233–239). Als Zeus* den Kronos und die Titanen entmachtete, sandte Gaia diesen den schrecklichen Typhoeus* zu Hilfe, den die Götter um Zeus* erst nach einem harten Kampf bezwangen. Nun fügte sich Mutter Erde in die neue Lage und riet selbst, Zeus die Oberherrschaft zu übertragen (Theogonie 820–885). Was Hesiod in seiner Theogonie über die Kämpfe der Götter erzählt, wirkt teilweise hochaltertümlich und spiegelt vermutlich die Auseinandersetzungen zwischen dem Kult einer »Großen Mutter«, dessen Spuren sich überall im Mittelmeerraum nachweisen lassen, und dem durch Zeus vertretenen patriarchalischen Prinzip. Als »Allmutter« wird Gaia im Homerischen Hymnos 30 gepriesen, als Spenderin reicher Gaben; das erinnert an ihren alten Beinamen Pandora*.

Galateia

Meergöttin, Geliebte des Akis**; ihr Name wurde erst in der Neuzeit dem belebten Bild des Pygmalion (1)* zugelegt.

Ganymedes

Sohn des Tros*, von den Göttern, von dem in ihn verliebten Zeus* selbst oder von dessen Adler in den Olymp entführt, wo

der wunderschöne Junge als Mundschenk fungiert, auch wenn Hera* das ungern sieht (Ilias XX 231–235; Ovid, Metamorphosen X 155–161). Den Vater Zeus, der Ganymedes kidnapt, hat ein Künstler des 5. Jahrhunderts v. Chr. in Ton geformt (Olympia, Museum); viel häufiger wurde die Entführung durch den Adler dargestellt, z. B. von Leochares aus Athen (um 370 v. Chr.), dessen Bronzegruppe ›Ganymedes‹ der ältere Plinius in seiner Naturalis Historia (XXXVI 31) rühmt. Eine Marmorkopie dieses Werks findet sich in den Musei Vaticani in Rom.
Auch in dem Freskenzyklus nach Ovid, mit dem Annibale Carracci und andere Bologneser Maler um 1600 den römischen Palazzo Farnese schmückten, fehlt die Szene nicht, die nach Corregio (um 1530, Wien, Kunsthistorisches Museum), Rembrandt (1635, Dresden, Galerie alter Meister) und vielen anderen auch Hans von Marées (1887, München, Neue Pinakothek) einfühlsam gestaltete. Bei Rembrandt, der gern von Konventionen abweicht, heult der entführte Kleine jämmerlich, ja, er pinkelt sogar vor Angst! Anders stellt sich Goethe dessen Gemütsverfassung in seinem Gedicht ›Ganymed‹ (1774) vor, das Franz Schubert vertont hat: »... aufwärts! Umfangend umfangen! Aufwärts an deinen Busen, alliebender Vater!«

Genius

Personifikation der in einem Mann wirksamen physischen und psychischen »Kraft«, später als eine Art Schutzgeist aufgefaßt. Man schwor bei seinem eigenen Genius oder dem eines Mächtigen, zum Beispiel dem des Kaisers. »So wahr ich will, daß mir mein Genius gnädig ist!« versichert der reiche Trimalchio im Satyricon des Petronius (74, 14). Auch Gruppen und Völker konnten ihren Genius haben, den man in der Regel mit Füllhorn und Opferschale abbildete. Schöne Bronzefiguren von Genien enthielt der um 250 n. Chr. vergrabene und 1979 wiederentdeckte Schatz von Weißenburg (Weißenburg, Römermuseum). Die spezifische Ausstrahlung eines Ortes nennt man noch heute den *genius loci.*

Geryoneus

Auch Geryon genannt, Sohn des Chrysaor*, ein dreiköpfiger, dreileibiger Riese, der auf einer Insel weit im Westen der Welt herrliche Rinderherden besaß. Über diese wachten der ebenfalls riesige Hirt Eurytion und der Hund Orthos*, so daß es für Herakles* keine leichte Arbeit war, die Rinder zu rauben: Er mußte erst die drei Monster bezwingen. Ein Ungeheuer mit Menschenhaupt, zwei Pranken und einem Schlangenleib ist Geryon in Dantes Comedia, wo er den Dichter und Vergil in den achten Kreis der Hölle trägt (Inferno XVII, 100–126).

Giganten

Söhne der Gaia** aus dem Blut des Uranos*, entsetzliche Riesen mit schuppigen Schlangen statt der Beine. Als die Giganten Gebirge aufeinandertürmten, um den Olymp zu stürmen, war die Herrschaft des Zeus* in höchster Gefahr: Nach einem Orakelspruch konnten die Empörer nämlich nur dann von den Göttern bezwungen werden, wenn diesen ein Sterblicher half. Gaia wußte das ebenfalls und suchte nach einem Kraut, das ihre Söhne völlig unverwundbar machen sollte. Zeus jedoch verbot Sonne und Mond zu scheinen, so daß Mutter Erde im dunkeln tappte. In einem mörderischen Kampf siegten die Götter mit Unterstützung des Herakles* (Apollodor, Bibliothek I 34–38). Dieser Kampf wurde zur Verherrlichung der Olympier häufig dargestellt; berühmt ist der Gigantenfries des Pergamon-Altars (um 180 v. Chr., Berlin, Pergamon-Museum). In der Kaiservilla von Casale (bei Piazza Armerina, Sizilien) wurde um 300 n. Chr. für den Speisesaal ein Bodenmosaik geschaffen, das verwundete Giganten zeigt. In Renaissance und Barock war die »Gigantomachie« ein beliebtes Thema von Deckenfresken. Durch mächtige mitstürzende Säulen und Architrave beeindruckt der manieristische Gigantensturz Giulio Romanos (um 1530, Mantua, Palazzo del Tè, Sala dei Giganti).

Glaukos

1. Ein Fischer aus Boiotien, der durch ein wunderbares Kraut in einen unsterblichen, weissagenden Meergott verwandelt wurde (Ovid, Metamorphosen XIII 904 – XIV 74). Ovid läßt ihn erfolglos um Skylla (1)* werben sowie Kirke* ebenso erfolglos um ihn.

2. Ein Sohn des Minos*, als Kind in einem Honigfaß erstickt. Der König befragte ein Orakel nach dem Vermißten und erfuhr, daß der Wahrsager, der ihn finde, ihn auch ins Leben

zurückrufen könne. Tatsächlich entdeckte ein gewisser Polyidos (»Weißviel«) den toten Jungen. »Nun mach' ihn noch lebendig!« gebot Minos und sperrte den Seher zu der Leiche in einen Grabbau. Polyidos war ratlos – bis er eine Schlange, die auf ihn zukroch, getötet hatte: Sofort erschien nämlich eine weitere Schlange und brachte Kräuter, mit denen sie ihre Freundin und später Polyidos seinerseits den Glaukos wiederbelebte. Minos forderte nun noch, daß der Seher den Knaben seine Kunst lehre. Der tat es, doch beim Abschied sagte er, Glaukos solle ihm in den Mund spucken. Kaum war das geschehen, da hatte jener alles wieder vergessen (Apollodor, Bibliothek I 17–20). Vergleicht man die auf den ersten Blick divergenten Geschichten um die beiden Glaukos, so erweisen sie sich als Variationen gleicher Grundthemen: Wunderkraut – Weissagung – Verwandlung.
3. Enkel des Bellerophontes*.

Gordios
Ein Bauer aus Phrygien, dessen Wagen zahlreiche Vögel umkreisten; das, so sagte eine Seherin, verkünde ihm die Königsherrschaft. Als wenig später die miteinander zerstrittenen Phryger ein Orakel befragten, wen sie zu ihrem König machen sollten, war die Antwort: »Den, der als erster mit seinem Wagen zum Zeustempel kommt.« Und Gordios kam! Der neue Herrscher stellte seinen Wagen als Weihgeschenk im Tempel der nach ihm benannten Stadt Gordion auf, und bald verbreitete sich die Weissagung, derjenige werde Herr über Asien, der die kunstvoll verschlungene Verbindung der Deichsel mit dem Wagen lösen könne. Bekanntlich zerschlug Alexander der Große den »Gordischen Knoten« mit dem Schwert (Iustinus, Epitome XI 7, 5ff.; Curtius Rufus, Historia Alexandri III 1, 11–18).

Gorgonen
Drei Töchter des Phorkys* und der Keto* mit schauerlichen Fratzen und Schlangenhaaren; wer sie erblickte, wurde zu Stein. Dem Perseus* gelang es trotzdem, der Gorgo Medusa*, die als einzige von den dreien sterblich war, das Haupt abzuschlagen: Er sah nicht auf sie selbst, sondern auf ihr Spiegelbild in seinem blanken Schild. Vor der Rache der Schwestern schützte ihn eine Tarnkappe (Hesiod, Theogonie 274–277;

Pseudo-Hesiod, Schild des Herakles 216–237; Apollodor, Bibliothek II 39–42; Ovid, Metamorphosen IV 772–803). Das eklig grinsende, zähnefletschende Gorgonenhaupt wurde – wohl als Unheil abwendendes Bild – auf Schilden, Brustpanzern und an Bauwerken, aber auch auf Trinkgefäßen und Lampen angebracht. Eine frühe Darstellung der unsterblichen Gorgonen und ihrer enthaupteten Schwester findet sich auf einer Amphore des Nessos-Malers (Ende des 7. Jahrhunderts v. Chr., Athen, Nationalmuseum); die Ermordung der Medusa durch Perseus zeigt eine Metope des Tempels C von Selinunt (um 520 v. Chr., Palermo, Museo Archeologico Nazionale).

Graien
»Die Grauen«, drei Töchter des Phorkys* und der Keto*, die von Geburt an grau waren und zusammen nur ein Auge und einen Zahn besaßen. Beides entwendete ihnen Perseus* und gab es erst zurück, als sie ihm den Weg zu den Nymphen* gezeigt hatten (Apollodor, Bibliothek II 37).

Grazien
→ Charites

Greife
Mischwesen, meist mit Löwenleib und Adlerkopf, Begleiter verschiedener Götter, Wächter gewaltiger Goldvorkommen im hohen Norden, die ihnen die Arimaspen* zu rauben suchten. Abbildungen von Greifen sind besonders auf Vasen häufig; sie sollten wohl, wie die von Gorgonen*, Böses abwehren.

Große Mutter
→ Gaia, Kybele

Gyges
Ein Leibwächter des Königs Kandaules von Lydien, den sein Gebieter zwang, in seinem Schlafgemach versteckt der Königin beim Auskleiden zuzusehen und sich von ihrer einmaligen Schönheit zu überzeugen. Die Frau, die Gyges erkannte, als er sich wieder davonschlich, stellte ihn tags darauf vor die Wahl: Entweder solle er Kandaules töten und den Thron besteigen oder selbst sterben. Widerstrebend wurde Gyges zum Mörder seines Herrn (Herodot I 7–14).

Nach Platon (Politeia 359d–360b) war Gyges ein Hirt, der nach einem Wolkenbruch einen Erdspalt fand, hinabstieg und neben anderen Wunderdingen ein ehernes Pferd erblickte, in dessen hohlem Leib er durch eine Öffnung einen übermenschlich großen Leichnam sehen konnte. Dem zog er einen goldenen Ring vom Finger und steckte ihn sich selbst an. Als er sich später bei den anderen Hirten einfand und zufällig den Stein seines Rings zur Handinnenseite drehte, war er plötzlich unsichtbar, und seine Gefährten sprachen von ihm wie von einem Abwesenden. Gyges erprobte mehrfach die Macht seines Rings; dann ließ er sich als Bote zum König entsenden, verführte dessen Frau, lauerte mit ihr dem König auf, brachte ihn um und bestieg selbst dessen Thron.
Friedrich Hebbel folgt in seiner Tragödie ›Gyges und sein Ring‹ (1856) der Erzählung Herodots, bringt aber den Zauberring ins Spiel, um dessen Macht – so seine Darstellung – Kandaules weiß. Unsichtbar betritt also Gyges das Schlafgemach der Königin, erkennt jedoch das Schändliche seines Tuns und dreht den Ring, so daß er sichtbar wird. Kandaules müßte ihn nun töten; stattdessen verbirgt er ihn vor seiner Frau, die erst nach und nach erfährt, was geschehen ist, und schließlich Gyges zum Zweikampf mit Kandaules auffordert. Dieser fällt, und auch die Königin tötet sich, kaum daß sie mit Gyges vermählt ist, weil sie sich nur so von der Schmach, die ihr angetan wurde, entsühnen zu können meint. Hebbel hat mit viel psychologischem Geschick das Handeln seiner Personen begründet, so daß man beinahe vergißt, daß in der Handlung des Dramas zwei divergente Geschichten vermengt sind.

H

Hades
Sohn des Kronos* und der Rheia*, Bruder des Zeus* und des Poseidon*, dem bei der Teilung der Welt das Totenreich zufiel. Es wird darum, nach seinem Herrscher, auch »Hades« genannt. Hades seinerseits, der Gott mit der Tarnkappe, wurde im Lauf der Zeit, vermutlich unter dem Einfluß der Mysterien von Eleusis, mit dem verborgen wirkenden Spender des Reichtums, Plutos oder Pluton, gleichgesetzt. Dadurch verbesserte sich das Image des von Homer als verhaßt und abscheulich charakterisierten Gottes merklich: Er wird nun mit Füllhorn und Szepter dargestellt. Seine Gemahlin ist Persephone**, die er in sein finsteres, vom Höllenhund Kerberos* bewachtes Reich entführt hat: »Von giftigen Eiben umdüstert senkt sich jäh ein Weg. Er führt durch dumpfes Schweigen hinab zur Wohnstatt der Toten. Die träge Styx haucht Nebel aus, und der jüngst Verstorbenen Schatten steigen dort hinunter, nur Schemen jenseits des Grabes. Fahle Dämmerung und Winter herrschen in dieser Öde, und die neu angekommenen Seelen wissen weder den Weg zur Stadt an der Styx noch zur schauervollen Burg des finsteren Pluto. Weitläufig ist die Stadt, tausend Zugänge hat sie und auf allen Seiten offene Tore. So wie das Meer die Ströme der ganzen Erde, so nimmt sie alle Seelen auf. Nirgendwann ist sie für ihre Bevölkerung zu klein, noch spürt sie das Wachsen der Menge. Blutleer, ohne Fleisch und Gebein, irren die Schatten umher. Die einen suchen den Markt auf, andere den Palast des Herrschers dort unten, andere treiben ein Gewerbe, ganz wie einst im Leben, wieder andere leiden gebührende Strafe« (Ovid, Metamorphosen IV 432–446).
Die große Masse der Toten führt also, wenn sie der Fährmann Charon* über den Acheron* gebracht hat und sie aus der Lethequelle Vergessen getrunken haben, ein empfindungsloses Schattendasein. Nur für schwere Sünder gibt es unterhalb des Hades den schrecklichen Tartaros*, und einige wenige Prominente gelangen in das paradiesische Elysion – wenn es die Totenrichter Minos*, Aiakos* und Rhadamanthys* gut mit ihnen meinen. Lebend in den Hades kamen unter anderen

Herakles*, Orpheus*, Odysseus* und Aineias*. Was die beiden letztgenannten in der Totenwelt erlebten, schildern der 11. Gesang der Odyssee und der 6. von Vergils Aeneis. Vieles davon spiegelt sich im ersten Teil von Dantes Comedia, dem ›Inferno‹. Daß man die Unterwelt auch zum Schauplatz deftiger Späße machen kann, bewies Aristophanes in seiner Komödie ›Die Frösche‹ (405 v. Chr.), in der Dionysos* auf der Suche nach einem ordentlichen Dichter zu den Schatten geht. Lustig bis boshaft sind auch die Totengespräche des geistreichen und scharfzüngigen Lukian von Samosata (um 170 n. Chr.).

Haimon
Verlobter der Antigone*.

Halirrhotios
Ein Sohn des Poseidon*, der bei dem Versuch, eine Tochter des Ares* zu vergewaltigen, von diesem überrascht und erschlagen wurde. Poseidon erhob Klage auf dem Areopag von Athen, wo zwölf Götter Gericht hielten, wurde aber abgewiesen, da er keine Zeugen anführen konnte (Apollodor, Bibliothek III 180).

Halkyone
→ Alkyone

Hamadryaden
Nymphen*, die zusammen (gr. *hama*) mit dem Baum, in dem sie wohnen, leben und vergehen (Homerischer Hymnos 5, An Aphrodite, 257–272).

Harmonia
Tochter des Ares* und der Aphrodite*, in Anwesenheit aller Götter mit Kadmos** vermählt. Dieser schenkte ihr einen Schleier und ein Halsband, das er entweder von Hephaistos* oder von Europa* bekommen hatte und das allen späteren Besitzern Unglück brachte (Apollodor, Bibliothek III 25). Als mächtige, alle ernährende Göttin, die ein Haus von der vierfachen Größe des Weltalls bewohnt, läßt Nonnos (Dionysiaka 41, 277–337) eine Harmonia auftreten, die mit der Gattin des Kadmos nichts mehr zu tun hat, sondern die personifizierte »Harmonie« der Welt ist.

Harpalyke
Thrakische Jägerin, ein »wildes Mädchen« wie Atalante*.

Harpyien
Aello und Okypete, die Töchter des Thaumas, nach Hesiod schönlockig, mit Schwingen und schnell wie der Wind (Theogonie 265–269), bei Apollonios Rhodios widerliche, fliegende Monster, die dem alten Phineus (1)* das Essen raubten oder ihn mit ihrem stinkenden Auswurf besudelten, bis Kalais* und Zetes* sie vertrieben (Argonautika II 178–300). Auch Aineias* und seine Gefährten wurden von den Harpyien belästigt und durch eine Prophezeiung erschreckt: Sie würden erst dann ihre Stadt gründen können, wenn der Hunger sie zwinge, ihre Tische anzubeißen. Die Weissagung erfüllt sich, als die Trojaner eine Mahlzeit auf Fladenbrot serviert bekommen (Vergil, Aeneis III 225–258). Eine Harpyie Podarge wird in der Ilias (XVI 150) als Mutter der unsterblichen Pferde des Achilleus* genannt. Die Verfolgung der Harpyien durch Kalais und Zetes wurde bisweilen von Vasenmalern dargestellt, zum Beispiel auf einer chalkidischen Schale (um 520 v. Chr., Würzburg, Martin-von-Wagner-Museum) oder einer ebenso alten attischen Schüssel (Berlin, Antikensammlungen). Dabei sind die Dämoninnen bald menschengestaltig (Würzburger Schale), bald Mischwesen, halb Frauen, halb Vögel.
In Dantes ›Comedia‹ nisten »die scheußlichen Harpyien, breitschwingig, menschengleich an Hals und Antlitz, den Leib gefiedert, Krallen an den Zehen« auf den Bäumen, in die Selbstmörder gebannt sind. Auch in Peter S. Beagles Roman ›Das letzte Einhorn‹ (1968) hat sich eine Harpyie verirrt, und der Fremdenführer in Mammy Fortunas ›Menagerie‹ versäumt nur selten, die Geschichte von König Phineus zu erzählen.

Hebe
»Jugend«, Tochter des Zeus* und der Hera*, mit Herakles* vermählt, als dieser in den Olymp aufgenommen wurde (Odyssee XI 602–604; Hesiod, Theogonie 950–955). Vorher hatte Hebe den Göttern ihren Nektartrank serviert.

Hekabe
(Lat.: Hecuba); Gattin des Priamos*, Königin von Troja, Mutter des Hektor*, Paris*, Helenos*, der Kassandra* und

weiterer Söhne und Töchter, deren Tod sie beklagen muß. Nach dem Fall Trojas wird sie Sklavin des Odysseus*. Als dessen Schiffe in Thrakien landen, wird ihre Tochter Polyxena* dem toten Achilleus* als Opfer geschlachtet. Eine Dienerin soll Wasser holen, um die Tote zu waschen; dabei findet sie den Leichnam von Hekabes jüngstem Sohn Polydoros*, den der Thrakerkönig Polymestor*, statt ihn zu beschützen, aus Habsucht ermordet hat. Die alte Königin lockt den Mörder mit dem Versprechen, ihm das Versteck reicher Schätze zu verraten, in einen Hinterhalt und rächt sich zusammen mit den anderen Trojanerinnen grausam an ihm. Als die Thraker daraufhin mit Steinen nach ihr werfen, wird sie in einen Hund verwandelt. Dessen Grab sieht man bei dem Ort Kynossema (»Hundegrab«) am Hellespont (Euripides, Hekabe; Ovid, Metamorphosen XIII 422–577).

Das Schicksal der Hekabe behandelte Euripides auch in den Troerinnen (415 v. Chr.), die in unserem Jahrhundert von Franz Werfel (1914) und Jean Paul Sartre (Les Troyennes, 1965) bearbeitet wurden. Senecas gleichnamige Tragödie schildert in aller Breite die Grausamkeit der siegreichen Griechen und den Jammer der Besiegten. Nicht von ungefähr hat Martin Opitz 1625, in den ersten Jahren des Dreißigjährigen Kriegs, gerade dieses Stück übersetzt. In Shakespeares ›Hamlet‹ (II 2, 589–591) ist der Titelheld von der Leistung eines Schauspielers beeindruckt, der das Leid der Hecuba mit viel Pathos beschrieben hatte. Wie kann der Mann sich so erregen? »Alles das um nichts! Um Hekuba! Was ist ihm Hekuba, was ist er ihr, daß er um sie soll weinen?« In einer Reichstagsrede vom 11. Januar 1887 erklärte der damalige Kanzler Otto von Bismarck, die orientalische Frage sei ihm Hekuba – und er meinte damit: völlig egal.

Hekale

Eine arme Alte, bei der Theseus* vor seinem Abenteuer mit dem Marathonischen* Stier während eines Sturms Aufnahme fand. Dieser Randfigur des Theseusmythos war ein – weitgehend verlorenes, aber einst als Muster seiner Gattung berühmtes – Kleinepos des alexandrinischen Dichters Kallimachos gewidmet.

Hekate

Tochter des Titanen* Perses* und der Asteria*, »vor allen Göttern durch Zeus geehrt und mit herrlichen Gaben bedacht« (Hesiod, Theogonie 412). Die Göttin, die Hesiod als mächtige Helferin rühmt, kennt »Homer« nicht oder will sie nicht kennen. Sie kam aus Kleinasien nach Griechenland, erfreute sich vor allem bei Frauen hoher Verehrung und wurde oft mit Artemis*, Selene* und Persephone* gleichgesetzt, was darauf deutet, daß sie über die Nacht und die Toten herrschte. Tatsächlich war Hekate auch die dreiköpfige Göttin der unterweltlichen Dämonen sowie der Hexen und Giftmischerinnen, die sie nachts an Gräbern oder Dreiwegen riefen (daher ihr lateinischer Beiname Trivia). Wenn sie mit ihrem gespenstischen Gefolge, der Empusa* und den Lamien*, mit Lärm und Hundegeheul erschien, brachte das jedem Unglück, der sie nicht zu beschwören wußte. Als Dido*, vor ihrem Selbstmord, den treulosen Aineias* verfluchte, flehte sie auch zu »Hekate, die man des Nachts heulend an Kreuzwegen ruft« (Vergil, Aeneis IV 609); als Medeia* Iasons* Vater verjüngen will, muß Hekate ihr beistehen (Ovid, Metamorphosen VII 190–296). Hekates Totenschiff bringt in Gerhart Hauptmanns ›Iphigenie in Aulis‹ (1943) die zum Opfer bestimmte Tochter Agamemnons* ins Taurierland. Auf dem Fries des Pergamon-Altars (Berlin, Pergamon-Museum) greift Hekate, erkennbar an ihren drei Köpfen, in den Gigantenkampf ein; in den Kapitolinischen Museen zu Rom findet sich eine Bronzestatuette der dreigestaltigen Göttin, die Fackeln, Stricke, Schlüssel und Schlangen hält.

Hekatoncheiren

Die drei hundertarmigen Riesen Briareos**, Gyes und Kottos.

Hektor

Ältester Sohn des Priamos* und der Hekabe*, Beschützer Trojas während der zehnjährigen Belagerung durch die Griechen, im Zweikampf dem Telamonier Aias* ebenbürtig. Als Achilleus* sich grollend vom Kampf fernhält, wirft Hektor Feuer in die Schiffe der Angreifer, erschlägt Achills Freund Patroklos*, der dessen Rüstung angelegt hat, und raubt ihm diese. Daraufhin nimmt Achilleus wieder an der Schlacht um

Troja teil und stellt Hektor, der voll düsterer Ahnungen von seiner Frau Andromache** Abschied genommen hat, zum Zweikampf. Achilleus siegt, bindet den toten Gegner an seinen Streitwagen und schleift ihn mehrmals um Trojas Mauerring. Erst will er ihn den Hunden zum Fraß vorwerfen, doch als der alte Priamos zu ihm ins Lager kommt, um den Leichnam bittet und reiche Gaben anbietet, läßt er sich erweichen. Mit Hektors Bestattung endet die Ilias. Hektors Kämpfe, sein Tod und seine Auslösung wurden häufig von Vasenmalern dargestellt.
Jean Giraudoux läßt in seinem 1935 uraufgeführten Drama ›Der trojanische Krieg findet nicht statt‹ Hektor alles tun, um seiner Heimat den Frieden zu bewahren, doch das Unheil ist nicht aufzuhalten. Das Stück entstand in düsterer Vorahnung des Zweiten Weltkriegs.

Helena
Tochter des Zeus* und der Leda* – oder der Nemesis* –, wegen ihrer außergewöhnlichen Schönheit noch als Kind von Theseus* geraubt, aber von ihren Brüdern, den Dioskuren*, befreit und in ihre Heimat Sparta zurückgebracht. Um verderblichen Streit unter ihren vielen Freiern von vornherein auszuschalten, empfiehlt Odysseus*, diese schwören zu lassen, sie würden dem künftigen Mann Helenas in Zukunft beistehen, falls ihm jemand seine Frau streitig mache. Daher sammeln sich, als Paris* die mittlerweile mit Menelaos* Vermählte nach Troja entführt, Helden aus ganz Griechenland, um die Schöne zurückzuholen, was nach zehn Jahren Krieg auch gelingt (Apollodor, Bibliothek III 126–129). Was Apollodor über Nemesis berichtet, klingt recht urtümlich: Um sich vor der Zudringlichkeit des Zeus zu retten, habe diese Göttin sich in eine Gans verwandelt, doch Zeus habe sie als Schwan überwältigt, worauf sie ein Ei gelegt habe, aus dem dann Helena geschlüpft sei. Eine interessante Variante der Helenasage referiert Platon im Phaidros (243 a–b): Stesichoros, ein Lyriker des 6. Jahrhunderts v. Chr., habe in den Chor derer eingestimmt, die Helena verlästerten, und darum sein Augenlicht verloren – genau wie Homer. Gleich habe er den Grund dafür geahnt und einen Widerruf gedichtet, in dem er erklärte, an der ganzen Entführung nach Troja sei kein wahres Wort. Als der Sophist Gorgias 427 v. Chr. seine Lobrede auf Helena

hielt, konnte er auf diesen Widerruf ebenso zurückgreifen wie Euripides in seiner Tragödie ›Helena‹ (412 v. Chr.): In ihr wird die Heldin in Ägypten festgehalten, wohin sie Hermes* in Heras* Auftrag gebracht hat. Paris entführt nur ein Trugbild nach Troja, und es entbehrt nicht der Ironie, daß sich dessentwegen Griechen und Trojaner zehn Jahre lang schlagen. Allerdings bleibt Helena am Hof des Ägypterkönigs Proteus nicht unbehelligt: Theoklymenos, sein Sohn, drängt sie, ihn zu heiraten; dessen Schwester aber hilft Helena und dem schiffbrüchigen Menelaos, der zu ihr gefunden hat, den verliebten Prinzen zu überlisten und zu fliehen.
Ein durch Zauberkraft beschworenes Phantom ist Helena in Goethes Faust II, ehe sie, wiederbelebt, am Ende der ›Klassischen Walpurgisnacht‹, mit Faust Hochzeit hält. Hugo von Hofmannsthal spielte im Opernlibretto für ›Die ägyptische Helena‹ von Richard Strauß (1928) mit weiteren Motiven: Menelaos befindet sich mit Helena auf der Rückfahrt von Troja; er will die Frau, um die so viel Blut geflossen ist, den Totengeistern opfern. Doch auf einer Insel vor Ägypten läßt Aithra, eine Geliebte Poseidons*, durch einen Zaubertrank die beiden alles vergessen, versetzt sie dann in einen Palmenhain am Atlasgebirge, wo ein Araberscheich und sein Sohn ihr Glück zu stören suchen, und bringt sie nach weiteren Verwicklungen schließlich nach Sparta zurück. Ebenso geistvoll wie respektlos verulkte Jacques Offenbach in seiner Operette ›Die schöne Helena‹ (1864) die homerischen Helden; am schlimmsten kommt Menelaos weg, der, ziemlich betrunken und viel zu früh, von einer Reise zurückkehrt und Paris im Schlafzimmer seiner Frau vorfindet. Die Griechenfürsten, bei denen er sich bitter beklagt, zeigen wenig Verständnis für ihn; schließlich sei er selbst an allem schuld. Er hätte als galanter Ehemann seine Ankunft ankündigen müssen, dann wäre ihm das peinliche Erlebnis erspart geblieben.
Der ›Raub der Helena‹ war auch ein beliebtes Thema der Maler; Guido Reni hat ihn um 1630 nach dem Geschmack seiner Zeit mit prächtigen Kostümen, Amoretten, Kammermohr und Hündchen herausgeputzt (Paris, Louvre), während Hans von Marées beim gleichen Gegenstand auf Kleider völlig verzichtete (um 1883, München, Neue Pinakothek). Gavin Hamiltons Bild ›Venus verspricht Paris Helena zur Frau‹ (um 1783, Rom, Museo di Roma) verdient Erwähnung als eines

der wenigen erhaltenen Großgemälde dieses bedeutenden Neoklassikers. Einst hochberühmt war die gleich den meisten Tafelgemälden aus der Antike verlorengegangene ›Helena‹, die Zeuxis um 400 v. Chr. für einen Tempel in Kroton malte. Als Modelle sollen ihm damals die fünf schönsten Mädchen der Stadt gedient haben (Cicero, De inventione II 1 ff.).

Helenos

Sohn des Priamos* und der Hekabe*, ein Seher, der nach dem Tod des Paris* Helena* heiraten wollte und, weil ihm Deiphobos* vorgezogen wurde, grollend die Stadt verließ. Als Kalchas* den Griechen verkündete, Helenos wisse, wodurch Troja beschützt werde, nahm ihn Odysseus* gefangen und nötigte ihm sein Geheimnis ab: Die Stadt, sagte Helenos, werde fallen, wenn man die Gebeine des Pelops* herbeischaffe, den Philoktetes* von Lemnos hole und das vom Himmel gefallene Bild der Pallas Athene* aus der Burg von Troja entführe. Nach der Eroberung Trojas mußte Helenos mit Neoptolemos, dem Sohn des Achilleus*, gehen, dem Andromache* als Sklavin zugefallen war (Apollodor, Bibliothek VIII 8–11, IX 13). Diese heiratete Helenos nach dem Tod des Neoptolemos und gründete Buthroton in Epirus als neues, kleineres Troja. Dort fand Aineias* freundliche Aufnahme (Vergil, Aeneis III 295–505).

Heliaden

1. Söhne des Helios*, die auf den Rat ihres Vaters Athene* als erste opfern sollten, aber in der Eile das Feuer vergaßen, so daß sie nur Gaben darbringen konnten, die man nicht verbrennt. Athene schenkte ihnen trotzdem Kunstfertigkeit, und Zeus* ließ Gold über sie regnen (Pindar, 7. olympische Ode, 48–53).
2. Töchter des Helios*, die wegen ihrer unstillbaren Trauer um den toten Phaethon* in Pappeln verwandelt wurden. Ihre Tränen sind der Bernstein (Ovid, Metamorphosen II 340–366).

Helios

Der Sonnengott, Sohn des Titanen* Hyperion*, Bruder der Selene* und der Eos*, Vater der Kirke*, der Pasiphae*, des Aietes*, des Phaethon* und weiterer Kinder. Helios fährt täglich mit dem Sonnenwagen über den Himmel, wobei er alles sehen kann, was auf Erden geschieht. (»Nur Helios vermag's zu sagen, der alles Irdische bescheint«; Friedrich von Schiller, Die Kraniche des Ibykus). Nachts kehrt er in einer goldenen Schale vom fernen Westen an den Ostrand der Welt zurück. An den ihm heiligen Herden, die auf der Insel Thrinakia weiden, vergriffen sich die Gefährten des Odysseus*; darum kehrte keiner von ihnen nach Hause zurück (Odyssee XII 261–419). Ein riesiges Bronzestandbild des ›Befreiers Helios‹ ließen die Bewohner von Rhodos dem Schutzgott ihrer Stadt errichten, weil 306 v. Chr. eine von Demetrios Poliorketes mit großem Aufwand begonnene Belagerung gescheitert war. Als der zu den sieben Weltwundern gerechnete Koloß achtzig Jahre später bei einem Erdbeben zusammenbrach, verbot ein Orakel, ihn wieder aufzurichten. Das Kolosseum in Rom hat seinen Namen von einer ähnlich kolossalen Statue des Kaisers Nero, der man nach dessen Tod den Kopf des Sonnengottes (lat. Sol) aufsetzte. Als Sol invictus (unbesiegte Sonne) wurde der Gott seit dem 3. Jahrhundert n. Chr. im römischen Reich allgemein verehrt.

Helle
Tochter des Athamas* und der Nephele*, Schwester des Phrixos*, von ihrer Stiefmutter Ino* mit dem Tod bedroht. Bei der Flucht auf einem von Nephele gesandten goldwolligen Widder, der fliegen konnte, stürzte Helle in den nach ihr Hellespont, Meer der Helle, genannten Meeresarm zwischen Europa und Kleinasien.

Hellen
Sohn des Deukalion* und der Pyrrha*, Ahnherr der Griechen, die sich nach ihm Hellenen nannten. Seine Söhne waren Aiolos (1)*, Doros und Xuthos.

Hephaistos
Sohn des Zeus* und der Hera* oder dieser allein (Hesiod, Theogonie 927f.), der kunstfertigste unter den Göttern, jedoch lahm geboren und deswegen von seiner Mutter ins Meer geworfen, wo ihn Thetis* auffing und pflegte. Zum Dank für die Rettung schmiedete er später ihrem Sohn Achilleus* herrliche Waffen (Ilias XVIII 391–617). Auch von Zeus wurde er

einmal vom Olymp geschleudert, als er sich aufmüpfig zeigte, flog einen ganzen Tag durch die Lüfte und landete schließlich auf der Insel Lemnos (Ilias I 586–594). Dort genoß der wohl aus Kleinasien nach Hellas gelangte Gott besondere Verehrung. In Rom wurde ihm Vulcanus* gleichgesetzt. Ungeachtet der schlechten Behandlung durch Vater und Mutter baute Hephaistos, durch Dionysos* in den Olymp zurückgeholt, den Göttern herrliche Paläste, verfertigte den Sonnenwagen für Helios* und die Aigis der Athene*. Mit der schönen Aphrodite* als Ehefrau wurde er allerdings nicht glücklich, denn wenn er mit seinen Helfern, den Kyklopen*, in seiner Schmiede werkelte, betrog sie ihn mit Ares**.
Wie Dionysos* den Verstoßenen zu den Himmlischen heimführt, ist mehrfach auf Vasenbildern dargestellt, zum Beispiel auf der François-Vase des Kleitias (um 570 v. Chr., Florenz, Museo Archeologico) und, besonders figurenreich, auf einem Voluten-Krater des Kleophon (um 425 v. Chr., Ferrara, Museo Archeologico Nazionale): Auf einem Esel sitzt der Gott mit seinem Werkzeug, offensichtlich nicht mehr ganz nüchtern, während ihn das Gefolge des Weingotts umdrängt. Die Maler des Barock lockte vor allem das ungleiche Paar Hephaistos und Aphrodite, die reizvolle Göttin und der rußige Schmied – zum Beispiel Peter Paul Rubens (Venus in der Schmiede Vulkans, um 1620, Brüssel, Musées Royaux des Beaux-Arts).

Hera
Tochter des Kronos* und der Rheia*, Schwester und Gattin des Zeus*, Mutter des Ares*, des Hephaistos*, der Eileithyia* und der Hebe*, in Rom mit Juno* gleichgesetzt als Schützerin des Hauses und der Ehe. Als solche nahm sie die zahlreichen Seitensprünge ihres Göttergatten sehr übel und verfolgte seine zeitweiligen Gespielinnen und deren Nachkommenschaft mit ihrem Haß, zum Beispiel Alkmene* und Herakles*, Io* und Arkas*, Leto* und Semele*. Den Trojanern war sie böse, weil Paris* nicht sie, sondern Aphrodite* als die schönste Göttin bezeichnet hatte. Um zugunsten der Griechen in den Kampf eingreifen zu können, brachte sie es sogar über sich, Zeus zu verführen, obwohl er ihr damals »in der Seele verhaßt« war: Sie salbte sich mit Ambrosia, kämmte sich, flocht ihre Locken, gürtete sich mit einem Gürtel, von dem hundert Quasten bau-

melten, legte ihre Perlenohrringe und einen herrlichen Schleier an und borgte sich dann, um ganz sicher zu gehen, mit einer leidlich glaubhaften Ausrede den Büstenhalter der Aphrodite* aus, der durch mächtigen Zauber unweigerlich Liebe weckt. Außerdem versicherte sie sich der Hilfe des Schlafgotts, indem sie ihm eine der Charitinnen* zur Frau versprach. Dann erst begab sie sich zu Zeus auf den Ida, berückte den auf der Stelle Verliebten und ließ ihn dann sanft einschlummern (Ilias XIV 153–352). Eine Metope des Tempels E von Selinunt zeigt Hera, wie sie vor Zeus, der verlangend den Arm ausstreckt, ihren Schleier hebt (um 460 v. Chr.; Palermo, Museo Archeologico Nazionale); die gleiche Szene fand sich als Wandgemälde im Haus des tragischen Dichters in Pompeji (Kopie nach einem Original des 3. Jahrhunderts v. Chr., Neapel, Museo Nazionale). Annibale Caracci griff das Thema um 1600 auf (Jupiter und Juno, Rom, Galleria Borghese), andere Maler zogen die Geschichten von Io* und Argos* oder den Gang der Hera in die Unterwelt vor.

Herakleidai

»Herakliden« nennt man die zahlreichen Nachkommen des Herakles*, die nach dessen Tod von Eurystheus* bedroht wurden und in Attika Zuflucht fanden. Dank der Unterstützung durch Theseus* konnten sie ihre Feinde abwehren; dabei erschlug der Heraklessohn Hyllos* den Eurystheus und brachte seinen Kopf zu Alkmene*, die ihm voll Rachsucht die Augen ausstach. Nun besetzten die Herakliden die ganze Peloponnes, mußten sie aber wieder räumen, als dort die Pest ausbrach und ein Orakel verkündete, die Eindringlinge trügen die Schuld daran. Hyllos befragte nun den Gott in Delphi, und der prophezeite, die Rückkehr werde erst nach der dritten Frucht gelingen. Also unternahmen die Herakliden nach drei Jahren einen weiteren Angriff – und wurden zurückgeschlagen. Erst der übernächsten Generation gelang die Eroberung: Der Gott hatte nämlich mit der »dritten Frucht« die Urenkel des Herakles gemeint (Apollodor, Bibliothek II 167–180). Euripides behandelte um 427 in der Tragödie ›Die Herakliden‹ den Stoff; das Stück beginnt mit der Flucht der Herakleskinder nach Attika, stellt breit den freiwilligen Opfertod der Makaria* dar, ohne den nach einem Orakel der Sieg über Eurystheus nicht möglich gewesen wäre, und endet mit dem Triumph der Alkmene.

Herakles
Sohn der Alkmene** von Zeus*, der seinem Sprößling die Herrschaft über Mykene zugedacht hatte. Doch die eifersüchtige Hera* machte diesen Plan zunichte: Erst ließ sie Zeus schwören, das Kind aus seinem Blut, das als nächstes geboren werde, solle ein mächtiger König werden; dann hemmte sie Alkmenes Wehen und sorgte dafür, daß die Frau des Sthenelos, eines Sohnes des Perseus* und damit eines Enkels des Zeus, ein Siebenmonatskind zur Welt brachte – eben jenen Eurystheus**, in dessen Dienst sich Herakles später plagen mußte (Ilias XIX 95–133).
Die Jugend des Herakles: Noch als Säugling mußte der kleine Herakles sich zweier Schlangen erwehren, die entweder Hera losgeschickt hatte, um ihn zu töten, oder die sein Stiefvater Amphitryon** in die Wiege geworfen hatte, in der Herakles mit seinem Brüderchen Iphiklos lag, um herauszubekommen, welcher von den beiden sein eigener Sohn sei. Später bewies Herakles seine Kraft und seinen Jähzorn, als er seinen Musiklehrer, einen Sohn Apollons* namens Linos, kurzerhand totschlug, weil der ihn schulmeistern wollte. Er mußte daraufhin aufs Land und Rinder hüten. Bei dieser Gelegenheit ging er zum ersten Mal auf Raubtierjagd, und zwar ins Gebiet des Königs von Thespiai, dessen Herden ein besonders gefräßiger Löwe dezimierte. Der starke junge Mann wurde freundlich aufgenommen und fand jede Nacht ein hübsches Mädchen in seinem Bett, merkte jedoch nicht, daß es immer wieder ein anderes war – der König, der sich von Herakles reichlich Nachwuchs wünschte, schickte nämlich nacheinander seine fünfzig Töchter (Apollodor, Bibliothek II 62–65). Von einer Begegnung ganz anderer Art erzählte der Sophist Prodikos von Keos um 420 v. Chr. in einer wohl von ihm selbst erfundenen Geschichte: Zu dem jungen Herakles kamen einst zwei Frauen, die ihn für sich gewinnen wollten. Die eine, auffällig herausgeputzt, nannte sich »Lust«, die andere, schlicht und bescheiden gekleidet, gab sich als die »Tugend« persönlich aus. Während die Lust ein Leben in Genuß und Nichtstun pries, versicherte die Tugend, daß wahre Güter nur unter Mühen und Plagen zu gewinnen seien. Herakles wählte daraufhin den steilen Weg zur Vollkommenheit (Xenophon, Memorabilien II 1, 21–23).
Auf der Heimkehr von der Löwenjagd traf er, malerisch mit

dem Fell der erlegten Bestie bekleidet, Boten des Königs der Minyer, die aus Theben einen Tribut von hundert Rindern holen wollten. Herakles schnitt ihnen Ohren und Nasen ab und schickte sie gefesselt zu ihrem König zurück, der vor Wut raste und sogleich mit seinem Heer loszog, aber beim Angriff auf Theben von Herakles erschlagen wurde. Als Preis für seinen Sieg erhielt dieser Megara, die Tochter König Kreons (1)*, zur Frau und bekam drei Söhne von ihr. Doch Hera, die immer noch böse auf ihn war, schlug ihn mit Wahnsinn, so daß er seine eigenen Kinder ins Feuer warf. Er ging daraufhin freiwillig in die Verbannung und fragte beim Orakel von Delphi an, was er weiter tun solle. Das verwies ihn an Eurystheus: Dem müsse er nun zwölf Jahre dienen und zehn von ihm gestellte Aufgaben lösen (Apollodor, Bibliothek II 67–73).

Die »Arbeiten« des Herakles: Eurystheus verlangte zuerst das Fell des unverwundbaren Nemeischen* Löwen, den Herakles erwürgte. Dann mußte er die Hydra* von Lernai töten, die windschnelle Kerynitische* Hirschkuh und den Erymanthischen* Eber erjagen, die Ställe des Augeias* reinigen, die Stymphalischen* Vögel vernichten, den Kretischen* Stier einfangen, die menschenfressenden Stuten des Thrakerkönigs Diomedes*, den Gürtel der Amazonenkönigin Hippolyte* und die Rinder des Riesen Geryoneus* holen. Da Herakles sich beim Kampf mit der Hydra von seinem Gefährten Iolaos* hatten helfen lassen und von Augeias Lohn gefordert hatte, ließ Eurystheus diese Taten nicht gelten und verlangte, er solle noch die Äpfel der Hesperiden* und den Höllenhund Kerberos* herbeischaffen. Seine zwölf »Arbeiten« führten Herakles durch die ganze Welt und gaben ihm Gelegenheit, nebenher noch weitere Abenteuer zu bestehen: Als er den Erymanthischen Eber jagte, kehrte er bei dem Kentauren* Pholos ein und öffnete ein Weinfaß, das allen Kentauren gehörte. Darum kam es zu einem Kampf mit den Roßmenschen, in dessen Verlauf ein verirrter Pfeil des Helden den weisen Chiron* traf. Auf dem Weg nach Thrakien rang er Alkestis* dem Todesgott ab; bei der Rückkehr von den Amazonen* rettete er Hesione*, die Tochter des Königs von Troja; wegen der Rinder des Geryoneus mußte er sich mit Eryx* schlagen. Als er zu den Hesperiden wanderte, geriet er mit Antaios* und Busiris* aneinander und befreite den gefesselten Prometheus*; aus der Unterwelt brachte er nicht nur Kerberos*, sondern auch den dort festgebannten Theseus* mit (Apollodor, Bibliothek II, 74–127). Der Kampf mit Cacus* wurde erst von römischen Erzählern in das Rinderabenteuer eingebaut.

Weitere Abenteuer, Tod und Himmelfahrt: Aus dem Dienst bei Eurystheus entlassen, kam Herakles wieder nach Theben und trat seine Frau Megara, deren Kinder er getötet hatte, an seinen Freund Iolaos ab. Er selbst warb um Iole*, die Tochter des Königs von Oichalia, der sie dem Mann versprochen hatte, der ihm und seinen Söhnen im Bogenschießen überlegen sei. Obwohl Herakles siegte, bekam er die Braut nicht, denn, so erklärte man ihm, es sei nicht auszuschließen, daß er nächstens wieder seine Kinder umbrächte. Tatsächlich stürzte er bald danach, in einem neuen Anfall von Wahnsinn, einen Bruder der Iole, der ihm bei der Suche nach geraubten Rindern helfen wollte, von den Mauern der Burg Tiryns herab. Zwar ließ er sich von dieser Schuld reinigen, aber eine schwere Krankheit erinnerte ihn daran, daß er eine Buße auf sich zu nehmen habe. Er ging deshalb nach Delphi, um das Orakel zu befragen, doch die Priesterin wies ihn ab. Daraufhin raubte er den heiligen Dreifuß, auf dem jene gewöhnlich saß, in der Absicht, ein eigenes Orakel zu gründen. Apollon* wollte solche Gewalttat nicht dulden und kämpfte mit Herakles um dessen Beute, bis Zeus mit einem Blitzstrahl die beiden trennte und den Streit schlichtete. Der Götterspruch, den Herakles nun erhielt, war hart: Er sollte für drei Jahre in die Sklaverei verkauft werden! Hermes* fungierte als Makler; die Käuferin war Omphale*, Lydiens Königin. In ihrem Dienst bezwang Herakles die Kerkopen*, nahm an der Jagd auf den Kalydonischen* Eber und auch ein Stück am Zug der Argonauten* teil. Als er wieder frei war, erstürmte er mit einem starken Heer Troja, dessen König ihm den versprochenen Lohn für die Rettung der Hesione* vorenthalten hatte. Dann half er den Göttern im Kampf mit den Giganten*, rächte sich an Augeias* und stiftete die Olympischen Spiele. Bei einem Überfall auf Pylos tötete er alle Söhne des Neleus* bis auf Nestor*, der noch sehr jung war, und verwundete sogar den Gott Hades*, der den Pyliern zu Hilfe kommen wollte. Während Herakles raubend und plündernd durch Griechenland zog, eroberte er nicht nur Städte wie Sparta oder Kalydon, sondern auch hübsche Mädchen, zum Beispiel Auge*, die Mutter des Telephos*, oder Astyoche, die ihm den Tlepolemos* gebar. Zwischendurch warb er um Deianeira**, die ihm der Flußgott Acheloos* vergebens streitig machte. Deren Eifersucht und die List des Kentauren Nessos* brachten ihm schließlich den Tod, denn als er die noch offene alte Rechnung mit dem König von Oichalia beglich und die schöne Iole, die er seinerzeit beim Bogenschießen gewonnen hatte, als Gefangene wegführte, fürchtete Deianeira, er werde ihr untreu werden, und tränkte, wie einst der sterbende Nessos* ihr geraten hatte, ein Kleidungsstück mit dessen Blut, das sie für ein starkes Liebesmittel hielt. Kaum hatte Herakles das Gewand, das seine Frau ihm sandte, angelegt, da klebte es an seinem Leib, in den sein Gift sich hineinfraß, und als er es wegreißen wollte, da riß er sich zugleich das Fleisch in Fetzen ab. Von schrecklichen Qualen gemartert, ließ er sich auf den Berg Oita bringen und dort einen Scheiterhaufen schichten. Den bestieg er und befahl, ihn anzuzünden, doch keiner seiner Freunde war dazu bereit. Zufällig kam Poias*, ein Hirt, auf der Suche nach verlaufenen Schafen des Wegs und tat, wie Herakles verlangte. Der gab ihm dafür seinen Bogen samt den vergifteten Pfeilen. Während der Holzstoß brannte, wurde der Held unter Donner und Blitz auf den Olymp entrückt, wo ihn Zeus mit Hera versöhnte und mit Hebe* verheiratete (Apollodor, Bibliothek II 128–167).

Herakles und kein Ende: Der halbgöttliche Supermann erfreute sich nicht nur bei den Griechen, sondern, als Herkles oder Hercules, auch bei Etruskern und Römern größter Beliebtheit. Man begeisterte sich daran, wie er, gleich dem Starken Hans im Volksmärchen, die schwersten Aufgaben geradezu spielend löste, man rief ihn aber auch als göttlichen Nothelfer in jeder Bedrängnis an. Sein riesiger Altar in Rom, die *ara maxima,* galt als uralt; daneben gab es zahlreiche weitere Kultstätten. Hier wie in Hellas war Herakles vor allem ein Gott der kleinen Leute. Vielleicht spielt er deshalb in den homerischen Dichtungen nur eine marginale Rolle. Unter dem Namen des Hesiod überliefert ist ›Der Schild des Herakles‹, eine mit geradezu barockem Wortschwall und mit deutlicher Bevorzugung des Gräßlichen aufgeblähte Kampfszene, deren Mitte eine Schildbeschreibung einnimmt. Von weiteren Herakles-Epen existieren nur Fragmente, so daß sich nicht sagen läßt, ob Sophokles seiner Tragödie ›Die Trachinierinnen‹ (um 445 v. Chr.) ein älteres Heldenlied über die Eroberung von Oichalia und deren Folgen zugrunde gelegt hat. Euripides läßt in seinem Trauerspiel ›Herakles‹ (421 v. Chr.) den Helden fast zur gleichen Zeit Frau und Kinder vor der Hinrichtung durch einen grausamen Tyrannen retten und, in plötzlichem Wahn, selbst ermorden. In der attischen Komödie, zum Beispiel in den ›Vögeln‹ des Aristophanes (414 v. Chr.), denkt Herakles vor allem an gutes Essen – es beginnt eine Aufspaltung der Mythengestalt in einen edlen Dulder, der auch das schwerste ohne Murren trägt, und in einen plumpen Schlagetot, der nur Suff und Fraß und Sex im Kopf hat. Der Römer Seneca hat um 50 n. Chr. im ›Rasenden Herkules‹ das Stück des Euripides nachgestaltet; sein ›Herkules auf dem Öta‹ gilt als das erste Horrordrama der europäischen Literatur. Nach ihm haben zahlreiche Dramatiker, Romanautoren, Opernlibrettisten und Humoristen sich der Taten des Herakles angenommen, ohne daß etwas Eindrucksvolles herausgekommen wäre. Gerade die neueste Zeit tut sich offensichtlich hart mit einem Über-Helden und sucht an ihm vor allem das Derbdrastisch-Komische, wie es Hans Hömberg in seinen ›Memoiren des Herkules‹ (Kufstein, 1950) tat. In ihrer Art reizvoll ist Anton Zinks Verserzählung ›Abenteuer mit Herakles‹ (Bamberg, 1988), zu der Tony Munzinger skurrile Illustrationen geliefert hat. Sie kam, als Zeichentrickfilm, sogar zu Fernsehehren.

Unerschüttert von solcher Spielerei steht auch uns Heutigen der Name Herkules für Großes, Starkes, Unverwüstliches, ob nun ein Fahrzeughersteller seine Produkte so nennt, ob man besonders eindrucksvolle tropische Insekten als Herkuleskäfer oder Herkulesspinner bezeichnet, ob eine Gestalt »herkulisch« heißt. Der muskelbepackte Held selbst hat Künstler aller Zeiten angezogen, so daß wir wieder einmal die Qual der Auswahl haben: Auf einem bronzenen Dreifußbein aus Olympia (8. Jahrhundert v. Chr.; gegossenes Relief; Olympia, Museum) ist wohl der Streit des Herakles mit Apollon um den Dreifuß von Delphi zu sehen, ein seltenes Beispiel figürlicher Darstellung in der archaischen Erzgießerei. Einen etruskischen Tempel in Veji schmückte eine heute aus Fragmenten rekonstruierte Terrakottagruppe: Herakles setzt den Fuß auf eine erjagte Hirschkuh – vermutlich die Kerynitische* –, während Apollon sich finster blickend nähert (um 500 v. Chr., Rom, Museo di Villa Giulia). Aus derselben Zeit stammen die Metopen vom Schatzhaus der Athener in Delphi (Delphi, Museum). Um 450 wurden die West- und Ostseite der Cella des Zeustempels von Olympia mit Metopen geschmückt, auf denen die zwölf »Arbeiten« des Herakles dargestellt sind (Olympia, Museum, und Paris, Louvre). Seine Taten waren auch ein ungemein beliebtes Thema der Vasenmaler: Aus dem 7. Jahrhundert v. Chr. stammt eine 1,22 m hohe Amphore, die an ihrem Hals Herakles und Nessos zeigt und durch Beischrift nennt (Athen, Nationalmuseum). Auf einer Hydria aus Caere (um 530 v. Chr., Rom, Museo Nazionale di Villa Giulia) bringt Herakles den Erymanthischen Eber angeschleppt, während Eurystheus angstvoll aus einem Faß herausguckt, in dem er sich versteckt hat. Im Kampf mit dem Nemeischen* Löwen sieht man den Helden auf einer archaischen Vase (um 500 v. Chr., New York, Metropolitan Museum of Art), bei den Hesperiden auf einer attischen Hydria (um 350 v. Chr., London, British Museum); wie er im Kreis der Götter von seinen Taten ausruht, zeigt eine Bauchamphore des Andokidesmalers (Herakles auf dem Ruhebett, um 520 v. Chr., München, Antikensammlungen). Bemerkenswert an dieser Vase ist, daß ihre eine Seite im rot-, die andere im schwarzfigurigen Stil ausgeführt ist. Den kleinen Herakles als Schlangenwürger treffen wir im Haus der Vettier in Pompeji (das Original des Wandgemäldes befindet sich in Neapel, Museo Nazionale Archeologico), und sogar in den Katakomben Roms kann man ihn finden (Katakombe an der Via Latina: Herakles holt die Äpfel der Hesperiden, 4. Jahrhundert n. Chr.); offensichtlich vermochte sich der populäre Nothelfer sogar neben Christus und seinen Heiligen noch einige Zeit zu behaupten.

Die Renaissance griff die alten Themen wieder auf: Antonio del Pollaiuolo malte um 1460 für Piero de' Medici drei große – heute verlorene – Leinwandbilder mit ›Taten des Herkules‹, 1598 gestaltete Giorgio Vasari die Decke des Herkulessaals im Palazzo Vecchio zu Florenz. Etwa zur gleichen Zeit malte Annibale Carracci im Palazzo Farnese zu Rom ›Herakles am Scheideweg‹. Der Barock in seiner Freude am Ungewöhnlichen steckte Herakles in Frauenkleider (Bartholomäus Spranger, Herkules und Omphale, um 1600, Malerei auf Kupfer, Wien, Kunsthistorisches Museum) oder gab ihm gar den Spinnrocken in die Hand (Charles Antoine Coypel, Herakles als Sklave der Omphale, 1731, München, Alte Pinakothek). Unter den antiken Bronzestatuen wurde der riesenhafte ›Ruhende Herakles‹ des Lysippos (um 330 v. Chr.) besonders gerühmt. Eine Marmorkopie, die Glykon aus Athen signierte, den sogenannten Farnesischen Herkules, besitzt das Nationalmuseum in Neapel. Ebenfalls von Lysippos ist der viel kleinere ›Tafelnde Herakles‹ (Herakles epitrapezios), der wohl als Tischaufsatz für Alexander den Großen gegossen wurde (Marmorkopie in London, British Museum); Lysipps ›Trauernder Herakles‹ wurde von Kaiser Konstantin aus Rom nach Konstantinopel gebracht, wo er bis zum 4. Kreuzzug stand. Dann schmolzen ihn die fränkischen Plünderer ein. Berühmt, obwohl arg verstümmelt, ist der Torso eines sitzenden Herakles in den Vatikanischen Sammlungen zu Rom. Um 1600 hat Adriaan de Vries den Herkulesbrunnen in Augsburg geschaffen, zehn Jahre später der eigenwillige norddeutsche Bildhauer Ludwig Münstermann einen expressiven Herkules, den man ohne weiteres für ein Spätwerk Michelangelos halten könnte (Bremen, Focke-Museum). Beenden wollen wir die Reihe der Beispiele mit einem Superlativ: Eine fast zehn Meter hohe, um 1710 in Kupfer getriebene Kopie des Farnesischen Herkules bekrönt den Obelisken über dem Oktogon der Großen Kaskade von Kassel!

Herakliden
→ Herakleidai

Herkules
→ Herakles

Hermaphroditos
Der wunderschöne Sohn des Hermes* und der Aphrodite*, in den sich eine Quellnymphe namens Salmakis glühend verliebte. Als er ihre Werbung zurückwies, umschlang sie ihn und bat die Götter, sie mit ihm auf ewig zu vereinen. Ihr Wunsch wurde erfüllt: Die beiden verschmolzen zu einem Zwitterwesen (Ovid, Metamorphosen IV 285–388).

Hermes
Sohn des Zeus* und der Pleiade* Maia, erfindungsreich, wendig und verschlagen. Noch am Tag seiner Geburt kletterte er aus der Wiege, fand eine Schildkröte und bastelte sich ein Musikinstrument, als dessen Resonanzboden ihr Panzer dien-

te: eine Lyra. Dann zog er fort, um im Schutz der Nacht die Rinderherde seines Bruders Apollon* zu stehlen. Dabei zerrte er die Tiere an den Schwänzen in eine Höhle, so daß die Spuren vom Versteck wegzuführen schienen. Um sich ein paar Steaks grillen zu können, erfand er flugs noch ein Feuerzeug, stillte seinen Hunger, beseitigte alle Spuren, schlich heim und schlüpfte in seine Wiege. Hätte ihn nicht ein alter Bauer bei Apollon verraten, wäre dieser wohl lange umsonst herumgeirrt. Doch so fand er das Baby, ins Bettchen gekuschelt und scheinbar sanft schlafend: »Kleiner«, sprach er zu ihm, »du da in der Wiege, sag an, wo sind meine Rinder? Gleich gibt's scheußlichen Ärger; ich packe und werf' dich tief in den Tartaros...« Sofort schwor Hermes einen heiligen Eid, er wisse überhaupt nichts von Rindern, und selbst vor den olympischen Göttern log er unverschämt weiter. Zeus mußte darüber lachen und gebot, er solle nun endlich seinem Bruder die Rinder zeigen. Das tat Hermes auch, doch als er seine Erfindung, die Lyra, vorführte, war Apollon so fasziniert, daß er sie als Preis für die gestohlenen Tiere nahm und sich mit dem Dieb versöhnte, ja ihm sogar noch einen goldenen Zauberstab schenkte (Homerischer Hymnos 4, an Hermes). Mit diesem Stab versenkt Hermes, wen er will, in tiefen Schlaf, mit ihm schickt er Träume, mit ihm geleitet er aber auch die Toten in die Unterwelt, er ist sein Abzeichen, wenn er als Götterbote Aufträge überbringt. Damit das rasch geschieht, trägt er Flügelschuhe. Weitere typische Attribute des Hermes sind der Reisehut und der Geldbeutel – der weist ihn als Gott des glücklichen Fundes und des raschen Gewinns aus; Diebe und Händler verehrten ihn entsprechend eifrig. Umgekehrt schützt und segnet Hermes Haus und Hof; überall in Griechenland standen steinerne »Hermen«, Pfeiler mit dem bärtigen Haupt des Gottes, mit dem unübersehbaren Attribut seiner Männlichkeit und mit Armstümpfen, an denen man Kränze als Weihegaben aufhängen konnte.

Hermes, der Rinderdieb, war zugleich der Beschützer der Herden und Vater des Hirtengotts Pan*; als cleveren Wortverdreher verehrten ihn die Redner, die Philologen nannten nach ihm die Kunst der Textauslegung »Hermeneutik«, und in der Spätantike wurde der »Dreimalgrößte« Hermes Trismegistos durch Verschmelzung mit dem ägyptischen Weisheitsgott Thot zum Schutzpatron der Astrologen, Okkultisten und Spintisierer. Auf die damals entstandenen »hermetischen« Schriften mit ihrem verwirrenden Gemisch aus Zauberei und Geheimreligion geht das Fremdwort »hermetisch« (verschlossen) zurück.

Die Astronomen bedachten den Planeten, der am schnellsten die Sonne umrundet, die Alchimisten das augenscheinlich »lebendige« Element Quecksilber mit dem römischen Namen des Hermes, Mercurius, den wir vor allem mit Handel und Wandel assoziieren. Zahlreiche Hotels, Vereine usw., die sich Merkur nennen, beweisen es. Der Vielseitigkeit des Hermes entsprechen die vielen – in der Regel freilich untergeordneten – Rollen, die er im Epos, im Drama und in der lyrischen Dichtung spielt. Er hilft seinem Vater Zeus wirksam bei Liebesabenteuern, zum Beispiel mit Europa* und Alkmene*, führt Persephone*, Orpheus* und Eurydike* auf ihrem Weg aus der Unterwelt, bringt die von ihm mit wenig liebenswerten Eigenschaften ausgestattete Pandora* bei Epimetheus* an den Mann, berät Perseus* bei seinem Abenteuer mit Medusa* und Odysseus* auf seinem Weg in den Palast der Kirke*, befreit mit List den eingesperrten Ares*, tötet Argos* – kurz, er ist ein göttlicher Tausendsassa. Seine erste Diebestour hat Sophokles in dem Satyrspiel ›Ichneutai‹ (Die Spürhunde) um 450 v. Chr. auf die Bühne gebracht; im ›Amphitruo‹ des Plautus (um 200 v. Chr.) erleben wir ihn als Doppelgänger des Sklaven Sosia, in Lukians Dialog ›Charon‹ (um 160 n. Chr.) als Gesprächspartner des Totenfährmanns.

Von den antiken Statuen des Hermes ist die des Praxiteles (4. Jahrhundert v. Chr., Olympia, Museum), die ihn mit dem kleinen Dionysos auf dem Weg zu den Nymphen zeigt, wohl die bekannteste. Einen ruhenden Hermes aus Herculaneum (um 330 v. Chr.) besitzt das Archäologische Museum in Neapel, einen Hermes Logios in Rednerpose die Villa Ludovisi in Rom. Als Gegenstück zu seinem Herkulesbrunnen schuf um 1600 Adriaan de Vries für Augsburg einen Merkurbrunnen; eine etwas ältere Bronzegruppe desselben Künstlers, ›Merkur und Psyche‹, befindet sich im Louvre zu Paris. In der Malerei wurden bevorzugt Szenen nach Ovid behandelt, zum Beispiel der Tod des Argos* oder Merkurs Liebesgeschichte mit Herse*, sofern man den Gott nicht eher allegorisch sah. Als Beispiel genannt sei Peter Paul Rubens' Merkur (um 1636, Madrid, Prado).

Hermione
Tochter des Menelaos* und der Helena*, mit Neoptolemos* verlobt, der sie nach seiner Rückkehr aus dem Trojanischen Krieg heiratete (Odyssee IV 3–9). Daß Hermione erst dem Orestes* versprochen gewesen sei und daß dieser den Neoptolemos ermordet habe, lesen wir bei Vergil (Aeneis III 327–331). Die blutige Story hatte bereits Sophokles auf die Bühne gebracht, doch ist das Stück nicht erhalten. Die angebliche Eifersucht Hermiones auf Andromache*, die Kriegsbeute ihres Mannes, gab dem Euripides Stoff für eine – ebenfalls verlorene – Tragödie. Schweres Leid läßt Ovid Hermione in einem Brief beklagen (Heroides 8): Elternlos sei sie aufgewachsen – ihre Mutter Helena* war ja entführt, der Vater stand im Krieg –, nun gehöre sie dem Neoptolemos, der ihr von Herzen zuwider sei; sie habe nur einen Trost, den Namen Orestes.

Hero
Aphroditepriesterin in Sestos am Hellespont, den ihr Geliebter Leander aus Abydos Nacht für Nacht durchschwamm, um mit ihr vereint zu sein, bis einmal bei einem schrecklichen Sturm die Lampe, die ihm den Weg wies, erlosch. Am folgenden Morgen fand Hero die Leiche Leanders und gab sich den Tod. Ein hellenistischer Dichter des 3. Jahrhunderts v. Chr. scheint diese Geschichte, die uns an das Lied ›Es waren zwei Königskinder‹ erinnert, als erster behandelt zu haben, doch ist sein Werk bis auf geringe Reste verloren. Wie bekannt es war, belegen zahlreiche Anspielungen, unter anderem bei Vergil (Georgica III 258–263) und Ovid (Liebeskunst II 249 f.), zwei literarische Liebesbriefe Ovids (Heroides 17, 18) und die Neufassung durch Musaios im 5. Jahrhundert n. Chr.; dessen Kleinepos ›Hero und Leandros‹ lieferte Friedrich von Schiller den Stoff für eine Ballade (Hero und Leander, 1801/2), Franz Grillparzer für ein fünfaktiges Trauerspiel ›Des Meeres und der Liebe Wellen‹ (1831), Günther Bialas für eine Oper (Hero und Leander, 1966, Text von Erich Spiehs nach Grillparzer und Musaios).

Herse
Tochter des Königs Kekrops*, in die sich Hermes* verliebte, während sie mit anderen Mädchen Opfergaben für Athene* im festlichen Zug auf die Akropolis trug. Als der Gott sich in

den Palast begab, traf er zuerst Herses Schwester Aglauros* und bat sie darum, für ihn zu werben. Jene bedang sich für ihre Gefälligkeit viel Gold aus, vertröstete den Verliebten und schickte ihn weg. Später wollte sie ihm, ganz von Neid erfüllt, sogar den Eintritt verwehren und wurde in einen Stein mit häßlichen Flecken verwandelt. Herse aber gebar ihrem göttlichen Liebhaber den Kephalos* (Ovid, Metamorphosen II 708–832).

Hersilia
Gattin des Romulus*, mit ihm zusammen – als Hora – unter die Götter versetzt (Ovid, Metamorphosen XIV 829–851).

Hesione
Tochter des Königs Laomedon*, für den Apollon* und Poseidon* die Mauern von Troja gebaut hatten. Als er ihnen den ausbedungenen Lohn vorenthielt, schickte Poseidon ein Seeungeheuer, das schreckliche Verwüstungen anrichtete, und Apolls Orakel verkündete, die Plage werde erst enden, wenn der König dem Untier seine Tochter opfere. Zufällig kam Herakles* des Wegs, tötete die Bestie und rettete die an einen Felsen gekettete Hesione – aber die herrlichen Pferde, die ihm Laomedon in seiner Not versprochen hatte, bekam er nicht. Darum stürmte er später Troja und erschlug den König mit seiner ganzen Sippe bis auf einen der Söhne, für den Hesione bat und den sie, weil Herakles das so haben wollte, symbolisch mit ihrem Schleier freikaufte. Darum hieß der Gerettete später Priamos*, nach dem griechischen Wort für »kaufen«. Die schöne Hesione gab Herakles seinem Kampfgefährten Telamon* zur Frau (Ovid, Metamorphosen XI 199–217; Apollodor, Bibliothek II 103f., 136). Die ältesten Anspielungen auf die von Ovid und Apollodor gedrängt erzählte Sage finden sich bereits in der Ilias (V 639–642; XX 145–148).

Hesperiden
»Abendmädchen«, Töchter der Nacht, die fern im Westen am Weltmeer Bäume mit herrlichen goldenen Äpfeln hüteten (Hesiod, Theogonie 214–216); dabei half ihnen der Drache Ladon, bis Herakles* kam, den Drachen tötete und die Äpfel mitnahm (Apollonios Rhodios, Argonautika IV 1396–1440).

Nach anderer Überlieferung holte sich Herakles die Äpfel nicht selbst, sondern ließ sie durch Atlas* pflücken. Dieser Sagenfassung folgte der Maler Hans von Marées in seinem Hesperiden-Triptychon (1884, München, Neue Pinakothek).

Hestia
Älteste Tochter des Kronos* und der Rheia*, jungfräuliche Göttin des häuslichen Herds (Hesiod, Theogonie 454; Homerische Hymnen 24 und 29, an Hestia).

Hilaeira
Eine der Töchter des Leukippos*.

Hippodameia
1. Tochter des Königs Oinomaos* von Elis. Dieser wollte sie nur mit einem Mann verheiraten, der ihn im Wagenrennen besiegte. Als Pelops* um sie warb, verliebte sich die Prinzessin in ihn und bestürmte Myrtilos*, den Wagenlenker ihres Vaters, etwas für den Freier zu tun. Myrtilos ließ sich beschwatzen und zog vor dem Rennen heimlich am Wagen des Königs die Sicherungszapfen aus den Achsen, so daß Oinomaos Sieg und Leben verlor. Sterbend erkannte er die Hinterlist des Verräters und fluchte ihm, er solle selbst durch die Hand des Pelops den Tod finden. Der Fluch erfüllte sich, als Myrtilos sich an Hippodameia heranmachte, um sich den Lohn für seine Tat in Liebe zu holen (Apollodor, Bibliothek V 3–8). Hippodameia soll später, weil sie ihre Söhne Atreus* und Thyestes* dazu angestiftet hatte, ihren Stiefbruder Chrysippos* umzubringen, mit den Brudermördern geflohen sein oder sich selbst getötet haben (Hyginus, Fabulae 85). Das verhängnisvolle Wagenrennen war im Ostgiebel des Zeustempels von Olympia dargestellt.
2. Tochter des Adrastos*; als sie bei ihrer Hochzeit mit dem Lapithen* Peirithoos* von Kentauren* belästigt wurde, entbrannte der blutige, von Dichtern und Künstlern der Antike immer wieder dargestellte ›Kampf der Lapithen und Kentauren‹ (Ilias II 742f.; Ovid, Metamorphosen XII 210–537).

Hippolyte
Königin der Amazonen*, Tochter des Ares*, Schwester der Antiope (2)*. Den herrlichen Gürtel der Hippolyte, ein Ge-

schenk ihres Vaters, sollte Herakles* dem Eurystheus* für dessen Tochter bringen; die Königin war auch bereit, ihn herzugeben, doch Hera* in Gestalt einer Amazone verbreitete das Gerücht, die Königin solle entführt werden. Als daraufhin die Amazonen das Schiff des Herakles angriffen, tötete dieser Hippolyte und fuhr mit dem Gürtel schleunigst davon (Apollodor, Bibliothek II 98–101). Nach anderer Überlieferung gewann Theseus* Hippolyte zur Frau und bekam von ihr den Hippolytos* (Plutarch, Theseus 27). Mit der Hochzeitsfeier des Theseus und der Amazonenkönigin verflocht William Shakespeare die verschiedenen Handlungsstränge seines ›Sommernachtstraums‹ (um 1600).

Hippolytos

Sohn des Theseus* und der Hippolyte* oder Antiope*, den seine Stiefmutter Phaidra* zu verführen suchte. Als ihr das nicht gelang, verleumdete sie ihn bei seinem Vater. Der verfluchte und verstieß seinen Sohn. Als dieser in die Verbannung fuhr, ließ ein aus dem Meer auftauchender Stier seine Pferde scheuen; Hippolytos wurde vom Wagen geschleudert und zu Tode geschleift, aber von Asklepios* wieder belebt und von Diana/Artemis* den minderen Göttern Italiens unter dem Namen Virbius beigesellt (Vergil, Aeneis VII 761–781; Ovid, Metamorphosen XV 491–546; Fasti VI 737–756). Euripides hat zwei Hippolytos-Tragödien geschrieben, von denen die erste, heute verlorene, das Mißfallen des Athener Publikums erregte, wahrscheinlich, weil darin Phaidra ihren Stiefsohn auf offener Bühne zu verführen suchte. In der zweiten wird Phaidras verbotene Liebe mit der Rachsucht Aphrodites* begründet, die Hippolyts allzugroße Keuschheit ärgerte. Phaidra aber will lieber sterben als ihrem Verlangen nachgeben. Sie erhängt sich, nachdem sie mit angehört hat, wie Hippolyt einen von ihrer Amme unternommenen Versuch der Kuppelei zurückwies. Ein Brief in der Hand der Toten, der Hippolyt verleumdet, führt – wie bereits erzählt – dessen Untergang herbei. Als Muster der Keuschheit dient Hippolytos noch dem Archipoeta (um 1160); wenn man allerdings, so sagt dieser in seiner berühmten Beichte, den Hippolyt nach Pavia versetzte, dann wäre er am folgenden Tag kein Hippolyt mehr. Dort führen nämlich alle Wege in die Kammern der Venus. (Carmina Burana 191, 65–70).

Hippomenes
Liebhaber der Atalante (2)*.

Hölzernes Pferd
→ Trojanisches Pferd

Horatier
Drei tapfere junge Römer, die zur Zeit des Königs Tullus Hostilius* gegen drei Brüder aus Alba Longa, die Curiatier, zu einem Kampf auf Leben und Tod antraten. Dessen Ausgang sollte entscheiden, ob Rom oder Alba Longa künftig die Vorherrschaft in Latium ausüben dürfe. Nachdem bereits zwei der Horatier gefallen waren, bezwang der letzte von ihnen seine drei Gegner und nahm ihre Waffen als Beute. Bei deren Anblick begann seine Schwester zu klagen, denn sie erkannte die Rüstung ihres Verlobten. Horatius tötete das Mädchen sogleich mit seinem Schwert, wobei er sagte: »So sterbe jede Römerin, die einen Feind beweint.« Wegen dieser Tat wurde er als Mörder verurteilt, aber vom Volk, bei dem er Berufung einlegte, freigesprochen unter der Bedingung, daß er Sühneopfer darbringe (Livius, Ab urbe condita I 24–26). Das Bild ›Der Schwur der Horatier‹ von Jacques-Louis David (1784, Paris, Louvre) gehört zu den bedeutendsten Schöpfungen klassizistischer Malerei.

Horatius Cocles
Römischer Nationalheld, der beim Angriff des Etruskerkönigs Porsinna* allein die hölzerne Brücke über den Tiber verteidigte, bis seine Leute sie hinter ihm abgerissen hatten. Dann sprang er in den Fluß und rettete sich schwimmend ans andere Ufer (Livius, Ab urbe condita II 10, 2–10).

Horen
Töchter des Zeus* und der Themis*, die über Menschenwerk wachen; ihre redenden Namen sind Eunomia (Gute Ordnung), Dike (Recht) und Eirene (Frieden) (Hesiod, Theogonie 901 f.). In der Ilias hüten sie die Wolkentore des Himmels (V 749–751). Ursprünglich dürften die Horen Gottheiten des Wachsens gewesen sein, später ordnete man sie den Jahreszeiten, Monaten oder gar Stunden zu. Gemalt findet man sie auf der Phineus-Schale (um 520 v. Chr., Würzburg, Martin-von-

Wagner-Museum) oder auf der François-Vase (um 570 v. Chr., Florenz, Museo Archeologico); ein Relief im Pariser Louvre zeigt sie, wie sie zur Hochzeit des Peleus* Geschenke bringen.

Hyaden
Ein Sternbild im Stier, nicht weit vom Orion, »für manche die Ammen des Bacchus*, für manche Enkelinnen des Okeanos* und der Tethys*«, die um ihren von einer Löwin zerrissenen Bruder Hyas hemmungslos trauerten, bis sie an den Himmel versetzt wurden (Ovid, Fasten V 167–182). Apollodor (Bibliothek III 29) bringt die erste Version von den Nymphen*, die den kleinen Bacchus nährten, andere wissen's anders: Der Mythos ist geduldig.

Hyakinthos
Geliebter des Apollon*, den der Gott beim Diskuswerfen ungewollt tötete. Aus seinem Blut wuchs eine Blume, die Hyazinthe (Ovid, Metamorphosen X 162–219). Der Klage Apolls um den Toten hat der Maler Giovanni Battista Tiepolo einen prunkvollen Rahmen gegeben, wozu auch, als hübscher Anachronismus, ein Papagei gehört (Der Tod des Hyacinthus, um 1750, Lugano, Sammlung Thyssen-Bornemisza).

Hydra
»Wasserschlange«, ein Ungeheuer, das von Typhon* und Echidna* abstammte und das Hera* voll Zorn auf Herakles in den Sümpfen von Lerna nährte. Herakles aber tötete es, unterstützt von dem tapferen Iolaos* und von Pallas Athene* (Hesiod, Theogonie 313–318). Spätere Erzähler haben die Geschichte ausgeschmückt: Die Hydra bekam neun Köpfe, die, sobald Herakles sie abschlug, verdoppelt nachwuchsen. Einer davon war sogar unsterblich. Außerdem kam der Hydra ein riesiger Krebs zu Hilfe, der den Helden kräftig ins Bein zwackte. Erst als Iolaos mit Feuerbränden die Häupter am Nachwachsen hinderte, unterlag das Monster, in dessen giftiges Blut Herakles seine Pfeile tauchte. Den unsterblichen Kopf schlug er ab und vergrub ihn (Apollodor, Bibliothek II 77–80). Auf einer schwarzfigurigen Amphore im Museum von Tarquinia (um 530 v. Chr.) ist der gewaltige Kampf detailreich geschildert.

Hygieia
»Gesundheit«, Tochter des Asklepios*, eine vielverehrte Personifikation, der man auch Statuen errichtete. Eine aus dem 4. Jahrhundert v. Chr. stammende steht im Museum von Epidauros. Als *salus* (lat. »Gesundheit«) findet man sie an der Fontana di Trevi in Rom.

Hylas
Jugendlicher Freund und Begleiter des Herakles*, der sich mit diesem den Argonauten* anschloß. Als ihn beim Wasserholen Nymphen* in ihren Quellteich zogen, suchte ihn Herakles so lange erfolglos, bis die Argo ohne ihn weiterfuhr (Apollonios Rhodios, Argonautika I 1207–1325). Hylas und die Nymphen hat um 1630 Francesco Furini gemalt (Florenz, Palazzo Pitti).

Hyllos
Sohn des Herakles* mit Deianeira*, Führer der Herakliden** im Kampf mit Eurystheus* (Apollodor, Bibliothek I 165–171).

Hymenaios
Gott der Hochzeit, vielleicht die Personifikation eines traditionellen Zurufs: *Hymen o Hymenaee, Hymen* (Catull, carmen 62, 5).

Hyperboreer
Ein glückliches Volk hoch im Norden, an dessen Existenz bereits Herodot zweifelte (Historien IV 32–36).

Hyperion
1. Einer der Titanen*, Vater des Helios* (Hesiod, Theogonie 371–374).
2. Beiname oder Name des Helios* selbst (z. B. Ilias VIII 480; XIX 398). Friedrich Hölderlin wollte, als er diesen Namen für den Helden seines Romans ›Hyperion oder der Eremit in Griechenland‹ (1797–1799) wählte, vermutlich auf das innere Feuer anspielen, das den wahren Dichter erfüllt. John Keats hingegen läßt in seinem fragmentarischen Epos ›Hyperion‹ (1820) die gestürzten Titanen alle Hoffnung auf den Sonnengott setzen, der als einziger noch im Besitz seiner Macht ist. Der aber rät zur Unterwerfung unter die neuen, schöneren

Götter. In Henry Wadsworth Longfellows romantischer Geschichte ›Hyperion‹ (1839) weist der Name, ähnlich wie bei Hölderlin, auf einen Menschen, der »hoch droben seine Bahn zieht«.

Hypermestra
Die einzige von den Danaiden**, die ihren Mann Lynkeus (1)* in der Hochzeitsnacht nicht umbrachte, sondern fliehen ließ. Deshalb sperrte sie ihr Vater im ersten Zorn ein; später gab er sie dem Lynkeus (Apollodor, Bibliothek II 16–22).

Hypnos
Der Gott des Schlafs, Bruder des Todes und Vater der Träume. Er muß Hera** helfen, Zeus* einzuschläfern (Ilias XIV 241–353). Ovid beschreibt in den Metamorphosen seine Höhle hochpoetisch als einen Ort der Ruhe und des Schweigens (XI 592–616).

Hypsipyle
Tochter des Königs Thoas von Lemnos, den sie verschonte, als die anderen Frauen alles, was auf der Insel männlich war, umbrachten. Sie waren nämlich ihren Männern böse, weil diese sich aus Thrakien Mädchen in ihre Betten geholt hatten; außerdem versetzte sie Aphrodite* in Raserei wegen lange unterlassener Opfer. Als die Argonauten* auf Lemnos landeten, wurden sie von den Frauen, die der Männerlosigkeit längst leid waren, begeistert aufgenommen. Hypsipyle verliebte sich in Iason* und ließ ihn nur ungern weiterfahren, als Herakles* zum Aufbruch drängte (Apollonios Rhodios, Argonautika I 607–898). Apollodor (Bibliothek I 114) begründet das Fremdgehen der Männer auf Lemnos damit, daß Aphrodite die Frauen mit üblem Körpergeruch gestraft habe. Außerdem erzählt er, diese Frauen hätten später den versteckten Thoas gefunden und ermordet, Hypsipyle aber als Sklavin an den König von Nemea, Lykurgos, verkauft. Dessen Söhnchen Opheltes* sei durch ihre Nachlässigkeit ums Leben gekommen (Bibliothek III 64f.).

I

Iakchos
Beiname des Dionysos*, vielleicht aus einem Jubelruf entstanden, vielleicht auch Name einer ursprünglich eigenständigen Gottheit aus dem Umkreis der Demeter*.

Iambe
Magd des Königs Keleos von Eleusis, in dessen Haus Demeter* Aufnahme fand, als sie um ihre verlorene Tochter trauerte. Iambe erheiterte damals – ähnlich wie Baubo* – die Göttin durch ihre Späße (Homerischer Hymnos II für Demeter, 195–205).

Ianthe
Braut des Iphis (2)*.

Ianus
Römischer Gott der Tore und jeden Anfangs, mit zwei Gesichtern, so daß er »als einziger von den Himmlischen seinen Rücken sehen kann« (Ovid, Fasti I 66); der ihm heilige Torbogen im Norden des Forum Romanum wurde, wenn ein Krieg ausbrach, geöffnet und nach dessen Ende geschlossen. In Gebeten rief man Ianus als ersten an. Ovid läßt ihn zu Beginn seiner Kalendergeschichten erscheinen und auf zahlreiche Fragen zu seinem Wesen und seinem Kult antworten (Fasti I 65–290); allerdings ist unklar, was von dem Angeführten alt und was späte Erfindung ist. Unklar ist auch, ob der Monat Januar, ursprünglich der elfte im römischen Jahreslauf, etwas mit Ianus zu tun hat. Zweifellos nach Ianus benannt war ein merkwürdiges Automobil, das in der Nachkriegszeit über deutsche Straßen tuckerte und dessen Insassen Rücken gegen Rücken saßen – der Janus von Zündapp.

Iapetos
Einer der Titanen*, Vater des Atlas* und des Prometheus*.

Iapyx
Geliebter des Apollon*, von diesem in der Heilkunst unterwiesen, Arzt des Aineias*/Aeneas (Vergil XII 392–429).

Iasion

Geliebter der Demeter*, den Zeus* mit seinem Blitz erschlug (Odyssee V 125–128), Vater des Plutos* (Hesiod, Theogonie 969f.).

Iason

Sohn des Aison* aus Iolkos in Thessalien, von seinem Onkel Pelias* fortgesandt, um das Goldene Vlies des Widders, der einst Phrixos* getragen hatte, aus Kolchis zu holen. Iason hatte nämlich auf dem Weg zum Opferfest für Poseidon* einen Fluß durchwatet und dabei einen Schuh verloren. Als Pelias ihn so kommen sah, fiel ihm ein, daß er durch einen Orakelspruch vor einem Menschen mit nur einem Schuh gewarnt worden war. Darum wollte er den gefährlichen Neffen ins Verderben schikken. Der aber plante sein Unternehmen umsichtig und ließ zunächst das Schiff Argo bauen. Athene* gab gute Ratschläge und ein Stück Holz von der Orakeleiche in Dodona dazu. Dann suchte sich Iason eine tüchtige Mannschaft, darunter Orpheus*, Admetos*, Telamon* und Peleus*. Seine Fahrt führte ihn zuerst nach Lemnos, wo die Frauen ein Jahr zuvor ihre Männer aus Eifersucht auf thrakische Sklavinnen sämtlich ermordet hatten. Nur die Königin Hypsipyle* hatte ihren alten Vater gerettet. Sie nahm Iason freundlich auf, und auch die anderen Frauen waren so nett zu den Argofahrern, daß diese nur ungern wieder an Bord gingen. Nach verschiedenen Abenteuern erreichten sie Kolchis, und König Aietes* versprach Iason das Goldene Vlies, wenn er mit feuerschnaubenden Stieren ein Feld pflügen, dort Drachenzähne säen und die aus der Saat aufsprießenden gepanzerten Krieger bezwingen könne. Um Iason wäre es geschehen gewesen, hätte sich nicht die Königstochter Medeia*, eine große Zauberin, in ihn verliebt. Mit ihrem Beistand löste er die Aufgaben. Weil Aietes Übles schwante, brach er sein Versprechen; da raubte Iason, wieder mit Medeias Hilfe, das Vlies und verließ mit seinen Leuten und der hilfreichen Zauberin Kolchis. Aietes, der die Flüchtigen verfolgte, wurde durch die Ermordung des Apsyrtos** aufgehalten, und Iason gelangte schließlich wieder nach Iolkos (Apollonios Rhodios, Argonautika). Von dort mußte er fliehen, als Medeia hinterlistig den alten Pelias* beseitigte. Er lebte nun längere Zeit mit ihr und ihren beiden Kindern in Korinth, bis er der Barbarin überdrüssig wurde und sich mit der

Tochter des Königs Kreon (2)*, Glauke, vermählen wollte. Dafür rächte sich Medeia grausam: Sie verbrannte zuerst den König und seine Tochter durch ein verhextes Brautkleid, tötete ihre eigenen Kinder und entfloh auf einem von Drachen gezogenen Wagen durch die Lüfte. Iason blieb vernichtet zurück (Euripides, Medeia; Ovid, Metamorphosen VII 1–352).
Der Sagenkreis um Iason und die Argonauten ist ohne Zweifel sehr alt; schon die Ilias kennt ›Iason, den Hirten der Völker‹ (VII 469), und der Odysseedichter rühmt die »von allen besungene Argo« (XII 70). In das um 275 v.Chr. entstandene Epos des Apollonios von Rhodos floß demnach viel lange Tradiertes ein, doch sind uns die Quellen verloren. Der Römer Valerius Flaccus (1. Jahrhundert n.Chr.) folgte im wesentlichen dem Apollonios, während ein unbekannter Dichter der Spätantike in den ›Orphischen Argonautika‹ den Anteil des Sängers Orpheus am Geschehen phantastisch übersteigerte: Nichts wäre ohne ihn gelungen! In Franz Grillparzers Trilogie ›Das Goldene Vliess‹ (1821) bilden die Erlebnisse des Iason in Kolchis das Mittelstück. Die polnische Autorin Eliza Orzeszkowa setzt sich in ihrem Roman ›Argonauci‹ (1899) kritisch mit der Gewinnsucht der modernen Industriegesellschaft auseinander. Wie Iason nach dem Vlies, so jagt der Millionär Darwid nach Geld. Dagegen nimmt der Grieche Giorgios Theotokàs in seinem Roman ›Argò‹ (1936) den Argonautenzug als Sinnbild für den Aufbruch junger Menschen ins Leben mit all seinen Gefahren. Max Beckmann, der mehrmals mythologische Themen malte, hat auch den Argonauten ein Triptychon gewidmet (1950, New York, Privatbesitz).

Ibykos
Lyriker des 6. Jahrhunderts v.Chr., nach der Sage von Räubern getötet. Im Sterben bat er vorüberfliegende Kraniche, ihn zu rächen, und tatsächlich verrieten sich seine Mörder, als sie in Korinth plötzlich einen Kranichzug erblickten (Antipatros aus Sidon, Anthologia Palatina VII 745). Friedrich von Schiller hat den Stoff in seiner Ballade ›Die Kraniche des Ibykus‹ (1797) behandelt.

Idaia, Mater Idaea
Beiname der Kybele* nach ihrem Kultort auf dem Berg Ida bei Troja.

Idas
Sohn des Aphareus*, Bruder des Lynkeus*, »der tapferste unter den Männern auf Erden, der sogar gegen Phoibos Apollon* den Bogen erhob« – der Gott wollte ihm nämlich seine Braut Marpessa wegnehmen (Ilias IX 557–560). Nach Apollodor (Bibliothek I 60) schlichtete Zeus* den Streit um die Schöne, indem er ihr die Wahl ließ. Aus Angst, der Gott könne sie verlassen, wenn sie alt würde, wählte sie Idas. Dieser fand im Kampf mit den Dioskuren** den Tod.

Idomeneus
Enkel des Minos*, König von Kreta, Teilnehmer am Kampf um Troja, aus dem er glücklich heimkehrte (Odyssee III 191f.); später wurde er aber aus seinem Reich vertrieben (Vergil, Aeneis III 121, 400). Der Mozartoper ›Idomeneo‹ (1781) liegt ein schon in der Antike mit Idomeneus in Zusammenhang gebrachtes Märchenmotiv zugrunde: In einem Seesturm gelobt er, dem Poseidon zu opfern, was immer ihm bei seiner Heimkehr zuerst begegne. Er wird gerettet und trifft, als er an Land geht – seinen eigenen Sohn!

Ikarios
Ein alter Athener, der Dionysos* freundlich aufnahm. Dieser schenkte ihm einen Weinstock und lehrte ihn alles, was ein Winzer wissen muß. Als Ikarios einige Bauern seinen ersten Wein kosten ließ, glaubten diese im Rausch, sie seien vergiftet, erschlugen den Alten und verscharrten ihn. Der Schatten des Toten erschien seiner Tochter Erigone, und die machte sich auf, die Leiche des Vaters zu suchen. Dabei begleitete sie das treue Hündchen Maira. Schließlich fand sie das Grab und erhängte sich in ihrem Kummer. Mitleidige Landleute begruben sie neben Ikarios, Maira half dabei und blieb an der Stätte, bis sie starb. Zeus* aber war gerührt und versetzte Ikarios samt seinem Bauernwagen, Erigone und Maira als Sternbilder an den Himmel: Nun heißen sie Ochsentreiber (Bootes*), Jungfrau und Kleiner Hundsstern (Nonnos, Dionysiaka XLVII 35–255).
Die von Nonnos mit liebevoller Ausführlichkeit erzählte Geschichte stammt wohl aus Attika, wo eine Volksgruppe den Ikarios als Halbgott verehrte. Mit Sühnehandlungen für den Tod der Erigone suchte man ein Schaukelfest im Frühling zu

erklären. Der hellenistische Universalgelehrte Eratosthenes behandelte ihr Schicksal in einem Kleinepos ›Erigone‹. Ovid spielt in seinen Metamorphosen (X 450) darauf an, nennt aber den Helden der Sage Icarus.

Ikaros
Sohn des Daidalos**.

Ilia
Mutter des Romulus** und Remus* (Vergil, Aeneis I 273f.), häufiger Rea* Silvia genannt.

Ilos
1. Sohn des Tros*, Gründer von Ilion/Troja, Vater des Laomedon* (Apollodor, Bibliothek III 140–146).
2. Nach Vergil (Aeneis I 267f.) ursprünglicher Name des Askanios*, woraus in Italien Iulus geworden sei – so konnte Julius Caesars Geschlecht sich über Askanios auf Aineias* und Aphrodite* zurückführen.

Inachos
Gott des gleichnamigen Flusses in Argos (Peloponnes), Vater der Io*.

Ino
Tochter des Kadmos*, zweite Frau des Athamas* neben Nephele*, deren Kindern Phrixos* und Helle* sie nach dem Leben trachtete: Sie riet den Frauen ihres Landes, das Getreide vor der Aussaat zu dörren, und verursachte so eine Hungersnot. Als Athamas in Delphoi deswegen anfragte, brachte es Ino zuwege, daß die Boten aussagten, die Not werde enden, wenn Phrixos geopfert würde. Diese Untat konnte dessen Mutter verhindern (Apollodor, Bibliothek I 79–81). Weil Ino auf Bitten des Zeus* den kleinen Dionysos* pflegte und später, im Dienst des neuen Gottes, an der Ermordung des Pentheus* beteiligt war, zog sie sich den Zorn der Hera* zu, die sie und ihren Mann durch die Erinye* Tisiphone* mit Wahnsinn schlagen ließ. Athamas tötete daraufhin sein Söhnchen Learchos, Ino stürzte sich mit ihrem anderen Sohn Melikertes ins Meer. Dort wurden beide auf Bitten der Aphrodite* durch Poseidon* unter die Seegötter aufgenommen und hießen von

nun an Leukothea* und Palaimon (Apollodor, Bibliothek III 27f.; Ovid, Metamorphosen IV 416–543). Ino-Leukothea ist es, die sich des auf einem Floß im Sturm treibenden Odysseus erbarmt, ihm ihren Schleier gibt und den Weg zu seiner Rettung weist (Odyssee V 333–464). Euripides scheint in seiner verlorenen Tragödie ›Ino‹ das alte Märchenmotiv von der bösen Stiefmutter auf die dritte Frau des Athamas, Themisto, übertragen zu haben: Beim Versuch, die Kinder der Ino umzubringen, tötet sie ihre eigenen, weil jene heimlich einen Kleidertausch arrangiert hatte (Hyginus, Fabulae 4).

Io

Eine Nymphe*, Tochter des Inachos*, von Zeus* vergewaltigt und, kurz bevor ihn die stets eifersüchtige Hera* mit ihr überrascht, in eine Kuh verwandelt. Die sei, so schwindelt Zeus, eben aus der Erde hervorgekommen. Hera fordert das schöne Tier für sich und läßt es von Argos*, der alles sieht, bewachen. Zwar versetzt Hermes* den Wächter in tiefen Schlaf und tötet ihn, aber damit haben Ios Leiden noch kein Ende: Hera schlägt sie mit Wahnsinn und jagt sie durch die ganze Welt. Als Io in Ägypten kläglich muhend zusammenbricht, bittet Zeus die rachsüchtige Hera, es endlich genug sein zu lassen. Io bekommt ihre Menschengestalt wieder und wird fortan als Göttin Isis* verehrt (Ovid, Metamorphosen I 568–747). Nach Apollodor (Bibliothek II 6) hat das Ionische Meer ebenso seinen Namen von Io wie der Bosporos, die »Rinderfurt«: Da sei die Verwandelte von Europa nach Kleinasien hinüber geflohen. Im ›Gefesselten Prometheus‹ des Aischylos gelangt Io, vom Schatten des Argos verfolgt, bis in den Kaukasus und klagt dem an eine Felswand geschmiedeten Titanen* ihr Leid (561–886).

Inmitten einer um 30 v. Chr. gemalten illusionistischen Wanddekoration im Haus der Livia zu Rom sieht man Io mit Argos* und Hermes*; als Mädchen erscheint sie, zusammen mit ihrem Wächter, auf einem Wandgemälde aus dem Haus der Dioskuren in Pompeji (Neapel, Museo Nazionale); ein anderes pompejanisches Fresko zeigt, wie Isis und ihr Gefolge in Ägypten die Geflüchtete empfangen (Kopie nach einem Original des 3. Jahrhunderts v. Chr., Neapel, Museo Nazionale). Corregios Io (um 1531, Wien, Kunsthistorisches Museum), die der in Wolken gehüllte Zeus umfängt, ist, gleich der ›Leda‹* aus demselben Gemäldezyklus, ganz Hingabe. Daß einer unserer farbenprächtigsten Tagfalter, das Pfauenauge, von Linné den lateinischen Namen Vanessa Io bekam, überrascht fürs erste: Was hat Io mit dem Pfau zu tun? Doch Linné dachte an die schönen großen Augen – einer Kuh!

Iokaste
Mutter und Gattin des Oidipus*.

Iolaos
Neffe des Herakles*, dessen Wagen er lenkte und dem er bei seinen Kämpfen beistand.

Iole
Tochter des Königs Eurytos*, der sie dem Herakles** verweigerte, wiewohl dieser sie bei einem Wettschießen als Kampfpreis gewonnen hatte.

Ion
Sohn der Erechtheus*tochter Kreusa und des Xuthos, Bruder des Achaios, von dem die Achaier abstammen, genau wie von Ion die Ionier (Apollodor, Bibliothek I 50). Euripides machte in seiner Tragödie ›Ion‹ (um 410 v. Chr.) den Helden zu einem Sohn des Apollon* und der Kreusa, der von seiner Mutter ausgesetzt wird und im Heiligtum von Delphi aufwächst. Da Kreusa von ihrem Mann Xuthos keine Kinder bekommt, wenden sich die beiden an das Orakel Apollons. Der Gott, der Ion die Herrschaft über Athen verschaffen will, macht Xuthos vor, der junge Mann sei dessen eigener – unehelicher – Sohn, und Xuthos glaubt das auch. Kreusa ihrerseits beschließt, den unerwünschten Bastard zu vergiften, doch der Mordversuch mißlingt. Als nun der Sohn gegen seine Mutter das Schwert erhebt, greift die Priesterin Apollons ein und zeigt das Körbchen, in dem Ion einst ausgesetzt wurde. Kreusa erkennt sofort die Situation, und die Tragödie kann ohne Blutvergießen enden. Wahrscheinlich verfolgte Euripides mit dem Stück ein politisches Ziel: Er wollte den Herrschaftsanspruch Athens über die Ionier durch den Mythos rechtfertigen. Wie stark er dabei ältere Überlieferung umgebogen hat, läßt sich heute nicht mehr feststellen.

Iphigenie
Tochter der Klytaimestra* und des Agamemnon**, der eine Kränkung der Göttin Artemis* durch Iphigenies Opferung sühnen soll. Eben will man das Mädchen töten, da entführt es die Göttin durch die Lüfte nach Tauris am Schwarzen Meer; als Opfer läßt sie eine Hirschkuh am Altar zurück (Euripides, Iphigenie in Aulis). In Tauris muß Iphigenie der Artemis als Priesterin dienen und ihr auf Geheiß des Königs Thoas alle Fremden opfern, die das barbarische Land betreten. Dieses Schicksal droht auch ihrem Bruder Orestes* und dessen Freund Pylades*, als sie ein Orakelspruch des Apollon* zu den Tauriern führt. Orestes soll von dort das Bild der Artemis nach Attika bringen, um endlich von dem Mord an seiner Mutter Klytaimestra* entsühnt zu werden. Die beiden Freunde fallen aber den Häschern des Thoas in die Hände und werden gefesselt zur Priesterin gebracht. Diese läßt sich von ihnen die Ereignisse der letzten Jahre berichten und will zum Dank dafür einem der beiden das Leben schenken, damit er einen Brief in ihre Heimat bringe. Orestes ist zum Sterben bereit und möchte Pylades gerettet wissen – da stellt sich heraus, daß der Brief für ihn, Orestes, bestimmt ist, und die Geschwister erkennen einander. Mit einer List versuchen nun die Freunde, das Götterbild und Iphigenie zu entführen, doch der Fluchtversuch scheitert. Nun aber greift die Göttin Athene ein und sorgt für ein glückliches Ende (Euripides, Iphigenie in Tauris).
Diesen von Euripides aus älteren Motiven frei gestalteten Gang der Handlung legte Johann Wolfgang von Goethe seiner ›Iphigenie auf Tauris‹ (1787) zugrunde; allerdings weigert sich bei ihm Iphigenie, den König zu hintergehen, und gesteht ihm, was Pylades beabsichtigt. Thoas, der Iphigenie lange vergeblich umworben hat, wächst darauf über sich selbst hinaus und läßt die drei Griechen ziehen. Daß Iphigenie durch »reine Menschlichkeit« den Barbarenkönig dazu bringt, zu verzeihen und zu verzichten, ist programmatisch: Dahinter steht Goethes Idealvorstellung von Humanität. Auch Christoph Willibald Glucks 1779 uraufgeführte Oper ›Iphigenie auf Tauris‹ lehnt sich an das Drama des Euripides an, doch bleibt in ihr Thoas unversöhnlich: Er fällt durch Pylades, und Artemis erscheint als *dea ex machina,* um die Griechen vor den wütenden Tauriern zu retten. Im letzten Stück von Gerhart Hauptmanns

Atriden-Tetralogie, ›Iphigenie in Delphi‹ (1941), nimmt sich die Heldin, die so viele Menschen getötet hat, selbst das Leben: sie stirbt als Opfer, wozu sie längst bestimmt ist. Wie Helfer des Priesters Kalchas* Iphigenie zum Altar schleppen, während Artemis schon mit der Hirschkuh erscheint, zeigt ein Wandgemälde aus dem »Haus des tragischen Dichters« in Pompeji (um 70 n. Chr., Neapel, Museo Nazionale). Viel Pathos und barocker Faltenwurf beherrschen ›Iphigenies Opferung‹ des Dalmatiner Malers Federico Bencovich (vor 1730, Pommersfelden, Schloß Weißenstein). Auf Tauris, »das Land der Griechen mit der Seele suchend« (Goethe), malte sie Anselm Feuerbach (Iphigenie; 1862, Darmstadt, Hessisches Landesmuseum, und 1871, Stuttgart, Staatsgalerie).

Iphikles
Sohn des Amphitryon*, Zwillingsbruder des Herakles*, Vater des Iolaos*.

Iphimedeia
Gattin des Aloeus, Geliebte Poseidons*, dem sie die ›Aloaden‹ Otos* und Ephialtes* gebar (Odyssee XI 305–320).

Iphis
1. Mittelloser junger Mann aus Salamis auf Zypern, der vergeblich um die schöne Anaxarete wirbt und sich schließlich erhängt. Als die hartherzige Schöne den Leichenzug des Iphis betrachtet, wird sie in Stein verwandelt (Ovid, Metamorphosen XIV 698–753).
2. Tochter eines Kreters, der von seiner Frau für den Fall, daß sie ein Mädchen zur Welt brächte, dessen Tötung verlangte. Darum zog diese Iphis wie einen Knaben auf. Kurz vor der Hochzeit mit Ianthe* wurde das Mädchen Iphis von der Göttin Isis* wirklich in einen jungen Mann verwandelt (Ovid, Metamorphosen IX 666–797).

Iphitos
Sohn des Königs Eurytos* von Oichalia, von Herakles* getötet. Wie Odysseus den Bogen des Iphitos bekam, wird in der Odyssee erzählt (XXI 14–41).

Iris
Tochter des Thaumas*, die Göttin des Regenbogens, die »sich in schillernde Farben hüllt« (Ovid, Metamorphosen I 270), die Botin und Vertraute der Hera*.

Iros
Ein Bettler auf Ithaka, der wegen gelegentlicher Botendienste seinen an Iris* erinnernden Spitznamen erhielt. Als Odysseus* in Bettlergestalt seinen Palast betrat, wollte Iros ihn vertreiben, ließ sich mit ihm auf einen Faustkampf ein und wurde fürchterlich verprügelt (Odyssee XVIII 1–241).

Ischys
Geliebter der Koronis*, mit dem sie Apollon* betrog.

Isis
Ägyptische Göttin, Gattin des von seinem bösen Bruder Seth ermordeten und zerstückelten Osiris. Isis sammelte die Leichenteile, fügte sie mit Binden zusammen, belebte sie durch Zauber und empfing von Osiris den Horus. Die Griechen setzten Isis mit Demeter*, Aphrodite* und Io* gleich; als Mutter mit dem Knaben auf dem Arm beeinflußte sie das christliche Marienbild.

Ismene
Jüngste Tochter des Oidipus*.

Itys
Söhnchen der Prokne*.

Iulus
Angeblich neuer Name des Askanios*.

Iuno
Italisch-römische Göttin der Frauen, Beschützerin der Hochzeit, Ehe und Geburt, zusammen mit Iuppiter* und Minerva* auf dem Kapitol, der Burg von Rom, verehrt, früh mit der griechischen Hera* gleichgesetzt. Als 392 v. Chr. die Etruskerstadt Veji in die Hand der Römer fiel, wurde die dortige Stadtgöttin als Iuno Regina (Königin Iuno) nach Rom ausgebürgert. Ein Soldat fragte, als man das Götterbild abmontier-

te, im Scherz: »Kommst du mit, Iuno?« Darauf nickte die Göttin ... (Valerius Maximus, Facta et dicta memorabilia I 8, 3).

Iuppiter
Der höchste Gott der Römer, als Optimus Maximus (Bester und Größter) angerufen; er war Herr über Blitz und Donner, über gutes und schlechtes Wetter, er wachte über Verträge, den Schwur und das Recht; er konnte als *Iuppiter Stator* ein fliehendes Heer wieder zum Stehen bringen und den bedrohten Staat schützen. Auch Siege und Macht verlieh er; ihn ließ darum Vergil den Römern ewige und räumlich unbegrenzte Herrschaft verheißen (Aeneis I 278f.). Daß Jupiter hinter Mädchen und Frauen her sei, argwöhnisch von seiner eifersüchtigen Juno verfolgt, entsprach nicht der altrömischen Gottesauffassung. Die menschlich-allzumenschlichen Schwächen des Himmelskönigs wurden mit der Übernahme der griechischen Mythologie von Zeus** auf Jupiter übertragen.

Iustitia
Personifikation der Gerechtigkeit, in Rom seit Augustus als göttliche Beschützerin des Rechts kultisch verehrt. Das Mittelalter machte sie unter dem Einfluß der Philosophie Platons zur Königin der Tugenden und stellte sie mit einer Binde vor den Augen – sie entscheidet »ohne Ansehen der Person« –, mit Schwert und Waage dar. So findet man sie in zahlreichen Gerichtssälen, Rathäusern und Residenzen, so steht sie auch zuoberst auf dem ›Tugendbrunnen‹, den der Erzgießer Benedict Wurzelbauer 1584–89 nahe dem Nordturm der Nürnberger Lorenzkirche errichtete.

Iuturna
Göttin einer Quelle auf dem Forum von Rom, deren Wasser als heilkräftig galt und bei allen öffentlichen Opfern verwendet wurde. Bei Vergil (Aeneis XII 139–256) ist Iuturna die Schwester des Turnus*, die als Geliebte des Iuppiter* unter die Götter aufgenommen wurde und im Auftrag Iunos* die italischen Völker zum letzten Kampf gegen Aeneas/Aineias* hetzt. Die von Vergil nur angedeutete Affäre mit Jupiter wird von Ovid in den Fasti (II 585–616) ausgesponnen.

Iuventas
Römische Gottheit der (ewigen) Jugend, der griechischen Hebe* gleichgesetzt.

Ixion
König der Lapithen* in Thessalien, der seinen Schwiegervater Deioneus in eine Grube voll glühender Kohlen stieß, als der von ihm die üblichen Brautgeschenke forderte. Von diesem Mord wurde Ixion durch Zeus* persönlich entsühnt und sogar in den Olymp eingeladen. Dort stellte er bald der Hera* nach, die sich deswegen bei ihrem Mann beschwerte. Zeus* wollte seinen Schützling, dem er solche Verwegenheit nicht zutraute, auf die Probe stellen: Er schuf aus einer Wolke eine der Hera täuschend ähnliche Frauengestalt – und Ixion vergewaltigte sie! Als er nun gar noch mit seiner Eroberung prahlte, band ihn Zeus an ein feuriges Rad, auf dem er ewig durch die Lüfte wirbelt. Die Wolke aber hatte von ihm den Kentauros* empfangen (Pindar, Pythien 2, 21–48; Apollodor, Bibliothek IV 20). Die Bestrafung des Ixion zeigt ein pompejanisches Wandgemälde im Haus der Vettier (um 70 n. Chr.); Peter Paul Rubens malte die Episode mit der Wolke (Ixion verfolgt die vermeintliche Juno; um 1615, Madrid, Prado).

K

Kabeiroi

Die Kabiren, die auf Lesbos und Samothrake Mittelpunkt eines Mysterienkults waren, scheinen aus dem Orient auf diese Inseln und von da weiter nach Makedonien und Theben gelangt zu sein. Jedenfalls dürfte der Name die semitische Wurzel kbr, groß, enthalten, was dadurch gestützt wird, daß man die Kabiren als »Große Götter« verehrte. Den Griechen galten sie als Söhne des Uranos* oder des Hephaistos*, sie hatten Beziehungen zur Totenwelt und waren zugleich Beschützer der Seefahrer wie die Dioskuren*. Ihre Zahl schwankte je nach Kultort zwischen zwei und acht.

Kadmos

Sohn des Königs von Phönizien, Agenor, und der Telephassa; Bruder der Europa**, die er nach ihrer Entführung vergeblich suchte. Da ihm sein Vater die Heimkehr ohne die Schwester verboten und das Orakel in Delphi erklärt hatte, er brauche sich um sie keine Sorgen zu machen, folgte er nach Weisung des Apollon* einer Kuh, die ihm den Weg in seine künftige Heimat zeigen sollte. Das Tier führte ihn bis zu dem Ort, wo er später die Stadt Theben gründete. Dort wollte es Kadmos der Athene* opfern und schickte Gefährten weg, um aus einer dem Ares* heiligen Quelle Wasser zu holen. Aber ein Drache, ein Sohn des Ares, bewachte den Quell und tötete die Phönizier. Kadmos bezwang das Ungeheuer nach hartem Kampf und säte auf Rat der Athene dessen Zähne aus. Dieser Saat entsprossen bewaffnete Männer, die »Sparten«, und kämpften sogleich miteinander – vielleicht, weil Kadmos Steine unter sie warf. Nur fünf überlebten das Massaker. Sie wurden die Ahnen der thebanischen Geschlechter. Kadmos aber mußte zur Buße für die Tötung des Drachen dem Ares acht Jahre dienen. Danach bekam er dessen Tochter Harmonia** zur Frau und wurde König von Theben. Seine Kinder waren Polydoros, Autonoe*, Ino*, Semele* und Agaue*. Schon hochbetagt, begab sich Kadmos mit Harmonia nach Illyrien, wo die beiden in sanftmütige »Drachen« (Schlangen) verwandelt wurden (Apollodor, Bibliothek III 1–25; Ovid, Metamorphosen III

1–130; 563–603). Der Kampf mit dem Drachen ist auf einem rotfigurigen Krater aus Attika dargestellt (um 440 v. Chr., New York, Metropolitan Museum).

Kaineus

Ein unverwundbarer Lapithe*, den im Verlauf der Kentauren*schlacht die Pferdemenschen unter Baumstämmen begruben, so daß er erdrückt wurde. Kaineus soll erst ein Mädchen namens Kainis gewesen sein, das sich, von Poseidon* vergewaltigt, die Verwandlung in einen starken Mann wünschte (Ovid, Metamorphosen XII 171–209; 459–531).

Kairos

Gott der günstigen Gelegenheit und des rechten Augenblicks, dessen Bild häufig in Ringschulen aufgestellt wurde. Eine berühmte Bronzestatue des Lysippos aus dem 4. Jahrhundert v. Chr., die erst in Sikyon, später in Konstantinopel stand, zeigte den Gott als dahineilenden jungen Mann mit Flügelschuhen, Stirnlocke und kahlem Hinterkopf: Die Gelegenheit – so sagen wir heute noch – muß man beim Schopf packen. Wer zu langsam ist, bekommt nichts mehr zu fassen.

Kalais

Sohn des Boreas* und der Oreithyia*, geflügelt wie sein Bruder Zetes*, befreit zusammen mit diesem den alten Phineus (1)* von den Harpyien* (Apollonios Rhodios II 262–300).

Kalamos

Sohn des Flußgottes Maiandros; als beim Wettschwimmen sein Liebling Karpos ertrinkt, sucht er selbst den Tod in den Wellen und wird in ein Schilfrohr (Kalmus!) verwandelt (Nonnos, Dionysiaka XI 370–481).

Kalchas

Sohn des Thestor, Seher der Griechen während des Feldzugs gegen Troja, dessen lange Dauer er voraussah. Er drängte Agamemnon*, seine Tochter Iphigenie* opfern zu lassen, bestimmte ihn, die Chryseis* ihrem Vater zurückzusenden, und weissagte, daß Troja nur erobert werden könne, wenn »der Bogen des Herakles* mitkämpfe«. Nach der Eroberung der Stadt starb Kalchas entsprechend einer Prophezeiung: Sein

Leben werde enden, wenn er einen Seher treffe, der mehr könne als er. Dieser Seher war Mopsos*, der zu sagen vermochte, wieviele Feigen ein Feigenbaum trug und wieviele Ferkel eine trächtige Sau werfen würde (Ilias I 69–110; II 300–332; Apollodor, Bibliothek VI 15–21; VIII 8f., 23; IX 2–4).

Kalliope

Die älteste der neun Musen*, unter deren Schutz sich besonders epische und elegische Dichter stellten; Mutter des Orpheus* und des Linos* entweder von Apollon* oder von dem Flußgott Oiagros.

Kallirrhoe

Tochter des Acheloos*, Gemahlin des Alkmaion**, dessen Mörder ihr selbst die Untat in die Schuhe schoben, sie in eine Kiste sperrten und zum König von Tegea, Agapenor, brachten. Zeus* aber erfüllte der Unglücklichen eine Bitte und ließ ihre beiden Söhne Amphoteros und Akarnan* in kurzer Zeit zu Männern werden, so daß sie den Vater rächen konnten. Den Schmuck der Harmonia*, der so viel Unglück gebracht hatte, weihten sie dem Apollon* von Delphoi.

Kallisto

Tochter des Lykaon*, Gefährtin der Artemis*, von Zeus*, der die Gestalt der jungfräulichen Göttin (!) annahm, vergewaltigt, von Artemis verstoßen, als sich herausstellte, daß sie schwanger war, von Hera* aus Rachsucht in eine Bärin verwandelt. Als Kallistos Sohn Arkas* fünfzehn Jahre alt war, traf er auf der Jagd seine Mutter in ihrer Tiergestalt und spannte bereits den Bogen – da versetzte Zeus beide an den Himmel, Kallisto als Großen Bären, Arkas als Arkturos, den »Bärenhüter«. Darüber ärgerte sich Hera erneut und setzte bei den Meergöttern Okeanos* und Tethys* durch, daß die verstirnte Bärin »sich nie in den Fluten des Weltmeers baden« darf. Darum geht der Große Bär nie unter (Ovid, Metamorphosen II 409–531; Fasti II 155–192).
Wie Artemis/Diana die arme Kallisto bestraft, hat Tizian auf einem großen Gemälde dargestellt (um 1566, Wien, Kunsthistorisches Museum). Wenig später malte Luca Cambiaso die ›Entdeckung des Fehltritts der Kallisto‹ (um 1570, Kassel,

Gemäldegalerie). Na ja, von einem »Fehltritt« kann man angesichts der Verwandlungskünste von Vater Zeus nun wirklich nicht sprechen.
In der Oper ›La Calisto‹ von Pietro Cavalli (1651) erreichte der Librettist dadurch eine gewisse Situationskomik, daß er den in Diana verliebten Hirten Endymion sich der falschen Diana, also Jupiter/Zeus, an den Hals werfen läßt. Satyrn müssen dem Bedrängten aus der Klemme helfen.

Kalydonischer Eber
Weil König Oineus* von Kalydon in Aitolien der Artemis* bei einem Erntedankfest zu opfern vergaß, sandte die Göttin zur Strafe einen riesigen Eber, der weithin die Felder verwüstete, bis ihn Meleagros* zusammen mit einem großen Aufgebot von Helden zur Strecke brachte.

Kalypso
Eine Nymphe*, Tochter des Atlas*, die den schiffbrüchigen Odysseus* auf ihrer Insel Ogygia festhielt, weil sie ihn zum Mann haben und unsterblich machen wollte. Erst als Zeus* ihr durch Hermes* unmißverständlich die Meinung sagen ließ, gab sie den Helden frei (Odyssee V 14–268). Ein Wandgemälde aus dem Macellum in Pompeji (Neapel, Museo Nazionale) gilt als Kopie eines von Plinius d. Ä. (Naturalis historia 35, 131) gerühmten Bildes des Nikias (um 340 v. Chr.): Ein Mann mit leidenschaftlichem Gesichtsausdruck sitzt neben einer resigniert blickenden Frau – vermutlich sind Odysseus und Kalypso dargestellt.
In seinen Mantel gehüllt, den Blick aufs Meer gerichtet, malte Arnold Böcklin den Odysseus, den eine sparsam bekleidete Kalypso vor ihrer Höhle umsonst erwartet (Odysseus und Kalypso, 1883, Basel, Kunstmuseum). In Max Beckmanns gleichnamigem Gemälde (1943, Hamburg, Kunsthalle) ist in großartiger Weise der Unmut des allzulange Aufgehaltenen, von der Nymphe vergeblich Umworbenen, zum Ausdruck gebracht.

Kanake
Eine Tochter des Aiolos (2)*, von ihrem Bruder Makareus verführt und von ihrem Vater zum Selbstmord gezwungen. Kaiser Nero liebte als Sänger und Schauspieler die Rolle der ›Kanake im Kindbett‹ (Sueton, Nero 21).

Kandaules
Lydischer König, von Gyges* entthront.

Kapaneus
Einer von sieben Helden, die unter Führung des Polyneikes* Theben zu stürmen suchten. Dabei prahlte Kapaneus, nicht einmal Zeus* könne ihn aufhalten, und wurde zur Strafe vom Blitz getroffen. Als man den Toten verbrannte, sprang Euadne, seine Frau, in die Flammen des Scheiterhaufens (Aischylos, Sieben gegen Theben 423–436; Euripides, Hiketiden 496–531).

Kassandra
Tochter des Priamos* und der Hekabe*, von Apollon* umworben und mit Sehergabe beschenkt. Da Kassandra den Gott nicht erhörte, verwünschte er sie: Niemand werde ihren Weissagungen glauben. Tatsächlich warnte Kassandra umsonst vor Paris* und vor dem Trojanischen* Pferd. Als Troja erobert wurde, umklammerte die Seherin das Bild der Athene*. Von ihm riß Aias (2)* sie weg und vergewaltigte sie. Als Sklavin des Agamemnon* kam sie nach Mykene und wurde, genau wie jener, von Aigisthos* und Klytaimestra* ermordet (Apollodor, Bibliothek III 151; Vergil, Aeneis II 403–415; Aischylos, Agamemnon 1072–1330).
Wie Aias Hand an die Prophetin legt, hat der Kodros-Maler um 425 v.Chr. dargestellt (Innenbild einer Schale, Paris, Louvre); von Peter Paul Rubens gibt es ein thematisch gleiches Bild (um 1617, früher in Wien, Galerie Liechtenstein). Aber weit mehr als die Maler hat die Gestalt der Kassandra die Dichter gereizt: In den Tragödien, die Stoffe aus dem trojanischen Sagenkreis behandeln, spielte sie eine wichtige Rolle, so in den ›Troerinnen‹ des Euripides. Um 200 v.Chr. entstand die rätselhafte ›Alexandra‹ des Lykophron, eine Folge dunkler Prophetien der gefangenen Seherin in Form eines Botenberichts und zugleich das extremste Beispiel alexandrinischer Gelehrten-Literatur – ›Zettels Traum‹ auf griechisch! Die Troja-Romane des Mittelalters begeisterten sich an Kassandras entschiedener Jungfräulichkeit. William Shakespeare ließ sie in ›Troilus und Cressida‹ (1609) vergeblich vor der drohenden Katastrophe warnen; Friedrich von Schillers Gedicht ›Kassandra‹ (1802/3) bestimmt der Kontrast zwischen

allgemeiner Hochstimmung in Troja und den düsteren Visionen der Seherin, die als »freudlos in der Freude Fülle, ungesellig und allein« geschildert ist. Sehr erfolgreich war Christa Wolf mit ihrer Erzählung ›Kassandra‹ (1983), einem großen Monolog der Gefangenen vor dem Burgtor von Mykene; ebenfalls zu Bestseller-Ehren brachte es Marion Zimmer Bradleys Kassandra-Roman ›Die Feuer von Troja‹.

Kassiopeia
Mutter der Andromeda*.

Kastor
Bruder des Polydeukes, einer der beiden Dioskuren*.

Katreus
Sohn des Minos*, kretischer König, dem ein Orakel verkündete, er werde durch eines seiner Kinder sterben. Sein Sohn Althaimenes verließ darauf mit einer seiner Schwestern Kreta und ließ sich auf Rhodos nieder. Dort wollte ihn viele Jahre später Katreus besuchen, um ihm sein Reich zu übergeben, wurde aber bei seiner Landung von Hirten angegriffen, die ihn für einen Rinderdieb hielten, und von Althaimenes, der den Hirten zu Hilfe kam und seinen Vater nicht erkannte, getötet. Zur Leichenfeier für Katreus kam auch sein Enkel Menelaos*; während dessen Abwesenheit entführte Paris* die schöne Helena* (Apollodor, Bibliothek III 7–17; VI 3).

Kaunos
Bruder der Byblis*, von dieser vergeblich umworben; Gründer der Stadt Kaunos in Karien.

Kekrops
Erdgeborener erster Herrscher Athens, ein Mensch mit Schlangenfüßen. Als Athene* mit Poseidon* um den Besitz Attikas stritt, stieß der Meergott seinen Dreizack in den Fels, und eine salzige Quelle entsprang; Athene aber ließ einen Ölbaum wachsen. Da Kekrops bezeugte, sie habe dieses Wunder zuerst vollbracht, sprachen die Götter, die den Streit entscheiden sollten, ihr das Land zu. Später vertraute sie den drei Töchtern des Kekrops, Aglauros*, Herse* und Pandrosos*, ein Körbchen mit dem kleinen Erichthonios* an, der später in

Athen König werden sollte, und strafte Aglauros, die ihre Neugier nicht hatte bezähmen können (Apollodor, Bibliothek III 177–190). Als Tänzerinnen sind die drei Mädchen auf einem Weihgeschenk der Athener für Delphi, der Akanthossäule (um 330 v. Chr.), dargestellt. Sehr füllig, wie es dem Zeitgeschmack entsprach, malte Jacob Jordaens die ›Töchter des Kekrops‹ (1617, Antwerpen, Koninklijk Museum voor Schone Kunsten).

Kelaino
Eine der Harpyien*, die dem Aineias* Unglück verkündete.

Keleos
König von Eleusis, in dessen Haus Demeter* Aufnahme fand, als sie um ihre entführte Tochter Persephone* trauerte. Aus Dankbarkeit wollte die Göttin einem Söhnchen des Königs, Demophon*, die Unsterblichkeit verleihen, wurde aber von dessen Mutter überrascht, als sie den Kleinen eben ins Herdfeuer legte. Die Mutter schrie auf, und die Göttin gab sich zu erkennen. Sie schenkte dem älteren Sohn des Keleos, dem Triptolemos*, einen von geflügelten Schlangen gezogenen Wagen, damit er als ihre Gabe den Weizen über die Erde streue. Dem Keleos aber gebot sie, ihr einen Tempel in Eleusis zu errichten, wo in Zukunft ihre geheimen Feiern, die Mysterien, stattfinden sollten (Homerischer Hymnos II an Demeter, 91–489; Apollodor, Bibliothek I 30–32).

Kentauren
Wilde und triebhafte Pferdemenschen, Bewohner waldiger Berge, Söhne des Kentauros* von thessalischen Stuten. Als bei der Hochzeit des Lapithenkönigs Peirithoos* einer der eingeladenen Kentauren sich an der Braut vergreifen wollte, kam es zu der mörderischen Kentaurenschlacht, die zahlreichen Dichtern, Malern und Bildhauern Stoff für dramatische Schilderungen bot. In der unter Hesiods Namen überlieferten epischen Dichtung ›Der Schild des Herakles‹ benützen die Angreifer ausgerissene Tannen als Waffen; in Ovids Metamorphosen (XII 210–535) wird nachgerade mit allem, was sich heben und werfen läßt, gekämpft. Eine angeblich in Olympia gefundene kleine Bronzegruppe aus dem 8. Jahrhundert v. Chr. (Olympia, Museum) zeigt einen Kentauren, der eben

einen Mann angreift. Ebenso wie der glotzäugige, steinerne Kentaur aus Vulci (um 600 v. Chr., Rom, Museo Nazionale di Villa Giulia) ist das Mischwesen ein Mensch, dessen Hinterteil in einen Pferdeleib übergeht. Später stellte man die Kentauren so dar, daß aus einem Pferdeleib ein menschlicher Oberkörper herauswächst, beispielsweise in den Metopen von der Südseite des Parthenons von Athen (um 445 v. Chr., London, British Museum), in den Friesen des Apollontempels von Bassai (um 415 v. Chr., London, British Museum) und am Westgiebel des Zeustempels in Olympia (um 470 v. Chr., Olympia, Museum). Bei den Vasenmalern erfreuten sich die Mischwesen besonderer Beliebtheit; so sieht man auf einem schwarzfigurigen attischen Kantharos (um 550 v. Chr., Antikenmuseum Berlin-Charlottenburg) drei Kentauren, die mit Baumstämmen und Felsblöcken Herakles bedrängen. Die drei tragen redende Namen, sie heißen Asbolos, Petraios und Hylaios, also etwa »Schmeißer«, »Steiner« und »Holzer«, und verschönern zur Zeit den Einband des griechischen Unterrichtswerks ›Kantharos‹.
Die Kentauren bei der Hochzeit des Peirithoos zeigt ein pompejanisches Wandgemälde (Neapel, Museo Nazionale); Kentauren auf der Jagd ein Mosaik aus der Hadriansvilla in Tivoli (2. Jahrhundert n. Chr., Berlin, Pergamonmuseum); barock bewegte Kentaurenkämpfe malten unter anderem Peter Paul Rubens (um 1640, Madrid, Prado) und Bon de Boullogne (1667, Paris, Louvre); auch Arnold Böcklin reizte das Thema (1873, Basel, Kunstmuseum), und Pablo Picasso schuf 1959 eine Lithographie ›Kentaurenkampf‹. Zu Tausenden bewachen Kentauren in Dantes ›Comedia‹ die in den siebten Höllenkreis, in einen Strom kochenden Bluts gebannten Gewalttäter, darunter Alexander, den Tyrannen Dionys und Attila.

Kentauros
Sohn des Ixion* mit der Wolke, die dieser statt Heras* umarmte, Stammvater der Kentauren* (Pindar, Pythien II 21–60).

Kephalos
Mann der Prokris, einer Tochter des Erechtheus*, nach kurzer, glücklicher Ehe von Eos* entführt. Da Kephalos unentwegt der verlorenen Gattin nachtrauerte, gab ihn die Göttin

schließlich frei. Auf dem Heimweg stieg die Furcht in ihm hoch, seine Prokris könne ihm untreu geworden sein. Darum beschloß er, sie auf die Probe zu stellen, und Eos tat das Ihre dazu: Sie veränderte seine Erscheinung. Nun umwarb er die eigene Frau mit reichen Geschenken, bis sie schwach wurde und er triumphierte: »Du bist überführt, Treulose, ich kann es bezeugen!« Prokris entfloh und schloß sich dem Gefolge der Artemis* an, die ihr einen unfehlbaren Speer und einen Hund schenkte, dem kein Wild entkommen konnte. Diese Gaben erhielt Kephalos, als sich Prokris für die angetane Schmach revanchiert und sich wieder mit ihm ausgesöhnt hatte. Da ihr Mann gern auf die Jagd ging, glaubte nunmehr sie, Grund zur Eifersucht zu haben, und schlich ihm heimlich nach. Sie belauschte ihn und vernahm die Worte: »Kühle, so komm doch!« Ein Rascheln verriet sie in ihrem Versteck; Kephalos glaubte, da sei ein Wild, warf den unfehlbaren Speer und traf Prokris. Während sie in seinen Armen starb, bat sie ihn, nicht diese »Kühle« zu heiraten (Ovid, Metamorphosen VII 672–865). Die von Ovid nach griechischen Quellen gestaltete tragische Liebesgeschichte stellte ihn vor ein schwieriges Übersetzungsproblem: Auf griechisch rief Kephalos eine *nephele,* eine Wolke, herbei, die ihm Schatten und Kühlung bringen sollte. Nephele kann im Griechischen auch ein Mädchenname sein, nicht so das entsprechende lateinische Wort. Darum setzte Ovid *aura* (kühles Lüftchen) an die Stelle der Wolke. Apollodor (Bibliothek III 197f.) führt das Zerwürfnis zwischen Kephalos und Prokris darauf zurück, daß diese sich um den Preis eines goldenen Kranzes mit einem anderen Mann einließ. Von Kephalos ertappt, floh sie zu König Minos* von Kreta, der sich sogleich in sie verliebte. Ein Verhältnis mit ihm aber brachte den sicheren Tod, denn seine Frau Pasiphae* hatte ihm, eifersüchtig wegen seiner zahllosen Eskapaden, ein Mittel gegeben, das Würmer im Leib jeder Frau, mit der er schlief, entstehen ließ. Prokris wußte sich durch ein Gegenmittel zu sichern und bekam für ihre Liebesdienste Speer und Hund.

Während diese unappetitliche Story mit Recht in Vergessenheit geriet, regte Ovids Romanze zahlreiche Maler an. So zeigt ein Fresko von Annibale Carracci im Palazzo Farnese zu Rom die Entführung des Kephalos durch Eos (um 1600); Nicolas Poussin schilderte die vergebliche Werbung der Göttin (Cephalus und Aurora, um 1630, London, National Gallery), Piero di Cosimo den Tod der Prokris (um 1500, London, National Gallery). Von einem runden Dutzend Dramen, Opern und Balletten zum selben Thema ist nichts mehr lebendig.

Kepheus
Vater der Andromeda*.

Kerambos
Ein Hirt, den Nymphen* bei der Großen Flut in einen Käfer verwandelten, um ihn zu retten; nach ihm haben die Cerambycinae, die Bockkäfer, ihren Namen.

Kerberos
Der riesige Hund, der den Eingang zur Unterwelt hütet. Er stammt von Typhon* und Echidna* ab und wird in der Regel dreiköpfig dargestellt; Hesiod gibt ihm gar fünfzig Köpfe und nennt ihn »fies und grausam«: jeden, der den Hades* betritt, wedelt er freundlich an, aber wer wieder herauswill, der wird von ihm verschlungen (Theogonie 310–312, 769–773). Den Kerberos aus der Unterwelt zu holen, war die letzte von den zwölf »Arbeiten« des Herakles* und die schwerste dazu, denn die Götter der Unterwelt hatten ihm auferlegt, er müsse das Untier mit bloßen Händen bändigen (Ilias VIII 367f.; Odyssee XI 623–626; Ovid, Metarmorphosen VII 407–416). Wo der Geifer des Höllenhunds auf den Boden fiel, wuchs nach Ovid Aconiton, der Eisenhut, der im antiken Hexenwesen und bei den professionellen Giftmischern eine beträchtliche Rolle spielte.
Für Dante ist das dreiköpfige Monster in erster Linie verfressen; darum muß es in der ›Comedia‹ die Schlemmer des dritten Höllenkreises bewachen, mit roten Augen, schwarzer Mähne, fettem Wanst und scharfen Krallen. Eine zeitgemäße Aufgabe fanden Informatiker der Universität Washington und des Technologischen Instituts vom Cambridge/Massachusetts für Kerberos: Er überprüft die Benutzer miteinander vernetzter Computer und läßt nur zu, wen er identifiziert hat – er, das ist das 1988 im Rahmen des Projekts »Athena« veröffentlichte Programm »Kerberos. An Authentication Service for Open Network Systems« (Usenix, Dallas, Texas).

Keres
Finstere, zähneknirschende, krallenbewehrte, schrecklich blickende Dämonen, die sich auf dem Schlachtfeld um die Gefallenen streiten und ihr Blut schlürfen (Pseudo-Hesiod, Der Schild des Herakles 248–258); die Keren sind Personifikationen des Verhängnisses, des Todesloses, das seinerseits im Griechischen *ker* genannt wird.

Kerkopen
Zwei Spitzbuben, die dem schlafenden Herakles* seine Waffen stehlen wollten. Der erwischte die beiden, band ihnen die Füße zusammen und trug sie kopfunter an einer Stange fort. In dieser Lage sahen sie, daß sie an den »Mann mit dem schwarzen Hintern« geraten waren, vor dem ihre Mutter sie gewarnt hatte; trotzdem rissen sie Witze über den haarigen Kerl, bis der lachte und sie laufen ließ. Die in der Komödie beliebte Episode ist u.a. auf einer Metope des Tempels C von Selinunt (um 550 v.Chr., Palermo, Museo Nazionale) und einer weiteren aus dem Heraion am Silaris (um 530 v.Chr., Paestum, Museo Archeologico) dargestellt.
Gemalt hat diese Burleske Lukas Cranach d.J.: ›Der schlafende Herkules und die Pygmäen‹ und ›Herkules vertreibt die Pygmäen‹ (1551, Dresden, Gemäldegalerie); er folgte dabei einer Variante der Geschichte, in der die zwergenhaft gedachten Kerkopen in Scharen auftreten. Als verlogene, meineidige und daher von Jupiter* in Affen verwandelte Bewohner der Pithekusen (›Affeninseln‹ vor der süditalienischen Küste) kennt sie Ovid (Metamorphosen XIV 88–100).

Kerkyon
Ein Sohn des Poseidon*, der nicht weit von Athen, in Eleusis, hauste, Wanderer zum Ringkampf zwang und umbrachte, bis Theseus* ihm den Garaus machte (Hyginus, Fabulae 38).

Kerynitische Hirschkuh
Der Artemis* heiliges Tier mit goldenem Geweih und ehernen Hufen, von Herakles* ein Jahr lang verfolgt, ehe er es erjagen und zu Eurystheus* bringen konnte. Artemis und Apollon*, die ihm seine Beute abnehmen wollten, beschwichtigte er mit dem Hinweis auf seinen Auftrag (Apollodor, Bibliothek II 81f.).

Keto
Tochter des Pontos* und der Gaia*, von ihrem Bruder Phorkys* Mutter zahlreicher Unwesen, zum Beispiel der Gorgonen* und der Echidna* (Hesiod, Theogonie 238, 270–272, 295–305, 333–336).

Keyx
König von Trachis, mit Alkyone** glücklich verheiratet; nach seinem Tod wie diese in einen Eisvogel verwandelt (Ovid, Metamorphosen XI 410–748). Apollodor (Bibliothek I 51) erzählt, die beiden seien wegen eines Frevels in Vögel verwandelt worden, weil Keyx sich Zeus*, Alkyone aber Hera* genannt habe.

Kinyras
König auf Zypern, von seiner Tochter Myrrha* Vater des Adonis**.

Kirke
Tochter des Helios*, eine mächtige Göttin und Zauberin, die Menschen mit Vorliebe in Tiere verwandelte; Gefährten des Odysseus* machte sie zu Schweinen. Den Helden selbst schützte ein magisches Kraut, das ihm Hermes* gegeben hatte. Mit dem blanken Schwert bedrohte er Kirke und zwang sie, seinen Freunden ihre menschliche Gestalt wiederzugeben. Gegen Kirkes Verführungskünste war er freilich nicht gefeit: Er blieb ein Jahr bei ihr auf der Insel Aiaia, und als er endlich Abschied nahm, versorgte sie ihn mit vielen guten Dingen und Ratschlägen (Odyssee X 210–509). Nach Hesiod (Theogonie 1011–1016) gebar die Göttin dem Odysseus drei Söhne, Agrios, Latinos und Telegonos*, die später über die Tyrsener (Etrusker) herrschten. Die Stelle zeigt, daß die Völker Italiens früh griechische Helden als Ahnherrn bekamen. Früh galt auch Kap Circei in Mittelitalien als Heimat der Kirke. Bei Ovid rächt Kirke sich dort an Picus*, der ihre Liebe verschmäht, indem sie ihn in einen Specht verwandelt (Metamorphosen XIV 346–415), und sucht – erfolglos – den Glaukos* dadurch für sich zu gewinnen, daß sie die von ihm umworbene Skylla (1)* zu einem scheußlichen Unwesen werden läßt (Metamorphosen XIV 1–74).

Daß der Humanist Giambattista Gelli 1549 einem philosophischen Werk den Titel ›La Circe‹ gab, überrascht zunächst, und überraschend ist auch die Fabel, die er sich ausgedacht hat: Odysseus sucht Kirke zu bewegen, elf Griechen, die sie in verschiedene Tiere verwandelt hat, ihre Menschengestalt zurückzugeben. Da melden sich die Tiere selbst zu Wort und versichern, daß sie sich als Hase, Löwe oder Bock durchaus wohl fühlen ... Lope de Vegas Epos ›La Circe‹ (1624) ist dagegen eine gelehrte Etüde in Mythologie, die Homer und Ovid womöglich noch zu übertrumpfen sucht. Von Pedro Calderón de la Barca gibt es eine Komödie, ›Der größte Zauber: Liebe‹ (1635), die Werner Egk seiner Oper ›Circe‹ (1947) zugrunde legte. Auch diese ist schon wieder vergessen; so bleibt uns als Beleg dafür, daß Kirke im 20. Jahrhundert immer noch lebendig ist, lediglich ein Wort der Umgangssprache, ›bezirzen‹.

Kleobis und Biton

Schöne und kräftige Söhne einer Herapriesterin aus Argos, die einmal, als gerade keine Stiere verfügbar waren, den schweren Wagen ihrer Mutter über eine weite Wegstrecke bis zum Tempel zogen. Diese bat voll Stolz und Freude die Göttin, den beiden jungen Männern das Beste zu gewähren, was ein Mensch bekommen könne. Nach dem Opfermahl legten die beiden sich im Tempel schlafen und wachten nicht mehr auf. Die Argiver aber ließen zwei Statuen von ihnen meißeln und in Delphoi aufstellen (Herodot, Historien I 31). Die Geschichte von Kleobis und Biton legt Herodot dem weisen Solon in den Mund, als dieser auf Bitten des reichen Lyderkönigs Kroisos die Menschen nennt, die ihm als die glücklichsten erscheinen. Daß es ein Glück sei, in Jugend und Schönheit zu sterben, wird mehrfach von griechischen Dichtern gesagt. Übrigens standen tatsächlich von dem Bildhauer Polymedes geschaffene Statuen des Kleobis und Biton in Delphoi (Kleobis und Biton; überlebensgroße Marmorstandbilder, Delphi, Museum). Ein Altar aus dem 1. Jahrhundert v. Chr. zeigt die beiden, wie sie eben den Wagen ihrer Mutter ziehen (Rom, Museo Nazionale Romano).

Klio (Kleio)
Eine der neun Musen, von den Geschichtsschreibern als Schutzpatronin in Anspruch genommen, weshalb eine historische Zeitschrift sich ›Klio‹ nennt.

Klotho
Eine der drei Moiren*; sie spinnt den Lebensfaden, dessen Länge ihre Schwester Lachesis* bemißt; Atropos* schneidet ihn ab.

Klytaimestra
Tochter des Königs von Sparta, Tyndareos*, und der Leda*, Schwester der schönen Helena*, Frau und Mörderin des Agamemnon**, Mutter des Orestes*, der Iphigenie*, Elektra* und der Chrysothemis.

Klytie
Geliebte des Helios*; als dieser sie wegen Leukothoe* verließ, verriet sie deren Vater die angebliche Schande seiner Tochter. Der ließ das arme Mädchen lebendig begraben, und die rettenden Strahlen des Sonnengotts erreichten es zu spät. Die verschmähte Klytie aber wurde in eine Blume verwandelt, in den Heliotrop, der seine Blüten stets der Sonne zuwendet – sie liebt Helios noch immer (Ovid, Metamorphosen IV 206–270).

Kodros
Mythischer König von Athen, der sein Leben für die Rettung der Stadt vor den Peloponnesiern opferte. Als er von einem Orakel erfuhr, das den Feinden den Sieg versprach, wenn sie den gegnerischen König nicht töteten, ging er als Bettler verkleidet ins peloponnesische Lager, fing dort Streit an und wurde erschlagen. Als die Peloponnesier von seinem Tod hörten, brachen sie den Feldzug ab (Iustinus, Epitome II 6, 16–21). Den Tod des Kodros zeigt das Innenbild einer attischen Schale (um 420 v. Chr., Bologna, Museo Civico); der unbekannte Meister wird nach diesem Werk ›Kodros-Maler‹ genannt.

Kokalos
König auf Sizilien, der Daidalos* vor Minos* beschützte und letzteren umbringen ließ.

Kokytos
Einer der Unterweltsflüsse.

Komaitho
Tochter eines Königs der Insel Taphos, gegen den Amphitryon* erfolglos Krieg führte, da jenem Herrschaft und Leben so lange sicher waren, als er ein goldenes Haar auf dem Haupt trug. Komaitho schnitt es ihm aus Liebe zu Amphitryon ab, erntete aber üblen Dank: Nach der Eroberung von Taphos tötete sie der Sieger (Apollodor, Bibliothek II 59f.). Motivgleich ist die Geschichte von Skylla (2)*.

Kore
»Mädchen«, »Tochter«; häufige Bezeichnung der Persephone*.

Koronis
1. Geliebte Apollons*, die ihm untreu wurde, als sie bereits ein Kind von ihm erwartete. Der Rabe, damals noch ein weißer Vogel, verriet dem Gott den Seitensprung und wurde deshalb von ihm verwünscht: Er muß seitdem schwarze Federn tragen. In seinem Zorn tötete Apollon Koronis. Als man ihre Leiche verbrannte, nahm er das ungeborene Kind aus ihrem Leib und brachte es zu dem Kentauren* Chiron*, der es aufzog und Asklepios* nannte (Ovid, Metamorphosen II 542–632).
2. Tochter des Königs Koroneus von Phokis, bei einem Strandspaziergang von Poseidon* verfolgt, von Athene* vor dem liebeshungrigen Gott durch Verwandlung in eine Krähe gerettet. Als solche diente sie der Göttin, bis diese sie verstieß, weil sie ihr von der Neugier der Aglauros* berichtete. Ovid (Metamorphosen II 547–597) hat diese Geschichte mit der von Koronis (1) verschmolzen und nennt das Mädchen Cornix (lat. ›Krähe‹). Ihre Verfolgung durch Poseidon ist im Kreuzgang der Kathedrale von Porto (Portugal) auf Azulejos aus dem 18. Jahrhundert dargestellt.

Korybanten
Begleiter der Kybele*, die zu Ehren der Göttin ekstatische Waffentänze aufführten.

Kottos
Hundertarmiger Riese, Bruder des Briareos** und Gyes.

Kreon
1. Bruder der Iokaste*; Nachfolger des Oidipus* als Herrscher von Theben, Verbündeter des Amphitryon*, Schwiegervater des Herakles*. In den Tragödien des Sophokles, in denen er eine ziemliche Rolle spielt, schwankt sein Charakterbild beträchtlich: im ›König Ödipus‹ erscheint er wohlmeinend, im ›Ödipus auf Kolonos‹ als Intrigant, in der ›Antigone‹ als starrsinniger Tyrann. Jean Anouilh stellt ihn in seiner ›Antigone‹ (1946) als lebensbejahenden Pragmatiker einer auf ihren Tod geradezu erpichten Heldin gegenüber.
2. König von Korinth, Schwiegervater des Iason*, von Medeia* zusammen mit seiner Tochter Kreusa umgebracht.

Kretischer Stier
König Minos* von Kreta hatte seinen Anspruch auf den Thron damit begründet, daß seine Herrschaft gottgewollt sei. Um dies zu beweisen, erklärte er, jedes seiner Gebete werde Erhörung finden. Darauf bat er Poseidon*, dem Meer einen Stier entsteigen zu lassen, als Opfer für den Gott. Der wollte sich nicht kleinlich zeigen und schickte ein weißes Prachtexemplar. Das gefiel dem König so gut, daß er es zu seinen Herden bringen und statt seiner ein weniger attraktives Rindvieh schlachten ließ. Poseidon roch den Braten und rächte sich: Er erregte in seinem Meerstier wahnsinnige Wut, so daß dieser Kreta weithin verwüstete. Alle entsetzten sich vor dem schnaubenden Ungetüm – bis auf die Königin Pasiphae: Die verliebte sich in den Stier und schaffte es mit Hilfe des Daidalos*, ihr Verlangen zu befriedigen. Der Stier blieb auch danach wild, wurde von Herakles* eingefangen, zu Eurystheus* gebracht, wieder laufen gelassen und verwüstete nunmehr das griechische Festland, bis ihn endlich Theseus* erledigte. Da er diese Tat bei Marathon vollbrachte, wird der wild gewordene Stier auch oft als der Marathonische bezeichnet (Apollodor, Bibliothek II 93f.; III 8–11; IV 5f.).

Kreusa
1. Tochter des Erechtheus*, Mutter des Ion**.
2. Tochter des korinthischen Königs Kreon (2)*, dem Iason* versprochen, von Medeia** grausam getötet.
3. Tochter des Priamos* und der Hekabe*, erste Frau des Aineias*, die er bei seiner Flucht aus Troja verliert. Während er noch nach ihr sucht, erscheint ihm ihr Schattenbild und verkündet, sie habe ihm nach dem Willen der Götter nicht nach Italien folgen dürfen, das er auf langer Irrfahrt erreichen werde (Vergil, Aeneis II 738–795).

Kronion
»Sohn des Kronos*«, häufiger Beiname des Zeus*.

Kronos
Jüngster Sohn des Uranos* und der Gaia*, einer der Titanen*, den seine Mutter dazu veranlaßte, den Vater mit einer sichelähnlichen Waffe zu entmannen – aus Rache dafür, daß er seine schrecklichsten Kinder, die Hundertarmigen Briareos*, Kottos und Gyes, tief in der Erde verbarg. Durch seine Tat gewann Kronos die Herrschaft über die Welt, doch verkündeten ihm Uranos und Gaia, einer seiner Söhne werde auch ihn entmachten. Aus diesem Grund verschlang Kronos alle Kinder, die ihm seine Schwester Rheia* gebar, gleich nach der Geburt: Hestia*, Demeter*, Hera*, Hades* und Poseidon* – bis auf den jüngsten, Zeus*; den versteckte Rheia auf Kreta in einer Höhle und reichte dem Vater einen in Windeln gewickelten Stein. Als Zeus herangewachsen war, überwältigte er Kronos, den Gaia gezwungen hatte, seine verschlungenen Kinder wieder von sich zu geben (Hesiod, Theogonie 137–182; 453–506).
Was Hesiod von Kronos und seiner Sippe erzählt, wirkt höchst altertümlich und geradezu barbarisch, erweist sich aber bei näherer Betrachtung als Mixtur von teilweise recht verbreiteten Märchenmotiven – man denke nur an den Wolf, der alle Geißlein bis auf das letzte frißt, der seine Opfer wieder von sich geben muß und statt ihrer Steine in den Bauch bekommt. Auffallende Ähnlichkeit mit dem Kronos-Mythos weisen hethitische Göttergeschichten auf, die ihrerseits aus dem semitischen Bereich beeinflußt zu sein scheinen. Ob man deshalb die von Hesiod berichteten Scheußlichkeiten als »ungriechisch«

bezeichnen darf, ist jedoch fraglich. Im übrigen machte Hesiod, der den »ränkespinnenden Kronos« in seiner Theogonie als ausgesprochen unangenehme Erscheinung charakterisierte, ihn in den ›Werken und Tagen‹ (111) zum Herrscher des Goldenen Zeitalters. Die Römer setzten ihn mit Saturnus*, dem Beschützer der Saaten, gleich und deuteten die fatale Sichel als Erntewerkzeug. Philosophische Spekulation führte in der Spätantike dazu, daß Chronos, die Personifikation der alles verzehrenden Zeit, und Kronos, der Kinderfresser, zu einer Erscheinung verschmolzen. Dieses Mischwesen setzte Johann Wolfgang von Goethe in seinem Gedicht ›An Schwager Kronos‹ (1774) auf den Kutschbock des Gefährts, auf dem er durchs Leben dem Tod entgegenholpert, und Wilhelm Busch zeichnete es mit Stundenglas und Sense: »Einszweidrei, im Sauseschritt läuft die Zeit – wir laufen mit!« (Tobias Knopp: Vatersorgen; 1886). Den »echten« Kronos malte Francisco de Goya und schuf ein regelrechtes Horrorbild: Saturn verschlingt eines seiner Kinder (um 1820, Madrid, Prado).

Kureten
Diener der Rheia*, die mit Waffenlärm das Weinen des vor Kronos* versteckten kleinen Zeus* übertönten.

Kyane
Nymphe* eines Flüßchens bei Syrakus auf Sizilien; sie versuchte, den Raub der Persephone* durch Hades* zu verhindern und zerfloß, weil ihr das nicht gelang, in Tränen (Ovid, Metamorphosen, V 409–470). Eine Bootsfahrt auf der Ciane bis zu ihrem Quelltopf ist ein Erlebnis besonderer Art: Die Ufer säumt – einmalig in Europa – hoher Papyrus!

Kyanippos
Mann der Leukone*, ein eifriger Jäger.

Kybele
Kleinasiatische Berg- und Fruchtbarkeitsgöttin, von den Griechen als »Mutter der Götter«, »Große Mutter« oder »Mutter vom Berg Ida« verehrt. Aus ihrem Hauptkultort Pessinus in Kleinasien wurde 204 v. Chr. aufgrund eines Orakelspruchs der ihr heilige schwarze Meteorstein nach Rom gebracht, doch

achteten die Römer lange Zeit streng darauf, daß der orgiastische Kult der *Magna Mater* weitestgehend auf den ummauerten Tempelbezirk beschränkt blieb. Die dabei übliche Selbstverstümmelung der Priester wurde mit dem Schicksal des Attis* begründet.

Kydippe
Geliebte des Akontios*

Kyklopen
»Rundaugen«, Riesen mit nur einem Auge mitten auf der Stirn, Söhne des Uranos* und der Gaia*, die Hesiod Brontes, Steropes und Arges nennt. Sie schmieden Donnerkeile und Blitze für Zeus*, der sie aus langer Gefangenschaft befreit hat, und sichern damit seine Herrschaft (Hesiod, Theogonie 139–146; 501–506). Im Eingangsmonolog zur Alkestis* des Euripides erklärt Apollon*, warum er bei einem Sterblichen als Rinderhirt dienen muß: Er habe im Zorn die Kyklopen getötet, weil Zeus mit dem Blitzstrahl seinen Sohn Asklepios* erschlug. – So wird wohl Zeus mit seinen Waffen sparsam umgehen müssen, wenn nicht vielleicht in der Schmiede des Hephaistos ein paar »Rundaugen« Apollons Pfeilen entgangen sind! In der Odyssee sind die Kyklopen einzelgängerische, gesetzlose Höhlenbewohner auf einer Insel im Westen, ungeschlachte Riesen, die von Technik keine Ahnung haben, auch keine Äcker bestellen, sondern lediglich ihre Herden weiden (IX 105–176). Einer von ihnen war der wilde Polyphem**, der die Götter nicht achtete und Menschen verschlang. Ihn und seine Artgenossen siedelten Spätere auf Sizilien an.
Heute gibt es dort nur noch einen einzigen Kyklopen. Er ist aus Plastik, steht in einer Bar von Acireale, hat eine rote Glühbirne im Mund und erschreckt höchstens kleine Kinder. Wesentlich unheimlicher ist Odilon Redons ›Zyklop‹ (um 1890; Otterlo; Rijksmuseum) – und zugleich ein gutes Beispiel dafür, wie man mit leuchtenden, warmen Farben Grausiges malen kann. Wer aus gewaltigen Quadern gefügte Mauern als »zyklopisch« bezeichnet, geht davon aus, daß Kyklopen sich auch auf das Bauen verstanden hätten. Das glaubte man bereits in der Antike; unter anderem sollen die Mauern der Burg von Tiryns von Kyklopen errichtet worden sein (Apollodor, Bibliothek II 25).

Kyknos
»Schwan«; Name verschiedener Gestalten des Mythos, die nach ihrem gewaltsamen Tod alle in Schwäne verwandelt wurden:
1. Ein Sohn des Ares*, von Herakles* erschlagen. Die Schilderung des Zweikampfes bildet den Rahmen der unter Hesiods Namen überlieferten epischen Dichtung ›Der Schild des Herakles‹.
2. Ein unverwundbarer Sohn des Poseidon*, der zu Beginn des Kampfes um Troja gegen Achilleus* antrat und von diesem erwürgt wurde (Ovid, Metamorphosen XII 72–145). Dieser Kyknos soll seinen Sohn Tenes* zusammen mit dessen Schwester in einen Kasten gesperrt und dem Meer übergeben haben, weil seine zweite Frau und ein Flötenspieler bezeugten, der junge Mann habe seiner Stiefmutter nachgestellt. In Wirklichkeit hatte er deren Werben zurückgewiesen. Als später die Wahrheit ans Licht kam, ließ Kyknos den Flötisten steinigen und seine Frau lebendig begraben (Apollodor, Bibliothek VI 24–31).
3. Ein Sohn Apollons*, von seinem Liebhaber Phyllios vergeblich umworben. Als dieser einen Wunsch des spröden Geliebten nicht mehr erfüllen wollte, stürzte sich der von einer Klippe in die Tiefe (Ovid, Metamorphosen VII 371–383).
4. Ein Freund Phaethons*, der sich über dessen Untergang zu Tode grämte (Ovid, Metamorphosen II 367–380).

Kyllaros
Ein schöner Kentaur*, Geliebter des reizenden Kentaurenmädchens Hylonome, mit dem zusammen er beim Kampf gegen die Lapithen den Tod fand (Ovid, Metamorphosen XII 393–422). Piero di Cosimo, dessen ›Schlacht zwischen Lapithen und Kentauren‹ (um 1500, London, National Gallery) sich eng an die Schilderung Ovids hält, malte auch das tragische Ende des Liebespaars.

Kynthia
Beiname der Artemis*, abgeleitet von dem Berg Kynthos auf Delos, dem Geburtsort der Göttin. Da sich dort auch ein Heiligtum der Athene* befand, kann auch sie mit ›Kynthia‹ gemeint sein. Der römische Dichter Properz legte sei-

ner Geliebten das Pseudonym Cynthia zu und huldigte damit zugleich ihrer Schönheit wie ihrer Bildung.

Kyparissos
Ein schöner junger Mann von der Insel Keos, Geliebter des Apollon*, der ihm durch Verwandlung in eine Zypresse, den Baum der Gräber, seinen letzten Wunsch erfüllte: ewig trauern zu dürfen. Kyparissos hatte nämlich versehentlich einen zahmen Hirsch getötet, an dem er sehr hing (Ovid, Metamorphosen X 106–142).

Kypris und Kythereia
Beinamen der Aphrodite*, die auf den Inseln Kypros (Zypern) und Kythera (südöstlich der Peloponnes) besonders verehrt wurde.

Kyria und Kyrios
»Herrin« und »Herr«, seit dem Hellenismus häufiger Kultbeiname ägyptischer und asiatischer Gottheiten.

L

Labdakos
König von Theben, Vater des Laios*, wie Pentheus* durch Dionysos* vernichtet (Apollodor, Bibliothek III 40).

Lachesis
Eine der Moiren*, die den Menschen ihre Lebenszeit zuteilt.

Ladon
1. Der Drache, der die Äpfel der Hesperiden* bewachte.
2. Fluß in Arkadien, dessen Nymphen* Syrinx* in flüsterndes Schilf verwandelten.

Laertes
Vater des Odysseus*, König von Ithaka, trat die Herrschaft an den Sohn ab und führte während dessen langer Abwesenheit ein karges Bauernleben. Odysseus gab sich ihm erst zu erkennen, als er sich der lästigen Freier entledigt hatte; in der Auseinandersetzung mit deren Verwandten stand auch Laertes, von Athene* mit neuer Kraft erfüllt, seinen Mann (Odyssee XXIV).

Lailaps
Der windschnelle Hund des Kephalos*.

Laios
Sohn des thebanischen Königs Labdakos*, von Amphion* und Zethos* aus seiner Heimat vertrieben, von Pelops* aufgenommen. In dessen Sohn Chrysippos*, dem er Unterricht im Wagenlenken gab, verliebte er sich und entführte den Jungen. Darum verfluchte ihn Pelops: Er solle entweder keine Kinder haben oder durch die Hand seines Sohnes sterben. Der Untergang Amphions und seiner ganzen Familie erlaubte Laios die Rückkehr nach Theben, wo er Iokaste* heiratete. Mit ihr zeugte er, ungeachtet der dringenden Warnungen verschiedener Orakel, im Rausch einen Sohn, den er allerdings gleich nach der Geburt aussetzen ließ. Der Kleine blieb aber am Leben und wuchs am Hof des Königs von Korinth auf, der ihn

Oidipus** nannte; so konnte sich schließlich der Fluch des Pelops erfüllen (Apollodor, Bibliothek III 40–52).

Laistrygonen
Menschenfressende Riesen, in deren von hohen Felsen umgebenem Hafen Odysseus alle seine Schiffe bis auf das eigene verliert (Odyssee X 81–134). Die Boten des Odysseus im Gespräch mit der Tochter des Laistrygonenkönigs und den Überfall der Unholde zeigt ein römisches Wandgemälde vom Esquilin, eine der berühmten ›Odyssee-Landschaften‹ (1. Jahrhundert v. Chr., Rom, Bibliotheca Vaticana).

Lamia
Wandlungsfähiges, gespenstisches Wesen, das nach griechischem Volksglauben Menschen das Blut aussaugt und Kinder verschlingt; nach Duris von Samos (bei Diodor, Bibliothek XX 41, 3–6) war Lamia eine Geliebte des Zeus*, die, von Hera* mit Wahnsinn geschlagen, ihre eigenen Kinder umbrachte, vor Kummer darüber keinen Schlaf mehr fand und abgrundtief häßlich wurde. Daß man Kinder aus dem Bauch der Lamia lebend herausholen könne, solle ein Erzähler seinem Publikum lieber nicht auftischen – das meint Horaz in seiner ›Ars poetica‹ (340) und spielt damit wohl auf ein unserem Rotkäppchen verwandtes Märchen an.

Lampetia
Eine Tochter des Helios*, die seine heiligen Rinder hütete.

Laodameia
1. Tochter des Bellerophontes.
2. Frau des Protesilaos*, die sich nach dessen Tod ein Bild ihres Mannes machte und mit ihm sprach. Aus Mitleid ließen die Götter den Toten von Hermes* für kurze Zeit aus der Unterwelt holen, und Laodameia war glücklich. Als er aber wieder scheiden mußte, tötete sie sich selbst (Apollodor, Bibliothek VI 30).

Laodike
Eine Tochter der Hekabe* und des Priamos*, die sich in den Griechen Akamas verliebte, während sich dieser als Gesandter in Troja aufhielt, und ihn auch erobern konnte (Parthe-

nios, Liebesleiden 16). Bei der Eroberung Trojas soll Laodike in einem Erdspalt verschwunden sein (Apollodor, Bibliothek VIII 23).

Laokoon

Priester aus Troja, der seine Mitbürger vor dem Trojanischen* Pferd warnte und seine Lanze nach ihm schleuderte. Als ihn und seine Söhne zwei riesige Schlangen töteten, deuteten die Trojaner das als göttliche Strafe und holten das Pferd in die Stadt (Vergil, Aeneis II 40–249). Drei Künstler aus Rhodos, Agesandros, Athanadoros und Polydoros, schufen um 25 v. Chr. die berühmte Laokoongruppe, die 1506 in dem Ruinengelände von Neros ›Goldenem Haus‹ gefunden wurde (Rom, Musei Vaticani); sie galt Michelangelo, Bernini, Winckelmann, Lessing und Goethe als ein im wahrsten Sinne klassisches Meisterwerk, während andere sich an ihrer Theatralik störten. Lessing untersuchte in seinem kunsttheoretischen Werk ›Laokoon oder Über die Grenzen der Mahlerei und Poesie‹ (1766) die Berechtigung des Satzes, ob das, was ein Dichter schildere, nur dann schön sei, wenn man es auch bildlich darstellen könne, und verglich dabei die passagenweise grausige Laokoon-Geschichte Vergils mit der Gruppe, deren Schöpfer die Fixierung des Abstoßenden vermieden.

Laomedon

König von Troja, Vater des Priamos*. Zu ihm kamen Apollon* und Poseidon* in Menschengestalt und boten ihm ihre Dienste an. Laomedon versprach ihnen reichen Lohn, wenn sie seine Stadt ummauerten. Die Götter leisteten gute Arbeit – aber der geizige König wollte nicht zahlen. Darauf sandte Apollon eine Pest und Poseidon ein Meerungeheuer, das die Menschen reihenweise verschlang. Nur wenn ihm der König seine Tochter Hesione* opferte, verkündete ein Orakel, werde die Plage enden. Zufällig kam Herakles* des Wegs und erbot sich, das Monster zu erlegen, wenn er als Belohnung die herrlichen Stuten bekäme, die Zeus* dem Laomedon als Entschädigung für den entführten Ganymedes* geschenkt hatte. Der König sagte zu – und prellte auch Herakles*, der unter wüsten Drohungen weiterzog, ein Heer sammelte, Troja erstürmte und den wortbrüchigen König erschlug (Apollodor, Bibliothek II 103f., 133f.).

Lapithen
Kriegerisches Volk in Thessalien, Nachbarn und, über ihren König Ixion*, Verwandte der Kentauren**, die als Gäste zur Hochzeit des Peirithoos* geladen waren. Als sie sich an die Frauen und sogar an die Braut in eindeutiger Absicht heranmachten, kam es zu dem in Kunst und Dichtung immer wieder geschilderten Kentaurenkampf.

Laren
Römische Schutzgötter der einzelnen Familien und ihres Besitzes, wobei jedes Haus seinen eigenen *Lar familiaris* am Herd, aber auch bei Flurumgängen verehrte. Unter dem Schutz der Laren standen auch die Wegkreuzungen, die *compita;* dort gab es auch oft kleine Heiligtümer dieser Gottheiten. In der Kunst stellte man sie jugendlich dar, mit Opferschale und Füllhorn. Schöne Statuetten dieses Typs besitzt, aus einem Schatzfund, das Römermuseum in Weißenburg.

Larentia
→ Acca Larentia

Larvae
Totengeister des römischen Volksglaubens, die man sich meist als Knochenmänner vorstellte.

Latinos
Sohn des Odysseus* und der Kirke*, Herrscher über die Tyrsener (Etrusker?) auf den Inseln der Seligen (Hesiod, Theogonie 1011–1015). In der römischen Überlieferung wird Latinus zum König der Aboriginer, der Ureinwohner Latiums; er verlobt seine Tochter Lavinia mit Aineias* und erlaubt ihm, sich in Latium niederzulassen (Vergil, Aeneis VII 148–285).

Latona
→ Leto

Lausus
Sohn des Etruskerkönigs Mezentius*, der seinem von Aineias* verwundeten Vater beisteht und dabei selbst den Tod findet (Vergil, Aeneis X 783–832).

Lavinia
Tochter des Latinus*, zweite Frau des Aineias*.

Leandros, Leander
→ Hero

Learchos
Sohn des Athamas* und der Ino**.

Leda
Tochter des Königs Thestios von Aitolien, Frau des Spartanerkönigs Tyndareos*, Mutter der Dioskuren*, der Klytaimestra*, der schönen Helena** und anderer Kinder. Daß Zeus* sie in Gestalt eines Schwans verführt habe, lesen wir erst bei Euripides, doch hat diese Variante des Mythos ältere überlagert.
Die Marmorgruppe ›Leda mit dem Schwan‹ in den Musei Capitolini zu Rom ist wohl die Kopie eines Bronzeoriginals des Timotheos (um 370 v. Chr.). Corregios gleichnamiges Gemälde (um 1532, Berlin-Dahlem, Gemäldegalerie) gehörte zu einem durch seinen sinnlichen Reiz bestechenden Zyklus von Liebschaften des Zeus, den der Herzog Federico Gonzaga als Geschenk für Kaiser Karl V. in Auftrag gegeben hatte. In ›Leda. Komödie einer Karnevalsnacht‹ (1930) dient der Name dem kroatischen Dramatiker Miroslav Krleza nur noch als Chiffre für ein kompliziertes Dreiecksverhältnis.

Lemuren
Boshafte Totengeister des römischen Volksglaubens, den Larvae* ähnlich. Am Ende von Goethes ›Faust II‹ schaufeln Lemuren das Grab des Helden.

Lernäische Hydra
→ Hydra

Leto
Tochter des Titanen* Koios, von Zeus* Mutter des Apollon* und der Artemis*, deren Geburt die eifersüchtige Hera* zu verhindern suchte: Kein Ort auf dem Land, keine Insel wagte, der verfolgten Göttin ein Plätzchen zu gönnen – nur das unstete Delos, damals noch eine schwimmende Insel, erbarmte sich

ihrer. Dort brachte Leto nach neuntägigen Wehen (auch Eileithyia* war mit Hera im Bunde!) ihre Zwillinge zur Welt. Bald war sie wieder auf der Flucht und kam nach Lykien, wo Bauern sie daran hindern wollten, aus einem Teich zu trinken. Leto aber besann sich ihrer göttlichen Macht und verwandelte die üblen Kerle in Frösche (Ovid, Metamorphosen VI 332–381). Mit Hilfe ihrer Kinder strafte sie später Niobe* und den lüsternen Tityos*.

Leukippos

1. König von Messenien, Vater der Hilaeira und Phoibe, die von den Dioskuren* ihren Verlobten entführt wurden.
2. Ein Nachkomme des Bellerophontes*, in die eigene Schwester verliebt (Parthenios, Liebesleiden 5).
3. Liebhaber der Daphne*; da diese von Männern nichts wissen wollte, kleidete er sich als Mädchen und jagte mit ihr in den Bergen. Apollon* aber, der auch in Daphne verliebt war, brachte sie auf den Gedanken, mit den anderen Mädchen ihres Gefolges ein Bad zu nehmen. Leukippos suchte sich zu drücken, da rissen ihm die Nymphen* seine Kleider vom Leib und töteten ihn mit ihren Speeren (Parthenios, Liebesleiden 15).

Leukone

Frau eines Thessaliers namens Kyanippos, der sie wegen seiner Jagdleidenschaft vernachlässigte. Als sie ihm in den Wald nachschlich, wurde sie von seinen wilden Hunden zerrissen. Kyanippos war darüber außer sich, tötete alle Hunde und zuletzt sich selbst (Parthenios, Liebesleiden 10).

Leukothea

Name der zur Meergöttin gewordenen Ino*.

Leukothoe

Geliebte des Helios*, der um ihretwillen seine alte Flamme Klytie** vernachlässigte.

Liber

Altitalischer Gott, dem Dionysos* gleichgesetzt. Er wurde zusammen mit Ceres* und seinem weiblichen Pendant Libera auf dem Aventin verehrt.

Libera
Tochter der Ceres*, Schwester des Liber*.

Libitina
Römische Göttin der Leichenbestattung; in ihrem Heiligtum war das Büro der *libitinarii,* der Begräbnisunternehmer, die gegen Zahlung an die Tempelkasse Verstorbene beerdigten oder verbrannten.

Lichas
Diener des Herakles*, überbringt diesem im Auftrag der Deianeira* das mit dem Blut des Nessos* getränkte Gewand und wird so mitschuldig am qualvollen Sterben des Helden, der ihn in ohnmächtiger Wut ins Meer schleudert (Sophokles, Trachinierinnen 772–784; Ovid, Metamorphosen IX 152–225).

Likymnios
Jüngster Sohn des Elektryon*, Schwager des Amphitryon* und Onkel des Herakles*, dessen Sohn Tlepolemos ihn versehentlich tötete (Apollodor, Bibliothek II 52–170).

Linos
Sohn des Apollon* und der Psamathe*, Musiklehrer des jungen Herakles*, der ihn mit der Kithara erschlug, weil er seine ständige Kritik nicht vertragen konnte (Apollodor, Bibliothek II 63). Nach anderen war Linos ein Bruder des Orpheus* und wurde von Apollon umgebracht, der auf seine Kunstfertigkeit neidisch war (Pausanias, Periegesis IX 29, 6f.). Auf dem in der Ilias beschriebenen Schild des Achilleus* erlebt man auch Winzer bei der Weinlese; diese unterhält ein Junge mit Saitenspiel und singt dazu einen *linos* (Ilias XVII 570). Das legt die Vermutung nahe, daß *linos* ursprünglich eine bestimmte Liedform und erst später deren angeblichen Erfinder bezeichnete. Linos beim Unterricht zeigt ein Vasenbild des Pistoxenos-Malers (Skyphos, um 470 v. Chr., Schwerin, Staatliches Museum).

Litai
»Reuige Bitten«, altersschwache, schielende Töchter des Zeus*, die hinter der frisch ausschreitenden Schuld herhumpeln und sie zu sühnen suchen. Wer auf sie hört, dem helfen

sie, wer sie aber zurückweist, den verklagen sie vor ihrem Vater und sorgen dafür, daß der Starrsinnige seine Schuld büßen muß (Ilias IX 502–514). Mit diesem ›Gleichnis‹ von den Litai sucht Phoinix (2)* – vergeblich – den grollenden Achilleus* umzustimmen.

Locutius
→ Aius Locutius

Lotis
Nymphe*, die auf der Flucht vor Priapos* in einen Lotoskirschenbaum verwandelt wurde. Als Dryope* von diesem einen Zweig brach, wurde auch sie zum Baum (Ovid, Metamorphosen IX 347). Der verliebte Priapos hätte sich der schlafenden Lotis bemächtigen können, wäre sie nicht durch das Geschrei eines Esels geweckt worden, den der Gott in seiner Wut gleich darauf totschlug. Mit dieser Geschichte begründet Ovid das Eselsopfer für Priapos (Fasti I 415–440).

Lotophagen
»Lotosesser«, sagenhaftes Volk im nördlichen Afrika, das sich von Lotosblüten ernährt. Als Kundschafter des Odysseus* zu diesen friedlichen Menschen kommen, fühlen sie sich dort so wohl, daß sie nicht mehr in ihre Heimat zurückkehren wollen. Odysseus schleppt sie gewaltsam zu den Schiffen und läßt sie unter Deck festbinden (Odyssee IX 83–102).

Lucifer
»Lichtbringer«, der Morgenstern (gr. Heosphoros), der zunächst nicht als Planet Venus erkannt wurde. Für die christlichen Kirchenväter wurde Lucifer zum Namen des Teufels als eines gefallenen Engels, weil sie eine auf den König von Babylon bezogene Stelle bei dem Propheten Jesaja (14, 12) mißdeuteten: »Wie bist du vom Himmel gefallen, du schöner Morgenstern!«

Lucina
Römische Geburtsgöttin, früh mit Iuno*, bisweilen auch mit Diana* gleichgesetzt, z.B. von Vergil in der 4. Ekloge (10).

Lucretia

Frau des Lucius Tarquinius Collatinus, der während eines Feldzugs derart von ihren Vorzügen schwärmte, daß der Prinz Sextus Tarquinius und andere Adlige, die so viel Tugend unglaublich fanden, einen Beweis verlangten. Collatinus ritt noch in der Nacht mit den Zweiflern nach Rom und traf Lucretia inmitten ihrer Dienerinnen beim Spinnen. Tarquinius verliebte sich sogleich in die schöne Frau, kam nach einigen Tagen allein, wurde eingelassen – und vergewaltigte sie. Nachdem sie ihrem Mann, ihrem Vater und weiteren Römern, darunter dem späteren ersten Konsul der Republik, Iunius Brutus, von der schändlichen Tat des Königssohns berichtet und Rache verlangt hatte, erstach sie sich. Brutus und die anderen riefen zum Sturz des Königs auf, fanden die Unterstützung des Volks und beendeten die Herrschaft der Tarquinier (Livius, Ab urbe condita I 57, 6–59, 6; Ovid, Fasti II 685–852). Der historische Kern der von Livius und Ovid in liebevoller Breite erzählten Sage ist die Vertreibung einer etruskischen Dynastie aus Rom, die nach Livius 510 v. Chr. erfolgte.

In seinen ›Legends of Good Women‹ (1386) stellte Geoffrey Chaucer Lucretia neben die großen Frauengestalten des Mythos wie z. B. Alkestis*, Dido*, Medeia* und Ariadne*. Diesem Werk mag William Shakespeare die Anregung zu seinem Versepos ›Lucrece‹ (1594) verdanken, in dem er die Tugend der Heldin pathetisch rühmt. Ein der Sagenhandlung vergleichbarer Mordfall in Padua gab 1656 Anlaß zu der Verstragödie ›Lucrezia‹ des Kardinals Giovanni Delfino, einem ziemlich moralinsauren Barockdrama. 1953 übertrug Jean Giraudoux in seinem Schauspiel ›Pour Lucrèce‹ den antiken Stoff ins großbürgerliche Milieu des 19. Jahrhunderts und ließ die für eine liebestolle Provinzstadt empörend anständige und durch ihre Fähigkeit, Verfehlungen aufzudecken, gefährliche Lucrèce Opfer einer bösen Intrige werden. Den Selbstmord der keuschen Lukretia malten u. a. Albrecht Dürer (1518) und Lucas Cranach d. Ä. (um 1540; beide Bilder befinden sich in München in der Alten Pinakothek).

Luna

Römische Mondgöttin, mit der griechischen Selene* gleichgesetzt und als eine Erscheinungsform der Artemis*/Diana aufgefaßt, von den Künstlern stets mit der Mondsichel und einer Fackel dargestellt. Die Alchimisten nannten das Silber Luna – nach dem ›silbrigen‹ Licht des Mondes; die Mondviolen oder Judassilberlinge tragen wegen der Gestalt ihrer Fruchtstände den Gattungsnamen Lunaria, und wenn im Englischen ein Geistesgestörter *lunatic* heißt, meint das eigentlich »mondsüchtig«. Den klangvollen Namen Luna beschworen mit Vorliebe Lyriker, und Paul Lincke konnte gewiß sein, daß der Titel seiner Operette ›Frau Luna‹ (1899) die richtigen Assoziationen wecken würde.

Luperci
»Wolfsmänner«, Mitglieder von zwei römischen Priestergilden, die an den Lupercalien, einem Fest zu Ehren des Faunus*, mit Riemen aus der Haut des Opfertiers Entgegenkommende schlugen. Das sollte Übel abwehren und Frauen fruchtbar machen.

Lyaeus, Lyaios
»Sorgenlöser«, ein Beiname des Dionysos*/Bacchus.

Lykaon
1. König von Arkadien, bei dem Zeus* in Gestalt eines Wanderers einkehrte, um festzustellen, ob die zu ihm gelangten Berichte von der Ruchlosigkeit der Menschheit der Wahrheit entsprächen. Während das Volk erkennt, daß ein Gott erschienen ist, und zu beten beginnt, spottet Lykaon nur und nimmt sich einen Mordanschlag auf den Fremden vor. Außerdem schlachtet er einen Gefangenen und bereitet Zeus ein gräßliches Mahl. Doch sobald es aufgetischt wird, zerschmettert der Göttervater den Königspalast mit seinem Blitz und verwandelt den Frevler in einen Wolf (gr. *lykos*) (Ovid, Metamorphosen I 198–239).
2. Sohn des Priamos*, von Achilleus* gefangengenommen und in die Sklaverei verkauft. Lykaon kann entkommen und nach Troja zurückkehren, doch schon nach wenigen Tagen fällt er wiederum Achill in die Hände, den der Tod seines Freundes Patroklos* unerbittlich gemacht hat. Keinen Trojaner mehr wird er schonen: »Los, mein Freund, stirb auch du! Was jammerst du nur so sehr? Auch Patroklos mußte sterben, und er war ein viel besserer Mann als du!« (Ilias XXI 33–135).

Die in der Ilias detailreich dargestellte Episode soll das unmenschliche Wüten des Achilleus und seine unstillbare Mordlust an einem rührenden Einzelfall illustrieren. Friedrich von Schiller nahm sich die Szene zum Vorbild für den siebten Auftritt des zweiten Akts seiner ›Jungfrau von Orleans‹. Hier fällt ein junger Walliser als Opfer ›der Schrecklichen‹, die erscheint ›wie aus der Hölle Rachen, ein Gespenst der Nacht‹: »Stirb, Freund, warum so zaghaft zittern vor dem Tod...?«

Lykomedes
König von Skyros, Vater der Deidameia* und weiterer Töchter, unter denen Thetis* ihren Achilleus* versteckte. Dessen Erlebnisse bei Lykomedes sind ausführlich auf einem achteckigen Silberteller aus dem Schatzfund von Augst geschildert (um 350 n. Chr., Augst, Museum).

Lykos
1. Regent von Theben an Stelle des unmündigen Laios*, Bruder des Nykteus*, Mann der Dirke*, Onkel der Antiope*, die er grausam mißhandelte.
2. Usurpator in Theben zur Zeit des Herakles*, dessen Frau und Kinder er töten will, während der Held fern der Heimat seine großen Taten vollbringt. Zwar kommt dieser rechtzeitig zurück, um Lykos zu beseitigen, doch bringt er kurz darauf, von Hera* mit Wahnsinn geschlagen, seine Angehörigen selbst um (Euripides, Herakles; Seneca, Hercules furens). Der Tyrann Lykos ist vermutlich eine von Euripides im Zusammenhang mit seiner eigenwilligen Gestaltung der Heraklessage erfundene Person.

Lykurgos
1. Thrakischer König, der den kleinen Dionysos* und dessen Ammen mit der Doppelaxt bedrohte und vertrieb. Der junge Gott fand im Meer bei Thetis* Zuflucht, sein Gefolge wurde von Lykurgos gefangengenommen. Zur Strafe verwirrte ihm Dionysos den Verstand, so daß er, im Glauben, einen Weinstock umzuhauen, seinen eigenen Sohn mit der Axt erschlug. Außerdem verkündete der Gott, die Felder der Thraker würden erst wieder Frucht tragen, wenn Lykurgos tot sei. Darauf schleppten ihn seine eigenen Leute gefes-

selt auf einen Berg, wo er nach dem Willen des Dionysos von wilden Pferden zerrissen wurde (Apollodor, Bibliothek III 34f.).
2. König von Nemea, bei dem die vertriebene Hypsipyle* als Amme seines Söhnchens Opheltes* Zuflucht fand.
3. Sagenhafter Gesetzgeber in Sparta.

Lynkeus
1. Der einzige von den fünfzig Söhnen des ägyptischen Königs Aigyptos, der die Massenhochzeit mit den Danaiden* überlebte, weil seine Braut Hypermestra* ihn verschonte.
2. Sohn des Aphareus*, Bruder des Idas*, im Kampf mit den Dioskuren** getötet. Lynkeus – der Name ist von gr. *lynx,* Luchs, abgeleitet – hatte so scharfe Augen, daß er durch Mauern und ins Erdinnere schauen konnte; darum heißt im 5. Akt von Goethes ›Faust II‹ der Türmer Lynkeus.

Lyssa
Tochter der Nacht (Nyx) und des Uranos*, Dämonin des Wahnsinns, die Herakles* dazu bringt, Frau und Kinder zu töten (Euripides, Herakles 822–865).

M

Ma
Kleinasiatische Muttergöttin, der Kybele* verwandt und wie diese orgiastisch verehrt. Wegen ihrer kriegerischen Wesenszüge wurde sie von den Römern mit Bellona* gleichgesetzt.

Machaon
Sohn des Asklepios*, Bruder des Podaleirios* und wie dieser ein erfahrener Arzt, dessen Hilfe die Griechen vor Troja oft in Anspruch nahmen (Ilias IV 193–219). Wenn Linné zwei stattlichen Schmetterlingen, dem Schwalbenschwanz und dem Segelfalter, die Artnamen *machaon* und *podalirius* gab, dann dachte er dabei wohl an die Ähnlichkeit von Brüdern.

Mänaden
→ Mainaden

Magna Mater
→ Kybele

Maia
1. Tochter des Atlas* und der Pleione*, von Zeus* Mutter des Hermes* (Homerischer Hymnos 4 an Hermes, 1–12).
2. Altitalische Göttin, nach der der Monat Mai benannt ist; Ovid setzte sie mit der Mutter des Hermes gleich (Fasti V 103f.), anderen galt sie als Erscheinungsform der Mutter Erde oder der Bona* Dea.

Mainaden
»Rasende« (von gr. *mainesthai,* rasen); Begleiterinnen des Dionysos*, und zwar sowohl die Nymphen*, die ihn als Kind pflegten, wie die Frauen, die der Mythos mit ihm in Verbindung bringt. Die Mainaden dienen ihrem Gott in rauschhafter Verzückung, mit Lärminstrumenten und Jubelgeschrei; den mit Efeu bekränzten Thyrsosstab schwingend, mit Fellen bekleidet und mit flatternden Haaren durchstreifen sie die Wälder, fangen und zerreißen junge Tiere und verschlingen ihr rohes Fleisch. Eine schöne Schilderung ihres orgiastischen

Treibens gibt der römische Dichter Catull (carmen 64, 255–264). Zusammen mit Satyrn* und Silenen* gehören die Mainaden zu den besonders häufig auf griechischen Vasen gemalten Mythengestalten. Als exemplarisch kann die Malerei auf einer Spitzamphora des Kleophrades-Malers gelten (um 500 v. Chr., München, Antikensammlungen). Antike Autoren rühmen die Mainade des Skopas, die eben in ihrer Raserei ein Tier zerrissen hat (um 350 v. Chr.; Kopie in Dresden, Kunstsammlungen). Eine andere »typische« Mainade mit flatternden Haaren (Fragment eines Bronzekraters, um 410 v. Chr.) besitzen die Berliner Antikensammlungen.

Maira
Hündchen des Ikarios*.

Makareus
Sohn des Aiolos (2)*, Bruder der Kanake**.

Makaria
Tochter des Herakles* und der Deianeira*, opferte ihr Leben, um ihren Brüdern den Sieg über Eurystheus* zu sichern.

Makris
Nymphe*, Tochter des Aristaios*, Pflegerin des Dionysos*, von Hera* aus Euboia ins Land der Phaiaken* vertrieben. In ihrer Grotte feierte Iason* Hochzeit mit Medeia* (Apollonios Rhodios, Argonautika 1130–1146).

Manen
Im römischen Glauben die Geister der Verstorbenen, unter deren Schutz die Gräber stehen. Darum finden sich oft auf Grabsteinen die Buchstaben DM *(Dis Manibus,* den Totengöttern).

Manto
Prophetin, Tochter des Teiresias*, Mutter des Mopsos*.

Marathonischer Stier
→ Kretischer Stier

Maron
Priester des Apollon*, von Odysseus* bei der Eroberung der Stadt Ismaros verschont. Unter den Gaben, die Maron daraufhin überbringen ließ, befanden sich auch zwölf Krüge Wein, »ein Göttertrank«, der so stark war, daß er zwanzigfache Verdünnung vertrug. Kein Wunder, daß dieser Wein den Kyklopen* Polyphem* umwarf (Odyssee IX 196–212)!

Marpessa
Braut des Idas*.

Mars
Italische Schutzgottheit, auch als Mamers oder Mavors angerufen; bei den Römern in erster Linie Kriegsgott und, als Vater des Romulus*, einer ihrer göttlichen Ahnen. Er hatte zum Zeichen seiner Gunst einen Schild, das *ancile,* vom Himmel fallen lassen, an dessen Besitz Roms Glück gebunden war. Dieser Schild wurde zusammen mit elf Nachbildungen, die ihm völlig glichen, und mit der heiligen Lanze des Gottes im Haus des obersten Priesters verwahrt. Bei Umzügen zu Ehren des Mars tanzten seine Priester, die Salier, mit diesen Schilden und sangen dazu ein altertümliches Kultlied. Archaische Züge trägt auch das nach einem Pferderennen dargebrachte Opfer des »Oktoberrosses«. Dem Mars war der ursprünglich erste Monat des römischen Kalenders geweiht, der März *(mensis Martius);* Wolf und Specht waren seine heiligen Tiere. Auf dem Marsfeld außerhalb der alten Stadtmauern stand sein Altar; dort fanden militärische Übungen statt, dort sammelte sich in der Frühzeit das römische Heer, dort wurde es alle fünf Jahre feierlich entsühnt. Durch die Gleichsetzung mit dem griechischen Ares* wurde Mars auch in Verbindung mit Venus/Aphrodite* gebracht. Mit ihr, der Stammutter der Iulier, zusammen wurde er in dem von Kaiser Augustus gelobten und gestifteten Tempel des Mars Ultor verehrt – als Rächer des ermordeten Caesar. Der Planet Mars bekam seinen Namen wegen seines intensiv roten, an Blut und Brand gemahnenden Lichts.

Marsyas
Satyr*, der die von Athene* erfundene und – weil das Blasen des Instruments ihr Gesicht entstellte – gleich danach wegge-

worfene Flöte aufhob und es darauf zu so großer Meisterschaft brachte, daß er sich auf einen Wettkampf mit Apollon* einließ. Der Gott siegte, denn er konnte, anders als der Bläser, zu seinem Saitenspiel singen. Dem Unterlegenen zog er bei lebendigem Leib die Haut ab. Die Tränen der Nymphen*, die den Satyr beweinten, vereinigten sich zu dem kleinasiatischen Fluß Marsyas (Ovid, Metamorphosen 382–400; Fasti VI 697–710).

Von einer bronzenen Athene-Marsyas-Gruppe des Myron (um 450 v. Chr.) befindet sich eine fast vollständige Kopie in Rom (Vatikan, Musei Ex-Lateranensi). Unter den zahlreichen Gemälden, die entweder den musikalischen Wettstreit oder die »Bestrafung« des Marsyas darstellen, zeichnet sich Pietro Peruginos Bild ›Apoll und Marsyas‹ (um 1500, Paris, Louvre) durch besondere Dezenz aus: Überlegen wartet der Gott, der sich seines Sieges sicher ist, während der Satyr hingebungsvoll spielt. Nach Ovids Metamorphosen, mit dem Berggott Tmolos* und dem bereits Eselsohren tragenden Midas*, hat Jacob Jordaens sein Bild ›Apollo und Marsyas‹ gemalt (1637, Madrid, Prado) – hier wurde also, sofern der Titel nicht zu Unrecht gewählt wurde, der Wettkampf des Gottes mit Pan* eingemischt.

Mater Matuta

Altrömische Fruchtbarkeitsgöttin, von Ovid und anderen mit Ino*-Leukothea gleichgesetzt (Ovid, Fasti VI 475–556).

Medeia

Tochter des Königs Aietes* von Kolchis, die Iason* und den Argonauten* half, das Goldene Vlies zu gewinnen, und sich später, als der Undankbare sie verstieß, schrecklich rächte. In der Argonautensage entspricht Medeia jenen Königstöchtern des Volksmärchens, die einem jungen Helden durch Zauberkunst die Lösung sonst unlösbarer Aufgaben sowie die Flucht vor einem bedrohlichen Verfolger ermöglichen und zum Dank dafür geheiratet werden. Zu einer geradezu dämonischen Gestalt voll düsterer Tragik wird sie erst nach dem scheinbaren Happy-End: Als Frau des Iason verjüngte sie dessen Vater Aison* und brachte die Töchter des Pelias*, der jenem den Thron entrissen hatte, dazu, diesen zu töten, weil sie ihnen einredete, sie werde auch ihm die Jugend zurückgeben. Da sie ihr Versprechen nicht hielt, mußte sie mit ihrem Mann nach Korinth fliehen, wo sie ihm zwei Söhne gebar. Iason aber war der unheimlichen Kolcherin bald überdrüssig und sah sich nach einer guten Partie um; die glaubte er in Glauke, der Tochter König Kreons (2)* von Korinth, gefunden zu haben. Medeia schien sich in ihr Schicksal als verstoßene Gattin zu fügen, sie sandte der jungen Braut sogar ein herrliches Festgewand – doch als diese es anlegte, ging es in Flammen auf: Glauke und ihr Vater, der ihr zu Hilfe kommen wollte, verbrannten! Um Iason noch schwerer zu treffen, erstach Medeia auch ihre beiden Söhne und floh dann auf einem von Drachen gezogenen Wagen durch die Lüfte nach Athen. Dort nahm König Aigeus* sie zur Frau, verjagte sie aber später, als sie bei dem Versuch ertappt wurde, seinen eben heimgekehrten Sohn Theseus* zu vergiften (Euripides, Medeia; Ovid, Metamorphosen VII 1–424). Mit ihrem Sohn von Aigeus, Medos, floh Medeia nach Asien, wo der junge Mann große Heldentaten vollbrachte und das Reich der Meder begründete. Nach seinem Tod kehrte Medeia nach Kolchis zurück, beseitigte einen Usurpator und setzte ihren Vater Aietes wieder auf den Thron (Apollodor, Bibliothek I 143–147).

Die um 430 v. Chr. uraufgeführte Tragödie des Euripides beginnt mit Medeias Ausweisung aus Korinth durch Kreon und ihrer Bitte um einen Tag Aufschub; sie endet mit der Flucht im Drachenwagen. Auch Seneca drängt in seiner ›Medea‹ (um 40 n. Chr.) das Geschehen auf einen Tag zusammen, schildert aber in aller Breite die Hexenkünste der außer sich geratenen Frau und läßt Iason als das bedauernswerte Opfer ihrer wilden Raserei erscheinen. In Pierre Corneilles ›Medée‹ (1635) werden alle handelnden Personen von Leidenschaften umgetrieben: Iason von Ehrgeiz, Glauke von ihrer Eitelkeit: Sie will unbedingt einen Helden zum Mann. Der amerikanische Dramatiker Robinson Jeffers nennt seine ›Medea‹ (1947) »freely adapted from the Medea of Euripides«, setzt aber durchaus eigene Akzente, indem er die Vereinsamung der Fremden, der Barbarin, in einer feindseligen Umgebung stark betont. Auch Hans Henny Jahnn sieht in seiner ›Medea‹ (1926; Neufassung 1959) hinter dem tragischen Geschehen Probleme des Rassismus und der Diskriminierung Farbiger. Folgerichtig wird Medeia zur Isispriesterin und jungfräulichen Gattin ihres Bruders, den sie um Iasons willen verrät und ermordet. Enger an Euripides hält sich Jean Anouilh in seiner ›Medée‹ (1948), einer psychologischen Studie über den Zerfall einer scheinbar idealen Liebesbeziehung. Jahnns Einakter wurde 1967 von Bernd Alois Zimmermann vertont, der damit die vorläufig letzte in einer ganzen Reihe von Medea-Opern schuf; Erwähnung verdienen die Werke Marc-Antoine Charpentiers (1693, nach Corneille) und Luigi Cherubinis (1797, nach Friedrich Wilhelm Gotters 1775 erschienener Tragödie ›Medea‹, der auch Franz Grillparzer Anregungen für seine Trilogie ›Das goldene Vliess‹ verdankt).

Figurenreich ist Medeias Rache auf einem apulischen Volutenkrater aus Canosa dargestellt: Im Palast des Kreon sieht man eben dessen Tochter zusammenbrechen, während in der Nähe die rasende Mutter ihre Kinder ersticht. Ein Schlangenwagen steht zur Flucht bereit, die der herbeieilende Iason nicht verhindern kann (4. Jahrhundert v. Chr., München, Staatliche Antikensammlungen). Mit Wut und Verzweiflung im Blick umklammert Medeia ihr Schwert auf einem Wandgemälde aus Herculaneum (Kopie nach einem Original, das vermutlich um 280 v. Chr. Timomachos malte; Neapel, Museo Nazionale). Anselm Feuerbach war offensichtlich von der unheimlichen Heldin besonders fasziniert und malte sie mehrfach (Medea auf der Flucht, 1870, München, Neue Pinakothek; Medea, 1871, Mannheim, Kunsthalle; Medea vor der Urne, 1873, Oldenburg, Gemäldegalerie).

Medos

Sohn der Medeia* von Aigeus*, Stammvater der Meder.

Medusa

Eine der drei Gorgonen**, von Perseus* getötet, gebar im Sterben den Pegasos* und den Chrysaor*, die sie von Poseidon* in Roßgestalt empfangen hatte (Apollodor, Bibliothek II 40–42). Von Perseus erhielt Athene* das fürchterliche Medusenhaupt, dessen Anblick versteinert, und befestigte es an ihrer Aigis, einer Art Schild. Als Schildzier, aber auch als unheilabwehrendes Schreckbild an Gebäuden wurde die zähnefletschende Medusa im alten Hellas unzählige Male abgebildet.

Wahrhaft grauenerregend ist das schlangenumringelte Haupt mit den starren Augen und dem zum Schrei aufgerissenen

Mund, das Michelangelo Caravaggio um 1590 gemalt hat (Florenz, Uffizien). Wenn ein Biologe von »Medusen« spricht, meint er in erster Linie eine Gruppe von Scheibenquallen, deren Tentakeln an die Schlangenhaare der Medusa erinnern. An sie mag man auch beim Anblick bestimmter Aktinarien (Seerosen) denken – und auch unter den Seelilien findet sich ein Medusenstern.

Mefitis
Italische Göttin übler und schädlicher Gerüche, bisweilen mit Iuno* und Venus* gleichgesetzt.

Megaira
Eine der Erinyen*, bei Vergil (Aeneis XII 845–868) *Tartarea,* höllisch genannt. Auf diese Erwähnung dürfte die Bezeichnung »Megäre« für ein schreckenerregendes weibliches Wesen zurückgehen.

Megara
Erste Frau des Herakles*.

Melampus
Sohn des Amythaon von Pylos, ein von Apollon* begnadeter Wahrsager, Zeichendeuter und Heilkundiger, der auch die Stimmen der Tiere verstand, seit von ihm aufgezogene Schlangen seine Ohren ausgeleckt hatten. Als sein Bruder Bias* um die schöne Tochter des Neleus* warb und dieser als Brautgabe die Rinder des Iphiklos forderte, ließ sich Melampus dazu bestimmen, für Bias stehlen zu gehen, obwohl er wußte, daß man ihn fassen und gefangennehmen würde. Doch nach einem Jahr, das wußte er ebenfalls, würde er wieder frei sein und die Rinder bekommen. Tatsächlich wurde er ertappt und eingesperrt. Als fast ein Jahr vergangen war, fragte er die Holzwürmer, die im Gebälk seines Gefängnisses hausten, wie lange die Balken noch halten würden. »Sie sind fast völlig zernagt«, war die Antwort. Da verlangte Melampus von seinen Bewachern, sofort in ein anderes Gebäude gebracht zu werden – und hinter ihm stürzte das Haus zusammen, das er eben verlassen hatte. Der Vater des Iphiklos, dem alles berichtet wurde, erkannte gleich, daß Melampus mehr könne als Brot essen. Er ließ ihn frei und versprach ihm die gewünschten Rinder, wenn

er ihm sagen könne, wie die Impotenz seines Sohnes zu heilen sei. Melampus schlachtete daraufhin zwei Stiere und wartete bei den Kadavern auf Aasvögel. Sobald der erste Geier anflog, befragte er den wegen des Iphiklos. »Als der Junge noch klein war«, sagte das kluge Tier, »hat sein Vater ein blutiges Opfermesser neben ihn gelegt. Davor ist das Kind erschrocken und ausgerissen. Das Messer hat der Vater in den Stamm einer heiligen Eiche gesteckt, deren Rinde es mittlerweile ganz umwachsen hat. Man muß es herausholen, den Rost abschaben und davon dem Iphiklos zehn Tage lang ein wenig in Wasser zu trinken geben, dann wird er einen Sohn zeugen können!« Alles kam, wie der Geier verkündet hatte, und Melampus kehrte mit den Rindern zu seinem Bruder zurück, der nun die umworbene Braut heimführen konnte. Als später Dionysos* die Frauen von Argos in Wahnsinn verfallen ließ, ging Melampus mit Bias dorthin und heilte die Rasenden. Für diese Leistung bekamen er und sein Bruder von König Proitos*, dessen Töchter als erste verstört aus dem Haus gestürmt waren, je ein Drittel des Königreichs. Melampus aber wurde der Ahnherr einer ganzen Wahrsagerdynastie, unter anderem des Amphiaraos* und des Theoklymenos* (Apollodor, Bibliothek I 96–103; II 27–29). Apollodors detailreiches Referat legt die Vermutung nahe, daß Melampus der Held einer alten epischen Dichtung, der ›Melampodie‹, war, auf die bereits in der Odyssee (XI 287–297; XV 225–245) Bezug genommen wird.

Melanion
Sieger über Atalante (2)** im Wettlauf.

Melanippe
1. Tochter des Aiolos (1)*, von Poseidon Mutter zweier Söhne, denen erst Aiolos und später ihre Pflegemutter – erfolglos – nach dem Leben trachten (Hyginus, Fabulae 186; 252).
2. Amazone, Schwester der Hippolyta*, von Herakles* gefangengenommen; Hippolyta bot daraufhin ihren »bunten Gürtel als Lösegeld« und bekam die Schwester unverletzt zurück (Apollonios Rhodios, Argonautika II 966–969).

Melanippos
Sohn des Astakos, verwundete beim Angriff der Sieben* auf Theben den Tydeus* und wurde selbst von ihm erschlagen.

Seinen Kopf gab Amphiaraos* dem Verwundeten; der spaltete ihn und trank das Hirn daraus. Bei diesem Anblick wandte sich Athene*, die eben durch einen Zaubertrank den Tydeus hatte unsterblich machen wollen, voll Grausen ab, und Tydeus mußte sterben (Apollodor, Bibliothek II 75f.).

Melanthios

Ziegenhirt des Odysseus*, der es – im Gegensatz zu dem treuen Schweinehirten Eumaios* – mit den frechen Freiern der Penelope* hielt und jenen »heilloser Sauhirt« schimpfte, als er ihm zusammen mit einem Bettler, dem heimgekehrten Odysseus, begegnete. Während dieser mit den Freiern kämpfte, verschaffte ihnen Melanthios Waffen, wurde aber dabei ertappt und schließlich getötet (Odyssee XVII 212–253; XXII 135–195).

Meleagros

Sohn des Königs Oineus* von Kalydon und der Althaia*, ein großer Jäger, der zusammen mit anderen Helden den furchtbaren Kalydonischen** Eber erlegte. Als unter den Jagdgenossen um Kopf und Schwarte des Riesentiers ein Streit ausbrach, erschlug Meleagros die Brüder seiner Mutter, und diese verfluchte ihren Sohn. Darauf blieb der Held grollend dem Kampf fern, der zwischen Aitoliern und Kureten um die Stadt Kalydon tobte. Umsonst flehten ihn die alten Männer der Stadt, umsonst selbst sein Vater, seine Mutter, seine Schwestern an: Er blieb taub für ihre Bitten. Erst als die Kureten schon die Mauer erstiegen und Feuer in die Festung warfen, ließ sich Meleagros von den Klagen seiner Frau rühren, rüstete sich und rettete seine Vaterstadt (Ilias IX 527–599). Diese Geschichte erzählt in der Ilias der alte Phoinix (2)* dem Achilleus*, der seinerseits grollt und sich vom Kampf um Troja fernhält. Auch die wohlgesetzten Worte des Phoinix lassen ihn kalt. Für uns aber sind sie ein wichtiger Hinweis auf ein längst verschollenes Heldenlied, das älter und in vielem auch altertümlicher war als die Ilias. Das tragische Ende der Geschichte wird von Phoinix nur angedeutet: Meleagros muß sterben, der Fluch der Mutter erfüllt sich. Spätere Dichter berichten von einem Holzscheit, an das Meleagers Leben gebunden gewesen sei und das Althaia** in ihrer Wut verbrannt habe.

Von Meleagros-Tragödien des Sophokles und Euripides sind nur Fragmente erhalten; manches daraus mögen die packende Gestaltung des Stoffs durch Ovid (Metamorphosen VIII 267–546) und der Bericht Apollodors (Bibliothek I 63–73) bewahren. Die Eberjagd wurde, wohl wegen ihres tragischen Ausgangs, gern auf Sarkophagen dargestellt. Ein besonders schöner steht im Museum von Eleusis bei Athen. Einen marmornen Meleager, die Kopie einer um 350 v. Chr. geschaffenen Bronzestatue des Skopas, besitzen die Vatikanischen Sammlungen in Rom. Szenen aus der Jagd auf den Kalydonischen Eber finden sich auch auf der François-Vase (um 570 v. Chr., Florenz, Museo Archeologico) und im Fries des Heroen-Heiligtums von Trysa (um 430 v. Chr., Kunsthistorisches Museum Wien). Zusammen mit der Jägerin Atalante*, derentwegen bei Ovid jener verhängnisvolle Streit ausbricht, hat Peter Paul Rubens den Helden von Kalydon mehrfach gemalt. Eine um 1635 entstandene Fassung besitzt die Alte Pinakothek in München. Auch die Eberjagd war im 16. und 17. Jahrhundert ein beliebtes Motiv, dessen sich unter anderen Nicolas Poussin annahm (um 1650, Madrid, Prado). Von zahlreichen dramatischen Bearbeitungen und Opern hat keine die Zeiten überdauert.

Melikertes
Sohn der Ino**.

Melische Nymphen
Aus dem Blut des von Kronos* entmannten Uranos* entstandene Baumgöttinnen (Hesiod, Theogonie 178–188).

Melpomene
»Die Singende«, eine der neun Musen*; seit dem späten Hellenismus die Schutzpatronin der Tragödie, weswegen sie mit einer tragischen Maske dargestellt wird.

Memnon
Sohn der Eos* und des Tithonos*, König der Aithiopen, der auf seiten der Trojaner gegen die Griechen kämpfte, von Achilleus* erschlagen, von seiner göttlichen Mutter entrückt und von Zeus* unter die Unsterblichen aufgenommen wurde. Die Geschichte von Memnon wurde in einem verlorenen

Epos, der Aithiopis, behandelt, das manchen als das Vorbild der Ilias gilt. Bei Ovid (Metamorphosen XIII 576–619) verwandelt Jupiter* auf Bitten Auroras* die vom Wind hochgewehte Asche Memnons in Vögel, die sich über seinem Scheiterhaufen grimmig bekämpfen und seitdem Jahr für Jahr diese seltsamen Leichenspiele zur Ehre des Toten wiederholen. Angebliche Gräber und Totentempel Memnons konnten antike Touristen in Kleinasien, Syrien, Persien und in Ägypten besuchen, wo die Griechen aus verschiedenen Herrschernamen »Memnon« heraushörten. Auch die beiden Memnonskolosse bei Theben – Sitzfiguren des Pharaos Amenophis III. – verdankten ihren Ruhm diesem Mißverständnis. Als gar einer von ihnen, sobald ihn die Morgensonne beschien, zu »singen« begann, war die Attraktion perfekt – die zahlreichen Besucherinschriften beweisen es! Die klagenden Töne, mit denen Memnon vermeintlich seine Mutter grüßte, waren jedoch die Folge eines Sprungs, den die Statue 27 v. Chr. bei einem Erdbeben abbekommen hatte, und, im Zusammenhang damit, unterschiedlich rascher Erwärmung des Steins. Als 199 n. Chr. Kaiser Septimius Severus den Koloß restaurieren ließ, verstummte er für immer.

Menelaos

Sohn des Atreus*, jüngerer Bruder Agamemnons*, mit dem zusammen er auf der Flucht vor Thyestes* bei König Tyndareos* Schutz fand. Später machte dieser die beiden zu seinen Schwiegersöhnen, und Menelaos bekam den Thron von Sparta und die vielumworbene schöne Helena**. Im Trojanischen Krieg, der wegen Helenas Entführung ausbrach, tat »der blonde« Menelaos sich mehrfach hervor: Im Zweikampf mit Paris*, den Aphrodite* vor ihm rettete (Ilias III 314–461), und beim Kampf um die Leiche des Patroklos* (Ilias XVII). Nach der Eroberung Trojas kam er auf achtjähriger Irrfahrt zu vielen Völkern und erwarb sich gewaltige Schätze. Davon erzählt er in der Odyssee (IV 76–586), als Telemachos* auf der Suche nach seinem Vater Odysseus* zu ihm kommt, während Menelaos und Helena gerade die Hochzeit ihrer Tochter Hermione* mit Neoptolemos*, dem Sohn des Achilleus*, vorbereiten. Es ist eine Odyssee, ein Seefahrermärchen im kleinen, was der Odysseedichter da dem Spartanerkönig in den Mund legt: Erst habe er vor Kreta den größten Teil seiner Flotte verloren, dann sei er vor der ägyptischen Küste durch widrige Winde festgehalten worden und wäre wohl verhungert, hätte ihm nicht eine Meergöttin, Eidothea, die Tochter des Proteus*, mit gutem Rat geholfen. Sie habe ihm geboten, sich mit drei Gefährten in den Fellen geschlachteter Robben unter die »Herde« ihres Vaters zu mischen, den wandlungsfähigen Alten festzuhalten und sich von ihm weissagen zu lassen. Der habe ihm unter anderem verkündet, er werde nicht sterben, sondern ins Elysion versetzt werden. In den homerischen Epen ist Menelaos also ein großer König und Held; die Vasenmaler verherrlichten seine Taten. Zum Schwächling hat ihn wohl erst Euripides in den ›Troerinnen‹ gemacht, zum lächerlichen Trottel Jacques Offenbach in der ›Schönen Helena‹.

Menestheus

Führer der Athener im Trojanischen Krieg (Ilias II 546–556); er hatte mit Hilfe der Dioskuren* die Macht in Athen an sich gerissen, als Theseus* mit Peirithoos* in der Unterwelt festsaß (Apollodor, Bibliothek IV 23f.).

Menestratos

Ein junger Mann aus Thespiai, der sich für seinen Geliebten opferte, als dieser einem Drachen ausgeliefert werden sollte. Menestratos legte einen Stachelpanzer an und lag dem Untier, das ihn auf einen Happ verschlang, so schwer im Magen, daß es keinen Appetit auf junge Thespier mehr hatte (Pausanias, Periegesis IX 26, 7f.).

Menoikeus

1. König von Theben, Vater des Kreon (1)* und der Iokaste*.
2. Sohn des Königs Kreon (1)* von Theben; als die Sieben* gegen die Stadt zogen, verkündete der Seher Teiresias*, sie könnten abgewehrt werden, wenn Menoikeus als Sühneopfer für den Drachenmord des Kadmos* geschlachtet werde. Darauf erstach der Königssohn sich selbst (Euripides, Phoinissen 911–1094; Apollodor, Bibliothek III 73).

Menoitios
1. Sohn des Iapetos*, Bruder des Atlas*, Prometheus* und Epimetheus*, von Zeus* wegen seines Übermuts mit dem Blitz erschlagen und in den dunklen Erebos gestürzt (Hesiod, Theogonie 510–516).
2. Vater des Patroklos*.

Mentor
Freund des Odysseus*, dem dieser bei seiner Abfahrt nach Troja sein Haus und seinen Sohn Telemachos* anvertraute. In der Gestalt Mentors riet Athene* dem jungen Mann, sich auf die Suche nach seinem Vater zu begeben (Odyssee II 267–405), in Mentors Gestalt half sie Odysseus beim Kampf mit den Freiern (Odyssee XXII 205–240). Heute gebraucht man den Namen Mentors im Sinne von »Erzieher, Ratgeber«; eine Lernhilfenreihe nennt sich »Mentor-Repetitorien«.

Mercurius
Römischer Gott des Handels und der Händler, früh mit Hermes* gleichgesetzt. Wenn ein Verein sich »Merkur«, ein Hotel »Mercure« nennt, impliziert das den Hinweis: »Für Geschäftsleute«; bei einer Zeitung denkt man eher an den Götterboten Hermes/Merkur.

Meriones
Freund des Idomeneus*, einer der tapfersten Kreter vor Troja.

Metis
»Klugheit«, die weiseste unter den Göttern und erste Gattin des Zeus*; als sie von ihm eine Tochter, Athene*, erwartete, erfuhr Zeus von Uranos* und Gaia*, sie werde danach »den König der Götter und Menschen« gebären. Darauf »täuschte er sie mit freundlichen Worten und versenkte sie in seinem Leib ... daß sie ihm das Gute und Böse verkünde«. Athene wurde später aus dem Haupt des Zeus geboren (Hesiod, Theogonie 886–924). Die Geschichte von Metis ist ein merkwürdiges Gemisch aus Urtümlichem und rationalisierender Theologie, das vermutlich der Grübler Hesiod selbst gebraut hat.

Mezentius

König der Etruskerstadt Caere, Verbündeter des Turnus* gegen Aineias*, ein wilder Verächter der Götter (Vergil, Aeneis VII 649), dessen Name später im Sinne von »grausamer Tyrann« gebraucht wurde.

Midas

König von Phrygien in Kleinasien, der den trunkenen Silen* bei sich aufnahm und ihn, nach einem prächtigen Fest, zu seinem Zögling Dionysos* zurückbrachte. Dieser stellte ihm eine Bitte frei, und Midas wünschte sich, alles, was er berühre, solle zu Gold werden. Erst als er essen und trinken wollte, merkte er, wie töricht er gewesen war, und bat Dionysos, die verhängnisvolle Gabe von ihm zu nehmen. Auf Geheiß des Gottes badete er im Fluß Paktolos, in dessen Kies sich seitdem Goldkörner finden. Später mischte sich Midas in den musikalischen Wettstreit des Apollon* mit Pan* ein und kritisierte das Urteil des alten Berggotts Tmolos. Dafür bekam er von Apollon Eselsohren verpaßt, die er unter einer Art Turban zu verstecken suchte. Nur sein Friseur wußte um die Schande des Königs, und weil er davon zu keinem Menschen sprechen durfte, sein Geheimnis aber doch irgendwo loswerden wollte, grub er ein Loch und flüsterte hinein: »Midas hat Eselsohren!« Dann schüttete er das Loch wieder zu. Bald wuchs Schilf an der Stelle, und wenn der Wind es durchwehte, wiederholte es die vergrabenen Worte ... (Ovid, Metamorphosen XI 90–193; Hyginus, Fabulae 191).
Auf der Bühne begegnet uns Midas in Richard Strauß' Oper ›Die Liebe der Danae‹ und, als reicher Charmeur Mydas, in Franz von Suppées Operette ›Die schöne Galathee‹. Der ungarische Romancier Ambrus Zoltán schildert in seinem ›König Midas‹ (1891) das Leben eines Künstlers, der nach langer Armut plötzlich im Geld schwimmt, aber seines Reichtums nicht froh werden kann und schließlich Selbstmord verübt. Bei den Malern erfreute sich ›Das Urteil des Midas‹ besonderer Beliebtheit; bisweilen wurden aber die Kontrahenten des Apollon verwechselt, zum Beispiel von Martin Johann Schmidt, genannt Kremserschmidt, in seinem ›Schiedsspruch des Königs Midas zwischen Apoll und Marsyas‹ (1767, Wien, Akademie der Bildenden Künste).

Miletos
Sohn des Apollon*, vor dem in ihn verliebten Minos* aus Kreta geflüchtet, Gründer der Stadt Milet an der kleinasiatischen Westküste; Vater von Kaunos* und Byblis* (Apollodor, Bibliothek III 5f.; Ovid, Metamorphosen IX 443–447).

Minerva
Italische Göttin des Handwerks – auch des Kriegshandwerks –, früh mit Athene* gleichgesetzt. Sie wurde in Rom zusammen mit Jupiter* und Juno* auf dem Kapitol, als Minerva Medica (»Ärztin«) auf dem Esquilin und als Beschützerin der Stadt auf dem Aventin verehrt.

Minos
Sohn des Zeus* und der Europa*, König und erster Gesetzgeber der Kreter, von Pasiphae* Vater des Androgeos*, der Phaidra*, der Ariadne* und weiterer drei Söhne, Stiefvater des Minotauros*, für den ihm Daidalos* das Labyrinth baute. Als Androgeos bei Athen ermordet wurde, unternahm Minos einen Rachefeldzug gegen Griechenland, eroberte Megara mit Hilfe der Skylla (2)* und zwang die Athener, ihm alle neun Jahre sieben junge Männer und ebensoviele Mädchen zu schicken, mit denen er den Minotauros fütterte, bis Theseus* diesen erschlug. Bei der Verfolgung des geflohenen Daidalos wurde Minos auf Befehl des Königs Kokalos* auf Sizilien ermordet. Zeus machte ihn zu einem der drei Totenrichter in der Unterwelt (Odyssee XI 568–571; Apollodor, Bibliothek III 3–20, 197–211, IV 7–15; Ovid, Metamorphosen VII 456–490; VIII 6–292). In den Sagen von Minos, seiner Seemacht und seinen Kriegen mögen sich geschichtliche Erinnerungen erhalten haben; es ist darum gerechtfertigt, die vorgriechische Kultur Kretas mit dem von Sir Arthur Evans eingeführten Wort als »minoisch« zu bezeichnen.
Der 1931 erschienene Roman von Franz Spunda ›Minos oder die Geburt Europas‹ ist ein schwülstiges Ragout aus mystischer Geschichtsdeutung, Kulturpessimismus und Rassismus, in dem die sodomitischen Kreter in Gestalt des Minotauros das Tier im Menschen verehren, Theseus dem Minos als eine Art Heiland erscheint, aber ein scheußliches Massaker nicht verhindern kann, und die moralisch verkommenen Kreter brutalen, aber »reinen« Eroberern erliegen.

Minotauros
Sohn der Pasiphae* und des Kretischen** Stiers, halb Mensch, halb Tier, von Minos*, der die Schande seines Hauses verbergen wollte, im Labyrinth eingeschlossen, wo ihn Theseus* erlegte. Dante machte in seiner ›Commedia‹ den Minotauros zum Wächter des siebten Höllenkreises. Eine gespenstische Szenerie entwarf Pablo Picasso in seiner Radierung ›Minotauromachie‹ (1935): von rechts nähert sich mit mächtigem Stierkopf und weitausgreifendem Menschenarm das Monster einem Kind, das einen Strauß und eine Kerze hält.

Minyas
König von Theben oder Orchomenos; seine drei Töchter, die ›Minyaden‹ Alkithoe, Arsinoe und Leukonoe, leugnen die Göttlichkeit des Dionysos*, spinnen und weben während seines Fests und erzählen sich dabei Geschichten, bis der Verachtete sie in Fledermäuse verwandelt (Ovid, Metamorphosen IV 1–425).

Misenos
Trompeter des Hektor*; nach dessen Tod Gefolgsmann des Aineias*, mit dem er bis nach Italien gelangte. Am Golf von Neapel reizte er den Triton*, indem er dessen Instrument, die Schneckentrompete, blies. Darauf ertränkte ihn der eifersüchtige Meergott. Aineias ließ den Leichnam auf einem Vorgebirge bestatten, das bis heute Kap Misenum heißt (Vergil, Aeneis VI 162–235).

Mithras
Persischer Licht-und Sonnengott und allwissender Hüter der Wahrheit und des Rechts, der auf Seiten des Guten gegen die Dämonen des Bösen kämpft, von seinen Anhängern soldatischen Gehorsam und unbedingten Einsatz verlangt und ihnen, wenn sie das Rechte tun, den Sieg schenkt. Der Kult des Mithras wurde durch römische Soldaten, die ihn in Kleinasien kennengelernt hatten, über das ganze Reich verbreitet. Wer sich ihm anschloß, mußte sich einer Folge von Prüfungen unterziehen, die immer härter wurden, und erreichte, wenn er sie bestand, den jeweils nächsten Grad in einer Hierarchie von sieben Stufen. Die geheimen Feiern fanden in unterirdischen Räumen statt und wurden durch Licht- und Toneffekte ein-

drucksvoll untermalt. Ein solches »Mithräum« ist beispielsweise unter der Kirche San Clemente in Rom erhalten. Das Kultbild zeigt Mithras mit der phrygischen Mütze, wie er eben den Urstier tötet, aus dessen Fleisch und Blut und Gebein er die Welt erschuf. Das Landesmuseum in Karlsruhe besitzt ein besonders detailreiches Mithrasbild aus einem Mithräum in Osterburken; eine schöne Kopie davon befindet sich im Limesmuseum von Aalen. Der Mithraskult, in den sich sogar römische Kaiser einweihen ließen, machte dem jungen Christentum ernsthafte Konkurrenz. Elemente seines Brauchtums haben sich im Ritual der armenischen Kirche erhalten, und daß als Geburtstag Christi von Kaiser Justinian die Nacht vom 24. auf den 25. Dezember festgelegt wurde, hat gewiß damit zu tun, daß an diesem Tag die Mithrasdiener die Wiedergeburt des »unbesiegbaren Sonnengotts« feierten.

Mixoparthenos
Ein Mischwesen, halb Frau, halb Schlange, das die Pferde des schlafenden Herakles* entführte und sie erst zurückgab, nachdem er bei ihr geschlafen hatte. Von den drei Söhnen, die sie empfing, behielt sie auf den Rat des Herakles den bei sich, der, erwachsen, den Bogen seines Vaters spannen konnte. Er wurde der Stammvater des Volks der Skythen (Herodot, Historien IV 8–10).

Mnemosyne
»Erinnerung«; Tochter des Uranos* und der Gaia*, von Zeus* Mutter der neun Musen* (Hesiod, Theogonie 52–62, 135, 915–917).

Moira
»Zuteilerin«, Schicksalsgöttin; Hesiod (Theogonie 904–906) nennt drei Moiren als Töchter des Zeus* und der Themis*: Klotho, Lachesis und Atropos; die erste spinnt den Lebensfaden, die zweite bestimmt seine Länge, die dritte schneidet ihn ab. Die redenden Namen sind gewiß Erfindungen des systematisierenden Theologen; in Ilias und Odyssee steht neben einer bereits persönlichen Vorstellung von Moira noch der abstrakte Begriff *moira* für Schicksal, Verhängnis und Tod.

Molionen
Aktor und Kteatos, die riesenhaften Zwillingssöhne einer Geliebten des Poseidon*, Molione.

Molossos
Sohn der Andromache* von Neoptolemos*, Stammvater der Molosser in Nordwestgriechenland.

Momos
»Tadel«, eine der vielen Personifikationen Hesiods (Theogonie 214), der ihn, wie Schicksal, Qual, Tod, Schlaf, Träume und Elend, einen Sohn der Nacht nennt. Für die Dichter des Hellenismus ist Momos Inbild ätzender Kritik; auch an den Göttern habe er seine spitze Zunge gewetzt, bis ihn Zeus* aus dem Olymp warf oder er vor Wut zerplatzte, weil er an Aphrodite* nichts auszusetzen fand.

Moneta
Beiname der Juno* in Rom.

Mopsos
1. Thessalischer Seher, Teilnehmer an der Jagd auf den Kalydonischen* Eber, am Kampf der Lapithen* und Kentauren* (Ovid, Metamorphosen VIII 326, 350; XII 456, 528) und am Argonautenzug (Apollonios Rhodios, Argonautika 65f., 80–82).
2. Enkel des Teiresias*, Sieger über Kalchas** in einem Seher-Wettkampf, Gründer der berühmten Orakelstätten von Klaros und Mallos.

Mormo
Gespenstisches Wesen, das wie die Lamia* Kinder verfolgt und verschlingt. *Mormo maura,* schwarze Mormo, nannte Linné einen großen, dunklen Nachtfalter, das Schwarze Ordensband.

Morpheus
»Bildner« (von gr. *morphe,* Gestalt), ein Sohn des Schlafgotts, der den Menschen mit wechselnder Gestalt im Traum erscheint, zum Beispiel der trauernden Alkyone* (Ovid, Metamorphosen XI 633–676). Wer sagt, jemand ruhe »in Morpheus' Armen«, drückt damit aus, jener schlafe tief und fest.

Musagetes
»Musenführer«, Beiname des Apollon*; das Ballett ›Apollon musagète‹ von Igor Strawinsky (1927/1947) zeigt den Gott, wie er die Musen* auszeichnet und schließlich auf den Dichterberg Parnaß führt.

Musen
Neun Töchter des Zeus* und der Mnemosyne*, deren Namen Hesiod in der Theogonie (77–79) nennt: Klio, Euterpe, Thaleia, Melpomene, Terpsichore, Erato, Polyhymnia, Urania und Kalliope. Die Musen unterhalten die feiernden Götter mit ihrem Gesang, während Apollon* sie auf der Lyra begleitet (Ilias I 601–604); sie sind in der thessalischen Landschaft Pierien, auf dem Berg Helikon in Boiotien oder auf dem Parnaß bei Delphi daheim, in der Nähe von Quellen, die ihnen heilig sind, wie z.B. die Hippukrene oder die kastalische; sie haben den Hesiod zum Dichter berufen (Theogonie 23–34), den Thraker Thamyris* aber, der sie im Wettkampf übertreffen wollte, mit Blindheit geschlagen, des Gesanges beraubt und das Saitenspiel vergessen lassen (Ilias II 594–600). Wie sie die Töchter des Pieros* bestraften, erzählt Ovid (Metamorphosen V 294–340 und 662–678). Die Musen zu Beginn eines Werks anzurufen, war alter Sänger- und Dichterbrauch: »Vom Zorn singe mir, Muse, des Peleussohnes Achilleus!« – So beginnt die Ilias, und der erste Vers der Odyssee lautet: »Den Mann nenne mir, Muse, den wandelbaren ...« Herodot benannte die neun Bücher seines Geschichtswerks nach den neun Musen (woran sich Goethe bei seinem Flüchtlingsepos ›Hermann und Dorothea‹ ein Beispiel nahm), die erste antike »Universität« in Alexandrien hieß nach ihnen »Museion« und gab an unsere Museen den Namen weiter. Im späten Hellenismus begann man, den einzelnen Musen bestimmte literarische, künstlerische und wissenschaftliche Bereiche zuzuweisen. Damals erst wurde Erato zuständig für die Liebeselegie, Urania für die Astronomie, Klio für die Geschichtsschreibung – weil man aus ihrem Namen das griechische Wort *kleos,* Nachruhm, heraushörte.
Ein Musenrelief aus Mantineia (um 320 v. Chr.) besitzt das Nationalmuseum in Athen; eine überlebensgroße Marmorstatue der Muse Erato aus dem 4. Jahrhundert n. Chr. (Florenz, Uffizien) gilt als die letzte von ihrem Schöpfer signierte antike

Statue. Sechs Musen sind auf zwei Gemälden von Eustache le Sueur dargestellt (Klio, Euterpe und Thalia / Melpomene, Erato und Polyhymnia, um 1640, Paris, Louvre); besonders häufig wurden die Musen im Gefolge Apollons gemalt, zum Beispiel von Nicolas Poussin (Der Parnaß, um 1625, Madrid, Prado) oder von Jacopo Amigoni (Apollon im Kreis der Musen, Deckenfresko im Schloß Schleißheim bei München, um 1720).

Myrmidonen

Volk in Thessalien, dessen Krieger Achilleus* gegen Troja führte; nach Ovid (Metamorphosen VII 614–657) von Zeus* auf Bitten des Aiakos* hin aus Ameisen (gr. *myrmekes*) erschaffen, als die gesamte Bevölkerung der Insel Aigina einer Pest erlegen war. Von Aigina sollen dann Myrmidonen mit Peleus* nach Thessalien gekommen sein.

Myrrha

Tochter des Königs Kinyras, von ihrem Vater Mutter des Adonis**, in einen Myrrhenbaum verwandelt. Adam Elsheimers Gemälde ›Die Geburt des Adonis‹ (um 1600, Frankfurt am Main, Städelsches Kunstinstitut) setzt beim Betrachter die Kenntnis der entsprechenden Ovid-Passage (Metamorphosen X 503–516) voraus – andernfalls bemerkt dieser nur ein nacktes Kind zwischen mehreren Leuten und übersieht das Frauengesicht, das aus dem Spalt eines Baumes lugt.

Myrtilos

Ein Sohn des Hermes, Wagenlenker und Mörder des Königs Oinomaos*. Als Pelops* um die schöne Hippodameia* warb, die Oinomaos nur demjenigen geben wollte, der ihn im Wagenrennen besiegte, bat die Königstochter den Myrtilos um Hilfe. Dieser entfernte am Wagen seines Herrn die Bolzen aus den Radachsen, so daß der König stürzte und ums Leben kam. Sterbend verfluchte er Myrtilos, er solle durch die Hand des Pelops sterben. Der Fluch erfüllte sich, als Pelops den lästigen Mitwisser in das nach ihm benannte Myrtoische Meer stieß. Noch im Sturz verwünschte nun Myrtilos den Pelops und sein Geschlecht: Die Kette der »Atridengreuel« konnte beginnen (Apollodor, Bibliothek V 4–8). Nach Eratosthenes (Katasterismoi 13) wurde Myrtilos als Sternbild des Fuhrmanns an den Himmel versetzt.

Myskelos
Ein Grieche aus Argos, dem Herakles* im Traum erschien und ihn zur Auswanderung aus seiner Heimatstadt drängte, obgleich die Gesetze das verboten. Myskelos wurde, als er sich dem Gebot des Gottes fügte, festgenommen und sollte verurteilt werden: Alle Richter warfen schwarze Stimmsteine in die Urne – doch als man nachzählen wollte, hatte Herakles sämtliche Steine in weiße verwandelt. Myskelos durfte nun gehen und gründete in Süditalien die Stadt Kroton (Ovid, Metamorphosen XV 19–59).

N

Najaden
Nymphen* der Quellen, Flüsse und Seen.

Narkissos
Ein schöner, aber spröder junger Mann, der von der Liebe nichts wissen wollte und auch die Werbung der Nymphe* Echo* zurückwies. Von einem verschmähten Liebhaber verwünscht, verliebte er sich in sein eigenes Spiegelbild, das er in einer Quelle erblickte, und starb, als er die Aussichtslosigkeit seines Verlangens erkannte. Sein Leib wurde in eine Blume, die Narzisse, verwandelt (Ovid, Metamorphosen III 341–510). Wie Narkissos sein Spiegelbild betrachtet, zeigt ein reizvolles Gemälde von François Lemoine (Narziß, 1728, Hamburg, Kunsthalle). Den Sterbenden an der Quelle hat Nicolas Poussin um 1625 mehrfach gemalt (Narziß und Echo, Paris, Louvre; Narziß, Dresden, Galerie alter Meister). Sigmund Freud prägte für die erotische Hinwendung zum eigenen Körper den Begriff »Narzißmus«.

Nauplios
Sohn des Poseidon*, König von Euboia, Vater des vor Troja verleumdeten und gesteinigten Palamedes*. Da die Griechen dem Nauplios die geforderte Genugtuung versagten, stiftete er ihre daheimgebliebenen Frauen zum Ehebruch an. Außerdem entzündete er, als nach der Erorberung Trojas die Sieger nach Hause fuhren, auf dem Vorgebirge Kaphereus Leuchtfeuer, womit er eine Reihe von Schiffen ins Verderben lockte: Sie fuhren gegen heimtückische Klippen (Apollodor, Bibliothek IX 7–11).

Nausikaa
Tochter des Phaiakenkönigs Alkinoos*, von Athene* durch einen Traum dazu bestimmt, ihre Wäsche am Meer zu waschen – nicht weit von der Stelle, wo der schiffbrüchige Odysseus* an Land gekrochen und erschöpft eingeschlafen war. Als dieser erwachte und aus seinem Versteck kam, erschraken die Begleiterinnen der Prinzessin vor ihm, diese aber nahm sich

des Gestrandeten an, verschaffte ihm Kleidung und wies ihm den Weg in den Palast ihres Vaters (Odyssee VI 12–323). Unter den zahlreichen Vasen, auf denen die Begegnung des Odysseus und der Phaiakenprinzessin geschildert wird, ragt die attische Halsamphore des sogenannten Nausikaamalers hervor (um 455 v. Chr., München, Antikensammlungen).
Eine stattliche Nausikaa, vor der ein nur mit Laub bekleideter Odysseus auf die Knie fällt, während das Gefolge der Prinzessin sich vor dem Fremden entsetzt, hat Pieter Lastman 1619 gemalt (Augsburg, Staatsgalerie); um 1630 behandelte Peter Paul Rubens dasselbe Thema (Odysseus und Nausikaa, Florenz, Palazzo Pitti). Als Goethe 1787 auf seiner italienischen Reise am Strand bei Taormina in der Odyssee las, nahm er sich vor, eine Nausikaa-Tragödie zu schreiben. Das Projekt blieb aber Fragment. Von Homer und Goethe angeregt ist das Versdrama ›Nausica‹ des Joan Margall i Gorinna (1912), das als eine der großen Schöpfungen der katalanischen Literatur gilt.

Nausinoos
Sohn des Odysseus* von Kirke* oder Kalypso*; Bruder des Nausithoos* oder des Telegonos*

Nausithoos
1. Sohn des Poseidon*, Vater des Phaiakenkönigs Alkinoos* (Odyssee VII 56–63).
2. Sohn des Odysseus* von Kalypso* (Hesiod, Theogonie 1017 f.).

Neleus
Sohn des Poseidon* und der Tyro*, Zwillingsbruder des Pelias*, der ihn später vertrieb. Neleus gründete Pylos und hatte viele Söhne, doch alle bis auf den jüngsten – Nestor* – wurden von Herakles* umgebracht, als dieser Pylos erstürmte (Apollodor, Bibliothek I 90–93; Ovid, Metamorphosen XII 542–576).

Nemeischer Löwe
Ein unverwundbares Untier, das von Typhon* und Echidna* abstammte, die Weiden um Nemea auf der Peloponnes unsicher machte und von Herakles* erwürgt wurde. Seit dieser

ersten »Arbeit« trug Herakles den Löwenschädel als Helm und das Fell als Umhang.

Nemesis

Eine Tochter der Nacht, die Göttin der gerechten Vergeltung (Hesiod, Theogonie 223f.); zu Beginn des eisernen Zeitalters verließ sie zusammen mit Aidos, der Scham, die entartete Menschheit (Hesiod, Werke und Tage 200). Nemesis gilt bisweilen auch als Mutter der schönen Helena**. Im Kult wurde Nemesis mit Themis* und Gaia*, teilweise auch mit Aphrodite* und Artemis*, in Dichtung und bildender Kunst mit Dike* und Tyche*/Fortuna* verschmolzen. Dürers bekannter Kupferstich ›Das Große Glück‹ von 1501/2 zeigt eine solche Nemesis.

Neoptolemos

Sohn des Achilleus* und der Deidameia*, auch Pyrrhos genannt, wurde nach dem Tod seines Vaters aufgrund einer Weissagung des Sehers Helenos* von Odysseus* zum Griechenheer geholt, das Troja belagerte. Von seinen Heldentaten berichtet Odysseus dem Schatten Achills in der Unterwelt (Odyssee XI 506–540). Im Philoktetes* des Sophokles holt Neoptolemos zusammen mit Odysseus die Pfeile des Herakles*, ohne die Troja nicht erobert werden kann. In diesem Stück ist er der aufrichtige, jeder Intrige abholde Widerpart des verschlagenen Königs von Ithaka. Als mitleidloser Wüterich erscheint er dagegen in der Hekabe* des Euripides (21–23) und in Vergils Aeneis (II 526–558), wo er den alten König Priamos* vom Altar fortreißt und erschlägt. Er tötet auch Hektors* Sohn Astyanax*, opfert Polyxena* dem Schatten seines Vaters und führt Andromache* und Helenos* als Sklaven mit sich fort. Seine weiteren Schicksale werden widersprüchlich geschildert: Er steht zwischen Hermione*, seiner von Orestes* geliebten Braut, und Andromache und findet in Delphi den Tod. Euripides hat um 427 v. Chr. die Dreiecksgeschichte in der Tragödie ›Andromache‹ behandelt; an ihr orientierte sich Jean Racine in seiner ›Andromaque‹ (1667), die Gioacchino Rossini 1819 auf die Opernbühne brachte. Wie Priamos von Neoptolemos ermordet wird, zeigt ein rotfiguriger Krater aus Attika (um 465 v. Chr., Museum of Fine Arts, Boston). Der attische Töpfer und Maler Duris, der gern männliche Paare unterschiedlichen Alters darstellte, brachte Neoptolemos mit Odysseus zusammen (um 470 v. Chr., Wien, Kunsthistorisches Museum).

Nephele

Erste Frau des Athamas*, Mutter des Phrixos* und der Helle*, verließ ihren Mann oder wurde von ihm verstoßen. Dessen zweite Frau Ino* trachtete den Kindern nach dem Leben; Nephele sandte zu ihrer Rettung einen wunderbaren Widder mit goldenem Fell (Apollodor, Bibliothek I 80–83; Hyginus, Fabulae 1–3).

Neptunus

Römischer Gott der Gewässer, früh mit Poseidon* gleichgesetzt und, wegen der besonderen Beziehung dieses Gotts zum Pferd, als Beschützer der Rennbahn verehrt. Nach ihm wurde der 1846 entdeckte kleine Planet benannt.

Nereiden

Die Töchter des alten Meergotts Nereus* und der Doris*, von denen Hesiod in der Theogonie (240–264) fünfzig mit zumeist redenden Namen nennt, die ein wenig an Wagners Rheintöchter Floßhilde, Woglinde und Wellgunde erinnern. Eine Tochter des Nereus war auch Thetis*, die Mutter des Achilleus*. Statuen von einem Nereiden-Monument aus Xanthos/Kleinasien (um 450 v. Chr.) besitzt das britische Museum in London; eine Nereide mit dem Meergott Triton malte Arnold Böcklin 1873 (München, Schack-Galerie); zwei Nereustöchter tummeln sich mit wüsten Wassermännern auf seinem Bild ›Spiel der Wellen‹ (1883, München, Neue Pinakothek).

Nereus

»Der Alte vom Meer«, ein Sohn des Pontos* und der Gaia*, aufrichtig und gütig (Hesiod, Theogonie 233–236), aber nicht ohne weiteres bereit, seine Kenntnis von der Zukunft preiszugeben. Herakles* mußte ihn fesseln und erst seine Fähigkeit kennenlernen, sich in verschiedene Gestalten zu verwandeln, ehe er von ihm den Weg zu den Hesperiden* erfuhr (Apollodor, Bibliothek II 115). Als weissagendem Alten begegnet man Nereus auch bei Horaz (carmen I 15) und in Goethes Klassischer Walpurgisnacht (Faust II).

Nessos

Kentaur*, beim versuchten Raub der Deianeira** durch Herakles* getötet.

Nestor

Sohn des Neleus*, König von Pylos auf der Peloponnes, Teilnehmer an der Jagd auf den Kalydonischen* Eber, an der Fahrt der Argonauten* und – bereits hochbetagt – am Trojanischen Krieg, in dem er zwar keine Heldentaten mehr verrichtete, aber durch seinen Rat den Griechen nützte und sie mit Erzählungen aus seiner Jugendzeit unterhielt. Ovid läßt ihn ausführlich über Kaineus* und den Kampf der Lapithen* und Kentauren* berichten (Metamorphosen XII 169–579). Mit dem Namen des Nestor, »der drei Menschenalter sah« (Friedrich von Schiller, Das Siegesfest, 1803/05), verbindet sich seit der Antike die Vorstellung von Klugheit und hohem Alter; den jeweils ältesten Gelehrten in einer bestimmten Disziplin nennt man heute noch den Nestor seines Fachs. Ein 1939 bei Pylos entdeckter Herrensitz aus mykenischer Zeit gilt als Palast Nestors; wer, wie Heinrich Schliemann, an einen historischen Kern der alten Sagen glaubt, der findet darin sogar die Badewanne, in der Nestors hübsche Tochter Polykaste den Telemachos* badete, als er auf der Suche nach seinem Vater in Pylos Station machte (Odyssee III 464–469).

Nike

»Sieg«, Tochter des Titanen* Pallas und der Styx* (Hesiod, Theogonie 383–385); ihre Geschwister sind Eifersucht, Kraft und Gewalt. Daß Nike keine alte Göttin, sondern eine Personifikation des Sieges ist, den Zeus* und Athene* schenken, erweist sich auch in der bildenden Kunst: Die beiden großen Götter wurden oft mit kleinen, geflügelten Niken in der Hand dargestellt, so z. B. der berühmte Zeus von Olympia und die Athene Parthenos auf der Akropolis. Reliefs von dem hübschen Niketempel oberhalb der Propyläen zeigen mehrere Niken bei verschiedenen Verrichtungen (um 420 v. Chr., Athen, Akropolismuseum). Etwa zur gleichen Zeit entstand die Nike des Paionios vom Zeustempel in Olympia (Olympia, Museum). Wunderbar aufgestellt ist die Nike von Samothrake (um 180 v. Chr.) im Louvre zu Paris: sie scheint dem Betrachter entgegenzufliegen.

Niobe
Tochter des Tantalos*, Frau des Königs von Theben, Amphion*. Voll Stolz auf ihre sieben Söhne und sieben Töchter verhöhnte Niobe die Göttin Latona*, da sie nur zwei Kinder zur Welt gebracht habe. Die beiden – Apollon* und Artemis* – rächten den Schimpf, indem sie alle Söhne und Töchter Niobes töteten. Daraufhin gab sich Amphion selbst den Tod; Niobe wurde in Stein verwandelt und von einem Wirbelsturm in ihre kleinasiatische Heimat entführt. Doch auch als Steinbild weinte sie noch um ihre verlorenen Kinder (Ilias XXIV 602–617; Ovid, Metamorphosen VI 148–312). Von dem tränenfeuchten Stein im Sipylosgebirge berichtet der antike Reiseschriftsteller Pausanias (Periegesis I 21, 3). Auf einem attischen Kelchkrater des 5. Jahrhunderts v. Chr. ist neben einer Szene aus der Heraklessage die Tötung der »Niobiden« dargestellt. Den Maler nennt man nach diesem seinem wichtigsten Werk (im Louvre, Paris) den Niobidenmaler. Auch in der bildenden Kunst war das Schicksal der Niobiden ein beliebtes Thema; Kopien griechischer Originale besitzen unter anderem die Staatlichen Museen in Berlin und die Uffizien in Florenz. Hier beeindruckt besonders die Statue der Niobe, die, wie es Ovid beschreibt, »mit dem ganzen Leib, dem ganzen Gewand« ihre jüngste Tochter zu schützen sucht. Für den 431 v. Chr. eingeweihten Apollontempel in Rom schuf ein Tarentiner eine Figurengruppe: Apollon und Artemis töten die Kinder der Niobe. Eine Statue aus dieser Gruppe, ein Mädchen, das, von einem Pfeil im Rücken getroffen, zusammenbricht, besitzt das Thermenmuseum (Museo Nazionale Romano) in Rom, eine andere, den ›Jüngling Alba‹, die Ny Karlsberg Glyptothek in Kopenhagen.

In Heinrich Sutermeisters Oper ›Niobe‹, die 1945 in Zürich uraufgeführt wurde, spielen, wie in der antiken Tragödie, die Chöre eine wichtige Rolle. Bemerkenswert ist der zweite Akt, in dem die verzweifelte Mutter mit einem Tanzlied aus glücklicheren Tagen die verlorenen Kinder aus der Totenwelt zurückzurufen sucht – doch die Götter bleiben unerbittlich.

Nisos
König von Megara, dessen Herrscherglück an ein purpurrotes Haar auf seinem Haupt gebunden war. Als Minos* die Stadt belagerte, verliebte sich Skylla (2), die Tochter des Nisos, in

jenen, schnitt ihrem schlafenden Vater das verhängnisvolle Haar ab und verriet ihre Stadt an den Feind. Der aber dankte ihr den Verrat nicht und stieß sie zurück. Als sie seinen Schiffen nachschwimmen wollte, griff sie ihr in einen Seeadler verwandelter Vater mit wütenden Schnabelhieben an, bis sie selbst in den Vogel Keiris (lat. Ciris, von gr. *keirein,* abschneiden) verwandelt wurde (Ovid, Metamorphosen VIII 6–151). Ein Kleinepos ›Ciris‹ ist unter Vergils Namen überliefert.

Notos

Der regenbringende, stürmische Südwind der Wintermonate. Wie Notos zu Beginn der Großen Flut seinen Teil dazu beiträgt, hat Ovid eindrucksvoll geschildert: »Mit feuchten Fittichen fliegt er daher, das entsetzliche Antlitz in pechschwarze Finsternis gehüllt, den Bart vom Regen schwer. Gewölk lagert um seine Stirn, und Tropfen fallen aus seinen Schwingen und seinem Gewand. Und wie er nun mit der Hand die allenthalben hängenden Wolken zusammenpreßt, da gibt es ein Krachen – und dann rauschen Platzregen in Strömen vom Himmel hernieder« (Metamorphosen I 264–269). Ähnlich wie Ovid hier den Regenbringer beschreibt, erscheint er auf der um 196 n. Chr. vollendeten Säule des Kaisers Marcus Aurelius, die die Piazza Colonna am römischen Corso beherrscht: Notos ist als geflügelter Riese dargestellt, aus dessen Fittichen ein Wolkenbruch auf ein Römerlager niedergeht. Nach der Überlieferung war das Heer des Kaisers von Feinden eingekreist worden und litt schwer unter Wassermangel. Da betete Mark Aurel um Regen, und sein Gebet wurde erhört.

Numa Pompilius

Der sagenhafte zweite König Roms, Begründer wichtiger Kulte und Priesterämter, angeblicher Schüler des Philosophen Pythagoras, Geliebter und Vertrauter der Nymphe* Egeria* (Livius, Ab urbe condita I 18–21; Plutarch, Numa; Ovid, Metamorphosen XV 1–8; 479–487).

Numen

Die wirkende Kraft römischer Götter; auch die Zeichen, die sie dem Menschen gaben, nannte man *numina.* »Numinos« ist ein Ereignis oder ein Ort, bei bzw. an dem man vor dem Unbegreiflichen erschauert.

Numitor
König von Alba Longa in Latium, Vater der Rea** Silvia, von seinem Bruder Amulius* vertrieben, von Romulus* und Remus* wieder in seine Herrschaft eingesetzt (Livius, Ab urbe condita I 3–6).

Nykteus
Regent in Theben für den unmündigen Laios*, Vater der Antiope (1)**.

Nyktimene
Tochter des Königs der Insel Lesbos, Epopeus, die entweder ihren Vater verführte oder von ihm verführt und von Athene* in eine Eule verwandelt wurde. Auch in Vogelgestalt schämt sie sich noch ihrer Schande und läßt sich am Tag nicht sehen (Hyginus, Fabulae 204 und 253; Ovid, Metamorphosen II 589–595).

Nymphen
»Junge Frauen«, halbgöttliche Bewohnerinnen der Berge (Oreaden), des Meers (Nereiden*, Okeaniden*), der Bäume (Melische* Nymphen, Dryaden*), der Quellen und anderer Gewässer (Najaden*). Nymphen erscheinen tanzend, musizierend und bogenspannend im Gefolge »großer« Gottheiten, zum Beispiel des Apollon*, des Dionysos* und der Artemis*; sie flirten mit den Satyrn* und Silenen* oder gar mit Vater Zeus*, verbinden sich aber auch mit Sterblichen wie zum Beispiel Egeria* mit König Numa*; bisweilen suchen sie die, die sie lieben, mit Gewalt in ihr Element zu ziehen wie Salmakis* den Hermaphroditos*. Das Leben der Baumnymphen, so glaubte man, war an das des Baums, in dem sie wohnten, gebunden; dies drückt auch der Name Hamadryaden (»die mit dem Baum zusammen«) aus.
In der bildenden Kunst wurden die Nymphen jung und reizvoll dargestellt, jedoch selten als Individuen, meist als Staffage. Daß das nackte Mädchen, das Hans von Marées 1882/3 einem jungen Mann mit Pferd beigesellt hat, eine Nymphe sein soll, wüßte man nicht, hätte das Bild nicht den Titel ›Pferdeführer und Nymphe‹ (München, Neue Pinakothek).

Nyx

Personifikation der Nacht, bei Hesiod zugleich mit Erebos* aus dem Chaos hervorgegangen (Theogonie 123), Mutter des Tags und des hellen Himmelsäthers, aber auch unheilvoller Mächte wie des Todes, des Alters, des Streits, der Moiren* und der Keren* (Theogonie 124; 211–225).

O

Ocresia

Eine schöne Kriegsgefangene, der die Frau des römischen Königs Tarquinius Priscus auftrug, dem Hausaltar eine Weinspende darzubringen. Darauf erhob sich aus dem Altar ein männliches Glied, von dem Ocresia Mutter des späteren Königs Servius Tullius wurde (Ovid, Fasti VI 627–634).

Ödipus

→ Oidipus

Odysseus

König der Insel Ithaka, Sohn des Laertes* oder des Sisyphos*, der Antikleia, die Mutter des Odysseus, vor ihrer Heirat mit Laertes verführt haben soll. Als junger Mann wurde Odysseus auf einer Eberjagd verwundet und behielt jene Narbe, an der ihn viele Jahre später seine alte Amme wiedererkannte. Mit seiner Werbung um die schöne Helena* hatte er zwar kein Glück, doch gab er ihrem Vater Tyndareos* einen guten Rat: Er solle alle Freier schwören lassen, demjenigen, der die Braut heimführe, Beistand zu leisten, sofern sie ihm jemand streitig mache. Zum Dank bekam er Penelope*, eine Nichte des Tyndareos, zur Frau, die ihm den Telemachos* gebar. Als Paris* Helena entführte und auch Odysseus in den Krieg gegen Troja ziehen sollte, stellte er sich wahnsinnig, pflügte mit einem Ochsen und einem Pferd und säte Salz aus. Palamedes* aber zwang ihn, diese Komödie zu beenden, indem er den kleinen Telemach vor den Pflug legte. Dafür nahm Odysseus später tückisch Rache. Auf dem Weg nach Troja holte Odysseus den jungen Helden Achilleus* bei seinem Vater ab oder entdeckte ihn – nach jüngerer Sage – unter den Töchtern des Königs Lykomedes*. Iphigenie* wurde von ihm mit ihrer Mutter ins Lager der Griechen gelockt; auf seinen Rat hin setzten die Griechen den verwundeten Philoktetes* auf der Insel Lemnos aus. Odysseus suchte, mit Menelaos* zusammen, die Trojaner zur Herausgabe Helenas zu überreden. Seine Redekunst erprobte er auch – vergeblich – an dem grollenden Achilleus. Daß Philoktetes später zum Heer zurückkam und

daß Neoptolemos* sich ihm anschloß, war im wesentlichen das Werk des listenreichen Odysseus, der auf einem nächtlichen Streifzug den trojanischen Spion Dolon* gefangennahm, den Thraker Rhesos* im Schlaf überfiel, den Seher Helenos* kidnapte und aushorchte, das Palladion, ein Bild der Athene*, das Troja beschützte, aus der Stadt entführte und schließlich jenes Trojanische* Pferd bauen ließ.
»Wozu soll ihm eine Rüstung taugen«, fragt Aias (1)* bei Ovid, »da er immer nur heimlich, immer unbewaffnet seine Taten verrichtet und nur durch seine Ränke den arglosen Feind überlistet?« (Metamorphosen XIII 103f.) Trotzdem wurden die Waffen des gefallenen Achilleus nicht dem Aias, sondern Odysseus zugesprochen, der in der Ilias, aufs ganze gesehen, positiver dargestellt ist als in den kleineren »homerischen« Epen und bei den Tragikern. In der Odyssee erscheint er als »großer Dulder«, der auch in schwierigen Lagen einen kühlen Kopf behält, der Poseidons* Sohn Polyphem** blendet und sich vor den Laistrygonen* rettet, der mit göttlicher Hilfe sogar der Zauberin Kirke* gewachsen ist, der ins Totenreich hinabsteigt, den Gesang der Seirenen* hört und Skylla (1)* samt Charybdis* übersteht. Er wäre längst daheim, doch die Torheit seiner Begleiter macht ihm mehrfach einen Strich durch die Rechnung: sie sind es, die den Schlauch des Aiolos* öffnen und die darin eingesperrten widrigen Winde herauslassen, sie schlachten gegen ausdrückliches Verbot die heiligen Rinder des Helios* und besiegeln damit ihren Untergang. Auf den Trümmern seines letzten Schiffs treibt Odysseus zur Insel der Kalypso*, die ihn unbedingt zum Mann haben will und sieben Jahre festhält. Als die Götter in Abwesenheit Poseidons* seine Rückkehr beschließen und er endlich auf einem Floß losfahren kann, sieht ihn der Meergott, der ihm wegen Polyphems Blendung grollt, und entfesselt einen fürchterlichen Sturm. Odysseus wäre verloren, gäbe ihm nicht die Göttin Leukothea* ihren Schleier. Mit dessen Hilfe rettet er sich an den Strand des Phaiakenlands, wo er die Königstochter Nausikaa* trifft. Sie weist ihm den Weg zum Palast ihres Vaters, der ihn freundlich aufnimmt, ihn seine Abenteuer erzählen und schließlich zu Schiff in seine Heimat bringen läßt.
Dort kommt Odysseus, von Athene* in einen alten Bettler verwandelt, zunächst zu dem treuen Schweinehirten Eumaios. Seinem Sohn Telemachos, der sich dort ebenfalls einfindet,

gibt er sich nach einigem Zögern zu erkennen. Als er am folgenden Tag seinen Palast aufsucht, erkennt ihn, sterbend, sein Jagdhund Argos*. Die vielen jungen Männer aber, die Penelope umwerben und dabei den Besitz des Odysseus verprassen, verhöhnen den abgerissenen Vagabunden und hetzen den Bettler Iros* gegen ihn, was diesem allerdings schlecht bekommt. Am Abend spricht Odysseus wie ein Fremder mit seiner Penelope und behauptet, ihr Mann komme bald wieder. Er findet damit keinen rechten Glauben, doch plötzlich entdeckt seine Amme Eurykleia, die ihm die Füße wäscht, jene alte Narbe. Mit Mühe bringt er die freudig Überraschte zum Schweigen.

Tags darauf findet der Wettkampf der Freier um die Hand Penelopes statt. Sieger wird sein, wer den Bogen des Odysseus spannen und einen Pfeil durch die Löcher von zwölf eisernen Äxten schießen kann, die Telemach mit der Richtschnur hintereinander plaziert. Keinem gelingt das – außer dem fremden Bettler, der sich unter dem Spott der jungen Männer den Bogen reichen ließ. Nach seinem Meisterschuß erlegt er mit einem zweiten Pfeil den frechsten der Freier, Antinoos, und gibt sich zu erkennen. Dann hält er zusammen mit wenigen Getreuen grausam Gericht. Penelope, die es immer noch nicht glauben will, daß Odysseus tatsächlich heimgekehrt ist, überzeugt er durch einen genauen Bericht darüber, wie er einst Schlafzimmer und Ehebett selbst gebaut und gezimmert hat. Nun wäre alles gut, wenn nicht die Bevölkerung Ithakas wegen des Mords an den Freiern in Aufruhr wäre. Den schlichtet aber Athene und stiftet dauernden Frieden (Odyssee I–XXIV). Die spätere Überlieferung läßt Odysseus gemäß einer Weissagung des von ihm in der Unterwelt befragten Sehers Teiresias* auf dem Festland bei den Thesprotern, die Poseidon noch nicht kennen, einen Kult des Gottes begründen, um diesen zu versöhnen. Dabei verliebt sich die Königin des Landes in den Helden, und Odysseus bleibt als König bei ihr. Erst nach dem Tod der neuen Geliebten kehrt er wieder zu seiner Penelope zurück. In der Zwischenzeit ist sein Sohn von Kirke*, Telegonos*, herangewachsen und macht sich auf die Suche nach dem Vater. Zufällig landet er auf Ithaka, wo ihn Odysseus trifft, als der junge Mann eben einige Rinder rauben will; die beiden geraten aneinander, und Telegonos tötet den eigenen Vater (Apollodor, Bibliothek X 33–36).

Die schillernde Gestalt des Odysseus faszinierte Dichter aller Epochen: Wir begegnen ihm in den Tragödien ›Aias‹ und ›Philoktetes‹ des Sophokles (um 450 bzw. 409 v. Chr.), in der ›Hekabe‹ des Euripides (424 v. Chr.) und in dessen Satyrspiel ›Kyklops‹ (um 410 v. Chr.), in Senecas ›Troerinnen‹ (um 50 n. Chr.), dazu, im Rededuell mit Aias, bei Ovid (Metamorphosen XII 620 – XIII 383). In den mittelalterlichen Trojaromanen spielt er eine wichtige, aber meist zwielichtige Rolle; in Dantes ›Comedia‹ büßt er im achten Kreis der Hölle inmitten anderer »betrügerischer Ratgeber«, wie eine Flamme brennend, für seine Sünden; auch Shakespeare zeichnet in ›Troilus und Cressida‹ kein freundliches Bild von ihm. Calderón de la Barca behandelte das Abenteuer mit Kirke in der Komödie ›El mayor encanto amor‹ (Der größte Zauber: Liebe, 1637), das Werner Egks Oper ›Circe‹ (1948) zugrunde liegt. Wichtig für die Entwicklung der Oper als Kunstform wurde Claudio Monteverdis ›Il ritorno d'Ulisse in patria‹ (Die Heimkehr des Odysseus, 1641), ein Werk, mit dem sich 1948 Luigi Dallapiccola in seinem ›Ulisse‹ messen wollte.
Gerhart Hauptmann verlegte in seinem Schauspiel ›Der Bogen des Odysseus‹ (1914) die gesamte Handlung, auch die Rache an den Freiern, in die Hütte des Eumaios und ließ alle Wiedererkennungsszenen – bis auf die mit Telemachos – weg. In Jean Giraudoux' Drama ›Der trojanische Krieg findet nicht statt‹ (1935) sucht Odysseus zusammen mit Hektor die drohende Auseinandersetzung zu verhindern – und scheitert. Das Stück, das auf den Konflikt zwischen Deutschland und Frankreich abzielte, erwies sich, blickt man auf den Zweiten Weltkrieg, geradezu als prophetisch. Genau 33333 Verse umfaßt das neugriechische Epos ›Odissia‹ (1938), in dem Nikos Kazantzakis die Odysseehandlung weiterspinnt: Dem Helden wird es bald nach seiner Heimkehr in Ithaka langweilig; so geht er wiederum auf große Fahrt, die ihn über Ägypten bis ins innerste Afrika führt und schließlich an einem Eisberg endet. Eine Odyssee ganz eigener Art ist der gewaltige Roman ›Ulysses‹ des irischen Dichters James Joyce (1922), der ungemein detailliert und in wechselnder Erzähltechnik beziehungsvoll einen knappen Tag im Leben eines Dubliner Kleinbürgers schildert. Motive aus dem 11. Gesang der Odyssee erscheinen in Hans Erich Nossacks Nachkriegsroman ›Nekyia‹ (1947).
Geradezu unübersehbar ist die Nachwirkung der Odysseussa-

ge in der bildenden Kunst; wir beschränken uns daher auf besonders Bekanntes wie jenen Odysseus mit der Filzkappe, der, ursprünglich wohl Teil einer Gruppe, einem nicht mehr vorhandenen Polyphem die Schale voll Wein reicht (1. Jahrhundert n. Chr.; römische Kopie eines griechischen Originals, Rom, Vatikanische Museen), und die etwa gleichalte Skylla-Gruppe aus der Höhle von Sperlonga (Sperlonga, Museum). Die Blendung des Polyphem ist auf einer Hydria aus der Etruskerstadt Caere lebendig geschildert (6. Jahrhundert v. Chr.; Rom, Museo Nazionale di Villa Giulia), das Sirenenabenteuer auf einem Stamnos aus Attika (um 460 v. Chr., London, British Museum), der Freiermord auf einem attischen Skyphos (um 450 v. Chr., Berlin, Antikensammlungen): Vor den Pfeilen des Rächers sucht einer der jungen Männer Deckung hinter einem Tisch, ein anderer ist bereits getroffen, einer erhebt sich eben von der Kline. Bilder zur Odyssee aus dem 1. Jahrhundert v. Chr. wurden in einem römischen Haus auf dem Esquilin gefunden. Sie befinden sich nun in den Vatikanischen Sammlungen und zeigen unter anderem die Begegnung der Griechen mit dem Riesentöchterchen des Laistrygonenkönigs sowic den Angriff der menschenfressenden Riesen auf die Flotte des Odysseus. Das Erstaunen der Penelope über die Rückkehr ihres Mannes hat Francesco Primaticcio wundervoll zum Ausdruck gebracht (Odysseus und Penelope, um 1550, Toledo/Ohio, Museum of Fine Arts), den Frust des bei Kaly Festgehaltenen Max Beckmann (Odysseus und Kalypso, 1943, Hamburg, Kunsthalle).

Oidipus

Sohn des thebanischen Königs Laios* und der Iokaste* (bzw. Epikaste). Wegen der Entführung des Chrysippos* von Pelops* verflucht, wagte Laios lange nicht, seine Frau zu berühren, zumal ihn das Orakel von Delphi gewarnt hatte: Er werde von seinem eigenen Sohn ermordet werden! Als die Königin schließlich doch ein Kind bekam, weil Laios im Rausch mit ihr geschlafen hatte, ließ er es mit durchbohrten Fersen von einem Hirten im Kithairongebirge aussetzen. Dort fanden es Diener des Königs von Korinth, Polybos, und brachten es zu dessen kinderloser Gemahlin Periboia, die den Kleinen wegen seiner geschwollenen Füße Oidipus, »Schwellfuß«, nannte und wie ihren eigenen Sohn aufzog. Der Junge wurde groß

und stark und erregte den Neid seiner Altersgenossen, die ihn mit dem Schimpfwort »Bastard« zu kränken suchten. Da ihm Periboia auf Fragen nach seiner Herkunft keine Antwort gab, erkundigte er sich beim Orakel von Delphi nach seinen Eltern. »Geh nicht in dein Vaterland«, war die Antwort, »sonst tötest du deinen Vater und heiratest deine Mutter.«
Oidipus kehrte deswegen nicht nach Korinth zurück, sondern fuhr mit seinem Wagen von Delphi nach Phokis. In einem Hohlweg kam ihm ein anderer Wagen entgegen, dessen Lenker ihn aufforderte, den Weg freizumachen. Als Oidipus nicht sofort gehorchte, erschlug der rüde Bursche eines seiner Pferde. Darüber wütend, tötete Oidipus den Wagenlenker und seinen Fahrgast, einen alten Mann – seinen Vater Laios! Nach einiger Zeit traf Oidipus in Theben ein, löste das Rätsel der Sphinx** und bekam von Kreon (1)*, der nach dem Tod des Laios die Herrschaft übernommen hatte, als Lohn den Königsthron und die Hand der verwitweten Königin – seiner Mutter! Oidipus hatte von Iokaste zwei Söhne, Eteokles* und Polyneikes*, und zwei Töchter, Ismene* und Antigone**. Er herrschte glücklich, bis eine Pest in Theben ausbrach und das Orakel in Delphi verkündete, sie werde erst enden, wenn der Mörder des Laios bestraft sei. Oidipus übernahm persönlich den Fall und überführte bei seinen Befragungen und Gegenüberstellungen am Ende sich selbst! Voll Entsetzen über die begangenen Frevel erhängte sich Iokaste, Oidipus stach sich die Augen aus und ging als Bettler, nur von seiner Tochter Antigone begleitet, in die Fremde. Im heiligen Hain von Kolonos in Attika gewährte ihm Theseus* bis zu seinem Tod Asyl (Sophokles, Oidipus Tyrannos; Oidipus in Kolonos; Apollodor, Bibliothek III 49–57).
Das Schicksal des Oidipus, das die Ilias (XXIII 679) nur andeutet, während es die Odyssee (XI 271–280) kurz referiert, wurde im 7. Jahrhundert v. Chr. in einem – heute verlorenen – Epos, der Oidipodie, behandelt, von der die großen Tragiker sich anregen ließen. Außer den schon genannten Tragödien des Sophokles, die um 425 bzw. 401 v. Chr. aufgeführt wurden, sind die um 410 v. Chr. entstandenen Phoinissen des Euripides erhalten, die den gewaltigen Stoff wie in einem Brennspiegel zusammenzufassen suchen. Zu diesem Zweck läßt Sophokles Oidipus und Iokaste den Streit ihrer Söhne noch miterleben. Großartig ist die Dramaturgie des Sophokles, dessen

Oidipus Tyrannos geradezu als das erste europäische Kriminalstück gelten kann. Es ist aber noch viel mehr ein Schicksalsdrama von göttlicher Macht und menschlicher Ohnmacht, von Wissen und Verblendung, das eine immense Nachwirkung hatte. Der Römer Seneca veränderte in seinem Oedipus (um 50 n. Chr.) bewußt den Charakter des Helden und ließ ihn alle möglichen üblen Tricks versuchen, um die Herrschaft zu behalten.
Einen Mittelweg zwischen Sophokles und Seneca schlug Pierre Corneille in seinem ›Oedipe‹ (1659) ein; Voltaires gleichnamige Verstragödie (1718) verdankte ihren Erfolg zahlreichen Zeitbezügen. Hugo von Hofmannsthals Drama ›Ödipus und die Sphinx‹ (1906) behandelt lediglich die Vorgeschichte; André Gide schilderte seinen Oedipe (1932) als einen unerbittlichen Wahrheitssucher; satirische Seiten gewann Jean Cocteau dem Gegenstand in ›La machine infernale‹ (Die Höllenmaschine, 1936) ab; sein 1928 erschienenes Ödipus-Drama wurde von ihm 1953 für den Film neu bearbeitet. Nur über Sigmund Freud und den von ihm für eine überstarke Bindung des Sohnes an die Mutter geprägten Begriff »Ödipuskomplex« hat Loriots filmisches Erstlingswerk ›Ödipussi‹ (1989) etwas mit Oidipus zu tun. Auf der Opernbühne behaupten sich von zahlreichen Fassungen des Stoffs ›Oedipus Rex‹ von Igor Strawinski (Text von Cocteau nach Sophokles, 1927) und ›Oedipus der Tyrann‹ von Carl Orff (Text nach Friedrich Hölderlins Übertragung der Sophokles-Tragödie). Ebenfalls auf Hölderlin stützt sich das Libretto von Wolfgang Rihms 1987 uraufgeführter Oper ›Oedipus‹. Die Maler wußten mit Oidipus nicht viel anzufangen. Eine Pelike, ein Henkelgefäß, des Hermonax zeigt Oidipus und die Sphinx (um 460 v. Chr., Wien, Kunsthistorisches Museum); dasselbe Thema haben in neuerer Zeit Jean Ingres (1808, Paris, Louvre) und Gustave Moreau (1864, New York, Metropolitan Museum of Art) gestaltet.

Oileus

Vater des Aias (2)*.

Oineus

König von Kalydon, von Althaia* Vater des Meleagros* und der Deianeira*; seine zweite Frau Periboia gebar den Tydeus*. Als Oineus bei einem Ernteopfer Artemis* vergaß, ließ sie sein Land vom Kalydonischen* Eber verwüsten (Apollodor, Bibliothek I 63–78).

Oinomaos
Ein Sohn des Ares*, König in Elis auf der Peloponnes, Vater der Hippodameia (1)**.

Oinone
Eine Nymphe* des Idagebirges bei Troja, in die sich Paris* verliebte, als er dort Rinder hütete. Er versprach ihr ewige Treue, sie aber, die die Zukunft kannte, erwiderte, daß er bald einer fremden Frau verfallen und sein Volk in einen Krieg stürzen werde. Dabei werde er verwundet werden, und niemand könne ihn dann heilen als sie selbst. Alles kam so, wie Oinone gesagt hatte; doch als Paris, verwundet, einen Boten zu ihr sandte, sagte sie dem, ihr treuloser Geliebter solle sich doch an Helena* wenden. In Wirklichkeit wollte sie helfen, doch kam sie zu spät – Paris war schon gestorben. Da gab die Nymphe sich selbst den Tod (Parthenios, Liebesleiden 4; Ovid, Heroides 5).

Oinopion
König von Chios, um dessen Tochter Orion* warb. Da der Vater die Hochzeit immer wieder verschob, drang der ungeduldige Bräutigam, vom Wein erhitzt, eines Nachts in das Zimmer seiner Braut ein und tat ihr Gewalt an. Dafür blendete ihn Oinopion. Ein Strahl der Morgensonne gab dem Orion sein Augenlicht zurück, und er machte sich sogleich auf die Suche nach Oinopion, doch konnte er ihn nicht finden, da ihm Poseidon* eine unterirdische Behausung verschafft hatte (Parthenios, Liebesleiden 20; Apollodor, Bibliothek I 25f.).

Okeaniden
Die dreitausend Töchter des Okeanos* und der Tethys*, zum Teil Göttinnen von Gewässern wie die Styx*, zum Teil den Nymphen* verwandt (Hesiod, Theogonie 346–370).

Okeanos
Sohn des Uranos* und der Gaia*, Gott des gewaltigen Stroms, der die Erdscheibe umfließt, von Tethys* Vater der 3000 Okeaniden* und ebensovieler Söhne, der Flußgötter

(Hesiod, Theogonie 133; 337–348). Im ›Gefesselten Prometheus*‹ des Aischylos bietet Okeanos – vergeblich – dem an den Kaukasos geschmiedeten Titanen* an, zwischen ihm und Zeus* zu vermitteln; die Okeaniden begleiten als Chor den Gang der Handlung.

Oknos
»Zauderer«, ein Büßer in der Unterwelt, der in alle Ewigkeit an einem Seil flicht, während ein Esel das Geflochtene beständig wegfrißt (Properz, Elegien IV 3, 21f.).

Okypete
Eine der Harpyien*.

Okyrrhoe
Weissagende Tochter des Chiron*, von den Göttern in eine Stute verwandelt, als sie ihrem Vater die Zukunft künden wollte (Ovid, Metamorphosen II 635–675).

Omphale
Königin von Lydien, der Herakles** zur Buße für den Tod des Iphitos* und den Raub des delphischen Dreifußes als Sklave dienen mußte (Sophokles, Die Trachinierinnen 248–279; Apollodor, Bibliothek II 127–134). Daß Omphale ihren prominenten Sklaven in Frauenkleider gesteckt und selbst seine Keule geschwungen habe, ist wohl ein Komödienmotiv, das römische Dichter aufgriffen, z.B. Properz in den ›Elegien‹ (III 11, 17–20) oder Ovid in den ›Fasti‹ (II 305–32) und den ›Heroides‹ (IX 53–119) – hier in Gestalt von bitteren Vorwürfen, die Deianeira* ihrem Herakles macht.

Opheltes
Söhnchen des Königs von Nemea, Lykurgos, dessen Wärterin Hypsipyle* es allein ließ, als sie den Sieben* Helden, die unter Führung des Adrastos* gegen Theben zogen, den Weg zu einer Quelle wies. Im Tod des Kinds durch eine Schlange sah Amphiaraos* ein böses Vorzeichen. Man nannte Opheltes daher Archemoros, »Anfang des Verhängnisses«, und stiftete ihm zu Ehren die Nemeischen Spiele (Apollodor, Bibliothek III 65–66).

Opora
Göttin der Ernte und der Weinlese im Umkreis des Dionysos* (Aristophanes, Der Friede 706–716).

Ops
»Hilfe«, Schutzgöttin Roms, später als Gemahlin des Saturnus* mit Rheia* gleichgesetzt.

Orcus
Römischer Gott des Totenreichs, das seinerseits Orcus genannt wurde.

Oreaden
Nymphen* des Bergwalds.

Oreithyia
Tochter des Erechtheus*, von Boreas** entführt, Mutter des Kalais* und des Zetes*.

Orestes
Sohn des Agamemnon** und der Klytaimestra*, die er auf Geheiß des Apollon* zusammen mit ihrem Liebhaber Aigisthos* wegen des Mords an seinem Vater tötete. Seine Schwester Elektra* und sein Freund Pylades* halfen ihm dabei. Nach dem Muttermord trieben ihn die Erinyen* in den Wahnsinn und ließen sich erst nach einer Gerichtsverhandlung, in der Apollon* und Athene* energisch für Orestes plädierten, wieder besänftigen. Die Schicksale des Orestes werden bereits in der Odyssee mehrfach erwähnt; dramatisch gestaltet haben sie Aischylos in seiner Oresteia, einer 458 v. Chr. aufgeführten Trilogie, bestehend aus den Stücken ›Agamemnon‹, ›Die Choephoren‹ (Das Totenopfer) und ›Die Eumeniden‹, Sophokles (Elektra, um 413 v. Chr.) und Euripides. Während Euripides sich in der ›Elektra‹ (um 413 v. Chr.) an den überlieferten Gang der Ereignisse hält, gibt er im ›Orestes‹ (408 v. Chr.) seiner Neigung nach, den Mythos umzugestalten, und läßt den Helden und seine Schwester wegen des Muttermords beinahe zum Opfer des Volkszorns werden, den weder Helena* noch Menelaos* beschwichtigen können. In seiner Bedrängnis will Orest Helena töten, die mittelbar an all seinem Unglück schuld ist, doch sie wird von den Göttern unter die

Gestirne versetzt. Darauf nimmt er ihre Tochter Hermione* als Geisel und droht sich mit ihr gemeinsam umzubringen – bis Apollon als *deus ex machina* erscheint und gebietet, er solle das Mädchen lieber heiraten.
Auf der Annahme, nicht alle Erinyen hätten jenen Freispruch des Orestes akzeptiert, beruht die Handlung der ›Iphigenie* in Tauris‹ des Euripides (um 412 v. Chr.): Orestes muß, um endgültig entsühnt zu werden, von der heutigen Halbinsel Krim ein hölzernes Bild der Artemis* nach Athen bringen und findet bei dieser Gelegenheit seine totgeglaubte Schwester. In der ›Andromache‹ des Euripides (um 425 v. Chr.) ist Orestes Rivale des Neoptolemos* um die Gunst der Hermione und bringt diesen schließlich um. Von späteren Bearbeitungen des Stoffs verdienen der ›Oreste‹ Voltaires (1750) und der Vittorio Alfieris (1781) Erwähnung; ein Schlüsseldrama des französischen Widerstands sind Jean-Paul Sartres ›Fliegen‹ (Les Mouches, 1943), in dem Orestes als Befreier eines unterdrückten Volks auftritt.
Recht frei mit dem Stoff ist auch Ernst Krenek in seiner Oper ›Das Leben des Orest‹ (1930) umgesprungen: Da soll Orest den Göttern geopfert werden und wird von Klytaimestras Amme nach Athen gebracht, wo ihn Schausteller mit sich nehmen, weil er ihre Bude demoliert hat. Später wird Agamemnon vergiftet, Elektra vom Volk erschlagen und zum Schluß Orest durch ein kleines Mädchen gerettet. In eine Folge von Bildern aufgelöst ist die Geschichte von der Rache des Orestes bis zu seiner Flucht nach Delphi auf dem Orestes-Sarkophag (um 150 n. Chr., Rom, Lateran, Museo Profano). Orestes mit Pylades, Iphigenie und dem König von Tauris zeigt ein Wandgemälde aus dem Haus des Zitherspielers in Pompeji (um 50 n. Chr., Neapel, Museo Nazionale). Das unzertrennliche Freundespaar war auch in neuerer Zeit ein beliebtes Thema der Maler; genannt seien ›Orest und Pylades‹ von Pieter Lastman (1614, Amsterdam, Rijksmuseum) und von Benjamin West (1766, London, Tate Gallery).

Orion

Riesenhafter Sohn des Poseidon*, ein gewaltiger Jäger, der Chios von wilden Tieren befreit, ohne doch den König der Insel, Oinopion**, dadurch als Schwiegervater gewinnen zu können. Von diesem geblendet, von Helios* wieder geheilt, erregt er die Leidenschaft der Eos*, die ihn entführt. Aber die Götter gönnen ihr den schönen jungen Mann nicht: Artemis* tötet ihn mit ihren Pfeilen (Odyssee V 121–124, wo Kalypso* die Eifersucht der Himmlischen beklagt). Auch das Sternbild Orion wird bereits in der Ilias (XVIII 486) und der Odyssee (V 274) erwähnt; andererseits sieht Odysseus den Orion im Totenreich, wie er mit einer Keule Jagd auf Tiere macht (XI 572–575). Ovid erzählt in den Fasti V 493–544, wohl nach hellenistischen Quellen, daß einmal Jupiter*, Neptunus* und Mercurius* von einem alten Mann namens Hyrieus freundlich bewirtet worden seien. Jupiter habe diesem deswegen einen Wunsch freigestellt, und Hyrieus habe gesagt, er hätte gern einen Sohn, doch stünde dem ein Treuschwur entgegen, den er seiner verstorbenen Frau geschworen habe. Die Götter lösen das Problem, indem sie auf die Erde ... – Ovid verschweigt schamhaft, was sie tun, doch in seiner griechischen Quelle muß *urein* gestanden haben. Neun Monate später kommt ein Riesenbaby hervor, das Hyrieus nach dem Zeugungsvorgang Urion nennt. Als dieser Urion später vermessen behauptet, es gebe kein Wild, das er nicht erlegen könne, schickt die Erdgöttin jenen Skorpion, mit dem zusammen er als Orion unter die Sterne versetzt wurde. Sein Jagdhund ist der Sirius (Ilias XXII 26–29).

Orpheus

Sohn eines Thrakers namens Oiagros oder des Apollon* und der Muse* Kalliope*, ein begnadeter Sänger zur Kithara, der sogar Tiere, Bäume und Felsen durch seine Lieder bewegte. Als seine junge Frau, Eurydike*, durch einen Schlangenbiß starb, stieg er in die Unterwelt hinab und sang so rührend vor Pluton* und Persephone*, daß sie ihm die Geliebte zurückgaben, freilich mit der Einschränkung, er dürfe sich auf dem Weg zur Oberwelt nicht nach ihr umblicken, sonst sei die Gabe verwirkt. Aus Furcht, Eurydike zu verlieren, sieht er sich trotzdem um, und die kaum Gewonnene sinkt wieder ins Totenreich hinab. Sieben Tage klagt Orpheus am Acheron*, dann kehrt er zu den Lebenden zurück, doch von Frauen will er nichts mehr wissen und wird zum Erfinder der Knabenliebe. Weil seine Verachtung sie kränkt, zerreißen ihn Thrakerinnen in bacchantischer Raserei. Erneut, nunmehr als Schatten, geht er in den Hades; er sucht überall seine Eurydike, findet sie in

den Gefilden der Seligen und »umfängt sie mit liebenden Armen« – nun endlich gehört sie ihm ganz (Ovid, Metamorphosen X 1 – XI 64).
Vor Ovid hat Vergil in dem Kleinepos ›Culex‹ (268–295) und in den ›Georgica‹ (IV 453–527), gewiß nach heute verlorenen Vorbildern, die Orpheussage behandelt. Er steuert das makabre Detail bei, das abgerissene Haupt des Sängers habe, als es schon in dem thrakischen Fluß Hebros dahintrieb, immer noch um Eurydike geklagt. Ovids Fassung ist mit Abstand die ausführlichste, die uns erhalten ist, und wohl auch die tiefsinnigste: Orpheus glaubt, durch den Tod Eurydikes um sein Glück betrogen zu sein, und klagt vor den Göttern der Unterwelt sein Recht auf ein kurzes Leben mit der Geliebten ein – doch was ist Leben anderes als Leiden? Erst nach dem Tod ist er seiner Geliebten ganz sicher, nun erst ist er wahrhaft glücklich. Das relativ hohe Alter der Orpheussage bezeugen ein Fragment des griechischen Lyrikers Simonides und eine Stelle in der 438 v. Chr. aufgeführten ›Alkestis*‹ des Euripides (357–362): »Ach, hätte ich den süßen Mund des Orpheus«, spricht hier Admetos* im Gedanken an seine verlorene Frau, »seine Sangeskunst, daß meines Liedes Feuer der Persephone und ihres mächtigen Gatten Ohr bezauberte! Ja, in den tiefen Hades stieg' ich dann hinab und holte dich von dort zurück! Mich schreckte weder Plutons Hund, der Kerberos, noch Charon, jener Fährmann mit dem Totenschiff: Ich brächte lebend dich zum Licht herauf!« Im ›Hippolytos‹ (427 v. Chr.) legt Euripides dem Theseus eine bemerkenswerte Scheltrede in den Mund: Sein Sohn Hippolytos hält sich zu seinem Ärger für »auserwählt«, er lebt vegetarisch, schwärmt für Orpheus und steckt den Kopf in heilige Bücher. Vor solchen Leuten kann man nur warnen! Die Attacke zielt offenkundig auf die im 6. Jahrhundert v. Chr. entstandene Geheimlehre der Orphiker, die Orpheus als ihren Gründer verehrten und von deren Schrifttum unter anderem fast hundert angebliche Hymnen des Orpheus erhalten sind. Einen solchen Hymnos auf die Entstehung der Welt und der Götter läßt Apollonios Rhodios den Sänger zur Unterhaltung der Argonauten* vortragen (Argonautika I 494–515).
Zu diesen literarischen Zeugnissen kommen ein um 420 v. Chr. von einem attischen Künstler geschaffenes berühmtes Relief, das jenen verhängnisvollen Augenblick zeigt, in dem

Orpheus sich nach Eurydike umsieht und der Totengeleiter Hermes* sie wieder mit sich nimmt (römische Kopien in der Villa Albani in Rom, im Nationalmuseum von Neapel und im Pariser Louvre), sowie zahlreiche Vasenbilder, von denen ›Orpheus unter den Thrakern‹ (um 420 v. Chr., Berlin, Antikensammlungen) wohl am besten die Faszination seiner Kunst zum Ausdruck bringt. Den Sänger inmitten von Tieren zeigt ein Steinrelief aus dem 3. Jahrhundert v. Chr. (Rom, Konservatorenpalast); in die Nähe zu Christus rückt ihn eine Wandmalerei in der römischen Domitilla-Katakombe aus dem 3. Jahrhundert n. Chr. Seit der Renaissance haben die Schicksale des Orpheus zahlreiche Bildhauer und Maler inspiriert, darunter Peter Vischer d. J. zu seinem Bronzerelief ›Orpheus und Eurydike‹ (um 1520, Hamburg, Museum für Kunst und Gewerbe), Luca Signorelli zu dem Fresko ›Orpheus in der Unterwelt‹ (um 1500, Dom von Orvieto) und Jan Breughel den Älteren zu seinem gleichnamigen Gemälde (um 1620, Florenz, Palazzo Pitti); ›Orpheus und Eurydike‹ malten u. a. Peter Paul Rubens (um 1635, Madrid, Prado) und Anselm Feuerbach (1868, Wien, Österreichische Galerie), ›Das thrakische Mädchen, das den Kopf des Orpheus trägt‹ Gustave Moreau (1865, Paris, Louvre).

Noch größer war die Nachwirkung der Orpheussage in der Dichtung und auf der Bühne; Jacopo Peris ›Euridice‹ (1600) und Claudio Monteverdis ›Orfeo‹ (1607) gehören zu den ältesten europäischen Opern, von Christoph Willibald Glucks ›Orpheus und Eurydice‹ (1762) gingen neue Impulse für diese musikalische Gattung aus, Jacques Offenbachs Travestie ›Orpheus in der Unterwelt‹ (1858) unterstellt frech, Orpheus hätte von Herzen gern auf seine Eurydike verzichtet, wenn ihn nicht die »öffentliche Meinung« durch Himmel und Hölle getrieben hätte. Ähnlich spielerisch geht Jean Cocteau in seiner Tragödie ›Orphée‹ (1926; Filmfassungen 1950/1960) mit dem Stoff um: Orpheus vernachlässigt zugunsten eines Pferds, das poetische Sätze spricht, seine Frau, diese macht ihm Szenen, zerschlägt Fensterscheiben und verschafft so einem Glaser sichere Einkünfte. Eine andere Art der Verfremdung wählten Augusta de Wit bei ihrem Roman ›Orpheus in de Dessa‹ (1902), der auf Java spielt, und Vitorio do Canto bei ›Orpheu negro‹ (1956). Der gleichnamige Film (1958) fasziniert durch großartige Bilder des Karnevals von Rio, in dessen Verlauf ein schwarzer Orpheus seine schwarze Eurydike verliert. Expressionistische Weltdeutung versuchte Oskar Kokoschka in seinem Schauspiel ›Orpheus und Eurydike‹ (1915/1917), wobei er sich selbst, den Künstler, in der Person des Hades* verkörpert sah; als heruntergekommenen Kaffeehausgeiger erleben wir Orpheus in Jean Anouilhs Stück ›Eurydice‹ (1942); einen heftigen Theaterskandal löste Tennessee Williams' psychoanalytisches Drama ›Orpheus Descending‹ (Orpheus steigt herab, 1957) aus, das seinen Helden an der vergifteten Atmosphäre einer Kleinstadt im Süden der USA zugrundegehen läßt – wir sehen, wie sich die Zeitlosigkeit des Mythos gerade in der Fülle seiner Metamorphosen und Spiegelungen erweist. Dazu gehören Goethes ›Urworte: Orphisch‹ (1817) und Rainer Maria Rilkes ›Sonette an Orpheus‹ (1923) ebenso wie Franz Liszts symphonische Dichtung ›Orpheus‹ (1856) und Igor Strawinskis gleichnamiges Ballett (1947).

Orthos
Zweiköpfiger Hund des Geryoneus*, von Herakles* getötet.

Osiris
Ägyptischer Gott der Totenwelt, Gatte der Isis*.

Otos
Bruder des Ephialtes, einer der beiden Aloaden*.

P

Paieon

Arzt der Götter, der mit lindernden Kräutern Wunden des Hades* und des Ares* versorgte (Ilias V 401; 899f.); später mit Apollon* oder Asklepios* gleichgesetzt. Dabei wurde sein Name erst zum Beinamen, dann zur Bezeichnung eines vor allem an Apollon gerichteten Bittgesangs und schließlich zum Fachbegriff für eine bestimmte Liedform, den Paian.

Palaimon

Name des in einen gütigen Meergott verwandelten Melikertes*, des Sohns der Ino**/Leukothea*.

Palamedes

Kluger Sohn des Nauplios*, Erfinder von Buchstaben, Würfeln, Brettspielen, Maßen, Gewichten, Feuerzeichen und anderem. Er zwang Odysseus*, seinen gespielten Wahnsinn aufzugeben, und fiel später dessen Rache zum Opfer: Odysseus vergrub im Zelt des Palamedes Gold und bezichtigte ihn verräterischer Kontakte mit den Trojanern. Aufgrund scheinbar erdrückender Indizien wurde der Unschuldige verurteilt und gesteinigt (Ovid, Metamorphosen XIII 35–62). Am Fall des Palamedes suchte der Sophist und Redelehrer Gorgias (um 480 bis ca. 380 v. Chr.) seine Kunst zu demonstrieren. Die ›Verteidigung des Palamedes‹ gehört – neben der ›Helena‹ – zu dem wenigen, was von dem einst umfangreichen Schrifttum des Gorgias erhalten blieb.

Pales

Römische Göttin der Hirten und des Weidelands; ihr Festtag, die Palilia (oder Parilia) am 21. April, galt als der Gründungstag Roms (Ovid, Fasti IV 819f.), der auch heute noch mit ziemlichem Aufwand – zum Beispiel mit der Illumination des Kapitols – gefeiert wird.

Palikoi

Zwei Dämonen geysirähnlicher Quellen bei Caltagirone auf Sizilien, nicht weit vom heutigen Lago dei Palici.

Palinurus
Steuermann des Aineias*, den der Schlafgott überwältigte und ins Meer stürzte. Zwar erreichte Palinurus, wie ihm geweissagt war, die Küste Italiens, wurde aber dort von Strandräubern getötet. Aineias traf den Schatten des Unbestatteten am Ufer des Acheron*. Dort verhieß ihm die Sibylle* ein ehrenvolles Begräbnis auf einem Vorgebirge, das immer noch seinen Namen trägt: Palinuro (Vergil, Aeneis V 834–861; VI 337–384).

Palladion
Ein Bild der Pallas Athene*, insbesondere jenes angeblich vom Himmel gefallene, das Troja schützte und das Odysseus* und Diomedes* bei einem nächtlichen Kommandounternehmen entführten (Apollodor, Bibliothek VIII 13).

Pallas
1. Ein Titan*, Gatte der Styx*, Vater der Nike*, ›Kraft‹, ›Gewalt‹ und weiterer Personifikationen (Hesiod, Theogonie 376–389).
2. Beiname der Göttin Athene*.
3. Bruder des Aigeus*.

Pan
Sohn des Hermes* von einer Nymphe*, mit Bockshörnern und Bocksbeinen, ein »kleiner, bärtiger Unhold«, bei dessen Anblick alle (gr. *pantes*) Götter herzlich lachen mußten (Homerischer Hymnos XIX an Pan, 47). Die Namenserklärung gehört in den Bereich der Volksetymologie, ähnlich wie bei Prometheus*, und ist ebenso unrichtig wie die viel spätere von gr. *pan* (alles, ganz), derzufolge Pan zum mächtigen Beherrscher des Alls wurde. Pan ist ein alter Fruchtbarkeitsgott, er ist, geil wie ein Bock, ständig hinter hübschen Mädchen und Jungen her, zum Beispiel hinter Syrinx*. In der Mittagshitze verbreitet er bei Hirten und Herden »panische« Angst; er soll auch in der Schlacht bei Marathon die Perser in Schrecken versetzt haben (Herodot, Historien VI 105) und bei Salamis dabeigewesen sein (Aischylos, Perser 447f.). Wie alt die Aufspaltung des Pan in eine Vielzahl von (kleinen) Panen ist, läßt sich nicht sagen. Plutarch (De def. orac. 17) erzählt, der Steuermann eines griechischen Schiffs sei in der Nähe von Korfu von einer kleinen Insel aus mehrfach gerufen worden. Als er sich melde-

te, trug ihm die Stimme auf: »Wenn du zum Palodes kommst, verkünde, daß der große Pan tot ist!« Der Mann tat, wie ihm befohlen war, und gleich erhob sich lautes, vielstimmiges Wehklagen. Diese Geschichte mag symbolischen Charakter haben und Trauer um den Untergang der antiken Götterwelt ausdrücken – Pan aber blieb, wie alle zu Unrecht Totgesagten, recht lebendig und zeigt sich noch heute in Gestalt des Teufels, der ihm seine Hörner und seinen Bocksbart verdankt. So sieht er Pan gewiß ähnlicher als der brave Schimpanse, dem in der Biologie der Gattungsname »Pan« zufiel. Der Zwergschimpanse heißt passend Pan paniscus.
In dem Roman ›Pan im Vacarés‹ (1926) läßt der Provenzale Joseph d'Arbaud den einst so furchtbaren Gott als klägliche Figur erscheinen, als ein Relikt aus alter Heidenzeit, das in der Camargue Zuflucht gefunden und gerade noch die Macht hat, mit den Klängen der Syrinx die Rinder zu einem tierischen Hexensabbat zusammenzulocken, auf dem sie zu Ehren ihres Gottes tanzen.
Von den zahlreichen antiken Kunstwerken, die Pan zeigen, verdienen zwei Statuenpaare, beides römische Kopien griechischer Originale, besondere Erwähnung: ›Pan lehrt einen Jungen das Spiel auf der Syrinx‹ (Neapel, Nationalmuseum) sowie ›Aphrodite erwehrt sich des Pan‹ (Paris, Louvre) – die Göttin hebt eben die Sandale, um dem Zudringlichen eins überzuziehen. Unter den um 350 n. Chr. entstandenen Mosaiken der Kaiservilla von Piazza Armerina-Casale ist eines, auf dem Pan mit Amor kämpft. Luca Signorellis um 1488 entstandenes allegorisches Gemälde ›Pan‹, das den Gott als Herrn von Natur und Kunst zeigte, ist 1945 in Berlin verbrannt. ›Pan und Syrinx‹ malten unter anderen Nicolas Poussin (um 1650, Dresden, Galerie alter Meister) und Arnold Böcklin (1854, ebenda), der eine Schwäche für Pan gehabt zu haben scheint. Besonders eindrucksvoll ist sein Bild ›Pan im Schilf‹ (1859, München, Neue Pinakothek), während seine ›Idylle‹ (auch: Pan, die Syrinx blasend, 1875, im gleichen Museum) ziemlich leblos wirkt. Dramatik hat dagegen sein ›Panischer Schrecken‹ (1860, München, Schack-Galerie).

Panakeia
»Allheilende«, Tochter des Asklepios*, Schwester der Hygieia*.

Pandareos
Vater dreier Töchter, für die Aphrodite*, Hera* und Artemis* sorgten, als Götter ihnen die Eltern genommen hatten. Zwei wurden, noch unverheiratet, von den Harpyien* entführt und zu den grausigen Erinyen* gebracht, um ihnen zu dienen. Die dritte war Aedon*, die, in eine Nachtigall verwandelt, nun unablässig um ihr Söhnchen Itylos klagt, das sie selbst versehentlich umgebracht hat (Odyssee XIX 518–523; XX 66–78).

Pandaros
Verbündeter der Trojaner, der durch Athene* dazu verleitet wurde, einen mit den Griechen geschlossenen Waffenstillstand zu brechen und einen Pfeil auf Menelaos* abzuschießen, der freilich, da die Göttin den Helden schützte, nur leicht verwundet wurde. Für Agamemnon* stand nach diesem Bruch geschworener Eide der Untergang Trojas fest: »Einst wird kommen der Tag, wo die heilige Ilios hinsinkt, Priamos selbst und das Volk des lanzenkundigen Königs« (Ilias IV 70–165). Bezeichnend für die frühgriechische Gottesvorstellung ist, daß den Frevel, der Trojas Schicksal besiegelt, eine Göttin auf Befehl des obersten Gottes, Zeus*, herbeiführt. Pandaros ist nur ein Werkzeug für die im Himmel gesponnene Intrige.

Pandion
König von Athen, Vater der Philomela* und Prokne* sowie des Butes* und Erechtheus*.

Pandora
Von Hephaistos* auf Befehl des Zeus* geschaffene und von allen Göttern mit unterschiedlichen Gaben bedachte erste Frau. Von Aphrodite* bekam sie Liebreiz, von Athene* Geschicklichkeit, von Hermes* aber »hündischen Sinn und tückische Arglist«. Dann wurde sie zur Strafe für den Feuerdiebstahl des Prometheus** auf die Erde geschickt und von Epimetheus* trotz der Warnungen seines Bruders aufgenommen. Dem hatte Zeus nämlich angedroht, er werde ihm selbst und den künftigen Generationen ein Übel senden, das alle lachend umarmen würden. Der leichtsinnige Epimetheus vergaß auch prompt beim Anblick der Schönen, daß er jede Gabe des Zeus zurückweisen müsse, um die Sterblichen vor Unheil zu bewah-

ren. Bis dahin hatten die Menschen nämlich ohne Krankheit und Schmerzen gelebt, doch kaum hatte Pandora den Deckel von einem großen Vorratsgefäß abgenommen, da flogen alle Übel heraus und stürzten sich auf die Menschen. Nur die Hoffnung blieb zurück, als Pandora den Deckel wieder auflegte (Hesiod: Werke und Tage 56–105). Der von Hesiod als »Allbeschenkte« verstandene Name Pandora bedeutet mit Sicherheit »Alles gebend« und war ein alter Beiname der Großen Muttergöttin, zu deren Symbolen auch das Gefäß gehörte. Bei Hesiod werden die Elemente des Mythos in eindeutig frauenfeindlicher Tendenz mit den beiden Fassungen der Prometheus-Geschichte verquickt. In der ›Theogonie‹ (570–613) ist das (noch namenlose) erste Weib selbst das Übel. In den ›Werken und Tagen‹ kommt die sogenannte »Büchse der Pandora«, eigentlich ein großes Vorratsgefäß (gr. *pithos*), hinzu, von dem nicht gesagt wird, ob es Pandora mitbringt oder ob sie es im Haus des Epimetheus vorfindet, ob sie es aus Neugier oder in böser Absicht öffnet und was es besagen soll, daß die Hoffnung darin bleibt.

Offenbar bestand in frühen patriarchalischen Gesellschaften die Neigung, das weibliche Geschlecht für das Böse in der Welt verantwortlich zu machen, ja, es selbst als böse anzusehen; der Vergleich von Pandora mit Eva liegt nahe und wurde auch immer wieder gezogen. So schuf Jean Cousin der Ältere um 1594 das Bild ›Eva prima Pandora‹ (Eva als erste Pandora; Louvre, Paris), auf dem sich eine schöne Frau mit dem rechten Arm auf einen Totenkopf stützt, während ihr linker sich um das verhängnisvolle Gefäß legt. Positiver als der Renaissancemaler sahen Christoph Martin Wieland (1779) und Goethe (1808) in ihren Pandora-Dramen die erste Frau, während Frank Wedekinds Tragödie ›Die Büchse der Pandora‹ (1902; 1913 mit dem ›Erdgeist‹ unter dem Titel ›Lulu‹ zusammengefaßt) die Heldin als naiv-böses Triebwesen erscheinen läßt, als »das wahre Tier, das wilde, schöne Tier«, das die Männer reihenweise ins Unglück stürzt. Ausgesprochen »sexy« ist Pandora auf dem gleichnamigen Gemälde von William Etty dargestellt (1824, Leeds, City Art Gallery). Ettys Stärke waren allerdings auch Akte nach lebenden Modellen. Auf eine kunsthistorisch-literarische Spurensuche begaben sich Dora und Erwin Panofsky in ihrem lesenswerten Buch ›Die Büchse der Pandora‹ (englisch: Pandora's Box, 1956; deutsch von Peter Krumme, 1992), auf dessen Titelbild der Eingeweihte Cousins Pandora erkennt.

Pandrosos
Tochter des Kekrops*, Schwester der Aglauros** und der Herse*.

Paris
Sohn des Königs von Troja, Priamos*, und der Hekabe*. Da diese geträumt hatte, sie bringe eine Fackel zur Welt, die ganz Troja in Brand stecke, wurde Paris auf den Rat seines Stiefbruders Aisakos*, eines Traumdeuters, gleich nach seiner Geburt im Idagebirge ausgesetzt. Er wurde aber von einer Bärin gesäugt, wuchs unter Hirten auf, wurde schön und stark und bekam, weil er seine Leute beschützte, den Namen Alexandros (»der Männer abwehrt«). Damals erfuhr er, wer seine Eltern waren, und gewann die Liebe der Nymphe Oinone** (Apollodor, Bibliothek III 148–154). Als Paris den Streit der Göttinnen Hera*, Athene* und Aphrodite* um den Apfel der Eris* zugunsten der Liebesgöttin entschieden hatte, half ihm diese dabei, die schöne Helena** zu entführen (Euripides, Troerinnen 924–995, in Form eines Streitgesprächs zwischen Helena und der gefangenen Hekabe). Im folgenden Kampf um Troja machte Paris keine besonders gute Figur: Erst fordert er die tapfersten aller Griechen auf, sich mit ihm zu messen, doch als Menelaos* sich nähert, schrickt er zurück wie vor einer Schlange und verbirgt sich im großen Haufen, bis sein Bruder Hektor ihn beschimpft: Er verwünscht den »Unglücksparis«, der nur aussehe wie ein Held, aber keinen Mut habe, der nur Frauen entführen könne und sich nun zum allgemeinen Gespött mache. So herb getadelt, faßt Paris sich ein Herz und will den Zweikampf mit Menelaos* wagen; das hätte sein Ende bedeutet, wenn Aphrodite ihn nicht ins Gemach seiner Helena entrückt hätte (Ilias III 15–461). Daß der starke Achilleus* durch Paris und Apollon* fallen werde, prophezeit seinem Bezwinger der sterbende Hektor (Ilias XXII 559f.). Paris selbst erliegt einem der vergifteten Pfeile des Philoktetes*, da Oinone* zu seiner Rettung zu spät kommt.
Einen schönen, stattlichen Paris mit phrygischer Mütze und dem Wurfholz, das man für die Hasenjagd benützte, hat Antonio Canova geschaffen (Marmorstatue, 1807/8, München,

Neue Pinakothek). Des Parisurteils nahmen sich seit der Antike bevorzugt die Maler an; das älteste erhaltene Beispiel dafür ist die sogenannte Chigi-Kanne (protokorinthisch, um 640 v. Chr., Rom, Museo Nazionale di Villa Giulia). Weitere wurden im Zusammenhang mit Aphrodite angeführt. Hier seien noch das in seiner Art faszinierende Monumentalgemälde von Max Klinger (›Das Urteil des Paris‹, 1884–86, Wien, Kunsthistorisches Museum) und Anselm Feuerbachs ›Parisurteil‹ (1870, Hamburg, Kunsthalle) genannt. Christoph Willibald Gluck brachte ›Paris und Helena‹ 1770 auf die Opernbühne, César Bresgen 1943 ›Das Urteil des Paris‹; die mythologische Szene ist hier allerdings nur Spiel im Spiel, Oper in einer Oper, in der es um Liebeleien an einem Fürstenhof des 19. Jahrhunderts geht. Als Autobiographie des zwielichtigen Helden gibt sich Rudolf Hagelstanges Roman ›Spielball der Götter‹ (1959).

Parthenopaios
Sohn der Atalante (1)*, einer der Sieben* gegen Theben.

Parthenos
»Jungfrau«, Beiname verschiedener Göttinnen, besonders der Artemis*, der Athene*, deren Haupttempel in Athen danach »Parthenon« hieß, und der Dike*. Sie, die Göttin der Gerechtigkeit, meint Vergil, wenn er in seiner 4. Ekloge im Zusammenhang mit dem Anbruch einer besseren Weltzeit von der Rückkehr der Jungfrau spricht (V. 6).

Parzen
Römische Geburtsgöttinnen, später den griechischen Moiren* gleichgesetzt. William Blake hat auf einer aquarellierten Federzeichnung (um 1805, London, Tate Gallery) die aneinandergedrängten ›Drei Parzen‹ mit unheimlichem Getier umgeben und erzielt dadurch eine starke Wirkung.

Pasiphae
Tochter des Helios*, Frau des Minos*, vom Kretischen** Stier Mutter des Minotauros*. Eine hübsche Pasiphae, die ihren geliebten Stier streichelt, sieht man auf einem römischen Wandgemälde aus dem 1. Jahrhundert n. Chr. (Rom, Biblioteca Vaticana).

Patroklos
Freund des Achilleus**, der mit diesem gegen Troja zog und in der Rüstung des grollenden Helden gewaltige Taten vollbrachte, bis Hektor* ihn tötete. Wie Achill eine Wunde seines Freundes verbindet, ist im Innenbild einer berühmten Schale des Duris dargestellt (um 500 v. Chr., Berlin, Stiftung Staatliche Museen, Antikensammlungen). Der Schatten des Patroklos sieht auf einem Wandgemälde aus der Tomba François in Vulci (um 280 v. Chr., Rom, Villa Torlonia) der Opferung trojanischer Gefangener an seinem Grab zu. Jener antike Torso, hinter den die notorischen Spötter zur Zeit des Kirchenstaats Zettel mit ihren bissigen Bemerkungen zur Lage steckten, der sogenannte Pasquino, gilt als Teilkopie einer um 175 v. Chr. geschaffenen und mehrfach nachgebildeten Gruppe ›Menelaos rettet die Leiche des Patroklos‹.

Pax
»Frieden«; trotz der Vorliebe der Römer für Personifikationen ist Pax wohl keine alte Göttin dieses Kriegervolks, sondern eine Übernahme der griechischen Eirene*. Augustus weihte ihr 9 v. Chr. die berühmte Ara Pacis (›Altar des Friedens‹) auf dem Marsfeld in Rom, Vespasian 75 n. Chr. einen prachtvollen Tempel.

Pegasos
Ein geflügeltes Pferd, das die sterbende Medusa* zusammen mit Chrysaor* gebar. Als Vater der beiden nennt Hesiod den Poseidon*. Pegasos wohnt »im Hause des Zeus* und bringt ihm Donner und Blitz; (...) die Chimaira* töteten er und der edle Bellerophontes*« (Hesiod, Theogonie 280–286; 325). Da Pegasos durch einen Hufschlag die Musenquelle Hippukrene (»Roßquell«) auf dem Berg Helikon entspringen ließ (Ovid, Metamorphosen V 256–264), wurde er in neuerer Zeit zum Symbol dichterischer Höhenflüge. Und daß gar ein hungriger Poet das Flügelroß an einen Bauern verkauft habe, der es schließlich zusammen mit einem Ochsen vor den Pflug spannt, ist ein hübscher Einfall Friedrich von Schillers (Pegasus im Joche, 1795/96).

Peirithoos

Sohn des Ixion*, König der Lapithen*. Bei seiner Hochzeit mit der schönen Hippodameia* kam es zur blutigen Schlacht mit den Kentauren**, in der Peirithoos von seinem Freund Theseus* tapfer unterstützt wurde. Als den beiden die Entführung der Helena* geglückt war, beschlossen sie, aus der Unterwelt Persephone* zu rauben. Das ging aber dem Hades* entschieden zu weit, und er bannte die beiden fest. Herakles* konnte nach einiger Zeit den Theseus befreien, Peirithoos aber mußte im Totenreich bleiben (Apollodor, Bibliothek II 124; III 130; IV 23f.).

Peitho

Göttin der Überredungskunst.

Peleus

Sohn des Aiakos*, Bruder des Telamon*, mit dem zusammen er seinen Halbbruder Phokos* ermordete. Wegen dieser Untat von Aiakos verstoßen, ging er nach Phthia, wo König Eurytion ihn von der Blutschuld reinigte und mit seiner Tochter verheiratete. Bei der Jagd auf den Kalydonischen* Eber traf Peleus aus Versehen ausgerechnet Eurytion mit dem Speer und mußte sich erneut nach jemandem umsehen, der ihn entsühnte. Diesmal nahm sich Akastos*, der König von Iolkos, seiner an, doch auch der Königin war der stattliche junge Mann nicht gleichgültig. Als er ihren Verführungskünsten widerstand, ließ sie seiner Frau Antigone die falsche Nachricht überbringen, er wolle eine Prinzessin aus Iolkos heiraten, worauf sich jene erhängte. Damit noch nicht zufrieden, log die Abgewiesene ihrem Mann vor, Peleus habe sie verführen wollen. Akastos war die Sache peinlich: Sollte er seinen Gast töten, den er entsühnt hatte? Schließlich versteckte er bei einem Jagdausflug das Schwert des Verleumdeten, während dieser schlief, und verließ ihn. Als Peleus erwachte, machte er sich auf die Suche nach seinem Schwert. Dabei wäre er beinahe von wilden Kentauren* umgebracht worden, wenn ihn nicht Chiron* gerettet hätte. Dieser verriet ihm auch, wie er die Göttin Thetis** für sich gewinnen könne, die die Gabe besaß, sich in Feuer, Wasser und wilde Tiere zu verwandeln. Peleus überraschte die Schöne im Schlaf und hielt sie eisern fest, obwohl sie sämtliche Register ihrer Verwandlungskunst

zog. So mußte sie schließlich nachgeben, wurde im Beisein fast aller Götter mit Peleus vermählt und gebar ihm den Achilleus** (Apollodor, Bibliothek III 160–170).
Den Kampf des Peleus mit Thetis zeigt das Innenbild einer Schale des Peithinos (um 500 v. Chr., Berlin, Antikensammlungen), die Hochzeit der beiden ist im Hauptfries der sogenannten François-Vase des Kleitos (um 570 v. Chr., Florenz, Museo Archeologico) geschildert. Auch viele Maler der Renaissance und des Barock reizte das dankbare Thema, das sich wegen seiner Gestaltenfülle für große Tafelbilder und Dekkenfresken anbot; gegen den Trend malte der Niederländer Joachim Wttewael (1566–1638) auf eine kleine Kupferplatte (16 × 21 cm; München, Alte Pinakothek) eine ungemein figurenreiche ›Hochzeit des Peleus und der Thetis‹. Unter den literarischen Gestaltungen des Themas ragt das um 60 v. Chr. entstandene Kleinepos (carmen 64) des römischen Dichters Catull hervor.

Pelias
Sohn Poseidons* von Tyro*, Bruder des Neleus* und Halbbruder des Aison*; nach deren Verdrängung alleiniger Herrscher in Iolkos. Da ihm ein Orakelspruch den Iason** verdächtig macht, sucht er diesen zu vernichten, indem er ihn ausschickt, das Goldene Vlies zu holen. Iason aber kehrt zurück, und seine Frau Medeia**, die bereits den alten Aison verjüngt hat, verspricht den Töchtern des Pelias, das gleiche Wunder bei diesem zu vollbringen. Sie müßten den alten Herrn vorher nur töten! Als aber der Mord vollbracht ist, kocht Medeia den zerstückelten Leichnam in einem wirkungslosen Kräutersud, und Pelias bleibt tot (Apollodor, Bibliothek I 107f.; 144; Ovid, Metamorphosen VII 162–349).

Pelopeia
Tochter des Thyestes**, von ihrem Vater Mutter des Aigisthos*.

Pelops
Sohn des Tantalos*, vom eigenen Vater, der die Götter auf die Probe stellen wollte, geschlachtet und diesen als Mahlzeit vorgesetzt. Alle verschmähten das scheußliche Gericht, nur die um ihre Tochter trauernde Demeter* verzehrte gedankenlos

ein Stück Schulter. Das wurde, als die Götter Pelops wieder belebten und ihm herrliche Schönheit schenkten, durch Elfenbein ersetzt. In den reizenden Jungen verliebte sich Poseidon* und schenkte ihm einen Flügelwagen, mit dem er, ohne daß auch nur die Achsen naß wurden, über das Meer fahren konnte. Später gewann Pelops Hippodameia**, die Tochter des Oinomaos*, zur Frau, zog sich aber durch einige üble Tricks den Zorn der Götter zu, der auch das Schicksal seiner Söhne Atreus* und Thyestes* bestimmte. Seine durch die Heirat und weitere Eroberungen gewonnene neue Heimat nannte er Pelopsinsel, Peloponnes (Apollodor, Bibliothek V 3–9; Hyginus, Fabulae 83; Ovid, Metamorphosen VI 403–411). Als er den arkadischen König Stymphalos im Krieg nicht bezwingen konnte, heuchelte Pelops Friedensabsichten, brachte den Arkader heimtückisch um und verstreute seine zerhackten Gliedmaßen. Dafür wurde ganz Griechenland mit Unfruchtbarkeit gestraft, bis auf Weisung eines Orakels Aiakos* die Götter um Gnade bat (Apollodor, Bibliothek III 159).

Penaten
Römische Schutzgottheiten von Haus und Habe, deren Bilder nahe dem Herd aufgestellt waren und täglich Speiseopfer erhielten. Wie die einzelnen Familien, so hatte auch das römische Volk als Ganzes seine Penaten, von denen man glaubte, Aeneas/Aineias* habe sie aus Troja mitgebracht. Ihnen wurde im Tempel der Vesta*, am heiligen Herd des Staates, geopfert. Im übertragenen Sinne bezeichnete man mit »Penaten« auch den heimischen Herd und das Haus selbst. Diese Ausdrucksweise ließ der Lateinunterricht ins gehobene Deutsch eindringen. Sie hat wohl auch den Schöpfer des Markennamens »Penatencreme« inspiriert.

Penelope
Frau des Odysseus**, auf dessen Heimkehr von Troja sie zwanzig Jahre lang warten mußte, Mutter des Telemachos*. Penelope ist das Muster einer treuen Ehefrau; sie weiß ihre zahlreichen Freier zu vertrösten, indem sie vorgibt, sie müsse erst ein Totentuch für ihren Schwiegervater weben, und regelmäßig in der Nacht wieder auftrennt, was sie am Tag gewebt hat. Das geht drei Jahre gut, bis eine Dienerin sie verrät und die Freier sie bei ihrem nächtlichen Treiben überraschen

(Odyssee II 93–110; XIX 134–156). Die Odyssee endet mit der Heimkehr des Odysseus und der Bestrafung der Freier; wie die nach so langer Zeit wieder vereinigten Eheleute miteinander auskamen, darüber hat schon die Antike gegrübelt. »Einige sagen«, referiert Apollodor, »Penelope sei von einem der Freier, Antinoos, vergewaltigt worden«. Als Odysseus das hinterbracht worden sei, habe er sie zu ihrem Vater zurückgeschickt. Auf dem Weg zu diesem habe sich Hermes an sie herangemacht, dem sie später den Pan* geboren habe. Andere glaubten, Odysseus habe sie selbst wegen einer Affäre mit einem anderen Freier umgebracht; wieder andere lassen sie nach dem Tod des Odysseus durch seinen Sohn von Kirke*, Telegonos*, den Vatermörder heiraten (Apollodor, Bibliothek X 37–40; Hyginus, Fabulae 127). Am weitesten geht wohl der alexandrinische Dichter Lykophron, der Penelope von allen (gr. *pantes*) Freiern zusammen den Pan empfangen läßt (Alexandra 772)
Ein Gegenbild zur vorbildlichen Gattin der Odyssee entwarf auch der neugriechische Schriftsteller Kostas Varnalis in seinem ›Tagebuch der Penelope‹ (1947). In der Oper ›Penelope‹ von Rolf Liebermann (1954) läßt Penelope ihre Freier hinter dem von ihr gewebten Tuch in die Zukunft schauen und eine moderne Heimkehrergeschichte erleben: In ihr hat Penelope wieder geheiratet, und nun wird plötzlich die Ankunft ihres Mannes gemeldet – allerdings, das stellt sich bald heraus, fälschlicherweise. Die Meldung hat jedoch fatale Folgen: Penelopes zweiter Mann hat sich, aus Liebe zum Verzicht bereit, inzwischen erhängt. ›Penelope am Webstuhl‹ wurde auch gern gemalt, u.a. von Giorgio Vasari (um 1550, Deckenfresko im Palazzo Vecchio, Florenz).

Penthesileia
Tochter des Ares*, Königin der Amazonen*, die, ohne es zu wollen, ihre Vorgängerin Hippolyte* tötete und von König Priamos* entsühnt wurde. Als Verbündete der Trojaner, denen sie nach Hektors* Tod zu Hilfe kam, bezwang sie zahlreiche griechische Helden, darunter Machaon*, fiel aber im Zweikampf mit Achilleus**, der zu spät sah, wie schön sie war, und sich in die Tote verliebte. Den Stänkerer Thersites*, der ihn deshalb verspottete, erschlug er (Apollodor, Bibliothek VIII 1)

Das wohl von hellenistischen Dichtern ausgesponnene Liebesmotiv des Siegs der Besiegten über den Sieger (Properz III 11, 16) variierte Heinrich von Kleist in seiner ›Penthesilea‹ (1808): Auf den Rat ihrer Freundin Prothoe verspricht der vom Anblick der ohnmächtigen Königin bezauberte Achill, bei ihrem Erwachen den Besiegten zu spielen. Die Illusion zerbricht, als die Amazonen anstürmen, um Penthesilea zu befreien. Erneut tobt der Kampf, doch nun will sich Achilleus besiegen lassen. Die Amazone aber schießt ihn nieder, hetzt ihre Hunde auf ihn und tötet sich schließlich über dem zerfleischten Leichnam. Kleists Drama liegt, mit geringen Veränderungen, auch der Oper ›Penthesilea‹ von Othmar Schoeck (1927) zugrunde. Ein besonders schönes Vasenbild, das den Augenblick erfaßt, in dem Achilleus der zu ihm aufblickenden Amazone das Schwert in die Brust stößt, besitzt die Antikensammlung in München (attische Schale aus Vulci, um 460 v. Chr.).

Pentheus

Sohn des Echion* und der Agaue*, Nachfolger des Kadmos* als König von Theben. Pentheus bekämpfte trotz der Warnungen des Kadmos und des alten Sehers Teiresias* den Kult des Dionysos*, der, verkleidet als sein eigener Abgesandter, vor ihm erschien und, als weder seine Worte noch schreckliche Wunder den Starrsinn des Königs brachen, ihn überredete, die nächtliche Feier der Bakchen* zu belauschen. Dabei wurde Pentheus entdeckt und von seiner eigenen Mutter, deren Schwester Autonoe* und ihren Begleiterinnen in wahnsinniger Raserei zerrissen. (Euripides, Bakchai; Ovid, Metamorphosen III 511–731).

Den von Aischylos (in einer verlorenen Tragödie) und von Euripides (um 405 v. Chr.) effektvoll behandelten Stoff brachten 1948 Giorgio Federico Ghedini als ›Le Baccanti‹ und 1966 Hans Werner Henze unter dem Titel ›Die Bassariden‹ auf die Opernbühne. Dabei bezog Ghedini die Verwandlung des Kadmos* mit ein, während Henze, als Spiel im Spiel, Elemente der Sage von Adonis* brachte. Furios ist das Finale der Bassariden: Der Gott, der sich zuerst nur als Stimme, dann in Gestalt eines Fremden hat vernehmen lassen, gibt sich zu erkennen, schickt Kadmos, Agaue und Autonoe in die Verbannung, läßt die Königsburg von Theben in Flammen aufgehen und fährt dann mit seiner vergöttlichten Mutter Semele* gen Himmel.

Perdix
»Rebhuhn«, ein kluger Neffe des Daidalos*, den dieser aus Neid auf seine Erfindungsgabe von der Akropolis in Athen stieß. Im Sturz wurde der Junge von Athene* in ein Rebhuhn verwandelt, das – aus Angst vor tiefen Stürzen – nie besonders hoch fliegt. Der Sturz des Ikaros* erscheint bei Ovid als Strafe für die Tat des Daidalos: In einer Ackerfurche klatscht ein Rebhuhn schadenfroh mit den Flügeln (Metamorphosen VIII 236–259). Bei Apollodor heißt die Schwester des Daidalos Perdix, ihr Sohn Talos (Bibliothek III 214).

Periboia
Pflegemutter des Oidipus*.

Periklymenos
Sohn des Neleus*, Bruder des Nestor*, von Poseidon mit der Fähigkeit beschenkt, sich nach Belieben verwandeln zu können – doch selbst als Adler erlag er den Pfeilen des Herakles* (Apollodor, Bibliothek II 142; Ovid, Metamorphosen XII 556–572).

Perimele
Geliebte des Acheloos*, vom Vater ins Meer gestürzt, von Poseidon* in eine Insel verwandelt (Ovid, Metamorphosen VIII 590–610).

Periphetes
Ein Sohn des Hephaistos* und berüchtigter Räuber, der, mit einer eisernen Keule bewaffnet, bei Epidauros Reisenden auflauerte, bis ihn Theseus* zur Strecke brachte (Apollodor, Bibliothek III 217; Ovid, Metamorphosen VII 436f.).

Perse oder **Perseis**
Tochter des Okeanos* und der Tethys*, Gattin des Helios*, Mutter des Aietes* und des Perses*, der Kirke* und der Pasiphae*.

Persephone

Tochter der Demeter** und des Zeus*, von Hades* in sein dunkles Reich entführt, wo sie nun als seine Gattin mit ihm über die Toten herrscht. Als das Mädchen (gr. *kore*) beim Blumenpflücken geraubt worden war, suchte die Mutter vergebens auf der ganzen Erde nach ihm und ließ währenddessen Saat und Ernte verkommen. Angesichts der drohenden Vernichtung der Menschheit schickte Zeus* den Götterboten Hermes* in die Unterwelt und gebot Hades, die Entführte zu Demeter zurückkehren zu lassen. Jener gehorchte, steckte aber der Scheidenden einen Granatapfelkern in den Mund. So kam sie nicht nüchtern aus dem Totenreich und mußte darum nach dem Willen des Zeus ein Drittel des Jahres bei Hades verbringen; die übrige Zeit weilte sie bei ihrer Mutter und den anderen unsterblichen Göttern (Homerischer Hymnos II an Demeter). Ovid bietet in seinen Metamorphosen (V 376–571) eine teilweise andere Fassung des Mythos, den um 400 n. Chr. Claudianus, der letzte große nichtchristliche Dichter Roms, zu einem – unvollendeten – Epos ›De raptu Proserpinae‹ (Der Raub der Proserpina) ausspann.

Eine leidenschaftliche Klage der Entführten schob Goethe, vielleicht in parodistischer Absicht, als Monodrama ›Proserpina‹ in die Burleske ›Triumph der Empfindsamkeit‹ (1778) ein; Schillers Dichtung ›Die Klage der Ceres‹ (1776/7) persiflierte Heinrich Heine zum Teil in den ›Neuen Gedichten‹: »›Blieb ich doch ein Junggeselle!‹ seufzet Pluto tausendmal – Jetzt in meiner Ehstandsqual merk ich: Früher, ohne Weib, war die Hölle keine Hölle« (›Unterwelt‹, 1844). Ernst gemeint, als dreiteiliges Melodram, ist André Gides ›Persephone‹ (1934), zu der Igor Strawinsky die Musik schrieb.

Unter den Werken der bildenden Kunst ragt jenes Großrelief aus Eleusis hervor (5. Jahrhundert v. Chr., Athen, Nationalmuseum), das die drei Gottheiten der Mysterien zeigt: Persephone, Demeter und Triptolemos*. Sehr bewegt ist der Raub der Persephone in einer kleinen Kalksteingruppe aus dem 3. Jahrhundert v. Chr. dargestellt (Tarent, Museo Nazionale); die Rückkehr der von Hermes und Hekate geführten Göttin aus der Unterwelt hat ein unbekannter Vasenmaler um 440 v. Chr. mit großer Eindringlichkeit geschildert (Attischer Kelchkrater, New York, Metropolitan Museum of Art). Von Ovid inspiriert sind der ›Raub der Proserpina‹ des Bildhauers

Lorenzo Bernini (um 1620, Rom, Galleria Borghese) und zahlreiche Gemälde gleicher Thematik, z. B. von Pieter Brueghel dem Jüngeren und Peter Paul Rubens (beide um 1635, Madrid, Prado).

Perses

1. Einer der Titanen*, Vater der Hekate*.
2. Sohn des Helios*, von Medeia* getötet, da er seinen Bruder Aietes*, ihren Vater, aus seinem Reich vertrieben hatte.
3. Sohn des Perseus* und der Andromeda*, für die Griechen Stammvater der Perser.

Perseus

Sohn der Danae** von Zeus*, Enkel des Akrisios**, der aufgrund eines Orakelspruchs das Neugeborene, von dessen Hand ihm der Tod drohen sollte, samt der Mutter in eine Kiste einschließen und ins Meer werfen ließ. Die beiden wurden von dem Fischer Diktys* gerettet, dessen Halbbruder Polydektes* sich später in Danae verliebte. Um ihren in der Zwischenzeit herangewachsenen Sohn zu beseitigen, gebot er ihm, das Haupt der Medusa* zu holen. Perseus bestand das Abenteuer mit Hilfe der Athene* und des Hermes*, die ihm den Weg zu den drei Graien** zeigten. Diese zwang er, ihm den Aufenthalt von Nymphen* zu verraten, die drei Zauberdinge besaßen: Eine Tarnkappe, einen Schubsack und Flügelschuhe, mit denen er sich in die Luft erheben konnte. Er flog zum Okeanos*, fand Medusa* und ihre beiden Schwestern schlafend und näherte sich vorsichtig den Unwesen, deren Anblick jedermann in Stein verwandelte. Während er im glänzenden Rund seines Schilds das Spiegelbild der Medusa betrachtete, hieb er ihr mit einem Sichelschwert, das ihm Hermes geschenkt hatte, den Kopf ab, steckte ihn in seinen Schubsack und entkam im Schutz der Tarnkappe. Auf dem Rückflug sah er die äthiopische Königstochter Andromeda**, die, als Opfer für ein Meerungeheuer, an eine Klippe gefesselt war; er verliebte sich in die Schöne und versprach ihren Eltern, das Untier zu töten und sie zu retten, wenn er sie zur Frau bekomme. Auch diesmal siegte Perseus, und als ihm bei der Hochzeitsfeier Andromedas früherer Verlobter, Phineus (2)*, die schöne Braut streitig machte, löste er das Problem mit Hilfe des Medusenhauptes: Phineus und sein Anhang wurden versteinert, genau wie bald darauf der böse Polydektes, vor dessen Zudringlichkeit Danae in einen Tempel geflüchtet war. Als Perseus seine Feinde bezwungen hatte, gab er das Medusenhaupt der Athene, die es in die Mitte ihres Schildes setzte; die Gaben der Nymphen bekam Hermes. Nun wollte Perseus seinen Großvater besuchen, doch der floh vor ihm ins Land der Pelasger. Zufällig kam der Enkel auch dorthin, beteiligte sich an einem Fünfkampf und traf den mitkämpfenden Akrisios mit seinem Diskos tödlich. Nun hätte er die Herrschaft in Argos, wo jener König gewesen war, antreten können. Er zog es aber vor, gegen sein Erbe Tiryns und Mykene einzutauschen, wo er bis zu seinem Tod regierte (Apollodor, Bibliothek II 34–49; Ovid, Metamorphosen IV 610 – V 249).

Den Konflikt mit Phineus hat Ovid als gewaltiges Gemetzel beschrieben; außerdem läßt er Perseus den Riesen Atlas* in einen Berg verwandeln. Auf die aus mehreren verbreiteten Märchenmotiven gesponnene Perseussage wird bereits in der Ilias angespielt (XIV 319f.); Hesiod berichtet von den Graien und vom Tod der Medusa (Theogonie 270–286), Simonides von Keos schilderte in einem bruchstückhaft erhaltenen Gedicht, wie Danae mit ihrem Kind klagend über das Meer trieb (frg. 13 D). Auch Werke der bildenden Kunst bezeugen das hohe Alter des Mythos, zum Beispiel eine Amphore aus dem 7. Jahrhundert v. Chr. (Perseus und Medusa; Eleusis, Museum) oder eine Metope des Tempels C von Selinunt, auf der Athene dem Perseus beisteht, während er Medusa das Haupt abschlägt (um 550 v. Chr., Palermo, Museo Archeologico).

Spätere Maler reizte eher die Rettung der Andromeda; wir erleben sie auf einem Wandgemälde aus der Casa dei Dioscuri in Pompeji (Kopie nach einem Original des 4. Jahrhunderts v. Chr., Neapel, Museo Nazionale), im Palazzo Vecchio zu Florenz (Fresko von Giorgio Vasari, um 1550), in der Eremitage von St. Petersburg (Gemälde von Peter Paul Rubens, um 1620), im Museum Folkwang zu Essen (Triptychon ›Perseus‹ von Max Beckmann, 1941) und an allen möglichen anderen Orten: ein kaum bekleidetes schönes Mädchen und ein strahlender junger Held sind auch ein gar zu dankbarer Gegenstand! Benvenuto Cellini schuf eine berühmte Bronzestatue ›Perseus mit dem Haupt der Medusa‹ (1553, Florenz, Loggia dei Lanzi), an deren Sockel man Danae mit dem kleinen Perseus finden kann. Auch Dramatiker und Opernlibrettisten nahmen sich der Perseussage an, doch hat von ihren Schöpfungen keine die Zeiten überdauert. Als originelles Spiel mit der Überlieferung sei immerhin Jacques Iberts Oper ›Persée et Andromède‹ (1929) erwähnt, in der sich das Ungeheuer, das Andromeda verschlingen soll, in sie verliebt und sich weigert, sie zu töten, obwohl es weiß, daß bald ein Held erscheinen und es selbst umbringen wird. Perseus kommt, führt sich als roher Sieger auf, und Andromeda trauert dem liebevollen Monster nach. Während Perseus verärgert weiterfliegt, verwandeln die Götter das tote Ungeheuer in einen lebendigen Prinzen. Stellenweise originell ist auch die Verfilmung des Stoffs unter dem nicht allzu treffenden Titel ›Kampf der Titanen‹ (Großbritannien 1981; Regie Desmond Davis).

Phaethon
Sohn des Helios* und der Okeanide* Klymene, von Epaphos* als eingebildeter Göttersproß beschimpft. Phaethon wandert darauf zum Palast seines Vaters, der ihn als seinen Sohn anerkennt und ihm einen Wunsch freigibt. Als der junge Mann verlangt, einen Tag lang den Sonnenwagen fahren zu dürfen, reut Helios sein bei der Styx* beschworenes Versprechen, doch er kann nur abraten, nicht ablehnen. Schließlich übergibt er schweren Herzens den Wagen mit den geflügelten Rossen. Doch kaum spüren diese, daß nicht der gewohnte Lenker die Zügel führt, da brechen sie aus; die glühende Sonnenscheibe kommt der Erde zu nahe und setzt sie in Brand. Zeus* muß eingreifen, um das bedrohte Weltall zu retten, und schleudert seinen Blitz nach Phaethon. Der stürzt am Rande der Welt in den Strom Eridanos, wo ihn seine Schwestern bestatten und beklagen. Sogar als die Götter sie in Pappeln verwandelt haben, vergießen sie noch harzige Tränen, die zu Bernstein erstarren (Ovid, Metamorphosen I 750 – II 366).
Als Giulio Romano um 1532 ›Phaethons Sturz‹ an eine Decke des Palazzo del Tè in Mantua malte, ahnte er wohl nicht, wieviele Künstler es ihm gleichtun würden. Einer der ersten war der Dürerschüler Georg Pencz, der 1534 den Gartensaal der Familie Hirsvogel mit einem imposanten Deckengemälde schmückte, das sich heute im Fembohaus zu Nürnberg befindet, zusammen mit drei weiteren Phaethon-Stürzen, die der Zufall in seinen Räumen versammelt hat. Noch nicht achtzehn Jahre alt war Wilhelm Friedrich Waiblinger, als er seinen 1823

erschienenen Briefroman ›Phaeton‹ schrieb, voll Bewunderung für Friedrich Hölderlin und zugleich als Spiegel seines Schicksals: Der Held des Romans, ein Bildhauer, endet wie der Dichter in geistiger Umnachtung.

Phaiaken
Bewohner der Insel Scheria, von denen Odysseus* nach seinem Schiffbruch aufgenommen und in seine Heimat gebracht wurde; aus Zorn darüber versteinerte Poseidon* das heimkehrende Schiff und umschloß die Stadt der Phäaken mit hohen Bergen (Odyssee XIII 47–188).

Phaidra
Tochter des Minos* und der Pasiphae*, Schwester der Ariadne*, zweite Frau des Theseus*, die ihren Stiefsohn Hippolytos** vergeblich zu verführen suchte und sich erhängte, nachdem sie den jungen Mann bei seinem Vater verleumdet hatte (Euripides, Hippolytos; Ovid, Metamorphosen XV 497–546). Seneca folgte in der an grellen Effekten reichen Tragödie ›Phaedra‹ (um 50 n. Chr.) einem verlorenen Stück des Euripides; an Seneca wiederum orientierte sich Jean Racine. Dessen Tragödie ›Phèdre‹ (1677) gilt als eines der bedeutendsten Werke der französischen Literatur, das auch heute noch oft aufgeführt wird; Jules Massenet schrieb dazu 1900 eine effektvolle Bühnenmusik. Auf einem römischen Sarkophag (um 200 n. Chr.), der in San Nicola zu Agrigent steht und schon Goethes Bewunderung erregte, ist die ganze Geschichte ausführlich geschildert: Man sieht Hippolytos, wie er den Brief seiner Stiefmutter erhält, sieht diese selbst, liebeskrank, zwischen ihren Dienerinnen, sieht den Geliebten auf der Jagd und schließlich sein schreckliches Ende.

Phegeus
König von Psophis, der Alkmaion** entsühnte, mit seiner Tochter verheiratete und später töten ließ.

Philemon
Ein gutmütiger Armer, der mit seiner Frau Baukis* Zeus* und Hermes* bewirtet, als diese in Menschengestalt Obdach suchen und, überall sonst abgewiesen, an die Tür seiner Hütte klopfen. Da der aufgetragene Wein nicht weniger wird, erken-

nen die beiden Alten, daß sie Götter zu Gast haben, und wollen ihnen zu Ehren ihre einzige Gans schlachten. Die Olympier verwehren das und fordern Philemon und Baukis auf, ihnen zu folgen. Kaum haben sie einen Hügel erklommen, da versinken die Häuser ihrer hartherzigen Nachbarn in den Fluten eines Sees; nur die gastliche Hütte bleibt stehen und wird, als die Götter den beiden einen Wunsch freigeben, zu einem prachtvollen Tempel. Den hüten Philemon und Baukis, bis sie, hochbetagt, in Bäume verwandelt werden, die seitdem göttliche Ehren empfangen (Ovid, Metamorphosen VIII 626–724).
Die von Ovid mit zahlreichen reizvollen Details ausgestattete und nach seinem Vorbild von Johann Heinrich Voß 1785 liebevoll nachgedichtete Idylle wird im 5. Akt von Goethes Faust II eigenwillig verfremdet: Dort stört die Behausung der Alten Fausts große Bauprojekte. Mephisto weiß Rat: Bald brennt die Hütte samt ihren Bewohnern. Im zweiten Weltkrieg, unter griechischen Bauern, Widerstandskämpfern und deutschen Soldaten, spielt Leopold Ahlsens Drama ›Philemon und Baukis‹ (1956), das sich nur in zwei Punkten noch mit Ovid berührt: Gütig sind die Alten, die sowohl Deutschen wie Griechen helfen und gerade deshalb sterben müssen, gemeinsam sterben dürfen. Die Maler betonten in der Regel das idyllische Element, jedoch in sehr unterschiedlicher Weise: Während Peter Paul Rubens in seiner ›Landschaft mit Philemon und Baucis‹ (Wien, Kunsthistorisches Museum, um 1625) die mythologische Szene nur als Dreingabe serviert, liefert Christofano Allori (Jupiter und Merkur bei Philemon und Baucis, um 1600, München, Alte Pinakothek) gewissermaßen eine Momentaufnahme der bei Ovid geschilderten Gänsejagd der Baukis. Hintergrundfiguren sind die beiden Alten in Johann Carl Loths Bild ›Jupiter und Merkur bei Philemon und Baucis‹ (vor 1659, Wien, Kunsthistorisches Museum).

Philoktetes
Sohn des Poias, der den letzten Wunsch des von gräßlichen Schmerzen gequälten Herakles* erfüllte und seinen Scheiterhaufen entzündete. Zum Dank dafür erhielt er den Bogen und die vergifteten Pfeile des Helden, die er seinem Sohn vererbte. Dieser zog mit den Griechen gegen Troja, wurde aber noch auf der Hinfahrt bei einem Jagdausflug von einer Schlange

gebissen. Die Wunde eiterte und stank derart, daß Philoktet auf Betreiben des Odysseus* auf der Insel Lemnos ausgesetzt wurde. Dort vegetierte er zehn Jahre dahin, bis der Seher Helenos* den Griechen verkündete, ohne den Bogen des Herakles könne Troja nicht eingenommen werden. Odysseus* und Diomedes* bzw. Neoptolemos* holten daraufhin den Verbitterten mit List und Überredung zum Heer zurück, Machaon* heilte ihn, und Philoktetes griff ins Kampfgeschehen ein (Sophokles, Philoktetes). Die 409 v. Chr. uraufgeführte Tragödie des Sophokles arbeitete Heiner Müller 1968 zu einem Stück der Lüge und der Skrupellosigkeit um, in dessen Verlauf Neoptolemos schließlich den Helden umbringt.

Philomele

Tochter des Pandion*, Schwester der Prokne*, deren Mann Tereus* sie vergewaltigte, ihr die Zunge herausschnitt und sie in einem einsamen Gebäude gefangenhielt. Durch eine Sklavin konnte Philomele ein Tuch, in das sie ihre Leidensgeschichte gewebt hatte, aus ihrem Gefängnis zu Prokne bringen lassen. Diese las die schreckliche Botschaft und dachte nur noch an Rache. Zufällig feierten die Frauen des Landes gerade ein bacchantisches Fest; so konnte sie im Schutz der Nacht und der heiligen Feiern ihr Haus verlassen, die Schwester befreien und, mit ihr zurückgekehrt, dem Tereus ein schreckliches Mahl bereiten: Den eigenen Sohn schlachtet sie und reicht ihn als Speise dem Vater. Erst als der sich an seinem eigenen Fleisch und Blut gesättigt hat, deutet sie, was geschehen ist, in dunklen Worten an. Zugleich stürzt Philomele ins Zimmer und wirft ihrem Peiniger hohnlachend den Kopf seines Kindes ins Gesicht. Tereus geht sogleich mit gezücktem Schwert auf die beiden Frauen los, doch sie entkommen auf Flügeln: Philomele wird zur Nachtigall, Prokne zur Schwalbe. Auch der Verfolger wird in einen Vogel, einen Wiedehopf, verwandelt – und noch immer trägt er einen Helmbusch, noch immer, gleich einer Waffe, den überlangen Schnabel (Ovid, Metamorphosen VI 441–670).

Wenn Dichter die Nachtigall ›Philomela‹ nennen und ihren Gesang als klagend empfinden, dann denken sie an Ovids gräßliche Geschichte, die Christoph Ransmayr in seinem Roman ›Die letzte Welt‹ (1988) wirkungsvoll ans Ende plaziert hat, und vielleicht auch daran, daß Nachtigallen »oityoity« zu singen scheinen. Das klingt wie die griechischen Worte: Ach, mein Itys, mein Itys. In älteren griechischen Fassungen der Sage wird nämlich Prokne zur Nachtigall.

Phineus
1. Blinder Seher und König von Salmydessos in Thrakien, den die Harpyien** quälten, bis Kalais* und Zetes* ihn von dieser Plage befreiten. Der Grund seiner Leiden war entweder der Zorn der Götter darüber, daß er den Menschen die Zukunft enthüllte oder daß er auf Betreiben seiner zweiten Frau zwei Kinder aus erster Ehe geblendet hatte (Apollodor, Bibliothek I 120–122).
2. Bruder des Kepheus*, Onkel und erster Bräutigam der Andromeda*, Gegner des Perseus**.

Phix
Name der Sphinx* bei Hesiod (Theogonie 326).

Phlegyas
Ein Sohn des Ares*; ein gewalttätiger Frevler, der dafür in der Unterwelt büßen muß (Vergil, Aeneis VI 618–620); Dante nennt in seiner ›Comedia‹ den Grund dafür: Phlegyas habe Apollons* Tempel in Delphi angezündet, weil er meinte, der Gott habe seine Tochter verführt. Dafür muß er nun als Fährmann die Verdammten über den Sumpf der Styx* setzen, wohin die Jähzornigen gebannt sind (Inferno VIII 28–42).

Phobos
→ Deimos

Phöbus/Phoibos
»Der Strahlende«; Beiname des Apollon* und des Helios*.

Phoinix
1. Sohn des Agenor*, Bruder des Kadmos* und der Europa*, Stammvater der Phönizier.
2. Väterlicher Freund des Achilleus*, dessen Groll er dadurch zu dämpfen sucht, daß er ihm sein eigenes Schicksal erzählt: Weil sein Vater in eine Nebenfrau ganz vernarrt war, habe ihn, Phoinix, die Mutter bedrängt, jenem das Weib abspenstig zu machen. Der aber sei dahintergekommen und habe ihn

verflucht: Nie solle er selbst einen Sohn bekommen. Vor dem Zorn des Vaters sei er zu Peleus* geflüchtet, der ihm die Erziehung des Achilleus* anvertraut habe (Ilias IX 432–622).
3. Der Vogel Phönix; wenn dieser ein Alter von 500 Jahren erreicht hat, baut er sich ein Nest aus Gewürzkräutern und endet sein Leben in Wohlgerüchen. Aus seinem Leib aber geht ein neuer Phönix hervor, der, sobald er kräftig genug ist, das Nest mit dem toten Vater zum Tempel des Sonnengottes in der ägyptischen Stadt Heliopolis trägt (Herodot, Historien II 73; Ovid, Metamorphosen XV 392–407). Daß der Phönix Feuer an sein Nest lege und aus den Flammen neu entstehe, ist eine späte Legende, die der im Mittelalter vielgelesene ›Physiologus‹ (Kapitel 7) auf Tod und Auferstehung Christi bezieht. »Wie Phönix aus der Asche« ist noch heute ein geflügeltes Wort, und wenn ein Reparaturbetrieb sich z. B. »Schuh-Phönix« nennt, suggeriert er dem kundigen Besucher »Wieder wie neu«. Auch Shakespeares Gedicht ›Phönix und Taube‹ (1601) setzt die Kenntnis der Sage voraus, genau wie der Wahlspruch der Fürsten von Hohenlohe-Langenburg, *ex flammis orior* – aus Flammen werde ich (neu) geboren, oder Christopher Frys Komödientitel ›Ein Phönix zuviel‹ (1946/51).

Phokos
Sohn des Aiakos* und der Nereide* Psamathe*, von seinen Brüdern Peleus* und Telamon* aus Eifersucht ermordet; zur Strafe dafür hetzte Psamathe einen fürchterlichen Wolf gegen die Herden des Peleus. Erst als Thetis* für ihren Gatten Peleus bat, endete das Morden: Der Wolf wurde zu Stein (Ovid, Metamorphosen XI 346–409).

Pholos
Ein Kentaur*, der Herakles* bewirtete. Wegen des Weinfasses, das er anzapfte, kam es zum Streit, denn es war gemeinsamer Besitz aller Kentauren. Herakles tötete viele der Tiermenschen, die auf ihn eindrangen, und brachte dem weisen Chiron*, der schlichten wollte, unabsichtlich eine unheilbare Wunde bei. Auch Pholos kam um, als er sich mit einem der vergifteten Pfeile ritzte (Apollodor, Bibliothek II 83–87).

Phorkys
Meergott, Sohn des Pontos* und der Gaia*, Bruder des Nereus*, von seiner Schwester Keto* Vater zahlreicher Unwesen, darunter der Gorgonen* und der Graien* (Hesiod, Theogonie 270–336). Letztere heißen in Goethes Faust II 2f. Phorkyaden.

Phrixos
Sohn des Athamas* und der Nephele*, die ihm und seiner Schwester Helle* zur Flucht vor der bösen Ino* verhalf, indem sie ihnen einen Widder mit goldenem Vlies sandte, der außerdem fliegen konnte.

Phyllis
Thrakische Königstochter, die, von ihrem Geliebten Demophon (2)* verlassen, Selbstmord verübte (Apollodor, Bibliothek IX 16f.). Ovid läßt Phyllis dem Treulosen einen langen Brief schreiben (Heroides 2).

Picus
»Specht«, ein König in Latium, den Kirke* vergeblich zu verführen suchte und schließlich, ergrimmt, in einen Specht verwandelte (Ovid, Metamorphosen XIV 312–402).

Pieriden
1. Beiname der Musen* nach ihrer Heimat, der thessalischen Landschaft Pierien.
2. Die neun Töchter des Mazedoniers Pieros, die die Musen zum Wettsingen herausforderten, dabei unterlagen und in Elstern verwandelt wurden (Ovid, Metamorphosen V 294–678).

Pittheus
Ein Sohn des Pelops*, König in Troizen, Vater der Aithra*, die von Aigeus** den Theseus* bekam.

Pleiaden
Sieben Töchter des Atlas* und der Okeanide* Pleione, die Zeus*, weil der wilde Orion* sie verfolgte, als Siebengestirn an den Himmel versetzte.

Pleisthenes
Sohn des Atreus**, von Thyestes* aufgezogen und als Mörder gegen den eigenen Vater ausgeschickt, der ihn tötete.

Plexippos
Onkel des Meleagros*, von diesem erschlagen.

Pluto oder **Pluton**
Beiname des Hades*; daß Plutonium ein wahrhaft höllisches Element ist, scheinen seine Entdecker geahnt zu haben.

Plutos
→ Demeter

Podaleirios
Sohn des Asklepios*, Bruder des Machaon* und Arzt wie dieser; in der Biologie ist *podalirius* Artname des Segelfalters.

Podarge
Eine der Harpyien*, von Zephyros* Mutter der unsterblichen Rosse des Achilleus* (Ilias XVI 148–151).

Podarkes
Ursprünglicher Name des Priamos*.

Poias
Vater des Philoktetes*.

Pollux
Lateinischer Name des Polydeukes*.

Polybos
1. Ägyptischer König, der Menelaos* und Helena* aufnahm und reich beschenkte (Odyssee IV 125–132).
2. König von Korinth, Adoptivvater des Oidipus*.

Polydektes
König der Insel Seriphos, der sich in Danae* verliebte und deswegen ihren erwachsenen Sohn Perseus** in den Tod schicken wollte.

Polydeukes
Einer der beiden Dioskuren**, Bruder des Kastor*.

Polydoros
Jüngster Sohn des Priamos* und der Hekabe*, den sein Vater mit reichen Schätzen zum Thrakerkönig Polymestor* sandte, damit er dort in Sicherheit sei. Doch als Troja gefallen war, ermordete der habgierige Thraker seinen Gast; Hekabe, schon Gefangene der Griechen, fand am Strand zufällig die Leiche und nahm, als sich die Gelegenheit dazu bot, an dem Mörder schreckliche Rache: Sie kratzte ihm die Augen aus (Euripides, Hekabe; Ovid, Metamorphosen XIII 527–575).

Polyhymnia (Polymnia)
»Die Liederreiche«, eine der neun Musen*.

Polyidos
Ein Seher, der den toten Glaukos (2)* wiederbelebte.

Polymestor
Thrakerkönig, Mörder des Polydoros**.

Polyneikes
»Der Zänker«, Sohn des Oidipus*, Bruder des Eteokles*, mit dem er um den Thron von Theben stritt. Beide fielen im Zweikampf. Da Polyneikes den Zug der »Sieben* gegen Theben« angeführt hatte, sollte er unbegraben liegen bleiben, doch seine Schwester Antigone* versuchte, ihn wenigstens symbolisch zu bestatten (Aischylos, Sieben gegen Theben; Sophokles, Antigone; Euripides, Phoinissen; Statius, Thebais; Apollodor, Bibliothek III 55–82).

Polyphemos
Sohn des Poseidon*, ein Kyklop*, der Odysseus* und zwölf seiner Gefährten in seiner Höhle ertappt, als sie sich eben an seinen Vorräten und seinem Kleinvieh bedienen. Sogleich versperrt er den Ausgang mit einem riesigen Stein und verschlingt zwei von den Eindringlingen. Vier weiteren Griechen geht es ebenso, ehe Odysseus einen Weg findet, sich an dem Menschenfresser zu rächen. Er macht ihn mit Wein betrunken, lügt ihm vor, er heiße »Niemand«, und brennt ihm, während er

schläft, mit einem an der Spitze glühend gemachten Pfahl sein einziges Auge aus. Auf das Gebrüll des Geblendeten eilen die anderen Kyklopen herbei, doch als sie ihn schreien hören, daß »Niemand ihm nach dem Leben trachte«, halten sie ihn für verrückt und zerstreuen sich wieder. Am nächsten Morgen schiebt Polyphem den Stein vom Eingang der Höhle weg, damit seine Schafe auf die Weide gehen können. Er selbst betastet jedes einzelne Tier, um die Griechen am Entkommen zu hindern. Die aber haben sich unter den Bäuchen der Tiere festgeklammert. So gelingt ihnen die Flucht, und Odysseus kann es sich nicht verkneifen, vom Schiff aus dem Getäuschten seinen wahren Namen zu nennen. Das hätte er besser unterlassen, denn nun kann ihn Polyphem im Gebet zu seinem Vater Poseidon verwünschen – und dieser tut alles, um eine Heimkehr des Odysseus zu verhindern (Odyssee IX 105–555).

Während die Polyphemgeschichte der Odyssee sehr alte Märchenmotive enthält, ist die Werbung des ungeschlachten Riesen um die Nereide* Galateia*, die ihrerseits Akis** liebt, wohl ein ziemlich spätes Produkt dichterischer Phantasie. Als Satyrspiel hat Euripides im ›Kyklops‹ das Abenteuer des Odysseus auf die Bühne gebracht. Das burleske Stück ist das einzige seiner Gattung, das vollständig erhalten blieb. Von den zahlreichen Darstellungen der Blendung des Polyphem ist die auf einer in Caere gefundenen Hydria aus dem 6. Jahrhundert v. Chr. wohl am bekanntesten (Rom, Museo Nazionale di Villa Giulia). Wie der verliebte Riese, die riesige Panflöte unter dem Arm, nach der schönen Galatea Ausschau hält, hat Sebastiano del Piombo um 1515 in der Villa Farnesina al fresco gemalt und dabei die häßliche Einäugigkeit des Monsters elegant vernebelt, indem er es im Profil zeigt. Auf den ersten Blick nur ein Naturbild ist Claude Lorrains ›Landschaft mit Acis und Galatea‹ (um 1670, Dresden, Galerie alter Meister), doch sieht man genauer hin, entdeckt man rechts im Bild den lauernden Riesen.

Polyxena

Tochter des Priamos* und der Hekabe*, geriet mit ihrer Mutter in griechische Gefangenschaft und wurde von Neoptolemos* am Grabhügel des Achilleus* als Opfer geschlachtet, weil der Schatten des Helden das gefordert hatte (Euripides,

Hekabe; Troerinnen; Ovid, Metamorphosen XIII 441–526). Die in den mittelalterlichen Trojaromanen ausgesponnene Liebesgeschichte zwischen Achilleus und Polyxena geht wohl auf hellenistische Dichter zurück. Künstler schätzten vor allem die Opferszene, die sich bereits auf einer schwarzfigurigen Amphore aus dem 6. Jahrhundert v. Chr. findet (London, British Museum); aus neuer Zeit seien Bilder von Guido Reni (um 1630, Paris, Louvre) und Federico Bencovic (vor 1730, Brüssel, Musées Royaux des Beaux-Arts) genannt.

Pomona
Römische Göttin des Obst- (*poma*) und Gartenbaus, nach Ovid von Vertumnus* zur Frau gewonnen (Metamorphosen XIV 622–771). Mit Ceres* zusammen sieht man Pomona auf einem Gemälde von Peter Paul Rubens (um 1625, Madrid, Prado), mit Vertumnus auf einem Entwurf von Luca Giordano (um 1682, London, Sammlung D. Mahon).

Pontos
»Meer«, ein Sohn der Gaia*; aus seiner Verbindung mit ihr gehen u. a. Nereus*, Phorkys* und Keto* hervor (Hesiod, Theogonie 131 f.; 233–239).

Portunus
Römischer Gott der Tore, weshalb er mit einem Schlüssel dargestellt wurde; später auch Beschützer der Häfen. Sein guterhaltener Tempel in Rom, am Tiberufer, wurde früher als Tempel der Fortuna Virilis bezeichnet.

Poseidon
Gott des Meers, Sohn des Kronos* und der Rheia*, Bruder des Zeus* und des Hades*. Seine Waffe ist der Dreizack, womit er das Meer aufwühlt und die Erde erschüttert; als sein heiliges Tier gilt das Pferd, in das er sich bisweilen verwandelt; in Pferdegestalt verbindet er sich mit Demeter*, ein Flügelpferd, den Pegasos*, gebiert ihm Medusa* (Ovid, Metamorphosen VI 118–120). Von Amphitrite*, mit der er tief im Meer einen Palast bewohnt, hat er den Triton*, von anderen Göttinnen, Nymphen* und sterblichen Frauen noch zahlreiche weitere Söhne, zum Teil von gewaltiger Größe und Kraft wie Polyphemos* oder Antaios*. Sein Wettstreit mit Athene* um

das attische Land war im Westgiebel des Parthenon auf der Akropolis von Athen dargestellt; im Kampf mit den Giganten sehen wir ihn auf dem Pergamon-Altar (Berlin, Pergamon-Museum), mit einem von Seepferden gezogenen Wagen fährt er auf einem Mosaik in Ostia durch die »Thermen des Neptun« – Neptun* und Poseidon wurden früh einander gleichgesetzt. Über zwei Meter hoch ist der bei Kap Artemision aus dem Meer gefischte Poseidon (Athen, Nationalmuseum), eine der wenigen Großbronzen des 5. Jahrhunderts v. Chr., die erhalten blieben.

Seit dem 17. Jahrhundert stellte man ihn gern inmitten von Meerwesen auf Brunnen dar; man denke an Niccolò Salvis 1751 vollendete Fontana di Trevi oder an die Fontana di Nettuno auf der Piazza Navona in Rom, dazu an den Neptunsbrunnen von Bartolomeo Ammanati (1575, Piazza della Signoria, Florenz). Schweres widerfuhr Poseidon-Neptun in Nürnberg: Erst wurde der von Georg Schweigger um 1660 gegossene Neptunbrunnen jahrzehntelang nicht aufgestellt; dann verkaufte ihn die notleidende Reichsstadt an den Zaren von Rußland; im 19. Jahrhundert fand sich ein Gönner, der eine Nachbildung jenes Brunnens für den Hauptmarkt der Stadt stiftete; die mußte dann aber vor Hitler in den Stadtpark weichen. – Um in Franken zu bleiben: Auch in Bamberg gibt es einen Neptun, nur heißt er dort, nach seinem Dreizack, der Gabelmann. Daß man den Meergott auch im Kleinformat antreffen kann, beweist Benvenuto Cellinis Salz- und Pfefferfaß für Franz I. von Frankreich (um 1540, Kunsthistorisches Museum Wien); Neptun und Ceres stehen da für Land und Meer, deren gemeinsames Kind sozusagen das Salz ist. Als stattliches Paar malte Jan Gossaert, genannt Mabuse, ›Neptun und Amphitrite‹ (1516, Berlin, Gemäldegalerie Ost), auf einen von Meerpferden gezogenen Wagen stellte Bon de Boullogne die beiden (Triumph der Amphitrite, um 1700, Tours, Musée).

Priamos

Jüngster Sohn des trojanischen Königs Laomedon*; von Herakles*, der, vom König betrogen, die Stadt stürmte, als einziger Prinz verschont, weil seine Schwester Hesione* ihn loskaufte. Von diesem Kaufgeschäft (gr. *priasthai*) bekam er den Namen, unter dem ihn die Ilias kennt. Vorher soll er Podarkes geheißen haben. Als König Trojas lebt er lange glücklich mit seiner Gattin Hekabe*; er hat von ihr und anderen Frauen fünfzig Söhne und zwölf Töchter, darunter Hektor*, Paris*, Kassandra* und Polyxena*. Doch als Paris* Helena* entführt, bricht das Unglück über Troja herein: Die Stadt wird zehn Jahre lang belagert, und Priamos verliert fast alle seine Söhne. Um die Leiche Hektors, des tapfersten, auszulösen, begibt sich der alte Mann sogar in das Zelt des fürchterlichen Achilleus* (Ilias XXIV). Als Troja fällt, wird Priamos an einem Altar des Zeus*, zu dem er sich geflüchtet hat, von Neoptolemos* erschlagen (Euripides, Hekabe 21–23). Dieser Frevel ist u.a. auf einer schwarzfigurigen Vase aus der 2. Hälfte des 6. Jahrhunderts v.Chr. dargestellt (Würzburg, Martin-von-Wagner-Museum).

Priapos
Ein kleinasiatischer Fruchtbarkeitsgott, meist mit überdimensionalem Penis dargestellt. Seine hölzernen Bilder standen in Obstgärten, wo sie zugleich Vögel und Diebe schrecken sollten; um diese Bilder, den Gott und sein Wirken kreisen die oft grob obszönen Priapeen, trivial-erotische Kurzgedichte. Daß Priapos durch das Geschrei eines Esels daran gehindert worden sei, der Nymphe* Lotis* Gewalt anzutun, und daß ihm aus diesem Grund Esel geopfert würden, berichtet Ovid (Fasti I 393–440). Ein kleiner Priapos mit einem Gewandbausch voller Früchte und dem Attribut seiner Männlichkeit ist einer der Venus-Statuetten aus dem Weißenburger Schatzfund zugesellt (Weißenburg, Römermuseum).

Proitos
Sohn des Abas*, Zwillingsbruder des Akrisios**.

Prokne
Tochter des Pandion*, Schwester der Philomele**, Frau des Tereus*.

Prokris
Frau des Kephalos**, von diesem versehentlich mit einem nie fehlenden Speer getötet.

Prokrustes

Ein sadistisch veranlagter Gastwirt, der bei Eleusis die Wanderer in sein Haus einlud und ihnen ein Bett zum Nachtlager anbot – den langen ein kurzes, den kurzen ein langes. Dann hieb er den Langen die Glieder ab, die überhingen, oder zerklopfte seine kleinen Gäste mit einem Hammer, damit sie das große Bett ausfüllten. Das tat er so lange, bis Theseus* ihn mit ebendiesem Hammer erschlug (Apollodor, Bibliothek IV 4). Wenn wir heute von »Methoden des Prokrustes« sprechen, verstehen wir darunter gewaltsame, unangemessene Lösungen eines Problems.

Prometheus

Sohn des Titanen* Iapetos* und der Klymene, Bruder des Atlas*, Menoitios* und Epimetheus*, Vater des Deukalion*, Feind des Zeus* und Helfer der Menschen. Als diese in grauer Vorzeit zu Mekone auf der Peloponnes während einer Zusammenkunft mit den Göttern klären wollten, welche Teile der Opfertiere jeder der beiden Parteien künftig zustünden, zerlegte Prometheus einen starken Stier und deckte über Fleisch und Eingeweide, die er den Menschen zugedacht hatte, den häßlichen Rindermagen, während er den Haufen der Knochen gefällig mit Fett garnierte. Dann ließ er Zeus* die Wahl, und der griff – angeblich wider besseres Wissen – nach dem schlechteren Teil. Seitdem verbrannten die Menschen den Göttern nur Knochen und Fett auf ihren Altären, Zeus aber ärgerte sich fürchterlich über die Täuschung (!) und strafte die Sterblichen, indem er ihnen das Feuer vorenthielt. Doch Prometheus raubte es und brachte die kostbare Glut in einem hohlen Schilfrohr zu seinen Schützlingen. Nun war wieder Zeus am Zuge und ließ als ewige Plage das erste Weib, Pandora**, in eine bisher anscheinend nur von Männern bewohnte Welt kommen. Prometheus aber wurde an eine Säule gefesselt, und täglich kam ein Adler, um die immer wieder nachwachsende Leber des Unglücklichen zu fressen, bis ihn Herakles* von seiner Qual erlöste (Hesiod, Theogonie 507–616).

Bei Prometheus, den Homer nicht erwähnt, dürfte es sich um einen vorgriechischen Handwerkergott und Kulturbringer handeln, den vor allem Schmiede und Töpfer verehrten. Sein Name wurde als »Vorbedacht« gedeutet, seine Klugheit, ja

Verschlagenheit betont Hesiod, der auch in den ›Werken und Tagen‹ (42–105) von ihm berichtet. Auf die Bühne gebracht wurde der Stoff von Aischylos, in dessen Tragödie ›Der gefesselte Prometheus‹ der Titanensohn als ungerecht Bestrafter erscheint. Während er von Hephaistos* an eine Felswand des Kaukasus geschmiedet wird, beklagt er sich über Zeus, der ihm seine Hilfe im Kampf mit den Titanen* so übel lohne. Darum werde er auch nicht verraten, wodurch die Macht des Göttervaters bedroht sei. Am Ende des Dramas wird der Unbeugsame in den Tartaros* gestürzt, ist sich aber seiner späteren Erlösung sicher: Ein Nachkomme der Io* werde ihn befreien, ein Unsterblicher, der Kentaur* Chiron*, für ihn sterben, und Zeus ihm noch dankbar sein, wenn er ihn vor einer Verbindung mit der Göttin Thetis* warne. Nahezu den gleichen Stoff hat um 160 n.Chr. Lukian in seinem Dialog ›Prometheus oder der Kaukasos‹ satirisch verfremdet. Platon bringt Prometheus und seinen Bruder Epimetheus** im ›Protagoras‹ (320d ff.) mit der Erschaffung der Lebewesen in Verbindung, Spätere berichten, Prometheus habe Menschen aus Ton gebildet (z.B. Ovid, Metamorphosen I 83), worauf Goethe in dem unvollendeten Schauspiel ›Prometheus‹ (1773) und auch in dem gleichnamigen Gedicht eingeht: »Bedecke deinen Himmel, Zeus, mit Wolkendunst ... Hier sitz ich, forme Menschen nach meinem Bilde, ein Geschlecht, das mir gleich sei, zu leiden, zu weinen, zu genießen und zu freuen sich und dein nicht zu achten, wie ich!« Ludwig van Beethovens Ballett ›Die Geschöpfe des Prometheus‹ verrät schon im Titel den Bezug auf dieses Element der Sage. In dem lyrischen Drama ›Der entfesselte Prometheus‹ (Prometheus Unbound, um 1819) läßt Percy Bysshe Shelley seinen Helden durch das Leid zur sittlichen Vollkommenheit gelangen, dank deren er, der selbst auf Rache verzichtet hat, die Willkürherrschaft Jupiters* beenden und der Menschheit das Heil bringen kann. Die schon vom frühen Christentum, z.B. von Tertullian, empfundene Nähe des leidenden Helfers Prometheus zu Christus klingt auch bei Shelley an. Parodistisch-satirisch spielte André Gide in seinem ›Schlecht gefesselten Prometheus‹ (1899) mit dem Mythos: Jedermann, so versichert der Held dieses Stücks, brauche seinen persönlichen Adler – und verspeist am Ende den seinen.

Vom Adler gequält sieht man Prometheus, zusammen mit seinem Bruder Atlas, auf dem Innenbild einer korinthischen Schale (6. Jahrhundert v. Chr., München, Antikensammlungen). Als Menschenschöpfer wurde er von Piero di Cosimo gemalt (Szene aus der Prometheussage, um 1500, München, Alte Pinakothek), als Leidender unter anderem von Gustave Moreau (Prometheus, 1868, Paris, Musée Gustave Moreau); 1950 vollendete Oskar Kokoschka sein Triptychon ›Prometheus-Saga‹ (London, Sammlung Graf Seilern). Die eminente literarische und künstlerische Nachwirkung des Prometheus-Mythos, die hier nur angedeutet werden kann, ist wohl eine Folge der vielfältigen Deutungsmöglichkeiten seiner Gestalt, wofür das heute freilich kaum mehr genießbare, hochpathetische »Gleichnis« Carl Spittelers ›Prometheus und Epimetheus‹ (1880) als extremes Beispiel gelten mag.

Proserpina
Lateinischer Name der Persephone*.

Protesilaos
Teilnehmer am Zug gegen Troja, der beim Anlegen an der kleinasiatischen Küste als erster an Land sprang und auch als erster getötet wurde (Ilias II 695–709). Seine Frau Laodameia war darüber untröstlich, machte sich ein Bild des Gefallenen und redete mit ihm. Das rührte die Götter, und Hermes* holte den Toten für kurze Zeit aus der Unterwelt – zur größten Freude Laodameias. Doch als Protesilaos wieder scheiden mußte, gab sie sich selbst den Tod (Apollodor, Bibliothek VI 29f.). Einen Brief der Laodameia an ihren fernen Geliebten hat Ovid gedichtet (Heroides 13); darin findet sich der Vers *Bella gerant alii, Protesilaus amet* (84: Kriege sollen andere führen, Protesilaos liebe nur), der uns verblüffend an »Make love, not war« erinnert. Diesen Vers soll der ungarische König Matthias Corvinus (1440–1490) aktualisiert haben zu *Bella gerant alii, tu, felix Austria, nube!* (Kriege sollen andere führen, du, glückliches Österreich, heirate!)

Proteus
1. Ein alter, kluger, wandlungsfähiger Meergott, der auf der ägyptischen Insel Pharos Robben hütete. Menelaos** zwang ihn dazu, ihm die Zukunft zu verkünden (Odyssee IV 364–570). Der Name des Proteus wird heute noch gelegentlich

gebraucht, wenn man einen schillernden Charakter bezeichnen will. Was am Grottenolm, dessen lateinischer Gattungsname Proteus lautet, proteushaft ist, entzieht sich leider unserer Kenntnis. In Goethes Faust II 2 erscheint Proteus als Riesenschildkröte, nimmt aber auf Bitten des weisen Thales menschliche Gestalt an.
2. König von Ägypten, bei dem Helena* die Zeit des trojanischen Krieges verbringt, während Paris nur ein Schattenbild von ihr entführt (Euripides, Helena).

Psamathe
Eine Nereide*, von Aiakos* Mutter des Phokos**.

Psyche
»Seele«; in dem von Apuleius in seine ›Metamorphosen‹ (um 160 n. Chr.) eingeschobenen Kunstmärchen von Amor* und Psyche die jüngste und schönste von drei schönen Königstöchtern, die auf Befehl eines Orakels einem scheußlichen Drachen ausgeliefert werden soll. Man bringt sie auf einen hohen Berg und läßt sie dort allein – doch plötzlich entführt sie ein Wirbelwind in ein liebliches Tal, wo sie in einem herrlichen Palast von unsichtbaren Dienern verwöhnt und zur Nachtzeit von einem ungemein zärtlichen jungen Mann liebkost wird. Dieser junge Mann ist Amor; er sollte im Auftrag seiner Mutter Venus*, deren Neid die Schönheit Psyches erregt hatte, diese strafen, konnte aber selbst ihrem Reiz nicht widerstehen. Nun genießt er heimliche Freuden, bis sich Psyche von ihren Schwestern, die sie auf ihre Bitten besuchen dürfen, dazu überreden läßt, den Geliebten anzuschauen. Als er neben ihr schläft, entzündet sie ein Öllämpchen, sieht staunend den jungen Liebesgott – und läßt einen Tropfen Öl auf seine empfindliche Götterhaut fallen. Amor erwacht, entflieht – und erst nach einer abenteuerlichen Wanderung durch Ober- und Unterwelt gewinnt Psyche den Entflohenen wieder, besänftigt Venus und wird unter die Unsterblichen aufgenommen.
Ob Apuleius dieses Märchen als Allegorie auf die Erlösung der Menschenseele durch die Liebe verstanden hat, ist fraglich; für das Mittelalter war der allegorische Gehalt offenkundig. Entsprechend groß war die Nachwirkung der reizvollen Erzählung in Literatur und Kunst. Heute freilich sind Giovan-

ni Boccaccios ›Genealogie deorum gentilium‹ (Genealogien der heidnischen Götter, um 1360) und zahlreiche dramatische Bearbeitungen des Stoffs vergessen, während die hübsche Gruppe aus dem ›Haus von Amor und Psyche‹ (römisch, um 200 n. Chr., Ostia, Museum) oder eine ähnliche in den Kapitolinischen Museen zu Rom immer noch der Aufmerksamkeit der Betrachter gewiß sein darf: Wann sieht man schon zwei reizende Marmorbilder, die sich küssen? In der Gartenloggia der Villa Farnesina in Rom hat 1511 Raffael mit seinen Gehilfen die Geschichte der beiden Liebenden als Zyklus gemalt; wenig später, um 1530, schufen Giulio Romano u. a. die ›Halle der Psyche‹ im Palazzo del Tè in Mantua, ein manieristisch-erotisches Festival der Sinnenfreude. Über den langbeinigen und langweiligen Liebesgott François Gérards und seine dümmliche Psyche haben wir schon im Zusammenhang mit Eros* gelästert; so bleiben uns noch ›Merkur und Psyche‹, eine Bronzegruppe von Adriaan de Vries (um 1593, Paris, Louvre) und Antonio Canovas Marmorgruppe ›Amor und Psyche‹, die genau zweihundert Jahre jünger und im selben Museum zu finden ist.

Pygmäen

»Fäustlinge« (von gr. *pygme,* Faust) im Sinne unserer Däumlinge, ein Zwergenvolk Afrikas oder Indiens, das in stetem Kampf mit den Kranichen lebt, seit sich seine Königin Gerana mit Juno* zu messen wagte. Die Göttin verwandelte sie darauf in einen Kranich (gr. *geranos*) und ließ sie dem eigenen Volk den Krieg erklären (Ilias III 3–6; Ovid, Metamorphosen VI 90–92). Der Kampf der ungleichen Feinde ist – unter anderem – auf der detailreichen François-Vase (6. Jahrhundert v. Chr., Florenz, Museo Archeologico) dargestellt.

Pygmalion

1. Bruder der Dido*, der ihren Mann ermordete und sie zur Flucht aus ihrer Heimat veranlaßte.

2. Ein Künstler auf Zypern, der von den seiner Meinung nach lasterhaften Frauen nichts wissen wollte und sich ein Bild aus Elfenbein schuf, schöner als jedes lebende Mädchen. In dieses verliebte er sich, das küßte er, dem brachte er kleine Geschenke – und eines Tages, beim Fest der Venus, bat er die Göttin bescheiden um eine Lebensgefährtin, die seinem geliebten

Bild ähnlich sei. Als er heimkehrte und wieder seine Statue küßte, wurde diese durch die Macht der Göttin lebendig, und neun Monate später hatte Pygmalion eine Tochter von ihr, Paphos, nach der die Stadt Paphos auf Zypern benannt ist (Ovid, Metamorphosen X 243–297).
Von den zahlreichen Variationen der von Ovid reizvoll dargebotenen Geschichte ist George Bernard Shaws Komödie ›Pygmalion‹ (1913/14) wohl die bekannteste. Der »Künstler« ist in ihr ein Phonetiker, für den der Wert eines Menschen von der Reinheit und Schönheit seiner Sprache bestimmt wird; er modelt aufgrund einer Wette das Blumenmädchen Eliza, das einen schauderhaften Slang spricht, zur großen Dame um, in die er sich – beinahe! – verliebt. Frederic Loewe hat diesen Stoff in seinem Musical ›My Fair Lady‹ 1956 kongenial vertont. Immer noch passagenweise erheiternd ist die Operette ›Die schöne Galathee‹ von Franz von Suppée (1865), in der sich die belebte Statue der schönen Nymphe Galathea als berechnendes, habsüchtiges Wesen erweist, das schließlich auf Bitten des Künstlers wieder zu Stein wird. In der Tragödie ›Galatia‹ des neugriechischen Dramatikers Spiridon Vasiliadis (1872) verliebt sich das belebte Bild in Renno, den Bruder Pygmalions, und will ihn dazu bringen, diesen zu töten. Renno aber bringt statt seiner die kaltherzige Galatia um. Natürlich ließen sich auch Maler und Bildhauer das dankbare Sujet nicht entgehen, doch kam dabei merkwürdigerweise nur Durchschnittliches heraus.

Pylades
Treuer Freund und Begleiter des Orestes*; die beiden gelten sprichwörtlich als unzertrennliches Paar.

Pyramus
Ein junger Mann aus Babylon, der die Nachbarstochter Thisbe liebt, aber, da die Eltern verfeindet sind, nur heimlich, durch einen Spalt in der Brandmauer, mit ihr plaudern kann. Endlich entschließt sich das Liebespaar zur Flucht; vor der Stadt, bei einem alten Grabmal, wollen sie sich treffen. Thisbe kommt etwas früher und muß vor einer Löwin fliehen, die eben Rinder gerissen hat und nun an der nahen Quelle ihren Durst löschen will. Bei der Flucht verliert das Mädchen seinen Mantel, den die Bestie mit blutigem Maul zerreißt. Als Pyra-

mus erscheint, findet er das blutbefleckte Kleidungsstück und glaubt, seine Geliebte sei einem Raubtier zum Opfer gefallen. Voller Verzweiflung ersticht er sich. Den Sterbenden findet Thisbe und gibt sich mit seinem Schwert den Tod (Ovid, Metamorphosen IV 55–161).
Ovids Rührszene wurde seit dem 14. Jahrhundert mehrmals dramatisch und episch nachgestaltet; am reizvollsten gelungen ist William Shakespeare jene Einlage im ›Sommernachtstraum‹ (1660), in der zur Hochzeitsfeier des Königs Theseus* einige biedere Handwerker das traurige Stück umwerfend komisch einstudieren; einer stellt dabei die Wand dar, zwei Finger sind der ominöse Spalt, ein andrer darf sich als Löwe versuchen und wird mit dem zum geflügelten Wort gewordenen Satz gelobt: »Gut gebrüllt, Löwe!« An diese sogenannten »Rüpelszenen« lehnt sich das ›Schimpff-Spiel Absurda comica oder Herr Peter Squenz‹ (um 1657) von Andreas Gryphius an, das sich in Wortspielen und satirischen Ausfällen auf die Unbildung einfacher Menschen gar nicht genug tun kann. Ein schönes Gemälde von Hans Baldung Grien (Pyramus und Thisbe; um 1530) besitzt die Stiftung Staatliche Museen Berlin-Dahlem. Der zu seiner Zeit als Antikenmaler hochgeschätzte Etienne Jeaurat bestand 1733 die Aufnahmeprüfung in die Akademie zu Paris, deren Rektor er später wurde, mit einem dramatisch gemalten, großflächigen Leinwandbild, auf dem Thisbe sich über der Leiche des Geliebten tötet (Roanne an der Loire, Musée et Bibliothéque Joseph Dechelette).

Pyreneus
Ein hinterhältiger König, der die Musen* bei einem Wolkenbruch freundlich in sein Haus lud, um ihnen Gewalt anzutun. Als sie in Vogelgestalt entflohen und er ihnen nachsetzte, stürzte er zu Tode (Ovid, Metamorphosen V 274–293).

Pyriphlegethon
Ein Flammenstrom in der Unterwelt.

Pyrrha
Tochter des Epimetheus* von Pandora*, Schwester und Gattin des Deukalion*.

Pyrrhos
»Der Rotblonde«, Beiname des Neoptolemos*.

Pythia
Die weissagende Priesterin des Apollon* in Delphi, das ursprünglich Pytho hieß.

Python
Ein riesiger Drache, den Gaia* nach der Großen Flut wider Willen gebar. Apollon* erlegte ihn mit tausend Pfeilen und stiftete am Ort seines Siegs das Orakel von Delphi und die pythischen Spiele (Ovid, Metamorphosen I 434–451). Im Homerischen Hymnos auf Apollon (3, 300–374) heißt das Monster schlicht Drakaina (Drachin) und ist Ziehmutter des von Hera* im Groll auf Zeus* in die Welt gesetzten Typhon*. Apollon erlegt die Drachin und läßt sie verfaulen (gr. *pythesthai*); darum nennt man den Ort Pytho. Zu den größten heute lebenden Schlangenarten, die unter Umständen sogar einen Menschen anfallen und verschlingen können, gehören die Tiger-, Netz- und Felsenpython.

Q

Quirinus
Italischer Gott, nach dem der Quirinalshügel in Rom benannt ist. Vermutlich war er in Roms Frühzeit eine der drei wichtigsten Gottheiten, das sabinische Gegenstück zu Mars*, hinter den er im Lauf der Zeit zurücktrat. Bedeutsam wurde in diesem Zusammenhang die Legende, ein gewisser Iulius Proculus habe nach dem Verschwinden des Romulus* dem Senat gemeldet, daß der König ihm erschienen sei und versichert habe, er gehöre nun als Quirinus zu den himmlischen Göttern (Plutarch, Romulus 28f.). So wurde der ursprüngliche Konkurrent des Mars zu dessen Sohn.

R

Rea (Rhea) Silvia oder **Ilia**
Tochter des Amulius*, von dessen Bruder Numitor* zur Priesterschaft der Vesta* und damit zur Ehelosigkeit gezwungen; als sie von Mars* Mutter des Romulus** und Remus* wurde, ließ Amulius sie einkerkern oder ertränken und die Kinder aussetzen (Plutarch, Romulus 3).

Remus
Bruder des Romulus*, von diesem getötet.

Rhadamanthys
Sohn des Zeus* von Europa*, Bruder des Minos* und Sarpedon*, Gesetzgeber Kretas, vor Minos nach Boiotien geflüchtet, nach seinem Tod Richter in der Unterwelt (Apollodor, Bibliothek III 3–7).

Rheia
Tochter des Uranos* und der Gaia*, Frau des Kronos**, Mutter von Hestia*, Demeter*, Hera*, Hades*, Poseidon* und Zeus*.

Rhesos
Thrakerkönig, der den Trojanern zu Hilfe kam. Odysseus* und Diomedes* schlichen nachts in sein Lager, töteten ihn mit zwölf seiner Leute im Schlaf und raubten seine herrlichen Pferde (Ilias X 434–513).

Roma
Personifikation Roms und seiner Herrschaft, zuerst im Osten des Reichs kultisch verehrt, zum Beispiel in Ankyra, dem heutigen Ankara, zusammen mit dem vergöttlichten Kaiser Augustus.

Romulus
Sohn der Rea* Silvia von Mars*, auf Befehl des bösen Amulius* zusammen mit seinem Bruder Remus* ausgesetzt und von einer Wölfin gesäugt. Später fand der Hirt Faustulus* die

Kinder; seine Frau Acca* Larentia zog sie auf. Als die jungen Männer durch einen Zufall mit ihrem Großvater Numitor* zusammentrafen, erkannte der seine Enkel, und diese führten ihn auf seinen Thron zurück. Danach wollten sie eine Stadt gründen und gerieten in Streit darüber, wer ihr den Namen geben und wer über sie herrschen solle. Ein Vogelorakel sollte entscheiden, und Remus sah als erster sechs, Romulus etwas später zwölf Geier. Wieder gab es Streit, ob nun die frühere oder die größere Zahl gelten solle, und Remus wurde im Handgemenge getötet. Bekannter ist die Geschichte, daß Remus über die noch niedrige Mauer der neuen Stadt gesprungen und von seinem Bruder mit den Worten erschlagen worden sei: »So soll es jedem ergehen, der sonst über meine Mauer springt.« Romulus nannte die Stadt Rom und richtete ein Asyl für Heimatlose und Verfolgte ein; so wuchs zwar die Bevölkerung schnell, aber die Nachbarn zögerten, ihre Töchter in das vermeintliche Verbrechernest einheiraten zu lassen. Darum griff Romulus zu einer List: Er lud die Sabiner mit Frauen und Kindern zu einem Fest, auf dessen Höhepunkt seine Leute die waffenlosen Gäste überfielen und ihre Töchter entführten. Deshalb gab es Krieg mit dem Sabinervolk, der aber rasch durch das Eingreifen der geraubten Frauen beendet wurde. Romulus herrschte nun zusammen mit dem Sabinerkönig Titus Tatius über seine Stadt. Er selbst wurde im vierzigsten Jahr seiner Regierung, als er das Heer musterte, unter Donner und Blitz zu den Göttern entrückt, wo er nun Quirinus* heißt (Livius, Ab urbe condita I 4–16).

Später vermutete man ein Grab des Romulus unter dem »Schwarzen Stein« (*lapis niger*) auf dem Forum; seine einfache Hütte wurde auf dem Palatin gezeigt. Die berühmte Wölfin, die man heute im Konservatorenpalast zu Rom bewundern kann, ist eine etruskische Arbeit aus dem frühen 5. Jahrhundert v. Chr., die beiden Säuglinge wurden erst in der Renaissance hinzugefügt. Im 17. und 18. Jahrhundert wurde der ›Raub der Sabinerinnen‹ besonders gern gemeißelt und gemalt; wir erinnern an die Marmorgruppe von Giambologna (1583, Loggia dei Lanzi, Florenz) sowie an die Gemälde von Peter Paul Rubens (um 1625, London, National Gallery), Pietro da Cortona (um 1650, Rom, Pinacotheca Capitolina), Valerio Castello (um 1650, Florenz, Uffizien), Johann Heinrich Schönfeld (1609–1683; St. Petersburg, Eremitage) und

Jacques-Louis David (1799, Paris, Louvre); dieses Werk beeindruckt durch sein Pathos und seine Ausmaße: 3,86 × 5,20 m!
Während ernstgemeinte Dramatisierungen und Vertonungen der Romulussage, darunter auch ›Die Sabinerinnen‹ von Paul Heyse (1858), sich nicht auf der Bühne hielten, erwies sich ein Schwank, ›Der Raub der Sabinerinnen‹, von Franz und Paul von Schönthan (1884) als ungemein zählebig. Allerdings geht es in dem Stück nur mittelbar um Mythisches, nämlich um die literarische Jugendsünde eines etwas schusseligen Gymnasiallehrers, die auf einer Schmierenbühne aufgeführt werden soll. Das an simpler Situationskomik reiche Stück wurde auch mehrfach verfilmt (z. B. 1954 von Kurt Hoffmann) und begegnet uns bisweilen auch in Fernsehprogrammen.

Rumina ficus
Der Feigenbaum, an dem der Nachen mit den auf dem Tiber ausgesetzten Säuglingen Romulus** und Remus* hängenblieb; dem Stamm erwies man kultische Ehren gleichsam als der Amme und Retterin der Kinder (Ovid, Fasti II 49–412 innerhalb einer poetischen Darstellung der Romulussage).

Rutuler
Volk in Latium, das unter Führung des Turnus* Aeneas/Aineias* bekämpfte.

S

Sabazios
Dem Dionysos* wesensverwandter, in ausgelassenen Umzügen gefeierter Gott, der wie jener über Thrakien nach Griechenland kam, besonders aber in Kleinasien verehrt wurde.

Sabinerinnen
→ Romulus

Sagaritis
Baumnymphe, die Attis** sein der Kybele* gegebenes Versprechen vergessen ließ (Ovid, Fasti IV 223–244).

Salmakis
Quellnymphe, mit Hermaphroditos** zu einem Zwitterwesen verschmolzen.

Salmoneus
Ein Thessalier, der in Elis eine Stadt gründete und in seinem Übermut Zeus* gleich sein wollte, an dessen Stelle er Opfer verlangte. Er schleppte hinter seinem Wagen eherne Kessel und trockene Felle her, um den Donner nachzuahmen, und wenn er Fackeln in die Höhe schleuderte, nannte er das »Blitzen«. Dafür vernichtete ihn Zeus samt seiner Stadt (Apollodor, Bibliothek I 89).

Sarapis
Unter Ptolemaios I. angeblich aufgrund eines Traumes aus dem kleinasiatischen Sinope nach Ägypten überführte und in einem Tempel der Isis* und des Osiris*/Apis* verehrte Gottheit, die wegen zahlreicher Wunder bald große Verehrung genoß (Tacitus, Historien IV 81–84). In der Gestalt des Sarapis vermengt sich Griechisches und Ägyptisches, er ist zugleich Zeus* und Pluton*, wird vom Kerberos* begleitet und trägt das Symbol segenspendender Unterweltsgottheiten, ein Getreidemaß, auf dem Haupt. Der Kult des Gottes verbreitete sich rasch, auch im römischen Reich.

Sarpedon
1. Sohn des Zeus* von Europa*, Bruder des Minos*, vor dem er nach einem Streit aus Kreta nach Lykien floh.
2. Sohn des Zeus* von der Tochter des Bellerophontes*, Laodameia; Führer der Lykier im trojanischen Krieg. Als Sarpedon gegen Patroklos* antritt, überlegt Zeus, ob er ihn lebend in seine Heimat entrücken solle, doch Hera warnt ihn: Auch andere Götter haben Söhne im Kampf stehen und würden, wenn er nun einen der seinen schone, deren Leben retten wollen. So kann der göttliche Vater dem Todgeweihten zu Ehren nur blutige Tränen zur Erde fallen und den Leichnam von Hypnos* und Thanatos* in Lykien bestatten lassen (Ilias XVI 419–505).

Saturnus
Altrömischer Gott des Ackerbaus, mit dem griechischen Kronos* gleichgesetzt. Wie dieser von Zeus*, so wurde er von Jupiter* entthront und mußte den kapitolinischen Hügel, der ehedem Saturnhügel hieß, verlassen. An die glückliche Zeit seiner Herrschaft, das Goldene Zeitalter, erinnerte das heitere Fest der Saturnalien, das man Ende Dezember feierte und bei dem unter anderem die Herren ihre Sklaven bedienen mußten. Im Saturntempel am Fuß des Kapitols bewahrte man den römischen Staatsschatz auf. Daß Saturn in der Astrologie über den Kopf des Menschen herrscht, mag als Erinnerung an die einst königliche Stellung des Gottes gelten.

Satyrn
Dämonische Mischwesen der freien Natur, menschengestaltig, aber mit Roßschweifen und Pferde- oder Bocksbeinen und kurzen Hörnern. Sie begleiten den trunkenen Zug des Dionysos* und erheitern den Gott durch ihre derben Späße. Zahllos sind die Darstellungen von Satyrn, die lüstern hinter Nymphen* und Mainaden* her sind; als Beispiel wirksamer Abwehr solcher Überfälle diene eine Schale des Makron (Satyr und Mänade, um 490 v. Chr., München, Antikensammlungen): Darauf stößt die Bedrängte ihrem Verfolger kräftig den Thyrsosstab in die Hoden. Auf einem Volutenkrater des Kleophon-Malers (um 425 v. Chr., Ferrara, Museo Archeologico Nazionale) wird der kleinwüchsige Satyr von einer weit größeren Mänade nur am Ohr gezogen. Berühmt war in der Antike

der Satyr des Praxiteles (um 350 v. Chr.); eine Nachbildung der Statue besitzen die Kapitolinischen Museen in Rom, dazu den ›roten Faun‹, eine Kopie nach einem Original des 3. Jahrhunderts v. Chr.; eine kleine Marmorgruppe, ein Satyr und eine Nymphe, die er belästigt, steht im Konservatorenpalast in Rom (Kopie nach einem Original des 3. Jahrhunderts v. Chr.); wenig jünger ist der überlebensgroße ›Schlafende Satyr‹ in der Münchner Glyptothek, der auch als ›Barberinischer Faun‹ bezeichnet wird. In ein niederländisches Bauernhaus läßt Jacob Jordaens einen Satyr geraten (Der Satyr beim Bauern, um 1640, München, Alte Pinakothek); wie Jupiter* in der Gestalt eines Satyrs sich an Antiope (2)* heranmacht, malte unter anderem Tizian (um 1560, Paris, Louvre). Wie heute die Clowns im Zirkus, so waren im griechischen Theater die Satyrn geradezu unentbehrlich: An drei aufeinanderfolgende Tragödien schloß sich jeweils ein ausgelassenes Satyrspiel an, bei dem die von der traurigen Handlung der vorangegangenen Stücke noch erschütterten Zuschauer wieder zum Lachen gebracht wurden.

Scaevola, Mucius
»Linkshänder«, ein junger Römer, der den Etruskerkönig Porsenna ermorden wollte, während dieser Rom belagerte. Irrtümlicherweise erstach er jedoch dessen reichgekleideten Sekretär und wurde festgenommen. Als Porsenna ihm mit schrecklichen Strafen drohte, demonstrierte er seine Furchtlosigkeit, indem er, ohne eine Miene zu verziehen, seine rechte Hand in der Glut eines Altars verkohlen ließ. Beeindruckt schenkte ihm Porsenna die Freiheit und brach die Belagerung ab – Scaevola hatte nämlich behauptet, es gebe noch zweihundertneunundneunzig junge Männer in Rom, die dasselbe wie er versuchen würden (Livius, Ab urbe condita II 12, 1–13, 5). Mucius Scaevola ist einer jener strahlenden Superhelden, mit denen die Römer ihre dunkle Frühzeit bevölkerten; im Bild verherrlicht hat seine Tat z. B. Hans Baldung Grien (1531; Dresden, Galerie alter Meister).

Seirenes
→ Sirenen

Selene
Mondgöttin, Tochter des Titanen* Hyperion*, Schwester des Helios* und der Eos* (Hesiod, Theogonie 371–374), dem Schäfer Endymion** in scheuer Liebe zugetan. Selene bedeutet »die Leuchtende«; das Element Selen bewahrt den Namen ebenso wie die Selenzelle, die Lichtimpulse in schwache elektrische Stromstöße umwandelt.

Semele
Tochter des Kadmos* und der Harmonia*, Geliebte des Zeus*, Mutter des Dionysos*, von der eifersüchtigen Hera* in Gestalt ihrer alten Amme dazu beredet, sich von der Göttlichkeit des Liebhabers zu überzeugen. Darum erbat sich Semele von Zeus, als er ihr einen Wunsch freigab, er solle so zu ihr kommen wie zu seiner himmlischen Gattin. Doch sobald der Gott unter Blitz und Donner erschien, verbrannte ihr sterblicher Leib. Zeus konnte nur noch seinen ungeborenen Sohn Dionysos retten und, bis zur Geburt, in seinen Schenkel einschließen (Ovid, Metamorphosen III 259–315). Später holte Dionysos seine Mutter aus der Unterwelt; als Göttin heißt sie nun Thyone (Apollodor, Bibliothek III 38). Unter den zahlreichen mythologischen Szenen, die Gustave Moreau gemalt hat, finden sich auch ›Jupiter und Semele‹ (1896, Paris, Musée Gustave Moreau). Dem Symbolisten gelang es in eindrucksvoller Weise, den Kontrast zwischen Irdischem und Überirdischem darzustellen.

Semiramis
Legendäre Königin von Babylon, Tochter der in einen Fisch verwandelten Derketis; Semiramis errichtete die gewaltige Stadtmauer und wurde gegen Ende ihres Lebens in eine Taube verwandelt (Ovid, Metamorphosen IV 44–48).

Serapis
→ Sarapis

Servius Tullius
Sechster König Roms, von der Sklavin (lat. *serva*) Ocresia** auf wundersame Weise empfangen.

Sibyllen
Gottbegeisterte Frauen, die die Zukunft kündeten. Man unterschied je nach Herkunft und Aufenthalt verschiedene Sibyllen; am berühmtesten wurde, durch Vergils Äneis, die Sibylle von Cumae bei Neapel, die Aeneas/Aineias* durch die Unterwelt in die Gefilde der Seligen zu seinem Vater Anchises* führte. Sie hauste in einer Grotte, die man heute noch zeigt; aus ihren hundert Ein- und Ausgängen hallten hundertfach die Worte der Prophetin: »Sprüche zu fordern ist nun die Zeit! Der Gott, schau, der Gott!« (Vergil, Aeneis VI 42–900) Nach Ovid war die Sibylle damals schon siebenhundert Jahre alt und wußte noch dreihundert vor sich. So lange Lebenszeit hatte ihr Apollon* verliehen, als er um ihre Liebe warb. Er hätte ihr sogar ewige Jugend geschenkt, doch sie blieb spröde, und nun »naht sich mit zitterndem Schritt das gebrechliche Alter«; dahinschwinden wird sie, bis nichts mehr bleibt als ihre Stimme (Ovid, Metamorphosen XIV 103–155). Die will eine der zwielichtigen Figuren in Petrons groteskem Roman, dem Satyrikon, noch gehört und die kläglich zusammengeschrumpfte Sibylle sogar gesehen haben, die in einem Fläschchen an der Decke ihrer Höhle hing. »Sibylle, was willst du?« fragten sie die Leute, und sie antwortete: »Sterben will ich!« (Satyricon 48, 8) Dem letzten römischen König soll eine Sibylle neun Bücher mit Weissagungen angeboten und dafür einen immensen Preis gefordert haben; als er dankend ablehnte, verbrannte sie drei Buchrollen und fragte, ob er den Rest für den gleichen Preis kaufen wolle. Der Gefragte lachte höhnisch und hielt die Alte für verrückt. Die aber verbrannte gelassen weitere drei Bücher und stellte dann dieselbe Frage wie vorher. Nun war der König irritiert und zahlte. Die Bücher wurden im Staatsheiligtum verwahrt und in Krisenzeiten von einer aus fünfzehn Experten bestehenden Kommission konsultiert (Gellius, Noctes Atticae I 19).
In Wirklichkeit stellten die »Sibyllinischen Bücher« eine im Laufe der Jahrhunderte entstandene Sammlung von Weissagungen dar, die bis ins 4. Jahrhundert n. Chr. befragt und erst 408 n. Chr. auf Befehl des kaiserlichen Heermeisters Stilicho, eines Vandalen, verbrannt wurde. Ungefähr zur gleichen Zeit entstanden die Sibyllinischen Orakel, die Antikes mit Jüdisch-Christlichem verschmolzen und die Sibyllen unter oder sogar neben die Propheten des Alten Testaments stellten, mit denen

sie Michelangelo in den Deckenfresken der vatikanischen Capella Sistina in Rom um 1510 vereinte. Auch das Gemälde von Antoine Caron ›Kaiser Augustus und die tiburtinische Sibylle‹ (um 1580, Paris, Louvre) zeigt die Ankündigung der Geburt des Heilands inmitten einer phantastischen Architektur. Eine alte, vorzeiten wegen einer Liebesgeschichte aus dem Tempel von Delphi vertriebene Frau ist die Sibylle in dem gleichnamigen Roman des Schweden Pär Lagerkvist (1956); von Apollon, der sie in Gestalt eines Ziegenbocks heimsuchte, hat sie einen schwachsinnigen Sohn; dieser macht sich auf den Weg in eine andere Welt, als seine Mutter dem ewigen Juden Ahasver ihre Geschichte erzählt. Wie in den »Orakeln« wird in diesem Roman antikes, jüdisches und christliches Gedankengut zu einem bizarren Gleichnis verbunden.

Sieben gegen Theben
Sieben Heerführer, an ihrer Spitze der Sohn des Oidipus*, Polyneikes*, die das siebentorige Theben stürmen wollten, aber zurückgeschlagen wurden. Fünf von den Angreifern fielen, der Seher Amphiaraos* wurde auf der Flucht von der Erde verschlungen, nur Adrastos* entkam. Da auch Eteokles*, der Verteidiger der Stadt, im Zweikampf mit seinem Bruder Polyneikes den Tod gefunden hatte, bestieg Kreon (1)*, der Onkel der beiden, den Thron. Er verbot, die gefallenen Angreifer zu bestatten. Daraufhin wandten sich deren Angehörige an König Theseus* von Athen, der von Kreon die Herausgabe der Leichen erzwang. Diese Fortsetzung der grausigen Geschichte von Oidipus brachten unter anderen Aischylos (Sieben gegen Theben, 467 v. Chr.), Sophokles (Antigone, um 442 v. Chr.; Oidipus auf Kolonos, 401) und Euripides (Die Schutzflehenden, um 424 v. Chr.; Die Phönizierinnen, um 410) auf die Bühne. Als Epiker versuchte sich der Römer Papinius Statius um 90 n. Chr. mit seiner ›Thebais‹ daran, unvollendet blieb Senecas Tragödie ›Phoenissae‹ (um 50 n. Chr.), von der sich Jean Racine 1664 zu seiner ›Thébayde‹ anregen ließ. Obgleich Molières Truppe das Stück aufführte und obgleich sich der Autor, wie er selbst sagte, den tragischsten Stoff der Antike vorgenommen hatte, ließ er das Publikum ziemlich kalt.

Silenos

Ein alter Satyr*, Erzieher des Dionysos*, meist schwer betrunken und kaum in der Lage, sich auf seinem Esel zu halten, so daß er herunterfällt und irgendwo liegenbleibt, genau wie ihn Peter Paul Rubens (Der trunkene Silen, um 1620, München, Alte Pinakothek) oder Anthonis van Dyck (Der trunkene Silen, um 1630, Brüssel, Musées Royaux des Beaux-Arts) gemalt haben. In solcher Verfassung wurde der Silen zu König Midas* gebracht und von diesem bewirtet (Ovid, Metamorphosen XI 90–99; IV 26f.). Keineswegs fett und behäbig, sondern animalisch und aggressiv wirkt der Silen auf einer Schale des Onesimos (um 500 v. Chr., Boston, Museum of Fine Arts); hier ist wohl das ursprüngliche, dämonische Wesen der auf Vasenbildern oft in der Mehrzahl begegnenden, halbtierischen Silene erfaßt. Erst die Verbindung mit Dionysos ließ sie zu komischen Figuren werden.

Silvanus

Römischer Schutzgott der Flur und des Viehs, später mit Pan* zusammengebracht. In seinem Namen scheint *silva,* der Wald, zu stecken, doch ist er wohl etruskischer Herkunft.

Sinis

Ein kräftiger Wegelagerer, der in der Nähe von Korinth Wanderern auflauerte, sie zwischen zwei niedergebeugte Fichten band und von den hochschnellenden Bäumen zerreißen ließ – bis ihm Theseus das Handwerk legte (Apollodor, Bibliothek III 218).

Sinon

Ein Grieche, der durch eine lange Lügengeschichte viel dazu beitrug, daß die List mit dem Trojanischen* Pferd Erfolg hatte (Vergil, Aeneis II 58–198).

Sirenen, Seirenes

Vögel mit Menschenköpfen, die durch ihren wunderbaren Gesang Seefahrer auf ihre Insel lockten und dort töteten. Odysseus* entging, von Kirke* beraten, der Gefahr, weil er seinen Gefährten die Ohren mit Wachs verstopfte und sich selbst an den Mastbaum binden ließ (Odyssee XII 39–54; 154–200). Apollonios Rhodios nennt die Sirenen Töchter der Muse*

Terpsichore* und des Flußgotts Acheloos*; vor ihrem Zauberlied beschützte Orpheus* die Argonauten*, indem er es kurzerhand übertönte (Argonautika IV 891–911). Bei Ovid heißen die in Vögel verwandelten Gefährtinnen der Persephone* Sirenen (Metamorphosen V 551–564). Als schöne, häufig abgebildete Illustration zur Odyssee sei ein rotfiguriges Vasenbild genannt (Odysseus und die Sirenen, attischer Stamnos, um 460 v. Chr., London, British Museum).

Sisyphos

Sohn des Aiolos (1)*, Gründer von Korinth; er muß in der Unterwelt einen Felsblock, der immer wieder herabrollt, auf einen hohen Berg wälzen (Odyssee XI 593–600; Apollodor, Bibliothek I 85); warum er so bestraft wird, berichtet die Odyssee nicht; Apollodor spricht von einem Verrat, andere meinen, Sisyphos habe den Tod festgebannt und sei später sogar für einige Zeit aus dem Hades entwischt. Anscheinend wurde er im Lauf der Zeit aus einem großen Frevler wie Tantalos* zu einer eher erheiternden Schelmenfigur, ähnlich dem Schmied von Jüterbog im deutschen Volksmärchen. Als solcher maß er sich erfolgreich mit dem Meisterdieb Autolykos*, verführte ganz nebenbei dessen Tochter und wurde so zum wirklichen Vater des Odysseus* (Ovid, Metamorphosen XIII 31–33). Sisyphos mit seinem Felsblock erscheint häufig auf antiken Vasenbildern; ein großes Gemälde von Tizian besitzt der Prado in Madrid (Sisyphos, um 1548/49). Hinter dem davonrollenden Kopf einer gestürzten Statue rennen ›Der übermütige Sisyphos und die Seinen‹ auf einem Bild Wolfgang Mattheuers her (1976, Dresden, Galerie neuer Meister).
Für die französische Existenzphilosophie wurde eine Schrift von Albert Camus bedeutsam: ›Der Mythos von Sisyphos‹, ein Essay über das Absurde (1942). Camus sieht in Sisyphos, der unentwegt und mit äußerster Energie das an sich Sinnlose tut, ein Bild des heldenhaften Menschen schlechthin: Da wir die Welt, in die wir hineingestellt seien, nicht zu ändern vermöchten, könne all unser Handeln allein nach seiner Intensität beurteilt werden.

Skamandrios

→ Astyanax

Skamandros
Gott eines Flusses bei Troja, ein Sohn des Zeus*, bei den Göttern Xanthos genannt und von den Trojanern durch Opfer geehrt. Er suchte Achilleus* am rasenden Morden zu hindern, wurde aber von Hephaistos* durch ein gewaltiges Feuer in sein Bett zurückgetrieben (Ilias XXI 233–384).

Skiron
Von Theseus* erschlagener Unhold, der auf der Landenge von Korinth Reisende dazu zwang, ihm die Füße zu waschen, und sie dann die Klippen hinunterstieß, einer Riesenschildkröte zum Fraß (Ovid, Metamorphosen VII 443–447; Apollodor, Bibliothek IV 1).

Skylla
1. Ein Ungeheuer, das in einer Felsenhöhle der Charybdis* gegenüber hauste und sich aus jedem vorbeifahrenden Schiff mit sechs auf überlangen Hälsen sitzenden Raubtierschädeln sechs Seeleute holte. Auch Odysseus mußte hilflos zusehen, wie die Skylla ihre zappelnden, schreienden Opfer hoch in der Luft zermalmte (Odyssee XII 73–126; 223–260). Lediglich die Argonauten* kamen dank göttlicher Hilfe ohne Verluste an dem gefährlichen Felsen vorbei (Apollonios Rhodios, Argonautika IV 920–963). Nach Ovid war Skylla einst ein schönes Mädchen, in das sich der Meergott Glaukos (1)* verliebte. Kirke*, die ihn ebenfalls umwarb, verwandelte die Konkurrentin in ein gräßliches Monster, das später versteinert wurde (Metamorphosen XIII 900 – XIV 74).
Da in dem Namen der Skylla das griechische Wort *skylax,* junger Hund, zu stecken schien, wurde sie oft als Frau dargestellt, aus deren Hüften Hundeleiber wachsen, zum Beispiel in der Skylla-Gruppe aus der Höhle von Sperlonga (Kopie nach griechischem Original, um 40 n. Chr., Museum Sperlonga). Aus dem zwölften Jahrhundert stammt eine Wandmalerei im Kloster Corvey bei Höxter, die eine solche Skylla und Odysseus zeigt. Auf dem von Giovanni Montorsoli 1557 errichteten Neptunsbrunnen in Messina steht der Meergott zwischen Skylla und Charybdis. Die durch Kopien ersetzten Originale findet man im Museo Nazionale.
2. Tochter des Nisos**, die aus Liebe zu Minos* ihren Vater verriet.

Sol
Römischer Sonnengott, dem Helios* und verschiedenen orientalischen Gottheiten wie Baal* und Mithras* gleichgesetzt. Der »unbesiegte Sonnengott« (Sol invictus) wurde in der Spätzeit des Reichs zu dessen höchsten Beschützer.

Sparten
Die aus der Drachensaat des Kadmos* hervorgegangenen Männer.

Sphinx
Eine Tochter der Echidna*, halb Frau, halb geflügelte Löwin, »dem Volk von Theben zum Unheil geboren« (Hesiod, Theogonie 226); die Sphinx hatte nämlich von den Musen* ein Rätsel gelernt, das sie den Thebanern vorlegte: »Es hat eine Stimme und erscheint vierfüßig, zweifüßig, dreifüßig.« Jeden, der die rechte Antwort nicht wußte, verschlang das Ungeheuer. Oidipus* aber löste das Rätsel so: »Der Mensch ist gemeint, denn als Kind kriecht er auf allen vieren, danach steht er auf zwei Beinen, und im Alter nimmt er als drittes einen Stock zu Hilfe.« Voll ohnmächtiger Wut stürzte sich darauf die Sphinx in einen Abgrund (Apollodor, Bibliothek III 52–54).

Stentor
Ein Grieche vor Troja, der so laut rufen konnte wie fünfzig Männer zusammen (Ilias V 785f.); mit »Stentorstimme« bezeichnet man auch heute noch ein besonders kräftiges Organ.

Stheneboia
Die in der Ilias Anteia* genannte Frau des Proitos*, die Bellerophontes** verleumdete (Apollodor, Bibliothek II 25–30).

Stymphalische Vögel
Vögel mit metallenen Federn, die sie wie Pfeile abschießen konnten; Herakles* verjagte sie mit Klappern aus ihren Verstecken am See Stymphalos in Arkadien und tötete viele; andere entkamen und belästigten später die Argonauten* auf ihrer Fahrt (Apollonios Rhodios, Argonautika II 1030–1089). Albrecht Dürer malte um 1500 ›Herkules und die stymphalischen Vögel‹ und setzte ihnen Frauenköpfe auf – er dachte dabei wohl an die Sirenen (Nürnberg, Germanisches Nationalmuseum).

Styx
Tochter des Okeanos* und der Tethys*, Göttin des eiskalten Unterweltflusses, bei dessen Wasser die Götter schwören; diese Ehre erwies Zeus der Styx, weil sie als erste zum Kampf mit den Titanen* kam. Gibt es Streit unter den Himmlischen, dann holt Iris* in einem goldenen Krug Styxwasser, und wer davon bei einem Meineid die übliche Trankspende ausgießt, der liegt erst ein Jahr in tiefer Betäubung und muß dann weitere neun Jahre der Götterrunde fern bleiben (Hesiod, Theogonie 361; 383–400, 775–806).

Sychaeus
Mann der Dido*, von ihrem Bruder Pygmalion ermordet.

Symplegaden
Schwimmende Felsen in der Zufahrt zum Schwarzen Meer, die ständig auseinanderdrifteten und dann wieder zusammenprallten, und zwar so schnell, daß kein Schiff durchkam – erst die Argonauten* schafften es, und seitdem stehen die Felsen still (Apollonios Rhodios, Argonautika II 317–346; 553–606).

Syrinx
Eine Nymphe*, die, von Pan* verfolgt, in flüsterndes Schilf verwandelt wurde. Der Gott fügte Schilfrohre unterschiedlicher Länge zur Panflöte oder Syrinx zusammen; so konnte er sich doch mit der Schönen »unterhalten« (Ovid, Metamorphosen I 689–712).

T

Tages
Ein wunderbares Kind, dessen Verwandlung vom Erdenkloß zum Menschen ein Pflüger in Etrurien miterlebte und das die Kunst der Zukunftsdeutung zum Volk der Etrusker brachte (Ovid, Metamorphosen XV 553–559; Cicero, De divinatione II 50).

Talos
1. Ein eherner Riese, den Zeus* der Europa* geschenkt hatte, damit er Kreta bewache. Seitdem umkreiste er dreimal täglich die Insel und schleuderte Steine gegen jedes Schiff, das dort landen wollte, auch gegen die Argonauten*. Medeia* aber berückte Talos durch ihre Zauberlieder und erreichte, daß er beim Hantieren mit kantigen Felsen sich selbst am Knöchel verletzte, wo seine einzige blutführende Ader nur durch ein dünnes Häutchen geschützt war. Wie geschmolzenes Blei floß das Blut aus der Wunde, und der Riese brach zusammen (Apollonios Rhodios, Argonautika IV 1638–1688).
2. Neffe des Daidalos*, auch Perdix** genannt.

Talthybios
Herold des Agamemnon*, mit seinem Kollegen Eurybates zu Achilleus* gesandt, um Briseis* abzuholen (Ilias I 319–340). In den ›Troerinnen‹ des Euripides muß er der Andromache* ihren kleinen Sohn Astyanax* wegnehmen (v. 230–276).

Tanaquil
Zukunftskundige Etruskerin aus Tarquinia, verhalf erst ihrem Mann Tarquinius* Priscus und später dem auf wunderbare Weise gezeugten Servius* Tullius zur römischen Königskrone (Livius, Ab urbe condita I 34–42).

Tantalos
Ein Büßer, der in der Unterwelt bis zum Kinn im Wasser steht und doch Durst leidet. Sobald er nämlich trinken will, ist alle Feuchtigkeit verschwunden, und unter seinen Füßen zeigt sich die schwarze Erde. Ebenso hängen über seinem Haupt die

verschiedensten Früchte, doch sobald der Alte nach ihnen greifen will, entführt ein Windstoß die Äste (Odyssee XI 582–592). Wofür Tantalos diese sprichwörtlich gewordenen Qualen leiden muß, bleibt in der Odyssee unerwähnt; daß er den Göttern, die ihn in den Olymp einluden, Nektar und Ambrosia gestohlen habe, erzählt Pindar und nennt es zugleich eine Lüge, daß er, als jene zum Gegenbesuch kamen, ihnen das Fleisch seines Sohnes Pelops** vorsetzte (Olympische Ode 1, 37–65). Bei Ovid ist Tantalos ein König von Lydien, Sohn des Zeus* und Vater der Niobe* (Metamorphosen VI 172–176).

Tarpeia

Tochter des Befehlshabers der Burg von Rom, die nach dem Raub der Sabinerinnen* von deren Angehörigen belagert wurde. Aus Liebe zum Anführer der Feinde oder aus Habsucht übte Tarpeia Verrat, erntete aber üblen Dank: Sie wurde entweder vom Kapitol jenen Steilhang hinabgestürzt, der heute noch »Tarpeischer Fels« heißt und wo in der Antike Verräter gerichtet wurden, oder sie wurde von den Sabinern unter ihren Schilden begraben. Sie hatte sich nämlich das gewünscht, was jene am Arm trugen, und dabei an deren goldene Spangen gedacht (Livius, Ab urbe condita I 11; Properz, Elegien IV 4; Ovid, Metamorphosen XIV 775–782).

Tarquinius

1. Tarquinius Priscus, der fünfte römische König, ein Etrusker aus der Stadt Tarquinia.

2. Tarquinius Superbus (»der Stolze«), siebter und letzter König Roms, wegen seiner brutalen Herrschaft und vor allem wegen der Vergewaltigung der Lucretia* durch seinen Sohn Sextus von Iunius Brutus und seinen Mitverschworenen gestürzt.

Tartaros

Ein gewaltiger Abgrund mit ehernen Mauern und Toren, zusammen mit Gaia*, der Erde, und Eros* gleich nach dem Chaos* entstanden; er liegt so tief unter der Erdoberfläche, wie sich der Himmel hoch über sie erhebt, und ein eiserner Amboß würde neun Tage und Nächte brauchen, um von der Erde hinabzufallen. Dort sind die Titanen* eingekerkert, und die hundertarmigen Riesen Briareos*, Gyes* und Kottos*, die einst Uranos* zusammen mit den Kyklopen an diesen modrigen Ort verbannt hatte, bewachen sie (Hesiod, Theogonie 116–120; 147–158; 715–745).

Tatius, Titus
Sabinerkönig, nach dem Ende des Kriegs gegen Rom Mitregent des Romulus*.

Teiresias
Blinder thebanischer Seher, dessen Ratschläge dem Kadmos*, Laios*, Oidipus* und Kreon (1)* nicht immer willkommen waren. Seine Blindheit wurde als göttliche Strafe erklärt, entweder, weil er den Menschen Dinge verriet, die ihnen hätten verborgen bleiben sollen, oder, weil er Athene* nackt im Bad erblickte, oder, weil er als Schiedsrichter in einem Streit zwischen Zeus* und Hera* die Göttin kränkte. Er erklärte nämlich, Frauen hätten beim Sex deutlich mehr Spaß als Männer, und konnte sich dabei auf eigene Erfahrungen berufen: Als er einmal zwei Schlangen, die sich paarten, mit einem Stock schlug, wurde er zur Frau, und erst sieben Jahre später durch den gleichen Vorgang wieder zum Mann (Apollodor, Bibliothek III 69–73; Ovid, Metamorphosen III 316–338).

Teisiphone
1. Eine der drei Erinyen*, von Vergil (Aeneis VI 554–575) und Ovid (Metamorphosen IV 451–511) als grausiges Unwesen geschildert.
2. Tochter des Alkmaion* von Manto, der Tochter des Teiresias*. Ihr Vater brachte Teisiphone zum König Kreon (2)* von Korinth, damit sie dort erzogen werde; die Königin aber fürchtete, ihr Mann könne sich in das hübsche Mädchen verlieben, und verkaufte es als Sklavin. Durch Zufall kam es in den Besitz des Alkmaion, der es nicht als seine Tochter erkannte (Apollodor, Bibliothek III 94f., nach einer verlorenen Tragödie des Euripides).

Telamon
Sohn des Aiakos*, Bruder des Peleus*, mit dem zusammen er den Phokos* ermordete und vor dem Zorn des Vaters nach Salamis fliehen mußte. Dort gewann er die Königstochter und wurde Vater des »großen« Aias (1)*, der nach ihm auch »Te-

lamonier« heißt. Telamon war bei der Jagd auf den Kalydonischen* Eber und bei der Fahrt der Argonauten* dabei, stürmte mit Herakles* Troja und bekam als Kriegsbeute Hesione*, die ihm den Teukros (2)* gebar (Apollodor, Bibliothek III 133–136).

Telchinen
Ureinwohner von Rhodos, geschickte Schmiede und Zauberer, Erzieher des Poseidon*, dessen Dreizack ihr Werk ist (Diodor, Bibliothek V 55f.); weil sie »allein durch einen Blick ihrer Augen alles verdarben«, versenkte Zeus* sie im Meer (Ovid, Metamorphosen VII 365–367).

Telegonos
Sohn des Odysseus** von Kirke*, tötete seinen Vater, den er nicht erkannte, während er nach ihm suchte.

Telemachos
Sohn des Odysseus** von Penelope*, ein verständiger junger Mann, der den aufdringlichen Freiern seiner Mutter selbstbewußt entgegentritt und sich auf einer Fahrt zu Nestor* und Menelaos* nach seinem schon zwanzig Jahre lang abwesenden Vater erkundigt. Wieder heimgekehrt, trifft er den Gesuchten bei Eumaios* an; Odysseus gibt sich dem Sohn nach einigem Zögern zu erkennen und bestraft dann zusammen mit ihm die Freier. Eine geistreiche »Fortsetzung des vierten Buchs der Odyssee« verfaßte um 1695 François de Salignac de la Mothe Fénelon; die Abenteuer, die er den jungen Telemach in Ägypten, Phönizien, auf Zypern, Kreta, bei der Nymphe Kalypso* und sogar in der Unterwelt erleben läßt, sind zwar in pädagogischer Absicht – Fénelon war der Erzieher des jungen Herzogs von Burgund –, aber ungemein unterhaltsam erzählt. So wurde der gegen den Willen seines Autors veröffentlichte ›Télémacque‹ zu einem der erfolgreichsten Bücher seiner Zeit.

Telephos
Sohn der Auge**, von seinem Großvater ausgesetzt, von einer Hirschkuh gesäugt, später von dem mysischen König Teuthras adoptiert und zu seinem Nachfolger gemacht. Während seiner Herrschaft landeten die Griechen, die den Weg nach Troja verfehlt hatten, an der Küste von Mysien und verwüsteten das

Land. Telephos trieb sie zurück, wurde aber von Achilleus* verwundet. Da die Wunde nicht heilen wollte, befragte er das Orakel des Apollon*. »Wer dich verwundete, wird dich auch heilen!« war die Antwort. Darauf begab sich Telephos, in Lumpen gehüllt, ins Heerlager der Griechen nach Argos und bat Achilleus um Hilfe. Dieser war dazu bereit, kratzte den Rost von seinem Speer und heilte damit Telephos, der daraufhin der Griechenflotte den Weg nach Troja wies (Apollodor, Bibliothek VI 16–20). Dramen des Sophokles und Euripides, die diesen Stoff behandelten, sind fast völlig verloren. Die hellenistischen Könige von Pergamon nahmen Telephos als mythischen Ahnherrn in Anspruch. Darum ließ Eumenes II. (197–159 v. Chr.) die Telephosgeschichte in einem Fries des berühmten Pergamon-Altars schildern (Berlin, Pergamon-Museum). Hier findet Herakles selbst seinen Sohn. Zum themengleichen Gemälde → Auge.

Tellus

Römische Erdgöttin, auch Terra mater (Mutter Erde) genannt und der Gaia* gleichgesetzt. Als stattliche Frauengestalt erscheint sie auf der Ara Pacis, dem Friedensaltar des Kaisers Augustus in Rom.

Temenos

Einer der Herakliden (Herakleidai*), Eroberer von Argos.

Tenes

Sohn des Kyknos (2)*, von diesem in einem Kasten dem Meer übergeben, weil seine Stiefmutter ihn verleumdet hatte; Tenes strandete an der Küste einer Insel, der er den Namen Tenedos gab. Beim Versuch, die nach Troja segelnden Griechen an der Landung zu hindern, wurde er von Achilleus* getötet – obwohl diesen seine Mutter Thetis* gewarnt hatte: Der Mörder des Tenes sollte nämlich durch Apollon* den Tod finden (Apollodor, Bibliothek VI 25f.).

Tereus

Thrakerkönig, Sohn des Ares*, Verbündeter des Pandion*, der ihm seine Tochter Prokne* zur Frau gab. An deren Schwester Philomela** vergriff sich Tereus später und mußte dafür furchtbar büßen.

Terminus
Römischer Gott der Ackergrenzen; sein Symbol war der Grenzstein, dem Opfer dargebracht wurden. Nach Ovid wollte Terminus beim Bau des Jupitertempels auf dem Kapitol nicht von der Stelle weichen: So ließ man ihn denn an seinem Platz und sparte sogar im Tempeldach eine Öffnung aus, damit er den freien Himmel über sich habe (Ovid, Fasti II 639–684).

Terra mater
→ Tellus

Terpsichore
Eine der Musen*, später dem Tanz und Gesang zugeordnet.

Teumessischer Fuchs
Ein räuberisches, menschenfressendes Untier vom Berg Teumessos, das die Thebaner heimsuchte und von keinem Verfolger eingeholt werden konnte – bis Kephalos* mit dem Jagdhund der Prokris* kam, der seinerseits jedes Beutetier erwischte. Das unentschiedene Rennen der Superschnellen beendeten die Götter, indem sie beide in Stein verwandelten (Ovid, Metamorphosen VII 757–793).

Tethys
Meergöttin, Tochter des Uranos* und der Gaia* (Hesiod, Theogonie 133–136), Schwester und Gattin des Okeanos*, Beschützerin der Hera*, als Zeus* mit Kronos* um die Herrschaft stritt (Ilias XIV 200–204).

Teukros
1. König im Gebiet von Troja, Sohn des Skamandros*, Schwiegervater des Dardanos* und damit einer der Ahnen des Trojanervolks (Apollodor, Bibliothek III 139). Vergil nennt Kreta als Heimat des Teukros (Aeneis III 104–110).
2. Sohn des Telamon*, Bruder und Gefährte des Aias (1)*, einer der herausragenden Helden im trojanischen Krieg. Da ihm sein Vater bei der Heimkehr nach Salamis vorwarf, er habe den Tod seines Bruders nicht gerächt, ging Teukros nach Zypern und gründete dort ein neues Salamis (Horaz, Carmen I 7, 21–29).

Teuthras
König im kleinasiatischen Mysien, Adoptivvater des Telephos*.

Thaleia
Eine der Musen*, dem Lustspiel zugeordnet; daher führen entsprechende Bühnen manchmal ihren Namen (Thalia-Theater).

Thamyris
Ein thrakischer Sänger, der sich auf einen Wettstreit mit den Musen* einließ und, von diesen besiegt, des Augenlichts und seiner Kunst beraubt wurde (Ilias II 594–600).

Thanatos
Der Todesgott, Bruder des Hypnos*, mit dem zusammen er auf einer Lekythos des Sabouroff-Malers (um 450 v. Chr., London, British Museum) dargestellt ist, wie beide eben einen Gefallenen davontragen. Beide haben mächtige Schwingen wie Engel, und Hypnos blickt auch sanft und gütig, Thanatos dagegen finster; seine Haare starren.

Thaumas
Sohn des Pontos* und der Gaia*, Vater der Iris* und der Harpyien* (Hesiod, Theogonie 237, 265–269).

Theano
1. Frau des Trojaners Antenor*, Priesterin der Athene*, der sie ein herrliches Gewand der Hekabe* darbringt. Ihre Bitten um Gnade für Troja erhört die Göttin trotzdem nicht (Ilias VI 287–311).
2. Pflegemutter der von Melanippe (1)*, einer Geliebten Poseidons*, ausgesetzten Zwillinge, die sie als eigene Kinder ausgibt. Als sie später selbst Zwillinge bekommt, trachtet sie den angenommenen nach dem Leben. Poseidon aber sorgt dafür, daß ihre Söhne umkommen, und Theano tötet sich selbst (Hyginus, Fabulae 186).

Theia
Titanin*, Tochter des Uranos* und der Gaia*, Mutter des Helios*, der Selene* und der Eos* (Hesiod, Theogonie 133–135; 371–374).

Theias
Assyrerkönig, von seiner Tochter Smyrna* Vater des Adonis* (Apollodor, Bibliothek III 183f., → Myrrha*).

Theiodamas
Ein Pflüger, der dem hungrigen Herakles* seinen Ackerstier nicht zum Braten geben wollte und darum getötet wurde. Seinen Sohn Hylas* nahm Herakles mit sich (Apollonios Rhodios, Argonautika I 1207–1219). In einer anderen Fassung der Sage beschimpft der Pflüger den räuberischen Helden; darum, so Apollodor, fanden auf Rhodos Stieropfer für Herakles unter Flüchen des Priesters statt (Bibliothek I 118).

Themis
Göttin des unumstößlichen Rechts, eine Tochter des Uranos* und der Gaia*, von Zeus* Mutter der Horen* und der Moiren*, Herrin des delphischen Orakels, bevor Apollon* davon Besitz ergriff. An sie wandten sich Deukalion* und Pyrrha* nach der Großen Flut, sie warnte Zeus vor einer Verbindung mit Thetis*. Eine eindrucksvolle Statue der Themis aus ihrem Tempel zu Rhamnus (um 300 v. Chr.) besitzt das Nationalmuseum in Athen.

Themisto
Dritte Frau des Athamas*, tötete bei dem Versuch, ihre Stiefkinder umzubringen, die eigenen (Hyginus, Fabulae 4).

Theoklymenos
1. Wahrsager aus dem Geschlecht des Melampus*, der wegen eines Mordes aus Argos geflohen war und bei Telemachos* Schutz fand. Zweimal sagte er die Heimkehr des Odysseus* und die Ermordung der jungen Männer voraus, die um Penelope* warben, doch fand er bei den Freiern keinen Glauben und wurde ausgelacht (Odyssee XV 265–285; XVII 151–161; XX 350–383). Die Figur des Theoklymenos spielt eine nicht unwichtige Rolle in der Konzeption des Odysseedichters. Besonders die Weissagung im 20. Gesang mit ihren grausigen Details erweist sich als überlegter Vorverweis auf den Freiermord.
2. Sohn des Proteus*, der in Ägypten die unter dem Schutz seines Vaters stehende Helena** umwarb.

Theophane

Geliebte des Poseidon*, die dieser »als Widder verführte« (Ovid, Metamorphosen VI 117); sie gebar ihm jenen goldwolligen Widder, der Phrixos* nach Kolchis trug (Hyginus, Fabulae 188).

Thersandros

Sohn des Polyneikes*, einer der Epigonen*; wie sein Vater nützte er die Schwäche der Eriphyle* für Schmuck und Kleidung für sich aus: Er gab ihr den herrlichen Schleier der Harmonia* und erreichte dadurch, daß sie ihre Söhne Alkmaion** und Amphilochos am Zug gegen Theben teilnehmen ließ, das nach einem Orakelspruch nur unter Führung Alkmaions erobert werden konnte (Apollodor, Bibliothek III 80–82).

Thersites

Ein häßlicher und gemeiner Stänkerer im Griechenheer vor Troja, der für seine Hetzreden gegen Agamemnon* von Odysseus* tüchtig verprügelt wurde (Ilias II 221–276). Als er nach dem Tod der Penthesilea* über Achilleus* lästerte, erschlug ihn dieser (Apollodor, Bibliothek VIII 1).

Theseus

Sohn des Aigeus* (oder des Poseidon*) von Aithra*, unter deren Obhut er in Troizen aufwuchs. Mit dem Schwert und den Schuhen des Aigeus, die ihm dieser als Erkennungszeichen hinterlassen hatte, machte er sich auf den Weg zu ihm und verrichtete viele Heldentaten: Er tötete Periphetes*, Sinis*, Skiron*, Kerkyon* und Prokrustes*, dazu bei Krommyon eine riesige Sau, die angeblich von Typhon* und Echidna* abstammte. In Athen trachtete ihm Medeia*, die damals mit Aigeus verheiratet war, nach dem Leben; erst schickte sie ihn gegen den Marathonischen* Stier, und als er den bezwungen hatte, suchte sie ihn zu vergiften. In letzter Minute erkannte Aigeus sein Schwert, schlug seinem Sohn den Giftbecher aus den Händen und vertrieb Medeia. Darauf befreite Theseus die Athener von dem schrecklichen Tribut, den sie König Minos* zu leisten hatten, erschlug den Minotauros* und fand dank Ariadnes* Faden auch den Weg aus dem Labyrinth. Auf der Heimfahrt mußte er Ariadne dem Dionysos* lassen und vergaß in seiner Trauer, das Segel zu wechseln. Er war nämlich mit einem schwarzen abgefahren und hatte versprochen, wenn er heil zurückkäme, ein weißes zu setzen. Als nun Aigeus vom Strand das Schiff mit einem schwarzen Segel herankommen sah, stürzte er sich voll Verzweiflung ins Meer. – Theseus wurde König von Athen und räumte alle, die ihm vielleicht gefährlich werden konnten, aus dem Weg, darunter die fünfzig Söhne seines Onkels Pallas (3)*. Mit Herakles* kämpfte er gegen die Amazonen* und führte deren Königin Hippolyte* oder Antiope (2)* heim. Einen Rachefeldzug ihrer Kriegerinnen wehrte er am Areopag bei Athen ab; seine erste Frau, von der er einen Sohn, Hippolytos*, hatte, soll bei diesem Kampf ums Leben gekommen sein. Seine zweite, Phaidra*, verliebte sich in ihren Stiefsohn und verleumdete ihn, als er nichts von ihr wissen wollte, beim Vater, der ihn verstieß und verfluchte. Mit seinem Freund Peirithoos* schlug sich Theseus mit den Kentauren* herum; mit ihm zusammen raubte er die schöne Helena* und wollte gar Persephone* aus der Unterwelt entführen. Bei diesem Unternehmen wurden die beiden von Hades* festgebannt, und die Dioskuren* konnten ohne sonderliche Mühe ihre Schwester Helena aus Athen zurückholen. Zugleich setzten sie den Menestheus* als neuen König ein. Als Theseus von Herakles* aus seiner Haft befreit worden war, fand er seine Stadt in fremder Hand und floh nach Skyros zu Lykomedes*, der ihn heimtückisch umbrachte (Apollodor, Bibliothek III 208 – IV 24).

An der Theseussage haben die Athener jahrhundertelang gestrickt; schließlich brauchte die Stadt einen Nationalhelden, mit dem man sich neben einem Herakles sehen lassen konnte. Leider ist ein großer Teil der epischen Überlieferung verloren, doch bewahrt die Vasenmalerei manche reizvolle Episode, wie zum Beispiel die vom Ring des Minos. Den hatte der König ins Meer geworfen, um zu testen, ob Theseus unter göttlichem Schutz stehe. Der junge Mann sprang in die Tiefe, gelangte zu Poseidons Gattin Amphitrite*, bekam den Ring und kehrte heil zu Minos zurück. Zartgliedrig, knabenhaft sieht man ihn auf dem Innenbild einer Schale des Onesimos in Gesellschaft von Göttinnen (Theseus mit Athene bei Amphitrite, um 495 v. Chr., Paris, Louvre). Den Minotauros ersticht er auf einer Amphora des Taleides (um 530 v. Chr., New York, Metropolitan Museum of Art). Nach vollbrachter Tat, zwischen Kindern, die ihm Hände und Füße küssen, steht er statuengleich auf einem Wandgemälde aus Pompeji (Neapel, Museo Nazionale). Ein Stamnos aus Gela zeigt ihn, wie er von der sanft schlummernden Ariadne forteilt (um 430 v.Chr., Boston, Museum of Fine Arts). Die Rückführung der geretteten Kinder schmückt einen Teil der François-Vase des Kleitos (um 570 v.Chr., Florenz, Museo Archeologico). Sämtliche Taten des Theseus, gruppiert um die Bezwingung des Minotauros, faßte um 425 v.Chr. der Kodros-Maler im Innenbild einer Schale zusammen (London, British Museum). Daß die Athener ihr Schatzhaus in Delphoi (um 500 v.Chr.) und ihren Hephaistostempel auf der Agora (um 450 v.Chr., das sogenannte Theseion) mit Szenen aus der Theseussage schmückten, versteht sich von selbst – doch wieso findet man den Athener Helden auch im Fries des Tempels von Bassai auf der Peloponnes (um 420 v.Chr., jetzt in London, British Museum)? Nun, der Architekt war derselbe Iktinos, der auch beim Bau des Parthenons mitwirkte! Als Theseus wird bisweilen auch der ›Diadumenos‹ des Polyklet bezeichnet (Marmorkopie nach dem Bronzeoriginal um 440 v.Chr., New York, Metropolitan Museum of Art), ein junger Mann, der sich eben die Siegerbinde umlegt.

In den Dramen des Sophokles und Euripides tritt Theseus mehrfach als Held und gerechter König auf, der zum Beispiel für die Bestattung der Sieben* gegen Theben sorgt oder dem alten Oidipus* in Kolonos Asyl gewährt. Eine Idylle, in der der große hellenistische Dichter Kallimachos um 250 v.Chr. seine Meisterschaft im Kleinen zeigte, ist die einst hochberühmte, heute aber nur noch in kläglichen Fragmenten erhaltene ›Hekale‹: Bevor sich Theseus in den Kampf mit dem Marathonischen Stier stürzt, hält er Einkehr bei einem alten Weiblein namens Hekale. Die Bewirtung durch sie war für Ovid das Vorbild für seine Episode ›Philemon und Baukis‹. Um 1340 wollte Giovanni Boccaccio ein Theseusepos schreiben, doch seine ›Teseide‹ geriet ihm zur streckenweise sentimentalen Liebesgeschichte. Um die Hochzeit des Theseus mit Hippolyta dreht sich der bunte Reigen von William Shakespeares ›Sommernachtstraum‹ (1600); von den Abenteuern auf Kreta bis zur Begegnung mit dem alten, blinden Oidipus spannt sich der Bogen von André Gides Erzählung ›Thesée‹ (1946), einer heiteren, leicht ironischen Reflexion über die Selbstverwirklichungsmöglichkeiten des Menschen.

Thespios
König der Stadt Thespiai, der nacheinander seine fünfzig Töchter zu Herakles* ins Bett steigen ließ und auf diese Weise fünfzig kräftige Enkel bekam (Apollodor, Bibliothek II 66).

Thestios
König in Aitolien, Vater der Leda* und Althaia*, Großvater des Meleagros*.

Thetis
Tochter des Nereus* und der Doris*, von Zeus* umworben, aber aufgrund einer Warnung der Themis* einem Sterblichen, dem Peleus**, zur Gattin bestimmt: Der Sohn der Thetis sollte nämlich weit stärker als sein Vater werden. An Achilleus** erfüllte sich die Weissagung (Apollonios Rhodios, Argonautika IV 791–809; Apollodor, Bibliothek III 168–172; Ovid, Metamorphosen XI 217–268).

Thisbe
Geliebte des Pyramus**.

Thoas
1. Vater der Hypsipyle*.
2. König der Taurier, in dessen Auftrag Iphigeneia* alle Fremden der Artemis* opfern mußte.

Thyestes
Sohn des Pelops* und der Hippodameia*, Bruder des Atreus**, dem er die Herrschaft über Mykene streitig machte. Erst verbannt, dann mit dem Fleisch seiner eigenen Kinder bewirtet und wieder vertrieben, war er nur noch von Rachsucht erfüllt. Ein Orakel wies ihm den Weg: Er zeugte mit seiner Tochter Pelopeia den Aigisthos*, der, herangewachsen, Atreus tötete und ihm dessen Krone verschaffte (Apollodor, Bibliothek V 9–14). In Senecas Tragödie ›Thyestes‹ löst der von einer Furie gehetzte Schatten des Tantalos*, der einst seinen Sohn Pelops* zerstückelte, das grausige Geschehen aus. Thyestes wird ahnungsloses Opfer eines teuflischen Plans und verflucht den entmenschten Bruder, vor dessen Tat sich der Sonnengott derart entsetzt, daß er am nächsten Tag seinen Weg von Westen nach Osten nimmt.

Thyone
Name der Semele* nach ihrer Aufnahme unter die Götter.

Titanen
Söhne und Töchter des Uranos* und der Gaia*, darunter Okeanos*, Hyperion*, Iapetos*, Kronos*, Tethys*, Themis*, Mnemosyne* und Rheia*. Sie beteiligten sich an der Empörung des Kronos gegen seinen Vater und, in ihrer Mehrzahl, am Kampf gegen Zeus, als dieser Kronos zu stürzen suchte. Mit Hilfe der Kyklopen* und der Hekatoncheiren* siegte dieser schließlich und verbannte seine Feinde in den Tartaros* (Hesiod, Theogonie 133–138; 168–182; 501–506; 617–735; Apollodor, Bibliothek I 1–9). Den Sturz der Titanen hat Anselm Feuerbach effektvoll als großflächiges Deckengemälde inszeniert (1879, Wien, Akademie der bildenden Künste; 8,30 × 6,40 m). Großes und Gewaltiges bezeichnen wir noch heute als ›titanisch‹; auch Himmelsstürmertum und Verwegenheit, die nicht ohne Strafe bleibt. Insofern hat der Name ›Titanic‹ geradezu etwas Ominöses. Willkürlich scheint demgegenüber der Name des Elements Titan gewählt zu sein. Jean Pauls vierbändiger Roman ›Titan‹ (1800–1803) verbindet Idyllik und Gesellschaftskritik, vor allem am höfischen Leben; einen skrupellosen Karrieremacher schildert der amerikanische Autor Theodore Dreiser in seinem Roman ›Der Titan‹ (1914).

Tithonos
Sohn des Laomedon*, von Eos** entführt, von Zeus* auf die Bitten der Göttin hin mit ewigem Leben, aber nicht mit ewiger Jugend beschenkt. In der Geologie heißt die Übergangszeit zwischen Jura und Kreide Tithon.

Titus Tatius
Sabinerkönig, erst Gegner, dann Mitregent des Romulus*.

Tityos
Ein Sohn der Gaia*, der auf der Insel Euboia lebte. Phaiaken* fuhren den Rhadamanthys* zu ihm (Odyssee VII 321–325). Bei seinem Besuch in der Unterwelt sah Odysseus* »den Sohn der ruhmvollen Gaia auf dem Boden liegen, über neun Morgen hin ausgestreckt, und zwei Geier saßen dabei, einer

rechts, der andre links, fraßen an seiner Leber und steckten die Köpfe tief ins Gekröse, er aber konnte sie mit den Händen nicht fernhalten. Leto* wollte er nämlich Gewalt antun, der herrlichen Geliebten des Zeus.« (Odyssee XI 576–581)
Spätere wußten anderes von Tityos zu berichten: Er sei ein Sohn des Zeus von einer seiner zahlreichen Geliebten gewesen, die dieser aus Angst vor Hera* in der Erde verborgen habe. Dort gebar sie ihren Riesensohn, und Zeus holte ihn ans Licht herauf. Als der Riese später Leto zu vergewaltigen versuchte, erschossen ihn Apollon* und Artemis* mit ihren Pfeilen (Apollodor, Bibliothek I 23). Den Überfall des Tityos zeigt ein Metopenrelief des Heraheiligtums am Silaris bei Paestum (um 540 v. Chr.), den Tod des Riesen, den seine Mutter Gaia vergeblich zu schützen sucht, das Innenbild einer Schale des Penthesilea-Malers (um 460 v. Chr., München Antikensammlungen). Von dem spanischen Maler José Ribera, der in seiner ersten Schaffensperiode düstere Themen bevorzugte, stammen ein tatsächlich horrender Tityos und, als Pendant dazu, ein Ixion* (um 1632, Madrid, Prado).

Tlepolemos
Sohn des Herakles*, wegen eines Totschlags nach Rhodos ausgewandert; Führer der Rhodier im Trojanischen Krieg (Apollodor, Bibliothek II 166).

Tmolos
Gott eines Berges in Lydien, Schiedsrichter im musikalischen Wettstreit zwischen Apollon* und Pan* (Ovid, Metamorphosen XI 150–194).

Toxeus
Onkel des Meleagros*, von diesem getötet.

Triptolemos
Sohn des Königs Keleos von Eleusis, bei dem Demeter* nach dem Verlust ihrer Tochter Persephone* Aufnahme fand. Zum Dank dafür gab sie Triptolemos Weizensaat und gebot ihm, die Menschen in der Feldbestellung zu unterweisen. Auf dem von Schlangen gezogenen Wagen der Göttin kam er bis nach Thrakien, wo ihn der tückische König Lynkos zu ermor-

den versuchte. Demeter aber verwandelte den König in einen Luchs (gr. *lynx)* (Ovid, Metamorphosen V 642–661).

Trismegistos

»Der dreimal Größte«, Beiname des im hellenistischen Ägypten mit dem Weisheitsgott Thot zusammengebrachten Hermes*. Unter seinem Namen wurde eine ganze Sammlung von Schriften mystisch-magischen Inhalts, das ›Corpus Hermeticum‹, tradiert.

Triton

Ein Meergott, Sohn Poseidons* und der Amphitrite*, der mit diesen zusammen in der Tiefe des Meeres einen goldenen Palast bewohnt (Hesiod, Theogonie 930–933). Von Malern und Bildhauern wurde er meist mit menschlichem Oberkörper und ein oder zwei Fischleibern dargestellt, zum Beispiel auf dem Pergamonaltar (Berlin, Pergamonmuseum). Ovid beschreibt bildhaft, wie er mit seiner Schneckentrompete nach der Großen Flut die Wasser zum Rückzug auffordert: »Jener ergreift das Horn mit der hohlen Schneckenspirale, die vom untersten Wirbel in wachsender Windung sich weitet, das Horn, das, in der Mitte des Meeres geblasen, mit seinem Klang die Gestade erfüllt, wo der Sonnengott unter- und aufgeht. Auch nun, als es des Gottes Mund berührt, der vom triefenden Barte noch feucht ist, und mit anschwellendem Ton zum gebotenen Rückzug bläst, wird es von allen Wassern des Landes und Meeres vernommen, und alle Wasser, die es vernehmen, bringt es zum Gehorsam.« (Metamorphosen I 335–342)
Diesen Triton machte Giovanni Lorenzo Bernini um 1637 zum Mittelpunkt der Fontana del Tritone in Rom, die vielfache Nachahmung fand. So bläst beispielsweise auf dem Nürnberger Maxplatz ein etwas kleinerer Triton kräftig in sein Instrument. Zusammen mit einer Nereide und einer riesigen, bunten Wasserschlange erscheint ein struppiger, behaarter und schuppiger Triton mit Trompete auf einem Gemälde Arnold Böcklins (Triton und Nereide, 1873, München, Schack-Galerie).

Troer, Trojaner

→ Tros

Trojanisches Pferd

Auf den Rat des Odysseus* von den Griechen erbautes hölzernes Riesenpferd, in dem sich die tapfersten Krieger versteckten. Die anderen segelten scheinbar nach Hause. Als die Trojaner ihre Stadt verließen und das Pferd bestaunten, log ihnen ein zurückgebliebener Grieche namens Sinon* vor, es sei ein Weihgeschenk für Athene*. Ungeachtet der Warnungen Laokoons* und Kassandras* zogen die Trojaner das »Danaergeschenk« auf ihre Burg und feierten ihren vermeintlichen Sieg. In der Nacht verließen die Griechen das Pferd und öffneten ihren zurückgekehrten Kameraden die Tore. Troja war verloren (Vergil, Aeneis II 1–267). Ein Pferd mit Luken, aus denen behelmte Männer herausschauen, zeigt eine Reliefamphora von den Kykladen (7. Jahrhundert v. Chr., Mykonos, Museum), ein Holzpferd auf Rädern sieht man auf einem römischen Wandgemälde aus Pompeji (um 70 n. Chr., Neapel, Museo Nazionale), ein unbewegliches hölzernes Riesenroß, in dem man herumklettern kann, steht heute am Eingang zum Ruinenfeld von Troja.

Troilos

Sohn des Priamos* und der Hekabe*, im Krieg gefallen. Der in der Ilias nur einmal (XXIV 257) genannte junge Mann scheint, wie verstreute literarische Zeugnisse und Vasenbilder beweisen, keine absolute Randfigur des trojanischen Sagenkreises gewesen zu sein. Immerhin kämpfen auf einer etruskischen Amphore aus dem 6. Jahrhundert v. Chr. Achilleus* und Hektor* um seine Leiche (München, Antikensammlungen). Zu einer wirklich wichtigen Gestalt haben ihn aber erst die mittelalterlichen Troja-Romane gemacht, die ihn als Geliebten der Chryseis* nennen. Ihnen folgten um 1385 Geoffrey Chaucer mit seinem Versroman ›Troilus and Criseyde‹ und um 1602 William Shakespeare mit seiner Tragikomödie ›The History of Troylus and Cresseida‹, die als ›Troilus und Cressida‹ heute noch gelegentlich gespielt wird. Das Stück, in dem Achilleus*, Aias (1)* und Pandaros* eine betont miese Figur machen, ist ohne Zweifel Shakespeares eigenwilligste Schöpfung. Wilfried Zillig hat es als Oper re-antikisiert, indem er dem Chor eine beherrschende Rolle zuwies (Troilus und Cressida, 1951); William Waltons 1954 uraufgeführte gleichnamige Oper setzt auf Tragik und Tod: Troilus wird am Schluß durch Kalchas* heimtückisch erstochen, Cressida verübt Selbstmord.

Trophonios

Baumeister des ältesten Steintempels in Delphoi, zusammen mit seinem Bruder Agamedes; in Boiotien als Orakelgottheit verehrt. Wer den Gott in seiner Höhle aufsuchen wollte, hatte sich komplizierten Reinigungsriten zu unterwerfen, ehe ihm der Abstieg ins Dunkel gestattet wurde. Und wer von dort zurückkam, der hatte für lange Zeit das Lachen verlernt (Pausanias, Periegesis IX 39). Mit dem Namen des Trophonios verband sich auch eine Wandersage, deren bekannteste Fassung bei Herodot (Historien II 121) in Ägypten zur Zeit des Pharaos Rhampsinit spielt. Nach Pausanias erbauten Trophonios und Agamedes dem König Hyrieus ein Schatzhaus und brachten dabei eine Geheimtür an, durch die sie später eindrangen und Schätze raubten. Als der König daraufhin den Dieben Fallen stellte und Agamedes in eine geriet, tötete ihn sein Bruder und schnitt ihm den Kopf ab, um eine Identifizierung der Leiche zu verhindern. Er selbst flüchtete und wurde von der Erde verschlungen. Nichts blieb von ihm als seine Stimme, die nun die Zukunft kündet (Pausanias, Periegesis IX 37, 5).

Tros

Sohn des Erichthonios (2)*, König der Troer (die man erst von der Gründung Trojas an Trojaner nennen kann), Vater des Stadtgründers Ilos (1)* sowie des Assarakos* und Ganymedes* (Ilias XX 230–232).

Tullius

→ Servius Tullius

Tullus Hostilius

Der dritte König von Rom, der jenen Krieg mit Alba Longa vom Zaun brach, in dem die Horatier* und Curiatier* miteinander kämpften. Nach Niederwerfung und Zerstörung der feindlichen Stadt siedelte er ihre Bewohner in Rom an. Dann zog er gegen die Samniten in den Krieg. Weil er über all den Kämpfen seine kultischen Pflichten vernachlässigte, erschlug ihn Jupiter* schließlich mit seinem Blitz (Livius, Ab urbe condita I 22f.).

Turnus
Führer der italischen Rutuler im Kampf gegen Aeneas/Aineias*, von diesem im Zweikampf besiegt und getötet (Vergil, Aeneis XII).

Tyche
»Glück, Zufall«, bei Hesiod eine der Töchter des Okeanos* (Theogonie 360); als Glücksgöttin wurde Tyche erst seit dem 4. Jahrhundert v. Chr. verehrt und oft mit der jeweiligen Stadtgöttin verbunden. Im römischen Bereich entsprach ihr weitgehend Fortuna*.

Tydeus
Sohn des Königs Oineus*, wegen eines Totschlags aus seiner Heimatstadt Kalydon nach Argos geflüchtet, wo ihn Adrastos** zu seinem Schwiegersohn machte. Tydeus nahm am Zug der Sieben* gegen Theben teil; seine gewaltigen Heldentaten rühmt schon die Ilias (IV 372–400; V 800–813). An beiden Stellen wird Diomedes*, der Sohn des Tydeus, mit dem bärenstarken Vater verglichen, der es ohne Zögern mit ganzen Rudeln von Thebanern aufnahm. Als er trotzdem während der Kämpfe um Theben verwundet wurde, wollte Athene* ihn heilen, ja, ihn sogar unsterblich machen. Doch als sie sah, wie er den Kopf seines Gegners, den Amphiaraos* ihm gebracht hatte, spaltete und das Gehirn schlürfte, wandte sie sich voll Grausen ab und ließ ihn sterben (Apollodor, Bibliothek I 75–77, III 58–68; 75 f.).

Tyndareos
König von Sparta, verheiratet mit Leda*, die von Zeus* – oder von ihrem Mann und Zeus – die Dioskuren* und die schöne Helena* empfing. Eine weitere Tochter des Tyndareos war Klytaimestra*.

Tyndariden
»Tyndarossöhne«, Bezeichnung der beiden Dioskuren* nach ihrem Vater Tyndareos*.

Typhon, Typhoeus
Ein Über-Drache mit hundert feuerspeienden Köpfen und hundert verschiedenen Stimmen, den Gaia* dem Tartaros*

gebar. Zeus* bezwang das Monster in einem dramatischen Kampf und schleuderte es in die unterste Unterwelt (Hesiod, Theogonie 820–869). Typhon ist Vater der schlimmen Stürme und, von Echidna*, der Hunde Orthos* und Kerberos* sowie der Hydra* und der Chimaira* (Hesiod a. O. 869; 304–325). Ein Sohn der Hera*, von dieser, dem Zeus* zum Trotz, ohne Vater geboren und von einem Drachenweibchen bei Delphi aufgezogen, ist Typhon im Homerischen Hymnos auf Apollon (III 300–374), der ihn mit Python* zusammenbringt. Als grauenerregendes, himmelhohes Ungetüm, das wüste Knäuel von Schlangen umzüngeln und das ganze Lavaströme ausspeit, schildert Apollodor – wohl nach einer verlorenen epischen Dichtung – den Typhon, der zeitweilig sogar den Göttervater Zeus überwinden und ihm die Sehnen an Händen und Füßen herausschneiden kann. Er schleppt den Besiegten in eine Höhle und läßt ihn dort durch die Delphyne, eine Schlangenfrau, bewachen. Aber Hermes und ein weiterer Gott, der noch Mut besaß – denn alle anderen hatten sich in Tiere verwandelt und in Ägypten versteckt – befreiten Zeus und setzten ihm seine Sehnen wieder ein. Mit neuer Kraft jagte er auf einem von geflügelten Pferden gezogenen Wagen dem Unhold nach und schleuderte schließlich den Ätna auf ihn (Bibliothek I 39–44). Die Tierverwandlung der Götter, die auch Ovid erwähnt (Metamorphosen V 321–358), dürfte auf den Versuch zurückgehen, die Verehrung tiergestaltiger Gottheiten in Ägypten mythologisch zu begründen. Im Giebelfeld eines der von den Persern zerstörten Tempel auf der Akropolis von Athen war der Kampf des Zeus mit Typhon dargestellt; Teile der im 6. Jahrhundert v. Chr. geschaffenen Terrakotten befinden sich im Akropolis-Museum.

Tyro

Tochter des Salmoneus*, die sich in den Gott des Flusses Enipeus verliebte und oft an seinen Ufern entlangging, bis Poseidon* die Gestalt des Enipeus annahm, das Mädchen wie ein Wellengebirge umfing und sich, »nachdem er die Werke der Liebe vollbracht hatte«, zu erkennen gab. »Herrliche Kinder wirst du gebären«, sprach er, »nun aber gehe nach Hause und nenn' keinen Namen!« Tatsächlich brachte Tyro Zwillinge zur Welt, Neleus* und Pelias*. Von ihrem Mann Kretheus aber bekam sie später den Aison*, Pheres und Amythaon (Odyssee

XI 235–259). Daß Tyro ihre Zwillinge ausgesetzt habe, davon weiß die Odyssee noch nichts. Nach Apollodor wurden die beiden von Hirten gefunden, wuchsen bei diesen auf und rächten später ihre Mutter, die unter den Mißhandlungen durch ihre Stiefmutter Sidero (»Eisenhart«) zu leiden hatte (Bibliothek I 90–92).

U

Ukalegon
Ein alter Trojaner; aus der Schilderung vom Brand Trojas bei Vergil wurde die Passage *iam proximus ardet Ucalegon* – schon brennt als nächster Ukalegon (Aeneis II 311) zum geflügelten Wort.

Ulixes, Ulysses
Lateinischer Name des Odysseus*.

Urania
»Die Himmlische«, eine der Musen*, später – wohl aufgrund ihres Namens – der Astronomie als Patronin zugeteilt.

Uranos
Der Himmel als Gottheit, von Gaia* geboren, »daß er sie völlig umgebe und daß er auf ewig der seligen Götter sichere Wohnung sei« (Hesiod, Theogonie 126–128). Dem Uranos gebar Gaia die Titanen*, Kyklopen* und Hekatoncheiren*, und es kränkte sie, daß er nicht an all diesen Kindern seine Freude hatte, sondern sie gleich wieder in den Tiefen der Erde verbarg. Darum ermunterte sie Kronos* zum Widerstand, und dieser entmannte seinen Vater, als er eben Gaia umfangen wollte. Aus dem Blut des Uranos erschuf Gaia die Erinyen*, die Giganten* und die Melischen Nymphen*; aus dem Schaum aber, der das ins Meer geworfene Zeugungsglied umgab, entstand Aphrodite* (Hesiod, Theogonie 137–196).
Zugleich mit dem bereits erwähnten ›Titanensturz‹ malte Anselm Feuerbach für die Wiener Akademie der bildenden Künste 1875 einen ›Uranos‹. Als späten literarischen Nachklang der Vorstellung von einer Vermählung zwischen Himmel und Erde darf man das von Franz Schubert vertonte, romantische Gedicht ›Mondnacht‹ von Joseph Freiherr von Eichendorff (1788–1857) ansehen: »Es war, als hätt' der Himmel die Erde still geküßt ...« Der Gedanke, daß der gestirnte Himmel »strahle«, mag bei der Benennung des Elements Uran Pate gestanden haben.

V

Veiovis

Altrömischer Gott, bei dessen heiligem Hain Romulus* sein Asyl eingerichtet haben soll; später als Erscheinungsform Jupiters* angesehen (Ovid, Fasti III 429–448).

Venus

Italische Gottheit, deren ursprüngliches Wesen infolge der früh erfolgten Gleichsetzung mit Aphrodite* nur noch andeutungsweise erfaßt werden kann. Daß sie als Venus Mefitis mit schwefligen Dämpfen zu tun hatte und, als Cloacina, am stinkenden Hauptabzugskanal Roms ein Heiligtum besaß, paßt jedenfalls wenig zu einer Liebesgöttin. Zur Beschützerin der Römer als ihrer Nachfahren wurde sie infolge der Verbindung mit Mars* und unter dem Einfluß der Sage von Aineias*; Caesar weihte 46 v. Chr. für »Ahnfrau Venus« *(Venus genetrix)* einen Tempel, Ovid ließ sie persönlich die Seele des ermordeten Diktators in den Himmel holen (Metamorphosen XV 760–851).

Verginia

Eine schöne junge Römerin, die ein skrupelloser Adliger mit üblen Tricks für sich gewinnen wollte. Als ein Gericht in seinem Sinn entschied, erstach der eigene Vater das Mädchen (Livius, Ab urbe condita III 44–46). Die mit der Sage von Lucretia* inhaltlich verwandte Geschichte brachte Saverio Mercadante 1866 unter dem Titel ›Virginia‹ auf die Opernbühne.

Verticordia

Ein Beiname der Venus*, unter dem sie in Rom auf einen Spruch der Sibylle* hin zusammen mit Fortuna* virilis als Schützerin der Schönheit, der Sittsamkeit und des guten Rufs der Frauen verehrt wurde (Ovid, Fasti IV 133–164).

Vertumnus

Ein ursprünglich wohl etruskischer Gott, dessen Kult die Römer nach Eroberung der Stadt Volsinii übernahmen. Der Name klang an das lateinische Wort *vertere/verti* (wenden, sich verwandeln) an, daher schrieb man dem Gott Einflüsse auf den Jahreslauf sowie auf Handel und Wandel und außerdem eine besondere Wandlungsfähigkeit zu. Diese stellt er in einer Episode bei Ovid unter Beweis, wo er – erfolgreich – um die Göttin Pomona* wirbt (Metamorphosen XIV 623–771).

Vesta

Italische Göttin des Altar- und Herdfeuers, bisweilen mit Tellus* gleichgesetzt; um den Kult der Vesta und das jährlich auf dem Herd des römischen Volks neu entzündete »ewige« Feuer kümmerten sich in ihrem Rundtempel auf dem Forum die sechs Vestalinnen, die in Rom höchstes Ansehen genossen, aber, wenn sie sich mit einem Mann einließen, altertümlich-grausam bestraft wurden. Entweder begrub man sie lebendig, oder man stürzte sie vom Felsen der Tarpeia*. Was Ovid von Priapos*, Vesta und dem Esel des Silen* fabelt (Fasti VI 333–346), ist wohl eine Verlegenheits-Doublette; er hat dieselbe Geschichte im ersten Buch der ›Fasti‹ bereits über Priapos und die Nymphe Lotis* erzählt. Von einer Vestapriesterin, die ihren Geliebten heimlich in den Tempel kommen und während des Rendezvous die heilige Flamme erlöschen läßt, handelt Gasparo Spontinis einst berühmte Oper ›Die Vestalin‹ (1807).

Victoria

Römische Siegesgöttin, der Nike* entsprechend.

Viriplaca

Römische Göttin, in deren Heiligtum auf dem Palatin streitende Ehepaare kamen, sich aussprachen und – in der Regel – versöhnt wieder fortgingen. Der Name Viriplaca wurde als »Männer besänftigend« verstanden (Valerius Maximus, Facta et dicta memorabilia II 1, 6).

Volcanus, Vulcanus

Vermutlich etruskischer Feuer- und Blitzgott, früh mit Hephaistos* gleichgesetzt. Sein Name steckt sowohl im Vulkan wie im Vulkanisieren, dem Erhitzen von Kautschuk unter Schwefelzugabe.

X

Xanthos
1. Name des Skamandros* unter den Göttern.
2. Unsterbliches Pferd des Achilleus*.

Xuthos
Sohn des Hellen*, Bruder des Aiolos* und Doros*, einer der Stammväter des Griechenvolks.

Z

Zagreus
Vorgriechischer Gott der Jagd und des Todes, in der angeblich von Orpheus* begründeten Mysterienreligion die erste Erscheinungsform des Dionysos*. Bei Nonnos ist er ein Sohn der Persephone* und des Zeus*, der als Drache bei ihr eindringt; Zeus läßt den kleinen Zagreus seine Blitze schleudern, doch die eifersüchtige Hera* hetzt die Titanen* gegen ihn, und diese zerstückeln ihn schließlich, obwohl er sich vor ihnen durch vielfache Verwandlung zu retten sucht. Zeus rächt den Tod des Kindes durch einen Weltenbrand, den er in einer Sintflut löscht (Dionysiaka VI 155–278), und zeugt mit Semele* den neuen Dionysos (ebd. VII).

Zalmoxis
Gott der thrakischen Geten, der den Verstorbenen ewiges Leben schenkt. Zu ihm wurde nach Herodot alle fünf Jahre ein Bote entsandt, dem jeder seine Bitten und Wünsche mitgeben konnte. Diesen Boten packte man an Händen und Füßen und ließ ihn in aufgestellte Speere fallen. Wurde er dabei getötet, war das ein gutes Zeichen, blieb er am Leben, beschimpfte man ihn als schlechten Kerl. Herodot seinerseits hält Zalmoxis für einen entlaufenen Sklaven des Philosophen Pythagoras, der von dessen Lehren etwas aufgeschnappt und bei den Thrakern durch plumpe Tricks den Eindruck erweckt habe, er selbst sei unsterblich (Historien IV 94f.).

Zarathustra
→ Zoroastres

Zephyros
Gott des Westwinds, Sohn der Eos* und des Astraios*, Bruder des Boreas*, des Notos* und der Sterne (Hesiod, Theogonie 378–382). Von Zephyros und der Harpyie* Podarge* stammten die unsterblichen Pferde des Achilleus*, Xanthos* und Balios (Ilias XVI 149f.). Ursprünglich als wild empfunden, genau wie seine Brüder, wurde Zephyros später zum Lieblingswind der Dichter, den sie durch grüne Täler säuseln

ließen, wie z. B. Horaz in seiner ersten Römerode (Carmen III 1, 24). Das sanfte Spiel des Zephyrs wird auch in einer reizvollen Arie aus Mozarts Oper ›Idomeneo‹ besungen: Zefiretti lusinghieri ...

Zetes
Sohn des Boreas*, Bruder des Kalais*, mit dem zusammen er den alten König Phineus (1)* von den Harpyien* befreite.

Zethos
Sohn des Zeus* und der Antiope**, Zwillingsbruder des Amphion*, mit diesem in der Wildnis ausgesetzt, von Hirten gerettet und aufgezogen. Zethos behielt zeitlebens eine Schwäche für harte Arbeit und Herdenvieh, im Gegensatz zu seinem musischen Bruder. So griff er beim Bau der Mauern von Theben kräftig zu, während Amphion die Steine nach den Klängen seiner Leier antanzen ließ (Apollodor, Bibliothek III 42–45).

Zeus
Sohn der Rheia* von Kronos*, der aus Angst, eines seiner Kinder könne ihn ebenso entmachten wie er seinen Vater Uranos*, alle gleich nach der Geburt verschlang. Den kleinen Zeus brachte Rheia nach dem Ratschlag des Uranos und der Gaia* auf Kreta zur Welt. Dort, in einer geräumigen Höhle am Idagebirge, beschützt von den Kureten* und versorgt von der Nymphe* – oder Ziege – Amaltheia* war er vor seinem gefräßigen Vater sicher, dem Rheia statt des Säuglings einen in Windeln gewickelten Stein zu schlucken gab. Der lag dem Kronos dann so schwer im Magen, daß er sich von Gaia ein Brechmittel geben ließ und mit dem Stein auch die anderen verschlungenen Kinder wieder ausspie. Diesen Stein stellte Zeus in Delphi auf, als er nach schwerem Kampf den Vater entmachtet und samt den Titanen*, die jenem zu Hilfe gekommen waren, in den Tartaros* gestürzt hatte. Der Sieg wäre nicht möglich gewesen ohne die Hekatoncheiren*, die dreihundert Steine auf einmal schleudern konnten, und die Kyklopen*, denen Zeus Blitz und Donner verdankte (Hesiod, Theogonie 453–506; 617–735). Allerdings war auch nach dem Titanensturz seine Macht noch bedroht: Er mußte mit den erdgeborenen Giganten** und dem hundertköpfigen Ungeheuer

Typhon** um die Weltherrschaft ringen, die er sich mit seinen Brüdern durch das Los geteilt hatte. Dabei waren ihm der Himmel, Poseidon* das Meer und Hades* die Unterwelt zugefallen (Hesiod, Theogonie 820–885; Apollodor, Bibliothek I 33–44).

Erste Gemahlin des Zeus war Metis*, »die am meisten wußte von allen Göttern und sterblichen Menschen«. Doch als diese Athene* gebären sollte, »barg Zeus sie in seinem Leib«, da Uranos und Gaia verkündet hatten, das zweite Kind der Metis werde ihn entthronen. Dann nahm er Themis* zur Frau, die ihm die Horen* und Moiren* gebar. Von Eurynome wurde er Vater der Chariten*, von Demeter* der Persephone*. Wenig später verliebte er sich in Mnemosyne* und kam neun Nächte hintereinander zu ihr. Neun Töchter waren die Folge: die neun Musen*. Von Leto* bekam er Apollon* und Artemis*, von Maia* den Hermes* und von Hera*, seiner dritten »offiziellen« Gemahlin, Ares*, Hebe* und Eileithyia*. Die Göttin Athene brachte er aus seinem Haupt zur Welt, und Hera, voll Zorn über dieses unerhörte Ereignis, revanchierte sich mit dem vaterlosen Hephaistos* (Hesiod, Theogonie 886–929). Einmal verschwor sie sich sogar mit Poseidon und Athene, den Göttergatten zu fesseln, doch diesem kam Thetis* zu Hilfe und schickte Briareos*, den hundertarmigen Riesen. Der setzte sich gewaltig neben Zeus, und die Empörer gaben erschrokken ihr Vorhaben auf (Ilias I 396–406).

Die kleine Episode aus der Ilias läßt erkennen, daß man sich Zeus zwar mächtig, aber nicht allmächtig, zwar klug, aber nicht allwissend vorstellte. Er muß im Falle seines Sohnes Sarpedon**, dessen Leben er gerne gerettet hätte, auf die anderen Götter Rücksicht nehmen und hört auch bisweilen auf ihren Rat. Seine Macht zeigt er, wenn er Empörer und Frevler straft, zum Beispiel Prometheus*, Sisyphos* oder Tantalos*; wenn er die Wolken zusammenballt oder den Himmel freifegt; wenn er blitzt und donnert und sich in verschiedene Gestalten verwandelt. Diese Eigenschaft kam ihm vor allem bei seinen zahlreichen Liebesabenteuern zugute: Alkmene* eroberte er als ihr eigener Ehemann, Antiope* als Satyr, Danae* als goldener Regen, Europa* als Stier, Leda* als Schwan*. Andererseits machte er die schöne Io* zur Kuh, um die stets wachsame Hera zu täuschen, die sich nicht selten in seine Liebesaffären einmischte, zum Beispiel in die mit Semele* oder Kallisto*.

Auch die Entführung des Ganymedes* – als echter Griechengott war Zeus an hübschen Knaben durchaus interessiert – wurde von Hera scharf mißbilligt, und so gab es denn oft genug Zank auf dem Olymp, wo man sich seit alters den Palast des »Vaters der Götter und Menschen« dachte. An dessen menschlich-allzumenschlichen Zügen wurde schon früh Kritik geübt. So schrieb der Philosoph Xenophanes um 500 v. Chr.: »Alles haben Homer und Hesiod den Göttern angehängt, was bei den Menschen Schimpf und Schande ist: Stehlen, Ehebruch und gegenseitigen Betrug.« (Frg. 11 D)
Das Urteil ist hart und einseitig, denn Hesiod sieht in Zeus primär den Wahrer des Rechts, das dessen Tochter Dike* verkörpert, und in der Ilias schwankt zumindest sein Charakterbild. Da ist einmal der schwache, hintergehbare Gott, den Hera ohne besondere Mühe bezirzt und einschläfert (Ilias XIV 300–353), ein Gott, der auch hinterhältig und gemein sein kann; zum andern wacht er streng über die Weltordnung, über Eide und Verträge, beschützt Fremde und Hilfesuchende und spendet alles Gute und Böse: »Zwei Fässer stehen im Hause des Zeus; sie enthalten die Gaben, die er sendet: schlimme das eine, das andre die guten. Und wenn Zeus abwechselnd austeilt, bekommt man bald Böses, bald Gutes; wem er aber nur Übles schickt, den bedeckt er mit Schande, den treibt schwere Not über die Erde, den verachten Götter und Menschen.« (Ilias XXIV 527–533)
Aischylos, der erste und zugleich sprachgewaltigste der griechischen Tragiker, hat immer wieder seine Gedanken über das widersprüchliche Wesen des Zeus in Worte gefaßt, zum Beispiel in den Eröffnungschören des ›Agamemnon‹ (159–183) und der ›Schutzflehenden‹ (41–175); wenn er von den »verschlungenen Wegen seines Denkens« spricht, fühlt man sich an Biblisches erinnert: »Gottes Wege sind nicht unsere Wege, und seine Gedanken sind nicht unsere Gedanken.« Später versuchten vor allem die Philosophen, alles Niedrige, Bösartige und Tückische von Zeus zu tilgen und ihn zum Weltgeist schlechthin zu machen. Im 3. Jahrhundert v. Chr. rief ihn der Stoiker Kleanthes in einem berühmten Hymnos so an: »Ruhmvollster aller Unsterblichen, du Gott mit den vielen Namen, allmächtiger, ewiger Beherrscher der Welt, der nach seinem Willen alles lenkt, sei mir gegrüßt!«
Auch die bildende Kunst betonte in der Regel die Macht und

Würde des Gottes: Blitze schleudernd malte ihn Hermonax um 455 v.Chr. auf eine Lekythos (Paris, Bibliotheque Nationale); zwei Jahrzehnte später schuf Pheidias die berühmte, goldelfenbeinerne Riesenstatue für den Tempel in Olympia, von der eine unerhörte Wirkung auf den Betrachter ausgegangen sein soll: »Als Lucius Aemilius Paullus das Bild sah, war er völlig außer sich und sagte nur, daß es seiner Meinung nach allein dem Pheidias gelungen sei, den Zeus Homers im Bild darzustellen. Er sei bereits mit hohen Erwartungen nach Olympia gekommen, doch die Wirklichkeit habe seine Erwartungen noch übertroffen« (Polybios, Römische Geschichte XXX 10, 6). Von diesem in der Spätantike vernichteten Meisterwerk, das zu den Sieben Weltwundern gerechnet wurde, vermitteln nur noch Münzbilder eine ungefähre Vorstellung. In römischer Kopie erhalten blieb ein von lockigem Haar umwallter Zeuskopf aus dem 4. Jahrhundert v.Chr., der Zeus von Otricoli (Rom, Vatikanische Museen). Etwa ein Jahrhundert älter ist ein lachender Zeus mit dem eben geraubten Ganymedes im Arm (bemalte Terrakotta-Gruppe, Olympia, Museum). Wie Hera sich vor ihrem sitzenden Gatten entschleiert, zeigt ein Metopenrelief von Selinunt (um 450 v.Chr., Palermo, Museo Archeologico Nazionale).

Aus neuerer Zeit gibt es kaum Bilder, die Zeus allein gewidmet sind; öfter wurde er im Kreis der Olympier oder mit einzelnen von ihnen gemalt. Als Beispiele seien zwei Bilder von Peter Paul Rubens genannt: ›Der Götterhimmel‹ (um 1625, Prag, Národní Galerie) und ›Jupiter und Amor‹ (um 1615, Zürich, Privatbesitz) – ein wahrhaft stattlicher Göttervater mit wallendem Haupthaar neben dem pausbackigen Liebesgott! Als besonders beliebtes Thema erwiesen sich die Liebesabenteuer Zeus-Jupiters; wir erinnern an die Danae-Bilder von Jan Gossaert, genannt Mabuse (1517, München, Alte Pinakothek), von Tizian (um 1550, Paris, Louvre) und von Rembrandt (um 1636, St. Petersburg, Staatliche Eremitage), an Correggios hinschmelzende Io (um 1531, Wien, Kunsthistorisches Museum) sowie seine ›Leda mit dem Schwan‹ (um 1531, Berlin, Stiftung Staatliche Museen) und an Peter Paul Rubens' Leda (um 1620, Dresden, Galerie alter Meister). Aber sind das Bilder von Zeus, wenn man auf ihnen nicht den Gott, sondern nur immer eine der vielen

Gestalten sieht, die er anzunehmen vermochte? Vielleicht ja, denn Vielgestaltigkeit gehörte, wie wir zu zeigen versuchten, zu seinem Wesen.

Zoroastres
Gründer der Religionsgemeinschaft der Parsen, der »Feueranbeter« (Xenophon, Kyrupädie VIII 3).

Zwölf Götter
Seit dem 6. Jahrhundert v. Chr. in Griechenland kultisch verehrte Götterrunde, erst ohne bestimmte Namen, später meist sechs Paare: Zeus* und Hera*, Poseidon* und Demeter*, Apollon* und Artemis*, Ares* und Aphrodite*, Hermes* und Athene* sowie Hephaistos* und Hestia*. Bisweilen traten lokal verehrte Gottheiten an die Stelle einer der genannten, bisweilen wechselte die Zusammenstellung. Für Rom nennt Livius die Zwölf so: Iuppiter, Iuno; Neptunus, Minerva; Mars, Venus; Apollo, Diana; Vulcanus, Vesta; Mercurius, Ceres (Ab urbe condita XXII 10,9); an pompejanischen Wänden finden sich zahlreiche Verwünschungen im Namen der Zwölf Götter (»... auf den sollen die Zwölf Götter böse sein«).

Zyklopen
→ Kyklopen

Anhang

Stammtafeln

A. Theogonie – Die Herkunft der Götter

I. Am Anfang entstanden . . .

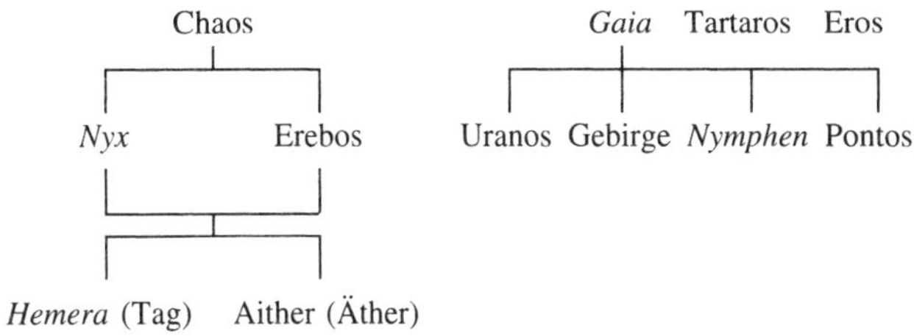

II. Kinder und Enkel von Himmel, Erde und Meer

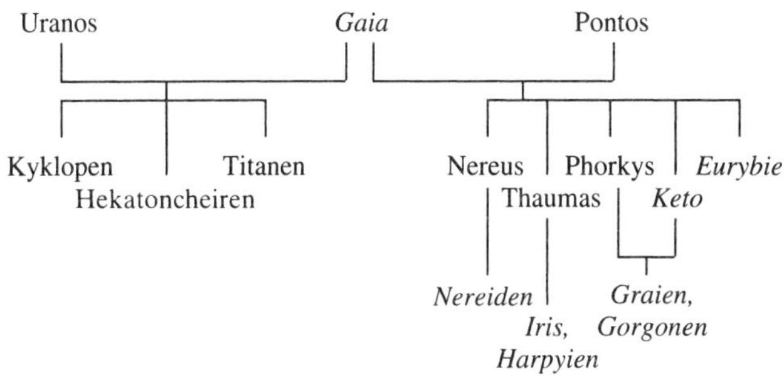

III. Die Sippe der Titanen

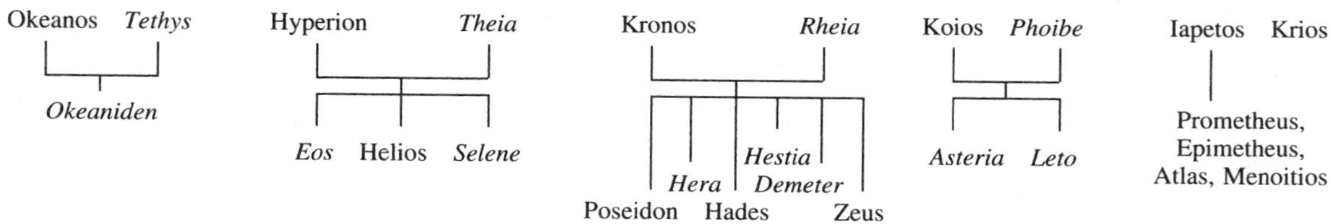

IV. Vielfacher Vater: Zeus

Göttliche	*Mutter:*	Sohn/*Tochter*	Enkel*(in)*
	Themis	*Horen; Moiren*	
	Eurynome	*Chariten*	
	Mnemosyne	*Musen*	
	Hera	Ares, *Hebe, Eileithyia*	*Harmonia* (von Ares und *Aphrodite)*
	Leto	*Artemis,* Apollon	
	Demeter	*Persephone*	
	Maia	Hermes	Pan
Sterbliche	*Mutter:*		
	Aigina	Aiakos	Peleus, Telamon
	Alkmene	Herakles (unter anderen:)	Telephos; Hyllos
	Antiope	Amphion, Zethos	Kinder der *Niobe*
	Danae	Perseus	
	Europa	Minos, Rhadamanthys, Sarpedon	*Phaidra*
	Io	Epaphos	
	Kallisto	Arkas	
	Leda	Dioskuren, *Helena*	*Hermione*
	Semele	Dionysos	

B. Stammtafeln wichtiger Geschlechter

I. Tantaliden und Atriden

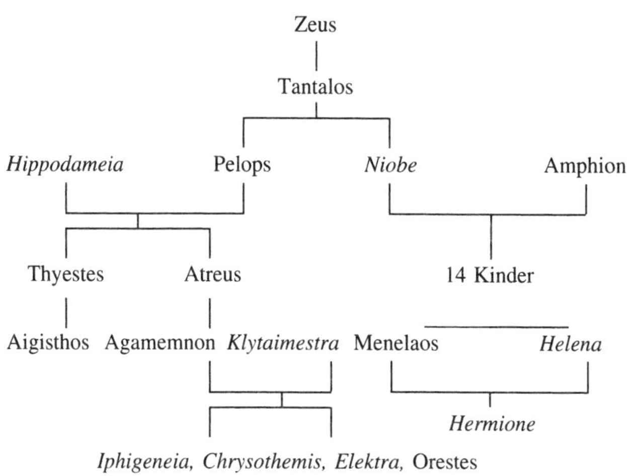

II: Das Haus des Kadmos, Laios und Oidipus

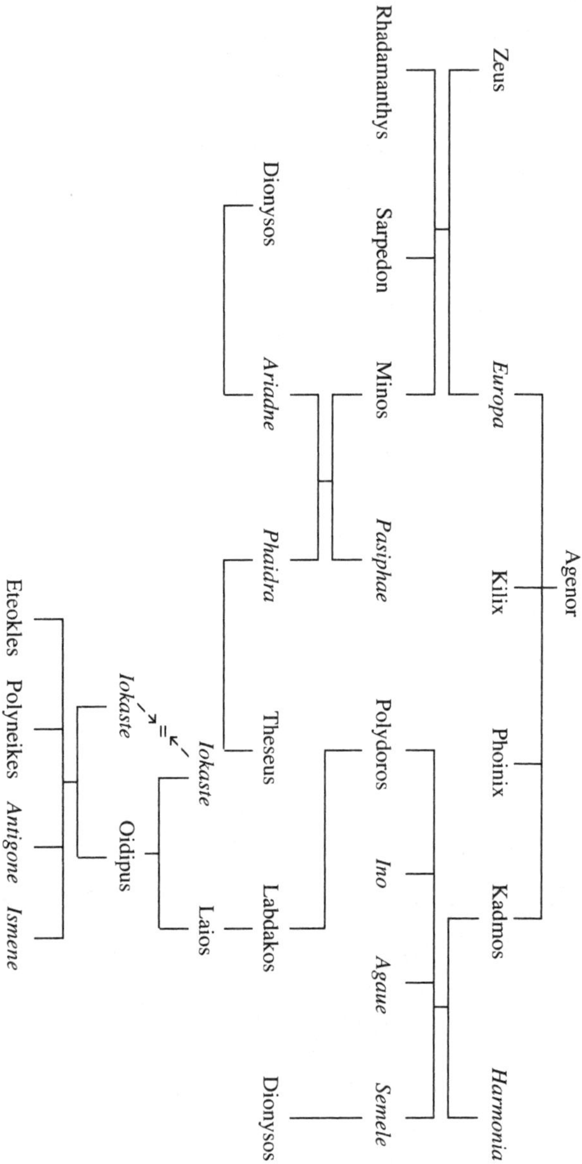

III. Das Herrscherhaus von Troja

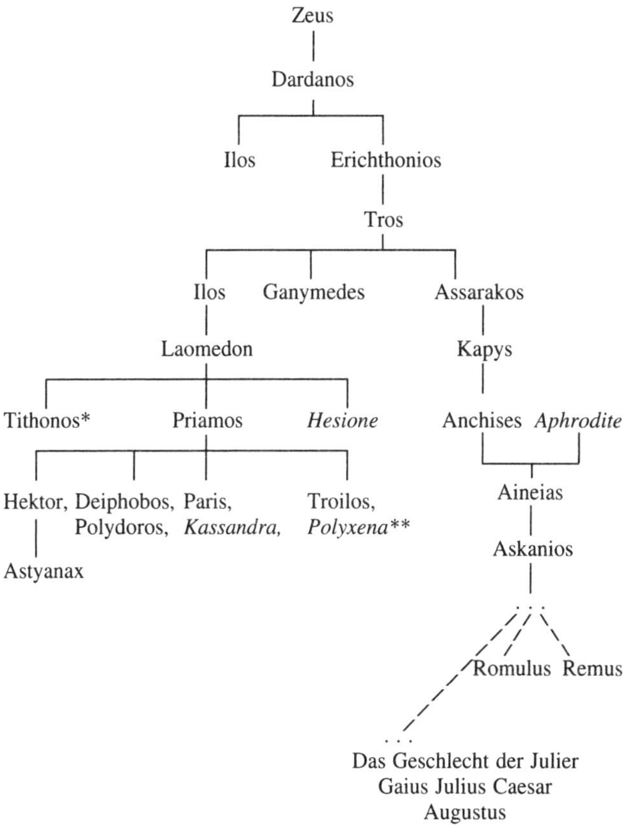

* Laomedons zahlreiche Söhne wurden bis auf den von Eos entführten Tithonos und Priamos, den seine Schwester Hesione loskaufte, von Herakles* getötet.

** Priamos hatte von Hekabe* und anderen Frauen fünfzig Söhne und sechzehn Töchter.

IV. Urkönige Athens

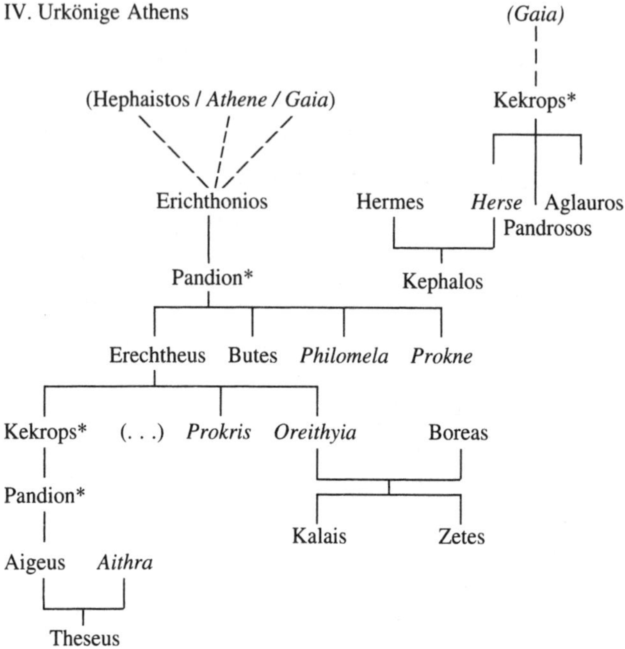

* daß Kekrops und Pandion zweimal erscheinen, mag die Folge einer späteren Ausweitung der Liste sein, in die nunmehr eine Verbindung des Kephalos mit Prokris nicht mehr so recht passen will.

V. Die Verwandtschaft des Herakles

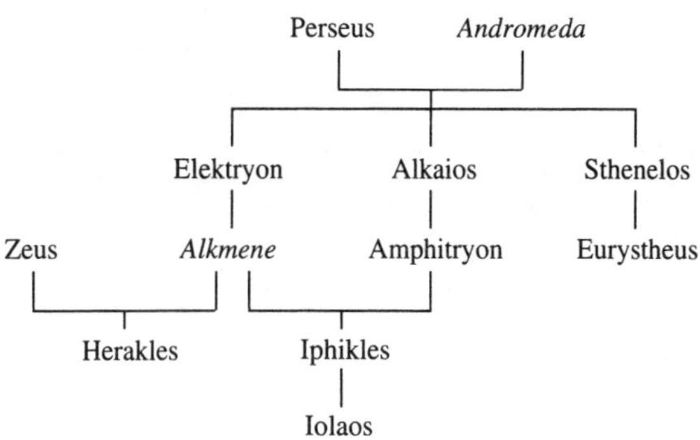

Karten

THYNIEN
THRAKIEN
Byzantion
Hebros
Kikonen
BOSPORUS
Ainos
Propontis
Bebryker
Artonnesos
Dindymos
Kios
BITHYNIEN
Samothrake
THRAKISCHE CHERSONESOS
Bistonen
Kyzikos
Sestos
Olymp
Sangarios
Abydos
Imbros
Elaios
TROAS
Hellespont
Sigeon
Ilion (Troja)
LEMNOS
Thymbra
Tenedos
Kiliker
Ida
MYSIEN
TEUTHRANIEN
PHRYGIEN
LESBOS
Makestos
Pergamon
Kaikos
ÄOLIS
Dindymos
KLEINASIEN
Hermos
Smyrna
Sipylos
LYDIEN
Tmolos
CHIOS
IONIEN
Kayistros
Kolophon
ÄGÄISCHES MEER
Ephesos
Maiandros
SAMOS
Mykonos
IKARIA
Milet
Delos
KARIEN
NAXOS
KARISCHE CHERSONESOS
Kaunos
Xanthos
Amorgos
KOS
Telmessos
Bybassos
Ios
Nisyros
LYKIEN
Thera
Astypalaia
Ialysos
Kamikos
Rhodos
Anaphe
Lindos
RHODOS
WESTLICHES KLEINASIEN
100 Kilometer
KRETA (im selben Maßstab)
Knossos
Ida
Lyttos
Dikte
Phaistos

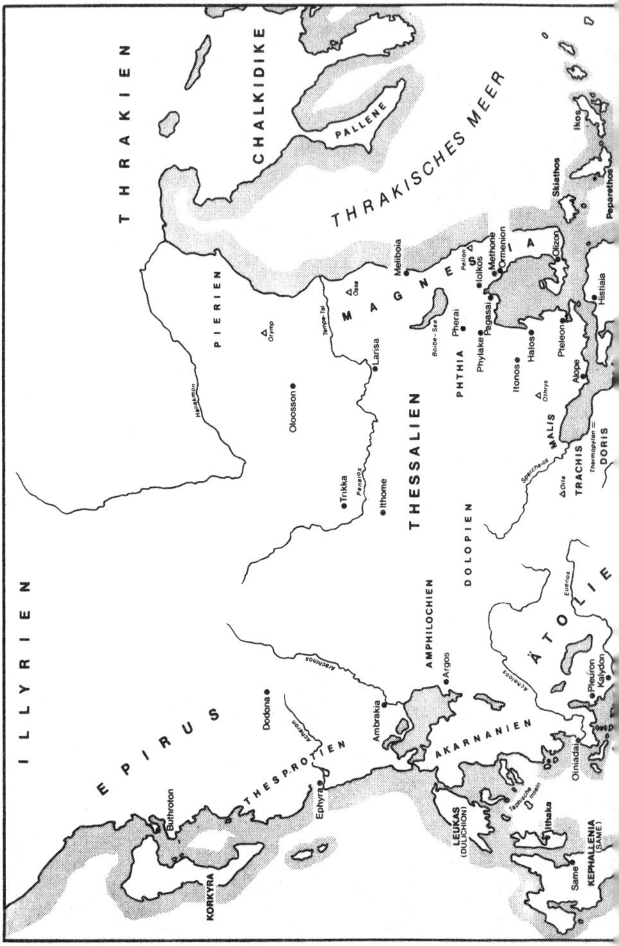
THRAKIEN
CHALKIDIKE
PALLENE
THRAKISCHES MEER
Ikos
Skiathos
Peparethos
PIERIEN
Olymp
Tempe-Tal
Ossa
MAGNESIA
Meliboia
Pelion
Iolkos
Methone
Ormenion
Olizon
Histiaia
Boibe-See
Pherai
Pagasai
Phylake
Halos
Pteleon
Larisa
PHTHIA
Itonos
Othrys
Alope
Oloosson
Haliakmon
THESSALIEN
MALIS
Thermopylen
DORIS
TRACHIS
Oita
Spercheios
Trikka
Peneios
Ithome
DOLOPIEN
ILLYRIEN
AMPHILOCHIEN
Euenos
ÄTOLIE
Acheloos
Argos
Pleuron
Kalydon
Arachthos
Dodona
Ambrakia
EPIRUS
Acheron
AKARNANIEN
THESPROTIEN
Oiniadai
Buthroton
Ephyra
Taphische Inseln
LEUKAS (DULICHION)
Ithaka
KEPHALLENIA (SAME)
Same
KORKYRA

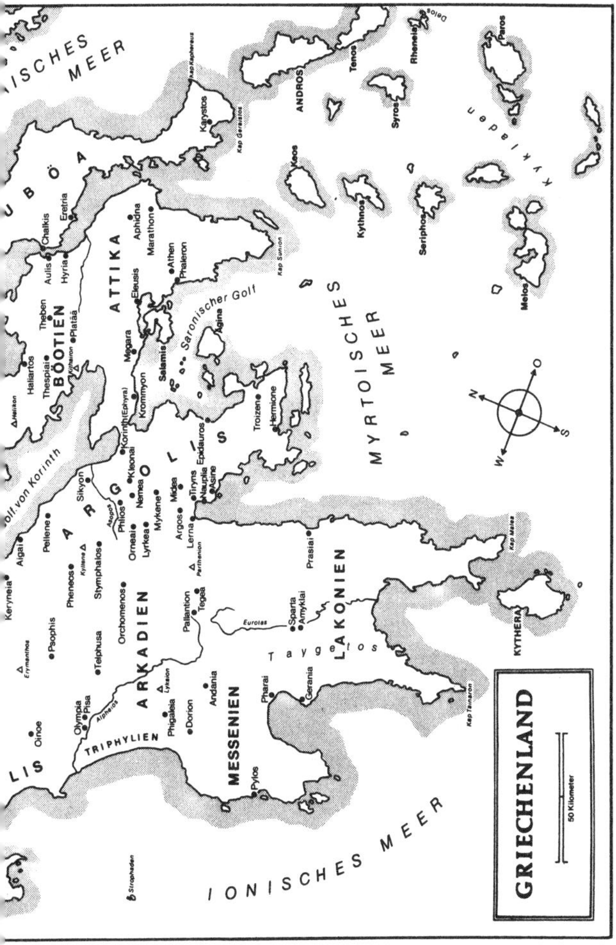
GRIECHENLAND
50 Kilometer
IONISCHES MEER
MYRTOISCHES MEER
Saronischer Golf
Golf von Korinth
Kykladen
ATTIKA
BÖOTIEN
ARGOLIS
ARKADIEN
MESSENIEN
LAKONIEN
TRIPHYLIEN
ANDROS
KYTHERA
Tenos
Rheneia
Delos
Paros
Syros
Keos
Kythnos
Seriphos
Melos
Kap Kaphereus
Kap Geraistos
Kap Sunion
Kap Malea
Kap Tainaron
Karystos
Chalkis
Eretria
Aulis
Hyria
Theben
Platää
Thespiai
Haliartos
Helikon
Kithairon
Aphidna
Marathon
Athen
Phaleron
Eleusis
Megara
Salamis
Ägina
Krommyon
Korinth (Ephyra)
Kleonai
Nemea
Sikyon
Phlius
Asopos
Mykene
Midea
Tiryns
Nauplia
Asine
Epidauros
Troizene
Hermione
Argos
Lerna
Parthenion
Tegea
Pallantion
Orneai
Lyrkeia
Orchomenos
Stymphalos
Pheneos
Kyllene
Pellene
Aigai
Keryneia
Psophis
Erymanthos
Telphusa
Olympia
Pisa
Alpheios
Oinoe
Phigaleia
Lykaion
Dorion
Andania
Pharai
Gerania
Pylos
Sparta
Amyklai
Eurotas
Taygetos
Prasiai
Strophaden
N
O
S
W

Lesehinweise

Ein mythologisches Lexikon wie das vorliegende kann die bunte Gestaltenfülle der antiken Götter und Heroen, der Ungeheuer und dämonischen Kräfte nur umrißhaft vorstellen, auch wenn es konsequent antike Texte referiert. All die vielen schmückenden Beiwörter und bildhaft-anschaulichen Vergleiche, die ein Wesensmerkmal der epischen Dichtung sind, haben nach den Gesetzen, die für ein Sachbuch gelten, eigentlich fernzubleiben. Wenn wir trotzdem immer wieder kleine, wörtliche Passagen aus der Ilias und der Odyssee, aus der Theogonie Hesiods oder aus Ovids Metamorphosen in unsere Steckbriefe hereingenommen haben, so geschah dies, um auf den eigentümlichen Reiz dieser Werke aufmerksam zu machen und zum Lesen in guten Übersetzungen (oder gar im Original) zu verlocken. Die folgende Übersicht ist als Empfehlung zu verstehen; sie nennt jeweils eine oder zwei Übersetzungen der wichtigsten Autoren, die leicht greifbar, möglichst preiswert und – dies scheint uns besonders wichtig – angenehm zu lesen sind. Für den Einstieg empfehlen wir Ovid wegen seiner dichterischen Qualitäten. Danach sollte man sich der Odyssee zuwenden, vor allem den abenteuerlichen Irrfahrten des Odysseus. Die Ilias verlangt vom Leser einen langen Atem, und gar ein Drama wie die ›Antigone‹ des Sophokles stellt eine äußerst anspruchsvolle Lektüre dar, mit der man sich Zeit lassen sollte.

I. Ovid

Ovid, Metamorphosen. Das Buch der Mythen und Verwandlungen. Nach der ersten deutschen Prosaübersetzung durch August von Rode neu übersetzt und herausgegeben von Gerhard Fink. Bibliothek der alten Welt (Artemis & Winkler) 2001.
Dazu ist im Patmos-Verlag ein Hörbuch erschienen – es liest Peter Simonischek.

II. Homer

Homer, Die Odyssee. Übersetzt von Wolfgang Schadewaldt mit einem Nachwort von Rainer Nickel. Bibliothek der alten Welt (Artemis & Winkler) 2001.

Homer, Die Odyssee. Erzählt von Christoph Martin (Eichborn-Verlag) 1996.
Auch diese frische bis freche Nacherzählung gibt es bei Patmos als Hörbuch

Homer, Die Ilias. Übersetzt von Wolfgang Schadewaldt mit einem Nachwort von Joachim Latacz. Bibliothek der alten Welt (Artemis & Winkler) 2002.

III. Drama

Sophokles, Tragödien. Übersetzt von Wolfgang Schadewaldt, herausgegeben von Bernhard Zimmermann. Bibliothek der alten Welt (Artemis & Winkler) 2002.
Der Band enthält die sieben vollständig überlieferten Werke des großen Tragikers: Aias, Antigone, Die Trachinierinnen, König Ödipus, Elektra, Philoktetes, Ödipus auf Kolonos.

IV. Vergil

Vergil, Aeneis, lateinisch-deutsch. Herausgegeben und übersetzt von Edith und Gerhard Binder (Reclam, 6 Bd.) 1994–2006.

Vergil, Aeneis, lateinisch-deutsch. Herausgegeben und übersetzt von Gerhard Fink. Sammlung Tusculum (Artemis & Winkler) 2005.

V. Kurzcharakteristiken weiterer zitierter Werke und Autoren

Aischylos: Der älteste und sprachgewaltigste der drei attischen Tragiker. Von seinen 90 Dramen sind sieben erhalten: Der gefesselte Prometheus, Agamemnon, Die Choephoren, Orestes, Sieben gegen Theben, Die Schutzflehenden und Die Perser.

Anthologia Palatina: Sammlung griechischer Kurzgedichte aus fast 1500 Jahren.

Apollodor: Die ›Bibliothek‹ gibt sich als Werk des Literaturwissenschaftlers Apollodor, der im 2. Jh. v. Chr. in Alexandria tätig war, aus, entstand aber wohl erst im 1. Jh. n. Chr. und ist damit – genau genommen – eine Fälschung. Ihren Wert erhält sie durch ihren Materialreichtum.

Apollonios Rhodios: Epiker des 3. Jh. v. Chr., schuf aus den Stoffen der Argonautensage seine ›Argonautika‹.

Apuleius, Metamorphosen: Um 160 n. Chr. entstandener Verwandlungs- und Abenteuerroman mit vielen phantastischen Episoden.

Aristophanes: Der Meister der alten Komödie in Athen, um die Wende vom 5. zum 4. vorchristlichen Jahrhundert.

Catull, Carmina: Dichtungen aus dem 1. Jh. v. Chr., die – teilweise in sehr kunstvoller Sprache und mit großer Gelehrsamkeit – auch mythologische Themen behandeln, z. B. die Hochzeit des Peleus und der Thetis oder das Schicksal der Ariadne.

Cicero, De divinatione: Eine Studie über die Möglichkeit, die Zukunft vorherzusagen, mit einer ganzen Reihe von Beispielen von Prophetie und zweitem Gesicht.

Claudius Aelianus, Varia historia (Vermischte Geschichten): Ein Sammelwerk aus dem 2. Jh. n. Chr., meist anekdotischen Inhalts.

Curtius Rufus, Alexandergeschichte: Ein kaiserzeitliches, teilweise romanhaftes Geschichtswerk über Alexander den Großen.

Demosthenes: Der bedeutendste antike Redner (384–322 v. Chr.).

Diodor, Bibliotheke: Eine Universalgeschichte, die von der Entstehung der Welt bis zum Jahr 54 n. Chr. reicht; die Götter werden darin als bedeutende Menschen der Vorzeit, der Mythos als Spiegelung historischer Ereignisse vorgestellt.

Eratosthenes: Universalgelehrter des 3. Jh. v. Chr., der sich nicht nur mit Erdmessung, Mathematik und Astronomie befaßte, sondern sich auch als Dichter versuchte und dabei eine besondere Vorliebe für »Verstirnungen« (Katasterismoi), d. h. die Versetzung lebender Wesen unter die Sterne, zeigte.

Euripides: Der jüngste, psychologisch faszinierendste der drei attischen Tragiker, der sich auch in das Seelenleben von Frauen zu versetzen verstand (z. B.: Alkestis, Medeia, Iphigenie).

Gellius, Noctes Atticac (Attische Nächte): Eine Art antiker ›Reader's Digest‹; Buchauszüge zu den verschiedensten Themen, vom Autor im 2. Jh. n. Chr. zur Unterhaltung und Belehrung der eigenen Kinder zusammengetragen.

Herodot: Der »Vater der Geschichte« (um 484–425 v. Chr.) flocht in seine Historien auch Mythisches ein.

Hesiod: Als zweiter großer Dichter der Griechen unternahm Hesiod im 7. Jh. v. Chr. den Versuch, in der ›Theogonie‹ (Herkunft der Götter) die Figurenvielfalt des Mythos in ein genealogisches System zu bringen. Mythologisches findet sich auch in seinem Bauernkalender, den ›Werken und Tagen‹.

Horaz: Der größte römische Lyriker zur Zeit des Kaisers Augustus.

Hyginus: Verfasser eines römischen Handbuchs zur Mythologie (2. Jh. n. Chr.), das Inhalte verlorener Dramen bewahrt.

Iustinus, Epitome: Auszug aus der verlorenen Weltgeschichte des Pompeius Trogus, eines eigenwilligen Historikers der augusteischen Zeit. Die um 150 n. Chr. entstandene Kurzfassung bewahrte vor allem Anekdotisches und war im Mittelalter als Schulbuch beliebt.

Kallimachos: Hochangesehener griechischer Dichter des 3. Jh. v. Chr., von dessen umfangreichem, für eine ganze Literatengeneration vorbildlichem Werk nur geringe Bruchstücke erhalten sind. In seinen ›Aitia‹ (Herkunftssagen) erläuterte er alte Bräuche, den Ursprung von Festen und Namen und vieles mehr.

Livius: In den ersten Büchern seines Geschichtswerks ›Von der Gründung der Stadt an‹ erzählt der augusteische Historiker viel Sagenhaftes.

Lukian: Ein Satiriker des 2. Jh. n. Chr., der in seinen Götter- und Totengesprächen geistreich mit den alten Mythen spielt.

Macrobius, Saturnalia: Als Gespräch unter gescheiten Leuten getarntes spätantikes Sammelwerk, das – ähnlich wie die ›Attischen Nächte‹ des Gellius – Interessantes, das oft aus abgelegenen, heute vielfach verlorenen Quellen geschöpft war, in bunter Mischung anbot.

Moschos: Griechischer Dichter des 2. Jh. v. Chr., der nach dem Geschmack der Zeit das Hirtenleben beschrieb und ein Kleinepos, ›Europa‹, verfaßte.

Nonnos: Dieser letzte bedeutende Epiker der Antike verfaßte im 5. Jh. n. Chr. die ›Dionysiaka‹, ein Riesenwerk, das an Umfang Ilias und Odysse zusammen fast noch übertrifft.

Ovid, Fasti: In seinen poetischen Variationen zum römischen Festkalender bringt Ovid viel Interessantes, doch läßt sich nicht immer feststellen, wo er die Lücken der Überlieferung mit eigener Erfindung füllt.

Ovid, Heroides: Ehe sich Ovid an epischen Projekten wie den Metamorphosen und den Fasti versuchte, war er der Liebesdichter Roms. Die Heroides sind literarische Liebesbriefe, aber nicht von Zeigenossinnen des Dichters, sondern von Frauen der Sage und Novelle: Phaidra und Medeia, Penelope und Briseis sind darunter, und auch einige der Liebhaber kommen zu Wort: Akontios schreibt an Kydippe, Paris an Helena, Leander an Hero. Ohne Zweifel sind es kunstreiche Fiktionen, aber sie setzen beim Leser, damit er sie würdigen kann, sehr viel voraus und sind in ihrer ganzen preziösen Schönheit kaum ins Deutsche zu übertragen.

Parthenios: Die sogenannten ›Liebesleiden‹ sind eine Motivsammlung meist tragischer Liebesgeschichten für einen römischen Dichter des 1. Jh. v. Chr.

Pausanias: Verfasser eines umfangreichen Reiseführers durch Griechenland (2. Jh. n. Chr.), der dem Bedürfnis der damaligen Touristen entsprach: Sie suchten mit Vorliebe berühmte Tempel, Gräber von Heroen und Orakelstätten auf.

Platon: Schüler des Sokrates, Lehrer des Aristoteles, zweifellos der literarisch fruchtbarste Philosoph der Antike, der den Mythos als Mittel schätzte, tiefe Einsichten in anregender Weise vorzutragen.

Petronius Arbiter: Verfasser eines gesellschaftskritischen Schelmen- und Abenteuerromans zur Zeit Kaiser Neros, in dem auch Glaube und Aberglaube eine ziemliche Rolle spielen.

Pindar: Chorlyriker des 5. Jh. v. Chr., der für Sportler, die in Olympia, auf dem Isthmos von Korinth, in Nemea oder in Delphi einen Sieg errungen hatten, die damals üblichen Ruhmeslieder dichtete, komponierte und wohl auch mit einem Chor einstudierte. Die Gerühmten werden dabei immer wieder mit Göttern und Heroen in Beziehung gesetzt, oft in Form eines Vergleichs, so daß diese wortgewaltigen Oden eine reiche Quelle für den Mythologen sind. Die kunstvolle, geradezu barocke Sprache Pindars macht allerdings den Zugang nicht leicht.

Plinius der Ältere: Römischer Autor des 1. Jh. n. Chr., der in seiner

›Naturgeschichte‹ Informationen aus vielen verschiedenen Wissensgebieten zusammentrug und auch über berühmte Kunstwerke schrieb.

Plinius der Jüngere: Neffe des vorigen, Verfasser geistreicher Briefe, in denen mehrfach von übersinnlichen Phänomenen die Rede ist. Seine Beschreibung des Clitumnus-Heiligtums sollte man, wenn man den reizvollen Ort besucht, unbedingt zu Hand haben.

Plutarch: Vielseitiger Schriftsteller, um 45 n. Chr. geboren, der sich vor allem als Populärphilosoph und Biograph einen Namen machte. Unter seinen ›Parallelen Lebensläufen‹, in denen er jeweils einen Griechen und einen Römer vergleichend vorstellte, finden sich auch Biographien des Theseus und des Romulus, die ihm beide, ähnlich wie z. B. dem Diodor, als historische Gestalten erschienen.

Polybios: Griechischer Historiker des 2. Jh. v. Chr., von dessen umfangreichem Werk größere Teile erhalten blieben.

Seneca, Tragödien: In der ersten Hälfte des ersten nachchristlichen Jahrhunderts nach griechischen Vorbildern, aber in durchaus selbständiger Dramaturgie verfaßte Trauerspiele, die durch eine barokke Sprache und schaurige Effekte wirken wollen.

Simonides: Griechischer Chorlyriker, der im 6. und 5. Jh. v. Chr. Lieder und Elegien verschiedenster Thematik verfaßte, darunter auch Siegeschöre wie sein jüngerer Zeigenosse Pindar.

Sueton: Römischer Kaiserbiograph des 1. Jh. n. Chr.

Xenophon: Schüler des Sokrates, an den er sich in seinen ›Memorabilien‹ (Denkwürdigkeiten) erinnert; in ihnen zitiert er die pädagogische Geschichte von Herakles am Scheideweg, die auf den Sophisten Prodikos von Keos zurückgeht.